메리 스튜어트

메리 스튜어트
슈테판 츠바이크

**MARY STUART
QUEEN OF SCOTS**

차례

잉글랜드 England
1568-1587

열정과 운명

명확하고 분명한 것은 스스로를 드러내 보여준다. 그러나 신비로움은 오히려 창조의 원동력으로 작용한다. 불확실성의 베일에 가려진 역사 속 인물과 사건들은 다시금 해석과 창작을 요구받기 마련이다. 이러한 비밀스런 매혹을 지닌 역사의 전형으로 메리 스튜어트의 비극적인 생애를 들 수 있다. 세계사에서 이토록 수많은 문학 작품에 등장한 여인은 없었다. 희곡과 소설, 전기 그리고 논쟁에 이르기까지 그녀는 삼백여 년 동안 시인과 학자들의 마음을 사로잡아 왔으며, 지금 이 순간에도 그 힘을 조금도 잃지 않은 채 끊임없이 새롭게 그려지고 있다. 혼란스러운 것의 의미는 명료함을 향한 갈망에 있으며, 어두운 것의 의미는 빛을 향한 동경에 있기 때문이다.

메리 스튜어트의 생애에 깃든 신비로움은 오랜 세월 다루어져 온 만큼이나 서로 상반된 모습으로 해석되어 왔다. 이렇게까지 다양한 모습으로 묘사된 여인은 아마 없을 것이다. 때로는 살인자로, 때로는 순교자로, 때로는 어리석은 음모가로, 때로는 천상의 성녀로 그려졌다.

이러한 현상은 전해 내려오는 자료가 부족해서 생겨난 것이 아니다. 문제는 혼란을 가중시키는 자료가 지나치게 많다는 것이다. 보존된 문서와 조서, 편지와 보고서는 수천 수만 건에 이른다. 그녀의 유죄 혹은 무죄를 가리는 재판은 지난 삼백 년 동안 해마다 언제나 새로운 열의로 반복되어 왔다. 그러나 문서들을 더욱 집요하게 파고들수록 오히려 모든 역사적 증언, 나아가 역사 서술 그 자체가 지닌 한계를 더욱 고통스럽게 자각하게 된다. 설령 친필로 쓴 원본이며 오래되고 믿을 만한 것이라고 해도 그것이 곧 신뢰할 만하고 인간적으로 진실한 것은 결코 아니다.

메리 스튜어트의 경우만큼 동일한 사건이 동시대의 관찰자들에 의해 얼마나 극단적으로 다르게 평가될 수 있는지를 분명히 보여주는 사례는 없다. 문서로 입증된 하나의 주장에 또 다른 문서로 입증된 반론이 맞서고, 모든 고발에는 반드시 그에 상응하는 해명이 뒤따른다. 거짓과 진실, 허구와 사실은 너무나 혼란스럽게 뒤섞여 있어 어느 쪽으로 해석하든 그럴듯해 보이는 근거를 만들어낼 수 있다. 그녀가 남편의 살해를 공모했다고 주장하는 측은 수많은 증언을 들 수 있고, 반대로 그녀가 그 사건과 무관하다고 보는 측 또한 이에 못지않은 증거를 제시할 수 있다. 그녀의 성격을 어떤 색으로 칠하든, 그에 필요한 물감은 이미 모두 준비되어 있는 셈이다. 여기에 정치적 이해관계나 민족적 애국심의 편향까지 가미된다면 왜곡은 더욱 거칠고 폭력적인 양상으로 심화될 수밖에 없다.

두 사람이나 두 사상, 두 세계관 사이에서 존재 자체를 건 다툼이 벌어질 때 본래 인간은 한쪽에 서서 다른 쪽을 배척하고 한쪽을 유죄로,

다른 쪽을 무죄로 단정하려는 유혹에서 좀처럼 벗어나지 못한다. 더구나 이 사건처럼 서술자들이 이미 서로 대립하는 진영이나 종교, 세계관에 속해 있다면 그들의 편향성은 필연적이라 할 수 있다.

대체로 신교도들은 모든 죄를 메리 스튜어트에게, 구교도들은 엘리자베스 여왕에게 씌워 버린다. 잉글랜드 측 서술자들은 메리를 언제나 살인자로 묘사하며, 스코틀랜드 측 서술자들은 그녀를 비열한 모함의 희생자라고 묘사한다. 논란의 대상이 되어온 보석함 속의 편지를 두고도 어떤 이들은 진본이라 단언하는가 하면, 어떤 이들은 단호하게 위조라고 주장한다. 아주 사소한 사건에 이르기까지 당파적 색채는 노골적으로 스며든다. 어쩌면 바로 이러한 이유 때문에 잉글랜드인도 스코틀랜드인도 아닌 이들, 즉 혈연적 감정이나 집단적 결속에서 자유로운 사람들이야말로 선입견 없는 객관적인 판단에 가까워질 수 있을지도 모른다. 그들에게는 예술가의 시선으로, 열정적이면서도 공정한 시선으로 다가갈 수 있는 기회가 열려 있기 때문이다.

물론 그런 사람이라 하더라도 메리 스튜어트의 삶에 대한 진실, 오직 진실만을 알고 있다고 자처한다면 그것은 무모한 일이 될 것이다. 기껏해야 최대한의 개연성에 도달할 수 있을 뿐, 최선의 지식과 양심에 따라 내린 판단이라 해도 여전히 주관적일 수밖에 없기 때문이다. 원천이 맑게 흐르지 않는다면 우리는 탁한 것에서부터 명료함을 길어 올려야 한다. 동시대의 기록들이 서로 모순되는 한, 무죄를 뒷받침하는 증언과 유죄를 뒷받침하는 증언 사이에서 선택을 내려야 한다. 그리고 때로는 자신의 판단에 물음표를 붙인 채, 메리 스튜어트의 삶에 관한 어떤 사실들은 진실의 영역에 이르지 못한 채 끝내 어둠 속에 남아 있으며 아마도 영원히 그러할 것임을 인정하는 편이 가장 정직한 태도일 것이다.

따라서 이 작업에서는 고문이나 공포, 강요에 의해 억지로 받아낸 모든 진술을 애초에 배제한다는 엄격한 원칙을 지켰다. 진실을 모색하는 사람이라면 강요된 자백을 결코 온전하고 유효한 것으로 받아들여서는 안 되기 때문이다. 마찬가지로 그 시대에는 거의 동일한 존재였던 첩자와 사절들의 보고 역시 아주 조심스럽게 참고하였고, 모든 문서를 처음부터 의심의 눈초리로 검토하였다. 그럼에도 불구하고 이 글에서 소네트들과 보석함 편지들을 진본으로 보아야 한다는 견해를 제시하는 것은 엄격한 검증을 거친 끝에 개인적으로 설득력 있다고 판단한 근거를 제시한 결과이다. 문서들에서 상반된 주장들이 서로 엇갈리는 경우에는 각각의 주장에 대해 그 발생 경위와 정치적 동기를 면밀히 따져 보았으며, 둘 중 하나를 선택하는 일이 불가피할 경우 개별 행위가 전체 성격과 심리적으로 얼마나 조화를 이루는지를 마지막 판단 근거로 삼았다.

사실 메리 스튜어트의 성격 자체는 그다지 신비롭지 않다. 외적인 삶의 전개에서는 다소 일관성이 없어 보일 수 있지만, 내적으로는 처음부터 끝까지 단선적이며 명료하다. 메리 스튜어트는 극히 드물고도 격정적인 유형의 여성에 속하는데, 그러한 사람들이 현실을 체험하는 능력은 아주 짧은 시간에 집약되어 나타난다. 그리고 짧지만 강렬하게 피어나는 꽃처럼 한평생에 걸쳐 자신을 펼쳐 보이기보다는, 오직 하나의 열정이 지배하는 순간 속에서만 비로소 자신을 온전히 드러낸다. 그녀의 감정은 스물세 살이 되기까지 고요하고도 얕게 숨 쉬었으며 스물다섯 살 이후로는 단 한 번도 격렬하게 요동친 적이 없었다. 그러나 그 사이의 단 두 해 동안 원초적인 힘이 폭풍처럼 몰아치며 폭발하였고, 평범했던 운명은 고대의 비극처럼 치솟았다. 그것은 《오레스테이아》에 비견될 만한 웅장하고 정교한 비극이었다. 2년이라는 시간, 그 압도적인 상황 속에서 그녀는 자신을 넘어서는 높이로 도약했다. 그리고 그 지나친 고조 속에서 자신의 삶을 파괴하면서도 동시에 그것을 영원한 것으로 보존했다. 그녀를 인간적으로 파멸시킨 하나의 욕망 덕분에 그녀의 이름은 오늘날까지도 문학과 해석 속에 살아남아 있다.

이처럼 내면의 삶의 궤적이 하나의 폭발적인 순간으로 압축되어 있다는 사실만으로도 메리 스튜어트를 다룬 모든 서술은 애초부터 그 형식과 리듬이 이미 정해져 있다고 볼 수 있다. 재현자는 가파르게 솟아올랐다가 급작스럽게 꺾여 내려가는 삶의 곡선을 유일무이한 형태 그대로 드러내기 위해 힘써야 할 뿐이다. 그러므로 이 책에서 23년이라는 긴 세월과 다시 20년에 이르는 속박의 시간들이 합쳐져도 열정적인 비극이 펼쳐진 단 2년이 차지하는 분량보다 더 길지 않다는 사실은 모순적인 것처럼 느껴지지 않는다. 왜냐하면 운명의 영역에서는 외적인 시간과 내적인 시간이 서로 일치하지 않기 때문이다. 영혼의 시간은 체험의 밀도에 따라 그 길이가 결정된다. 그리하여 영혼은 시간의 흐름을 차갑게 계산하는 달력과는 전혀 다른 방식으로 그 순간들을 내면으로부터 헤아린다.

황홀한 평온 속에서 감정에 취해 운명과 결합될 때 인간은 아주 짧은 시간 안에 무한한 충만함을 경험할 수 있다. 하지만 열정이 가신 뒤에는 미끄러지듯 흘러가는 그림자처럼 감각 없는 허무 속에서 끝없는 공허의 세월을 보내게 된다. 그렇기에 한 인간의 삶에서 진정으로 의미를 지니는 것은 긴장감으로 가득 찬 결정적인 순간들이며 삶의 이야기는 오직 그러한 순간들 속에서만, 그리고 그러한 순간들을 통해 비로소 제대로 서술될 수 있다. 한 인간이 자신의 모든 힘을 다해 삶에 임할 때에야 그는 진정 자기 자신으로 존재하며 타인에게도 살아 있는 존재로 다가갈 수 있다. 내면에서 영혼이 불꽃처럼 타오를 때 비로소 외면적으로도 분명한 형상을 이루며 모습을 드러낼 수 있는 것이다.

슈테판 츠바이크

등장인물

첫 번째 무대 — 스코틀랜드, 1542-1548

두 번째 무대 — 프랑스, 1548-1561

세 번째 무대 — 스코틀랜드, 1561-1568

네 번째 무대 — 잉글랜드, 1568-1587

스코틀랜드

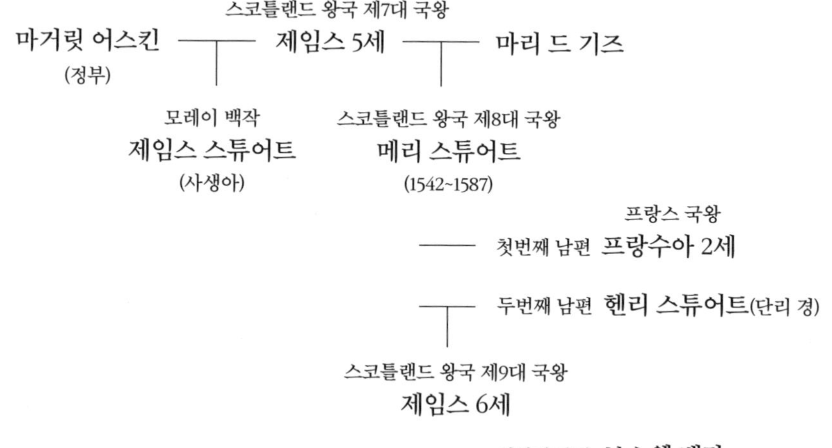

레딩턴의 윌리엄 메이틀랜드 메리 스튜어트의 재상

제임스 멜빌 메리 스튜어트의 외교적 신뢰를 받은 사절

메리 비튼, 메리 플레밍, 메리 리빙스턴, 메리 세튼 메리 스튜어트의 소녀 시절

을 함께한 네 명의 시녀이자 친구들, 이른바 '네 명의 메리'

존 녹스 스코틀랜드 개신교의 설교자이자 메리 스튜어트의 정치적, 종교적 적수

다비드 리치오 메리 스튜어트 궁정의 악사이자 비서

프랑스

프랑스 발루아-앙굴렘 왕조 제2대 국왕
앙리 2세 ——— **카트린 드 메디시스**

프랑스 발루아-앙굴렘 왕조 제3대 국왕
프랑수아 2세
(메리 스튜어트의 첫번째 남편)

프랑스 발루아-앙굴렘 왕조 제4대 국왕
샤를 9세

롱사르, 뒤 벨레, 브랑톰 메리 스튜어트를 기리는 작품을 남긴 시인들

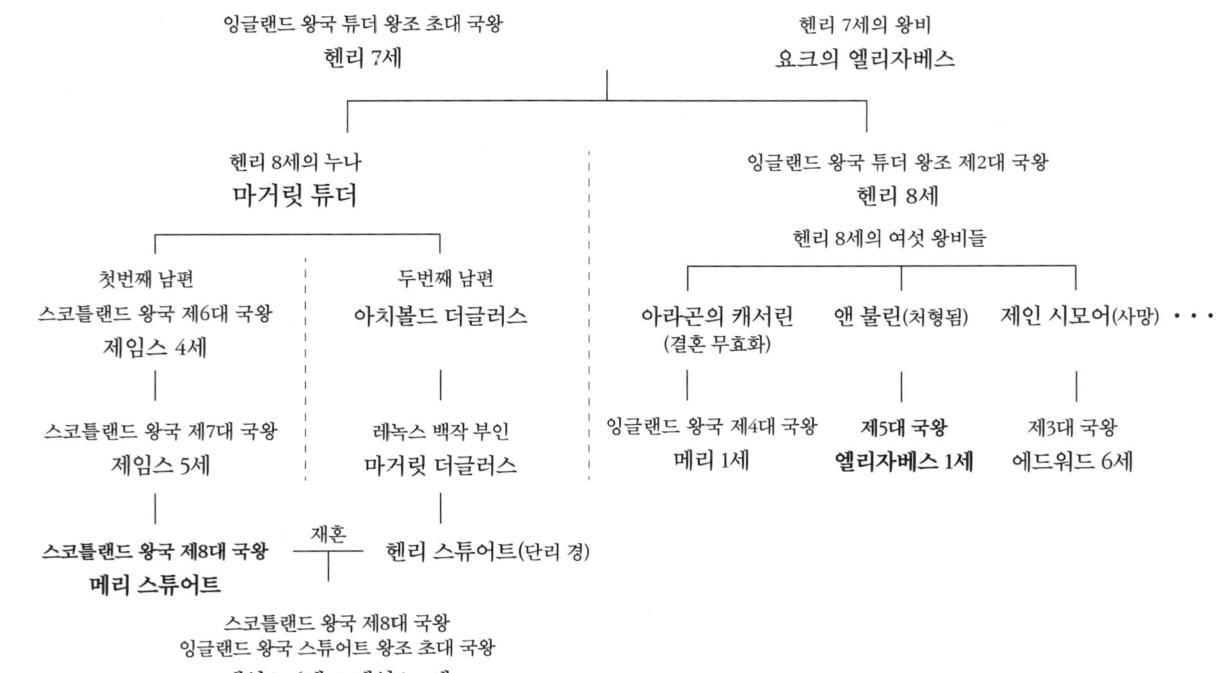
잉글랜드

잉글랜드 왕국 튜더 왕조 초대 국왕
헨리 7세

헨리 7세의 왕비
요크의 엘리자베스

헨리 8세의 누나
마거릿 튜더

잉글랜드 왕국 튜더 왕조 제2대 국왕
헨리 8세

헨리 8세의 여섯 왕비들

첫번째 남편
스코틀랜드 왕국 제6대 국왕
제임스 4세

두번째 남편
아치볼드 더글러스

아라곤의 캐서린
(결혼 무효화)

앤 불린(처형됨)

제인 시모어(사망) ・・・

스코틀랜드 왕국 제7대 국왕
제임스 5세

레녹스 백작 부인
마거릿 더글러스

잉글랜드 왕국 제4대 국왕
메리 1세

제5대 국왕
엘리자베스 1세

제3대 국왕
에드워드 6세

스코틀랜드 왕국 제8대 국왕
메리 스튜어트

재혼

헨리 스튜어트(단리 경)

스코틀랜드 왕국 제8대 국왕
잉글랜드 왕국 스튜어트 왕조 초대 국왕
제임스 6세 & 제임스 1세

윌리엄 세실 엘리자베스 궁정의 전권을 가진 재상

프랜시스 월싱엄 국무대신이자 비밀 경찰 총책, 첩보 책임자

윌리엄 데이비슨 외교관이자 엘리자베스의 비서

로버트 더들리(레스터 백작) 엘리자베스의 애인이자 심복

노퍽 공작 잉글랜드 왕국에서 가장 부유한 귀족이자 엘리자베스의 6촌

제1장

요람 속의 여왕

1542-1548

메리 스튜어트는 태어난 지 6일 만에 스코틀랜드의 여왕이 되었다. 태어나는 순간부터 그녀의 삶은 이미 정해진 것이었다. 세상에 태어난 기쁨도 모른 채 불행하게도 그 험난한 삶을 선물 받은 것이다. 1542년 12월 어두컴컴한 어느 날, 메리 스튜어트는 린리스고성에서 태어났다. 그 무렵 이웃한 포클랜드성에서는 그녀의 아버지 제임스 5세가 임종의 침상에 누워 있었다. 그의 나이는 이제 겨우 서른한 살이었지만 이미 삶에 지쳐 있었고 왕관에도, 싸움에도 염증을 느끼고 있었다. 그는 용감하고 기사다운 사내였다. 본래는 명랑한 성품으로 예술과 여자에 정열적이었다. 또한 종종 변장을 하고 마을의 축제에 참여해 농부들과 춤추고 농담을 나누곤 했으며 그가 지은 스코틀랜드 노래와 소네트들은 오래도록 사람들의 입에 오르내렸다.

그러나 이 불운한 가문의 후계자는 거칠고 반항적인 시대와 나라에서 태어나 태초부터 비극적인 운명을 타고났다. 의지력이 강하고 무자비한 이웃 잉글랜드 왕 헨리 8세는 제임스 5세에게 종교개혁을 강요했다. 그러나 그는 끝까지 가톨릭 교회에 충실했다. 그러자 기회를 엿보던 스코틀랜드 귀족들은 이 갈등을 이용해 본래 명랑하고 평화를 사랑하던 그를 원치 않는 전쟁과 혼란 속으로 몰아넣었다. 4년 전, 제임스 5세는 마리 드 기즈에게 청혼하며 자신이 처한 고단한 운명을 솔직히 털어놓았다. 그는 청혼 편지에 진솔한 심정을 담았다.

마담, 나는 이제 겨우 스물일곱 살이지만 내게 인생은 왕관만큼이나 무겁게 느껴집니다. 어린 시절부터 고아로 자라며 야심 많은 귀족들의 포로가 되어 살아왔습니다. 더글러스 가문의 권세는 나를 오랫동안 억압했고, 그 이름조차 떠올리고 싶지 않습니다. 앵거스 백작 아치볼드, 그의 동생 조지, 그리고 추방당한 그의 친족들은 끊임없이 잉글랜드 왕을 부추겨 우리와 대적하게 만듭니다. 잉글랜드 왕이 달콤한 약속으로 유혹하거나 돈으로 매수하지 않은 귀족이 이 나라에는 단 한 명도 없을 정도입니다.

내 개인에 대한 안전이란 없으며 내 의지와 올바른 법률을 보장해 줄 그 어떤 담보도 없습니다. 이 모든 일은 그저 두렵고 놀라울 뿐이기에 나는 당신의 힘과 조언을 기대하고 있습니다. 돈 한 푼 없이 오직 프랑스에서 보내오는 원조와 부유한 성직자들이 내는 얼마 안 되는 기부금에 의존해 나는 성을 수리하고 요새를 유지하며 배를 건조하려 애쓰고 있습니다.

하지만 귀족들은 진정으로 왕이 되고자 하는 군주를 견딜 수 없는 경쟁자로 여깁니다. 프랑스 왕의 우정과 군사적인 지원, 그리고 백성들의 충절에도 불구하고 이 귀족들을 상대로 승리를 거두지 못할까 두렵습니다. 이 나라에 정의와 평화를 위한 길을 열기 위해서라면 어떤 난관이라도 극복할 것입니다. 내 나라의 귀족들만 상대한다면, 어쩌면 나는 뜻을 이룰 수 있을지도 모릅니다. 그러나 잉글랜드 왕은 그들과 나 사이에 끊임없이 불화의 씨를 뿌리고 있으며, 그가 이 나라에 심어 놓은 이단 사상은 교회와 민중의 깊숙한 곳까지 침투해 있습니다. 이제 나와 내 조상들의 힘은 단지 도시의 시민들과 교회에만 의존하고 있는 형편입니다. 과연 이 마지막 버팀목이 얼마나 오래 우리 곁에 남아 있을지 자문하게 됩니다.

그러나 제임스 5세가 비통한 편지에서 예견했던 모든 불행은 하나둘 현실이 되었고, 그보다 더한 고통마저 그에게 닥친다. 마리 드 기즈가 낳은 두 아들은 요람에서 세상을 떠났고 그는 성년에 이른 나이에도 여전히 왕위를 이을 후사를 보지 못한다. 왕관은 해마다 그의 이마를 더욱 무겁게 짓눌렀다. 마침내 그는 본인의 의사와는 무관하게 스코틀랜드 귀족들에 의해 잉글랜드와의 전쟁으로 내몰렸다. 그리고 결정적인 순간에 귀족들은 배신하듯 그를 저버렸다. 솔웨이 모스 전투에서 스코틀랜드는 단지 전투에서 패했을 뿐 아니라, 명예마저 잃어버렸다. 제대로 싸워보지도 못한 채 지도자도 없이 방치된 군대는 처참하게 흩어져 도망쳤다. 그리고 이때, 용맹하고 기사도적이었던 왕은 더 이상 외세와 싸우는 것이 아니라 자기 자신의 죽음과 싸우고 있었다. 그는 열병에 시달리며 포클랜드성의 침상에 누워 있었고, 무의미한 전쟁과 지긋지긋한 인생에 지쳐 있었다.

흐리고 침침한 겨울날, 1542년 12월 9일. 창문 밖은 안개가 자욱했다. 한 전령이 문을 두드렸다. 그는 죽음을 앞둔 병약한 왕에게 딸이 태어났다는 소식을 알렸다. 그러나 이미 탈진한 제임스 5세의 영혼은 더는 희망도 기쁨도 느낄 힘이 남아 있지 않았다. 어째서 아들이 아니란 말인가? 죽음을 눈앞에 둔 그는 모든 것에서 불행과 비극, 몰락만을 보았다. 체념한 듯 그가 말했다. "여인에게서 물려받은 왕관이 또 다른 여인과 함께

>‑•‑ 제임스 5세(1512-1542)

가톨릭을 수호하며 루터파의 종교개혁 사상의 확산에 반대했으나, 그의 통치 말기에는 이미 스코틀랜드 사회에 개혁 사상이 점차 퍼지기 시작했다.

사라지리라." 이 음울한 예언이 그의 마지막 말이었다. 그는 한숨을 내쉬고 벽 쪽으로 돌아누워 어떤 물음에도 대답하지 않았다. 며칠 뒤 그는 땅에 묻혔고, 메리 스튜어트는 세상을 제대로 바라보기도 전에 이미 왕국의 상속자가 되어 있었다.

하지만 스튜어트 가문의 일원이라는 것, 그리고 스코틀랜드의 여왕이라는 것은 실로 어두운 유산일 뿐이다. 지금까지 왕좌에 앉았던 어떤 스튜어트에게도 행운이 따르지 않았으며 왕권도 오래 가지 않았다. 제임스 1세와 제임스 3세는 암살당했고 제임스 2세와 제임스 4세는 전장에서 전사했으며 그 후손 중 두 명, 아직 아무것도 모르는 이 아이와 그녀의 피를 이어받은 손자 찰스 1세에게는 더 잔혹한 운명이 기

다리고 있었다. 그것은 바로 단두대였다. 마치 아트레우스의 가문처럼 이 비극적인 가문의 어느 누구도 삶의 정상에 이르는 것이 허락되지 않았고, 그 누구에게도 행운의 별빛이 비추지 않았다. 스튜어트 가계의 왕들은 늘 싸워야만 했다. 외부의 적, 나라 안의 적, 그리고 무엇보다 자기 자신과 싸워야 했다. 그들 주위에는 언제나 불안이 감돌았고 내면에도 역시 불안이 자리 잡고 있었다. 그리고 그 나라에서 가장 충성스러워야 할 이들, 바로 귀족들과 영주들이야말로 가장 믿을 수 없는 자들이었다. 음흉하고 거칠어 제어할 수 없는, 탐욕스러운 전쟁을 즐기는 고집스러운 기사들이었다. 안개 자욱한 이 땅에 유배된 듯 찾아와 마지못해 탄식했던 시인 롱사르의 말처럼 말이다. "야만의 나라, 거칠고 난폭한 민족이여."

자신들의 영지와 성에서 작은 왕 노릇을 하고, 농부들과 양치기들을 가축처럼 부리며, 사소한 싸움과 약탈에도 칼을 빼 들었던 씨족의 지배자들은 전쟁 말고는 삶의 기쁨을 알지 못했다. 전투는 그들의 쾌락이며 질투는 그들의 원동력, 권력욕은 삶의 신념이었다. 프랑스의 한 대사는 이렇게 썼다. "돈과 이익, 그것만이 스코틀랜드 귀족들이 귀를 기울이는 유일한 세이렌이다." 이들에게 충성, 정의, 명예, 미덕, 고귀한 행위에 대해 설교한다는 것은 그저 비웃음을 자아내는 일일 뿐이었다. 그들은 마치 이탈리아의 콘도티에리처럼 도덕 따위 없는 싸움과 약탈의 욕망에 사로잡혀 있었다. 하지만 오히려 더 세련되지 못하고, 본능에 충실했다.

고든, 해밀턴, 애런, 메이틀랜드, 크로포드, 린제이, 레녹스, 아가일 가문들은 패권을 놓고 끊임없이 싸움과 암투를 벌였다. 때로는 수년에 걸친 피의 복수극으로 서로 적이 되어 맞서고, 때로는 겉치레뿐인 서약을 맺고 잠시나마 손을 잡아 제3자에 맞서 뭉치기도 했다. 하지만 내면적으로는 누구와도 결코 진정으로 결속하지 않았다. 서로 결혼을 통해 인연을 맺고는 있었지만, 한 사람 한 사람이 서로에게 원수이자 적일 뿐이었다. 그들의 거칠고 광포한 영혼 안에는 무언가 이교적이고 야만적인 기질이 살아 숨 쉬고 있었다. 스스로를 개신교도라 부르든 가톨릭 신자라 부르든 언제나 자기 이익에 따라 종교를 바꾸어 불렀지만, 이들 모두는 셰익스피어가 놀랍도록 꿰뚫어 본 바와 같이 피비린내 나는 맹세의 자손들이며, 맥베스와 맥더프의 후예들이었다.

제어할 수 없고 질투심 많은 무리들은 오직 단 한 가지 경우에만 한 패가 된다. 그것은 바로 군주인 왕을 억누를 때다. 그들에게 복종은 견딜 수 없는 것이며, 충성은 알지 못하는 일이다. 본래 스코틀랜드인이었던 번스는 그들을 '한 무리의 악당들'이라고 낙인찍었다. 그들이 성채와 영지 위에 그림자뿐인 왕권을 용인한 것은 가문들 간의 시기심 때문이었다. 고든 가문이 스튜어트 왕권을 인정한 것은 왕권이 해밀턴 가문으로 갈까봐 두려워서였고, 해밀턴 가문은 고든 가문에 대한 시기심으로 왕권을 인정했다. 그러나 스코틀랜드 왕이 한 번이라도 진정한 통치자가 되어 나라에 규율과 질서를 세우려 하고, 젊은 패기와 용기로 귀족들의 오만과 탐욕에 맞서려 한다면 그들은 형제처럼 뭉친다. 칼로 뜻을 이루지 못하면, 어김없이 암살자의 단검이 그 일을 대신해 줄 것이다.

이 나라는 파멸을 부르는 어두운 열정에 찢겨 나간 땅이다. 유럽의 북단, 바다에 둘러싸인 이 작고 외진 섬나라에는 음울하고 낭만적인 정조가 감돌았다. 끝없는 전쟁이 이곳의 모든 활력을 갉아먹고 가난하게 만들었다. 실상 도시라고 부르기도 민망한 몇몇 소도시들은 성채의 보호 아래 초라하게 웅크리고 있는 빈민들의 오두막에 불과했다. 반복되는 약탈과 방화로 인해 결코 부유해지지 못했고, 평범한 시민적 안녕조차 누릴 수 없었다.

오늘날까지 잔해만 남아 음침하고 난폭한 모습으로 우뚝 솟아 있는 귀족의 성채들은 궁정의 호사스러움과 사치스러움을 지닌 진정한 의미의 성이 아니다. 그 성들은 손님을 맞이하는 따뜻한 예술을 위한 것이 아니라, 전쟁을 위해 설계된 난공불락의 요새일 뿐이다. 유력 씨족들과 그들에게 예속된 자들 사이에는 국가를 떠받치는 창조적인 양분인 중산층이라는 존재가 철저히 결여되어 있었다. 트위드강과 퍼스만 사이에서 유일하게 인구가 밀집된 지역은 잉글랜드의 국경과 너무 가까워서 침입이 있을 때마다 파괴되었다. 버려진 호숫가나 황량한 목초지, 혹은 어두운 북방의 숲을 따라 몇 시간이고 걸어도 마을 하나, 성 하나, 도시 하나조차 보이지 않았다. 유럽의 다른 나라들처럼 마을과 마을이 다닥다닥 붙어 있는 것도 아니었고 넓은 도로가 교통과 상업을 실어 나르는 것도 아니었다. 네덜란드나 스페인, 잉글랜드처럼 깃발이 휘날리는 항

구에서 먼 바다로 금과 향신료를 찾아 떠나는 배들이 출항하는 일도 없었다. 여전히 옛날 족장 시대처럼 양을 키우고 물고기를 잡고 사냥을 해서 그럭저럭 연명을 해나갈 뿐이었다. 법이나 관습, 부유함과 문명이라는 측면에서도 당시의 스코틀랜드는 잉글랜드와 유럽에 비해서 적어도 한 세기는 뒤처져 있었다.

새로운 시대가 열리며 유럽의 해안 도시들 곳곳에서는 은행과 증권 거래소가 번창하기 시작했지만, 스코틀랜드에서는 여전히 땅과 양이 부의 척도였다. 메리 스튜어트의 아버지 제임스 5세는 무려 만 마리의 양을 소유하고 있었고, 그것이 그의 전 재산이었다. 그에게는 왕실 금고도, 군대도, 자신의 권력을 지킬 친위대도 없었다. 왜냐하면 그들을

부릴 자금 자체가 없었기 때문이다. 귀족들이 주도하는 의회는 국왕에게 실질적인 권력을 허락하지 않았고, 제임스 5세가 생필품 이상의 것을 얻으려면 프랑스나 교황처럼 부유한 우방국들로부터 빌리거나 하사받아야만 했다. 그의 방과 성에 있는 모든 융단과 고블랭 직물, 촛대 하나까지도 치욕을 감수하고 얻은 것이었다.

이 끊이지 않는 빈곤은 아름답고 고귀한 나라 스코틀랜드에서 정치적 생명력을 빨아들이는 곪은 종기와 같았다. 왕과 병사, 귀족들의 궁핍과 탐욕으로 인해 스코틀랜드는 피 흘린 채 외세의 놀잇감으로 전락했다. 왕에게 대항하고 개신교를 지지하는 자는 런던으로부터 급료를 받았다. 가톨릭과 스튜어트 왕가를 위해서 싸우는 자는 파리, 마드리드, 로마의 후원을 받았다. 결정적인 주도권은 두 강대국, 잉글랜드와 프랑스 사이를 오갔다. 스코틀랜드는 프랑스의 아주 소중한 동지였다. 잉글랜드 군대가 노르망디 쪽으로 쳐들어오려고 할 때마다 프랑스는 재빨리 스코틀랜드를 단도 삼아 잉글랜드의 배후를 겨누었다. 그럴 때면 호전적인 스코틀랜드 사람들은 국경을 넘어 오랜 적을 향하여 돌진해 가곤 했다. 스코틀랜드의 군사력을 강화하는 것은 프랑스 외교의 영원한 과제였으며, 그에 대응하여 잉글랜드가 귀족들을 선동하고 끊임없는 반란을 조장하는 것은 너무도 자연스러운 일이었다. 그렇게 이 불운한 나라는 백 년에 걸친 전쟁의 피비린내 나는 전장이 되었다. 그리고 모든 싸움은 아직 아무것도 모르는 한 어린아이의 운명 속에서 비로소 최종적인 결말을 맞이하게 될 것이다.

이 싸움이 한 아이의 요람에서부터 시작되었다는 사실은 그 자체로 찬란하고 극적인 상징이다. 아직 말도 하지 못하고 생각도, 감정도 가

지지 못한 채 속싸개 속에서 조그
만 손을 간신히 움직일 뿐이었지
만, 정치의 손길은 아직 피어나지
도 못한 어린 육신과 아무것도 모
르는 영혼을 향해 뻗쳐오고 있었
다. 이것이야말로 메리 스튜어트의
숙명이었다. 정치라는 치열한 셈법
의 세계에 영원히 갇히게 되는 것
이 그녀의 운명이었다. 자신의 자
아와 본모습을 마음껏 펼쳐 보일
기회는 결코 허락되지 않았고, 언
제나 정치의 그물 속에 얽혀 살 수

>--•— 메리 스튜어트(1542-1587)

밖에 없었다. 그녀는 늘 외교의 대상, 타인의 욕망이 덧씌워진 인형에
불과했다. 여왕으로서, 왕위 계승자로서, 동맹국의 구성원으로서, 혹
은 적국의 인물로서 존재할 수밖에 없었다.

제임스 5세가 죽고 갓 태어난 그의 딸이 스코틀랜드의 계승자로서
여왕이 되었다는 소식이 런던에 전해졌다. 그러자 잉글랜드의 헨리 8
세는 아직은 어린 자신의 아들 에드워드를 위해 이 귀한 신부에게 서
둘러 청혼하기로 결심한다. 연약한 몸에 영혼조차 깨어나지 못한 아이
가 마치 물건처럼 거래의 대상이 되어버린 것이다. 그러나 정치란 결
코 감정으로 움직이는 것이 아니다. 오직 왕관과 영토, 그리고 계승권
으로 셈한다. 정치에서 개인이란 존재하지 않는다. 개인은 세계라는
게임판 위에서 가시적이고 물질적인 가치 앞에 아무런 의미도 지니지

못한다. 잉글랜드의 헨리 8세가 스코틀랜드의 왕위 계승자와 잉글랜드의 왕세자를 약혼시키려 한 발상은 오히려 이성적이며, 심지어 인간적인 것이었다. 오랜 세월 동안 이어져 온 형제 나라들 사이의 전쟁은 아무런 의미도 없었기 때문이다. 같은 섬에 함께 살면서 같은 바다에 둘러싸여 있고, 같은 바람에 흔들리며, 삶의 조건 또한 유사한 잉글랜드와 스코틀랜드에게는 하나의 과제가 주어져 있었다. 바로 통합이다.

자연은 이 땅에서 이미 그 의지를 뚜렷이 밝힌 셈이다. 하지만 튜더 가문과 스튜어트 가문의 시기심이 궁극적인 목표를 가로막고 있었다. 만일 두 왕가의 대립을 혼인이라는 방식으로 결속시킬 수 있다면 스튜어트와 튜더의 후손들은 곧 잉글랜드와 스코틀랜드, 아일랜드를 아우르는 국왕이 될 수 있다. 하나로 통합된 대브리튼 왕국이 된다면 더 높은 차원의 투쟁, 즉 세계 패권을 둘러싼 경쟁에 나설 수 있게 되는 것이다.

그러나 드물게도 명확하고 논리적인 구상이 정치판에 모습을 드러낼 때면 언제나 어리석은 실행으로 인해 그 뜻이 좌절되고 만다. 처음에는 모든 것이 아주 잘 들어맞는 듯 보였다. 호주머니 속에 돈을 챙겨넣은 귀족들은 혼인 계약에 기꺼이 동의했다. 그러나 약아 빠진 헨리 8세는 양피지 조각에 적힌 계약서 하나만으로는 만족할 수 없었다. 그는 명예로운 신사들의 위선과 탐욕을 수도 없이 겪어본 터라 이 믿을 수 없는 인간들이 서류 한 장에 얽매일 리 없으며, 더 나은 제안이 들어오기만 하면 당장 어린 여왕을 프랑스 왕위 계승자에게 팔아넘기리라는 것을 잘 알고 있었다. 그래서 가장 첫 번째 조건으로 그 어린 소녀를 즉시 잉글랜드로 인도할 것을 요구했다. 그러나 튜더 가문이 스튜어트 가문을 의심했듯 스튜어트 가문 또한 튜더 가문을 마찬가지로 경계하고 있었다. 무엇보다도 메리 스튜어트의 어머니는 이 계약에 강하게 반발했다. 기즈 가문 출신으로서 엄격한 가톨릭 신앙 아래 교육받은 메리 스튜어트의 어머니는 자신의 아이를 이교도 집단에 넘길 수 없었다.

게다가 그녀는 그 계약서에서 이상한 함정을 발견하는 데 그리 오랜 시간이 걸리지 않았다. 헨리 8세가 스코틀랜드 중개인을 매수해서 다음과 같은 비밀 조항 하나를 넣었던 것이다. 그것은 바로 아이가 일찍 죽게 될 경우 스코틀랜드 왕국 전체의 지배권과 재산이 헨리 8세에게 귀속된다는 내용이었다. 이는 매우 수상쩍은 일이었다. 이미 아내를 두 명이나 교수대로 보내버린 자라면, 그토록 소중한 유산을 조금이라도 빨리 손에 넣기 위해 옳지 않은 방법으로 아이의 죽음을 앞당길 수도 있기 때문이다. 그리하여 이 자애로운 어머니는 자신의 딸을 런던으로 보내는 것을 단호히 거부했다. 그리고 혼인 협상은 전쟁 직전의 상황으로 치닫는다. 헨리 8세는 귀중한 담보물을 무력으로 빼앗기 위해 군대를 보냈다. 그가 군에 내린 명령은 16세기라는 시대가 지닌 노골적인 야만성과 잔혹함을 여실히 드러낸다.

모든 것을 불과 칼로써 없애버리라는 것이 폐하의 뜻이다. 에든버러를 불태워 흔적도 없이 쓸어버려라. 홀리루드를 약탈하고, 에든버러 주변의 도시와 마을들을 남김없이 불태워 복속시켜라. 리스와 그 밖의 모든 도시도 예외가 아니다. 남자, 여자, 아이를 가리지 말고 저항하는 자는 모조리 처단하라.

헨리 8세의 군대는 흉노족처럼 사나운 모습으로 국경을 넘어 쳐들어왔다. 그러나 어머니와 아기는 마지막 순간에 견고한 스털링성으로 간신히 피신했다. 헨리 8세는 결국 후퇴하며 타협해야 했다. 그 결과 맺어진 조약에는 열 번째 생일을 맞는 날 메리 스튜어트를 잉글랜드로 인도하기로 약속한다는 내용이 담겼다. (이때도 그녀는 하나의 물건처럼 거래되고 있었다.)

또다시 모든 일이 순조롭게 정리된 듯 보였다. 그러나 정치는 언제나 모순적이다. 정치란 단순하고 자연스럽고 이성적인 해결책을 본능적으로 거부하며, 난관을 즐기고 분열을 양분으로 삼는다. 곧 스코틀랜드의 가톨릭 세력은 은밀한 공작을 꾸며 아직 옹알이하고 웃는 것밖에 모르는 이 아이를 잉글랜드 왕자 대신 프랑스 왕자에게 넘기려는 속셈을 꾸몄다. 헨리 8세가 세상을 떠나자 그 뒤를 이어 섭정으로 권력을 잡은 잉글랜드의 서머셋 공작은 아직 어린 에드워드왕을 대신해 메리 스튜어트를 런던으로 인도하라고 요구했다. 그러나 스코틀랜드가 거절하자 그는 군대를 일으켰다. 그는 귀족들이 존중하는 단 한 가지 언어인 폭력으로 그들을 굴복시키려고 하였다. 스코틀랜드 귀족들에게 통하는 유일한 언어는 다름 아닌 '힘'이었기 때문이다. 1547년

>••• 핑키 클로 전투(1547)

헨리 8세는 메리 스튜어트를 자신의 아들인 에드워드 6세와 결혼
시키려 했으나, 스코틀랜드가 이를 거부하고 프랑스와 동맹을 강화
하자 전쟁을 일으켰다.

9월 10일, 핑키 클로 전투에서 (아니, 차라리 핑키 클로 대학살이라 불
러야 할 그 참극에서) 스코틀랜드 병력은 참패했고 1만 명도 넘는 시
체가 전장을 뒤덮었다. 메리 스튜어트는 다섯 살도 채 안 되었지만 그
녀로 인한 피가 강물처럼 흘렀다.

스코틀랜드는 이제 잉글랜드에게 무방비 상태로 드러났다. 그러나
이미 샅샅이 약탈당한 이 땅에서는 더 이상 훔쳐갈 만한 것이 많지 않
았다. 튜더 왕가의 눈에 이 나라가 지닌 단 하나의 보물은 오직 어린
아이뿐이었다. 그녀는 그 자체로 왕관이며, 왕위 계승권을 상징하는
존재였기 때문이다. 그러나 첩보원들의 절망 속에 메리 스튜어트는 갑
자기 스털링성에서 자취를 감추었다. 심지어 가장 가까운 측근들조차

여왕의 어머니가 아이를 어디에 숨겼는지 전혀 알지 못했다. 피난처는 더할 나위 없이 좋은 곳이었다. 아이는 한밤중에 아무도 모르게 믿을 만한 하인들에 맡겨져 인치마홈 수도원으로 옮겨졌다. 멘티스 호수의 작은 섬 위에 있는 수도원이었다. 프랑스 대사의 보고에 따르면, 이곳은 '야만인의 땅'이라 불릴 만큼 깊숙하고 험준한 곳이었다. 이 낭만적인 장소로는 닿을 수 있는 길조차 없었다. 오직 배를 타고서만 그 소중한 아이를 섬 가장자리까지 데려갈 수 있었고, 그곳에서는 세속과 단절된 신심 깊은 수도자들이 수도원을 지키며 머물고 있었다. 소란스럽고 불안한 세상으로부터 멀리 떨어져 메리 스튜어트는 모든 사건의 그림자 속에서, 아무것도 모른 채 살아갔다. 그동안 외교사절들은 육지와 바다를 넘나들며 부지런히 그 아이의 운명을 직조하였다.

프랑스는 위협적인 모습으로 무대에 등장하여 스코틀랜드가 잉글랜드에 완전히 예속되는 것을 방해하려 들었다. 프랑수아 1세의 아들인 앙리 2세가 강력한 함대를 파견한 것이다. 그리고 프랑스 원정군 총사령관은 왕의 이름으로 자국의 왕세자 프랑수아와 메리 스튜어트의 혼인을 정식으로 제안했다. 단 하룻밤 사이, 이 아이의 운명은 거센 바람처럼 뒤바뀌었다. 잉글랜드의 여왕이 될 운명이던 어린 스코틀랜드 소녀는 이제 프랑스의 왕비가 되도록 정해진 것이다. 그 격변의 배후에는 해협을 건너 몰아친 날 선 정치의 바람, 전쟁의 긴장을 머금은 바람이 있었다. 1548년 8월 7일, 새롭고 더욱 유리한 거래가 체결되자마자 이 거래의 귀중한 상품인 다섯 살하고 여덟 달밖에 되지 않은 메리 스튜어트는 프랑스로 잘 포장되어 보내졌다. 마찬가지로 낯선 신랑에게 평생을 약속한 채 팔려간 것이다. 또다시, 그리고 이것이 마지막도 아니겠지만, 타인의 의지가 그녀의 운명을 빚어내고 바꾸어 놓는다.

아무것도 모른다는 것, 그것이야말로 어린 시절의 은총이다. 세 살, 네 살, 다섯 살배기 아이가 전쟁과 평화에 대해, 전투와 조약에 대해 무얼 알 수 있을까? 프랑스와 잉글랜드, 에드워드와 프랑수아 같은 이름들이 이 아이에게 무슨 의미가 있단 말인가? 세상의 모든 광기 어린 소란이 이 아이에게는 그저 허공의 소음에 지나지 않는다. 금발을 날리며, 가느다란 다리를 가진 어린 소녀는 성 안의 어두운 방과 밝은 방 사이를 뛰어다니며 놀았다. 그리고 야만적인 시대에도 꽤나 다정한 발상 하나쯤은 있었던 모양이다. 그 곁에는 그녀와 같은 또래의 소녀 네 명이 항상 함께했다. 태어날 때부터 그녀 곁에는 스코틀랜드의 명문가 출신에서 뽑힌 네 명의 친구가 붙여졌다. 이 아이들은 바로 '네 명의 메리' 메리 플레밍, 메리 비튼, 메리 리빙스턴, 메리 세튼이었다. 오늘은 장난스러운 친구들이지만, 내일은 낯선 땅에서 동지가 될 네 명의 아이들이었다. 이들은 그녀의 궁정 시녀가 되어, 여왕이 먼저 신랑을 정하기 전에는 누구도 먼저 결혼하지 않겠노라고 다짐했다. 훗날 다른 세 명이 불행 속에서 그녀 곁을 떠날 때에도 단 한 사람만은 끝까지 함께한다. 그녀의 망명길에도, 죽음의 순간까지도 동행할 것이다. 그렇게 복된 어린 시절의 한 줄기 빛이 그녀의 가장 어두운 시간까지 스며든다. 하지만 그 암울하고 그림자 드리운 시간이 도래하기까지는 아직 한참 멀었다. 지금은 다섯 소녀가 하루 종일 성 안을 뛰놀며 홀리루드 궁전이든 스털링성이든, 매일같이 해맑게 놀고 있을 뿐이다. 그들은 위엄이나 품위, 왕좌가 무엇인지 전혀 알지 못했다. 그것이 가져다주는 자부심도, 그 뒤에 숨어 있는 위험도 전혀 알지 못했다.

그러던 어느 날 밤, 어린 메리는 아기 침대에서 조심스레 들어올려져 어둠 속으로 들려나갔다. 호숫가에서 배 한 척이 기다리고 있다가 그녀를 태우고 섬으로 건너갔다. 그곳은 고요하고 평온한 섬, 인치마홈이었다. 섬에 도착하자 보통 사람들과는 다른 옷을 입은 낯선 남자들이 인사를 했다. 검은색으로 길게 흘러내리는 수도복 차림이었다. 그들은 친절하고 온화하였으며 색색의 유리창으로 빛이 스며드는 천장이 높은 방에서 아름답게 노래를 불렀다. 아이는 차츰 그곳에 익숙해져 갔다. 그러나 또다시 어느 날 밤, 사람들이 그녀를 데리러 왔다. (메리 스튜어트의 여정은 언제나 이렇듯, 밤마다 하나의 운명에서 다른 운명으로 옮겨 다니는 도피의 연속이 될 것이다.) 그리고 그 다음 장면에서 그녀는 낯선 병사들과 수염 난 뱃사람들 사이에 둘러싸인 채 하얀 돛이 펄럭이는 높은 배 위에 서 있다. 어린 메리에게 두려움이란 없다. 모든 것이 다정하고, 부드럽고, 좋은 일들뿐이다. 열일곱 살의 이복 오빠 제임스(그녀의 아버지 제임스 5세가 혼인 이전에 낳은 수많은 사생아 중 하나)는 그녀의 금빛 머리칼을 쓰다듬어 주었고, 네 명의 '메리'들, 소중한 친구들도 함께였다. 다섯 명의 꼬마 소녀들은 프랑스 군함의 대포들 사이, 갑옷 입은 선원들 틈에서 마냥 장난치고 웃어댔다. 아이들에게 뜻밖의 변화는 그저 신기하고 즐거울 뿐이다. 위쪽 돛대 망루에는 한 선원이 불안한 눈빛으로 망을 보고 있었다. 그는 잉글랜드 함대가 해협을 순찰하고 있으며, 프랑스 왕세자의 신부가 되기 전에 그 아이를 다시 붙잡기 위해 마지막 순간까지 기회를 엿보고 있다는 것을 알고 있었다. 하지만 아이들은 그런 건 보지 못한다.

메리의 눈에 보이는 것은 그저 가까운 것, 새롭고 낯선 것들뿐이다. 바다는 파랗고, 사람들은 친절하며, 배는 살아 숨쉬는 거대한 짐승처럼 물살을 가르며 나아갔다.

1548년 8월 13일, 마침내 갤리온선이 브레스트 근처의 작은 항구 로스코프에 닿았다. 작은 보트들이 해안 쪽으로 향했고, 다채로운 모험에 마음이 들뜬 메리 스튜어트는 웃고 장난치며 아무것도 모른 채 프랑스 땅에 발을 내딛었다. 아직 여섯 살도 되지 않은 스코틀랜드의 여왕이었지만 이 순간을 끝으로 그녀의 어린 시절은 막을 내리고, 의무와 시련이 시작된다.

제2장

프랑스 왕실의 소녀

1548-1559

프랑스 궁정은 고상한 예법에 통달해 있었고 의식이라는 신비로운 기술에도 흠잡을 데 없이 능숙했다. 앙리 2세, 발루아 가문의 군주라면 왕세자의 신부에게 마땅히 부여해야 할 위엄이 무엇인지 잘 알고 있었다. 그는 메리 스튜어트가 도착하기도 전에 그녀가 지나갈 모든 도시와 마을에 칙령을 내려 어린 스코틀랜드의 여왕을 왕의 친딸처럼 극진한 예우로 대접하도록 했다. 거리마다 여신과 요정, 세이렌 같은 상징들을 담은 장식 아치들이 세워졌고 동행한 수행원들의 기분을 북돋기 위한 맛 좋은 포도주 몇 통이 준비되었다. 그녀를 위한 폭죽과 축포도 터졌다. 하얀 옷을 입은 150명의 어린이들로 이루어진 작은 의장대가 피리와 북, 조그만 창과 도끼를 들고 줄지어 행진하며 어린 여왕을 향해 환호했다. 그리하여 마을에서 마을로, 끊임없는 축제의 연속 속에서 어린 여왕 메리 스튜어트는 마침내 생제르맹에 도착했다.

그곳에서 아직 여섯 살도 되지 않은 메리는 처음으로 자신의 약혼자를 마주하게 된다. 그 아이는 네 살 반쯤 된 창백하고 허약한 아이로, 타고나기를 병약하며 단명할 운명이 정해진 듯한 소년이었다. 그는 수줍고 어색하게 신부를 맞이했다. 왕족의 다른 가족들은 그녀의 사랑스러움에 매료되어 따뜻한 환영의 인사를 건넸다. 특히 앙리 2세는 그녀를 보고 감탄하여 한 편지에 "내가 지금껏 본 아이들 중 가장 완벽한 아이"라고 적었다.

➤•➤ 프랑수아 2세(1544-1560)

프랑스 왕실은 이 시기에 세계에서 가장 찬란하고 위대한 궁정 가운데 하나로 손꼽혔다. 중세의 어둠은 막 지나간 참이었지만, 죽어가는 기사도 정신의 마지막 낭만적 광채가 이 과도기 위에 어슴푸레 드리워져 있었다. 사냥과 창 시합, 기사들의 유희와 모험, 전쟁에 이르기까지 남성적 기개는 여전히 중세의 거친 방식으로 표출되고 있었다. 그러나 다른 한편에서는 지성이 조용히 우위를 점해가고 있었다. 인문주의는 수도원과 대학을 넘어 궁정 안으로 파고들었고, 지배계층의 정신적 권위로 자리잡았다. 이탈리아에서 건너온 교황들의 호화로움과 르네상스가 낳은 지적이면서도 감각적인 쾌락주의, 그리고 아름다운 예술에 대한 열렬한 기쁨이 마침내 프랑스에 닿아 찬란한 승리를 거두었다.

그리하여 역사적 전환기이자 세계사의 눈부신 한순간에 이곳 프랑스에서는 힘과 아름다움, 용기와 경쾌함이 어우러진 유례없는 조화가 피어나게 된다. 죽음을 두려워하지 않으면서도 삶을 감각적으로 사랑하는, 고귀한 정신의 예술이 이곳에서 꽃을 피운 것이다. '갈리아의 기사도 정신'은 르네상스가 전한 고전적 교양과 놀라운 조화를 이루었다. 이 시대의 이상적인 귀족상이란, 갑옷을 입고 투기장에서 창을 겨누며 적을 힘껏 돌진해 꿰뚫을 줄 아는 동시에 우아한 몸짓으로 가장 정교한 동작들을 완벽하게 소화해내는 사람이었다. 거칠고 험한 전쟁의 기술 못지않게 섬세한 궁정 예법에도 정통해야 했고, 한 손으로는 전투에서 묵직한 장검을 휘두르면서도 다른 한 손으로는 부드럽게 류트를 뜯으며 연인에게 바칠 소네트를 지을 줄 알아야 했다. 강인함과 섬세함, 투쟁심과 교양을 모두 갖춘 사람. 싸움에도 능하고 예술에도 밝은 인간, 그것이 이 시대가 품은 이상이었다.

해가 지기 전까지 왕과 귀족들은 사냥개 떼를 이끌고 사슴과 멧돼지를 뒤쫓으며 창날을 산산조각 낼 정도로 거친 하루를 보냈지만, 저녁이 되면 새롭게 단장한 루브르, 생제르맹, 블루아, 앙부아즈 궁전의 회랑으로 모여들어 향유의 시간을 나누었다. 이들은 시를 낭송하거나, 마드리갈을 노래하고 음악을 연주하며, 고전문학의 정신을 가면극 속에서 되살려냈다. 롱사르, 뒤 벨레, 클루에 같은 시인과 화가들이 작품을 선보이는 궁정은 예술과 삶의 다양한 형식이 어우러져 풍부하게 표현된 색채와 기쁨을 자랑했다. 불행한 종교전쟁이 시작되기 전 유럽 어디서나 그랬듯 프랑스도 위대한 문화를 향한 도약을 눈앞에 두고 있었다.

이런 궁정에서 살아가야 하는 사람, 더구나 언젠가 그 궁정을 다스려야 할 사람이라면 새로운 문화적 요구에 스스로를 맞춰야 했다. 예술과 학문 모든 영역에서 이상에 이르기 위해 힘써야 했고, 정신과 육체 모두를 유연하게 단련할 줄 알아야 했다. 상류 계층에 속한 자들에게 예술을 하나의 의무로 삼게 했다는 점에서 인문주의는 인류의 찬란한 문화사에 길이 남을 영예로운 장을 차지하게 되었다. 특히 이 시기에는 귀족 남성들뿐 아니라 귀족 여성들에게도 철저한 교육이 강조되었다. 이 점에서 하나의 새로운 시대가 열렸다고 할 수 있다. 메리 튜더와 엘리자베스가 그러했듯, 메리 스튜어트 또한 고전어인 그리스어와 라틴어는 물론 이탈리아어, 영어, 스페인어 같은 현대 언어들도 배워야 했다. 물려받은 문화적 자질과 밝고 민첩한 정신 덕분에 이 재능 많은 아이에게는 어떤 공부도 그저 하나의 놀이일 뿐이었다. 에라스뮈스의 『콜로키움』으로 라틴어를 익힌 그녀는 열세 살의 나이에 루브르 궁의 대전에서 자신이 직접 쓴 라틴어 연설문을 낭독했다. 그녀의 외삼촌인 로렌의 추기경은 메리 스튜어트의 어머니, 기즈 가문의 마리에게 자랑스럽게 이렇게 전했다.

따님은 키도 훌쩍 자라셨고, 매일매일 내면의 품격과 아름다움, 그리고 지혜까지 놀라울 정도로 성장하고 계십니다. 모든 면에서 완벽한 존재라 해도 과언이 아니며, 이 왕국의 귀족 가문이든 다른 신분이든 그 누구도 따님과 견줄 수 없습니다. 왕께서도 따님을 대단히 총애하셔서, 종종 한 시간 넘게 그 아이와 함께 시간을 보내십니다. 그리고 따님은 총명함과 신중한 말솜씨로 왕을 즐겁게 해드릴 줄 압니다.

실제로 메리 스튜어트의 정신적 성숙함은 그 나이로서는 매우 이례적인 것이었다. 곧 프랑스어도 완벽하게 익힌 그녀는 시적인 표현에도 주저함이 없어, 롱사르와 뒤 벨레가 바친 찬사의 시에 걸맞게 응수할 수 있게 되었다. 이렇게 메리 스튜어트는 단지 궁정의 유희로서가 아니라 내면의 곤경과 시련의 순간마다 자신의 감정을 시로 털어놓는 사람이 되었다. 시를 사랑했고 시인들에게 사랑받았던 여인이었기에 가능한 일이었다. 그녀는 다른 예술 분야에서도 탁월한 감각을 드러냈다. 류트를 타며 노래하는 모습은 우아했고, 춤 솜씨는 황홀할 만큼 아름다웠으며, 자수 실력은 단순히 손재주가 좋은 수준을 넘어서 비범한 예술성을 보여주었다.

엘리자베스가 즐겨 입던 거추장스러운 종모양의 예복과는 달리 그녀의 복식은 과하게 꾸민 느낌 전혀 없이 늘 절제되어 있었다. 스코틀랜드 킬트를 입든 비단 예복을 입든, 소녀다운 우아함으로 늘 자연스럽게 어울렸다. 기품 있으면서도 과장되지 않은 태도는 그녀를 언제나 시적인 분위기로 감싸주었다. 메리 스튜어트는 궁정의 기사도 정신이 깃든 스포츠에서도 누구에게도 뒤지지 않았다. 키가 크고 늘씬한 그녀는 지칠 줄 모르고 말을 타는 정열적인 사냥꾼이었으며 우아함 속에서도 피로하거나 지치는 법이 없었다. 맑고 명랑하며, 걱정 없이 행복하게, 그녀는 이 풍요롭고 낭만적인 청춘의 술잔을 마음껏 들이켰다. 그러나 바로 지금 이 시간이 가장 순수한 행복의 순간이며, 자신도 모르게 그 모든 것을 남김없이 누리고 있다는 사실을 알지 못했다. 프랑스 르네상스 시대의 여성상이 이토록 기사도적이면서도 낭만적인 모습으로 구현된 예는 드물다. 아마도 이 밝고 열정적인 여인만큼 그러한 이상을 완벽히 담아낸 존재는 없었을 것이다.

　이 어린 시절을 축복한 것은 예술의 여신 뮤즈만이 아니었다. 다른 신들 역시 그녀에게 은총을 내렸다. 메리 스튜어트는 뛰어난 정신적 자질뿐 아니라, 육체적 아름다움까지 함께 타고났다. 소녀에서 여인으로 막 접어들 무렵부터 이미 시인들은 앞다투어 그녀의 아름다움을 찬미하기 시작했다. 브랑톰은 이렇게 전했다.

　열다섯 살이 되자, 그녀의 아름다움은 정오의 햇살처럼 찬란히 빛나기 시작했다.

　뒤 벨레는 더욱 열정적으로 노래했다.

　당신의 정신 속에서 하늘은 자신을 초월했고,
　자연과 예술은 당신의 아름다움 안에
　아름다움이 지닌 모든 아름다움을 담아냈나이다.

　로페 데 베가는 이렇게 탄성을 터뜨린다.

　별들은 그녀의 눈에서 가장 눈부신 빛을 빌려오고, 그녀의 이목구비에서 그토록 경이로운 색을 가져온다.

　롱사르는 프랑수아 왕자의 죽음을 애도하는 시에서, 그의 동생 샤를 9세의 입을 빌려 질투 어린 감탄을 노래했다.

그토록 아름다운 여인을

한 번이라도 가슴에 안았다는 사실,

그것만으로도 왕좌의 가치가 있었도다.

그리고 뒤 벨레는 수많은 찬사의 시편들을 감탄에 찬 한마디로 응축해 낸다.

만족하라, 나의 눈이여.

그와 같은 존재를 너는 다시는 보지 못하리라.

시인들이란 본래 과장을 일삼는 존재이고, 특히 궁정 시인들은 더욱 그렇다. 그래서 우리는 당시의 초상화를 호기심 어린 시선으로 들여다보게 되며, 클루에의 뛰어난 솜씨가 담보하는 사실성과 마주하게 된다. 그 결과 우리는 실망하지는 않지만, 그렇다고 당시 시인들이 쏟아낸 찬사의 열기에 완전히 동의하지도 않게 된다. 그곳에서 마주하게 되는 것은 눈부신 미인이라기보다는 매혹적인 인상이다. 가느다란 타원형의 고운 얼굴, 그리고 약간 뾰족한 코가 주는 약간의 불균형이 오히려 얼굴을 한층 더 매력적으로 만든다. 부드러운 짙은 눈동자에는 어딘가 신비롭고 아련한 빛이 서리고, 입술은 고요하게 다문 채 자리를 지킨다. 이 공주에게 자연이 실로 귀한 재료를 아끼지 않았음을 인정하지 않을 수 없다. 우유처럼 하얗고 빛나는 피부, 진주를 꿰어 장식한 듯한 풍성한 잿빛 금발, 섬세하고 눈부신 손, 길고 유연한 몸매. 그녀의 드레스는 눈처럼 희고 맑은 살결을 은은하게 비추고 있었고, 꽃

➤•••● 1564년, 메리 스튜어트의 대사 제임스 멜빌 경은 잉글랜드 궁정에서 엘리자베스 1세가 소장한 초상 미니어처 몇 점을 보게 되었다. 당시 잉글랜드 여왕은 메리의 초상화를 꺼내어 입맞추었다고 전해진다.

이 초상화는 왕실 결혼을 기념하기 위해 프랑스 왕가가 의뢰하여 제작한 것으로 보인다. 오른손 네 번째 손가락에 반지를 끼우는 제스처는 프랑수아 2세와의 혼인을 상징한다.

꽂이 세운 깃은 어깨선의 고운 윤곽을 부드럽게 드러내 보여준다. 얼굴에는 흠이라 할 만한 것이 하나도 없었다. 그러나 그 차갑도록 흠 없는 완벽함, 매끄럽게 정제된 아름다움 속에는 아직 뚜렷한 개성이나 인상적인 특징이 보이지 않는다.

이 사랑스러운 소녀의 초상화를 바라보며 우리는 그녀에 대해 실은 아무것도 알 수 없다. 그리고 그녀 자신 역시 아직 자기 안에 무엇이 깃들어 있는지 모른다. 그 얼굴은 아직 내면의 영혼이나 감각으로부터 빛나지 않는다. 마치 단정하고 부드러운, 예의 바른 기숙학교 소녀가 조용히 우리를 바라보고 있는 듯한 인상만 남을 뿐이다.

메리 스튜어트에 대해 전해지는 이야기들은 하나같이 그녀의 흠 없는 태도, 근면함과 단정함을 칭찬하지만 결국 그 어조는 모범적인 여학생을 소개하는 듯한 느낌을 준다. 학업 성취도가 뛰어나고, 대화에서는 다정하고, 예절 바르고 독실하며, 예술과 놀이에도 모두 능숙하지만, 그 어떤 분야에서도 단연 돋보이는 천재성은 보이지 않는다. 그녀는 그저 왕세자비에게 요구되는 교육 과정을 충실히, 그리고 성실히 수행해냈다. 사람들이 감탄하는 것은 어디까지나 그녀의 사교적인 자질, 궁정의 예법에 부합하는 외적인 장점들이었다. 그녀라는 인간, 그녀의 성격에 대해 특별히 증언하는 이는 단 한 사람도 없었다. 이는 그녀의 본질적 자질이 아직 누구에게도 드러나지 않았다는 뜻이며 그럴 수밖에 없었던 이유는 그것이 아직 피어나지 않았기 때문이다. 수년이 더 지나도록, 그녀에게서 드러나는 것은 오직 훌륭한 예절과 세련된 궁정 문화뿐이었다. 그녀의 내면이 진정으로 깨어나는 날이 오기 전까지, 그 안에 어떤 강렬한 열정이 잠들어 있는지는 누구도 알지 못했다. 그녀의 이마는 매끄럽고 차갑게 빛났으며 입술에는 다정한 미소가 서려 있었다. 눈동자는 어딘가를 응시하며 깊은 생각에 잠긴 듯했지만 그것은 세상을 향한 시선이었지, 내면을 향한 것이 아니었다. 그 핏속에 흐르는 운명의 유산을, 그녀 스스로가 마주하게 될 위험을 아직 다른 이들도, 메리 스튜어트 자신도 알지 못했다.

아이가 군주의 자질을 그토록 유망하게 드러내자 예상보다 이른 시기에 혼례 준비가 시작되었다. 이번에도 메리 스튜어트의 인생의 시계는 여러 의미에서 또래들보다 훨씬 빠르게 흘러갔다. 그녀와 약혼한 왕세자는 거우 열네 살에 불과했고, 허약하며 창백하고 병약한 소년이었다. 하지만 정치란 자연보다 더 성급한 법. 기다릴 수도 없고 기다려서는 안 되는 이유가 있었다. 프랑스 왕실에서는 이 결혼을 성사시키는 데 지나치다 싶을 만큼 서두르는 기색이 역력했다. 그것은 바로 이 상속자가 몹시 허약하고 위태로운 건강 상태임을 왕실 의사들의 걱정 어린 보고서로 이미 알고 있었기 때문이다. 그리고 이 결혼에서 발루아 가문에게 가장 중요한 것은 바로 스코틀랜드 왕위를 확보하는 것이었다. 그래서 두 아이를 그렇게 다급히 제단 앞으로 끌고 갔던 것이다.

결혼 계약은 스코틀랜드 의회의 사절들과 함께 체결되었고, 그에 따라 왕세자는 '혼인에 따른 공동 통치권', 즉 스코틀랜드의 공동 왕위라는 명분을 얻게 되었다. 동시에 메리의 친척인 기즈 가문은 자신이 어떤 책임을 지는지 알 리 없는 열다섯 살 소녀에게 또 하나의 문서에 서명하도록 강요했다. 이 문서는 스코틀랜드 의회에 비밀로 부쳐졌다. 메리는 만약 자신이 일찍 죽거나 후사 없이 세상을 떠나게 될 경우, 자신의 나라(마치 그것이 그녀의 사유 재산인 양)는 물론이고, 잉글랜드와 아일랜드에 대한 상속권까지도 프랑스 왕실에 넘기겠다는 약속을 해야만 했다.

서명을 비밀리에 진행한 것만 봐도 알 수 있듯이, 이 계약은 비열한 행위였다. 메리 스튜어트는 임의로 상속권을 변경하거나, 자신의 조국을 죽은 뒤에 외국 왕조에게 옷이나 소유물처럼 넘길 아무런 권한이 없었다. 하지만 그녀의 외삼촌들은 아직 아무것도 모르는 소녀에게 억지로 서명을 시켰다. 이는 비극적인 상징이기도 하다. 메리 스튜어트가 친척들의 강요로 정치적 문서에 처음으로 남긴 이 서명은 본래 성실하고 정직한 심성을 가진 그녀에게 있어 첫 번째 거짓말이 되었다. 그러나 여왕이 되기 위해, 그리고 여왕의 자리를 지키기 위해 이제부터 그녀는 결코 완전히 진실할 수 없다. 정치에 자신을 내맡긴 사람은 더 이상 자기 자신에게만 속할 수 없으며, 자신의 본성이 부여한 신성한 법칙이 아닌 다른 법칙에 복종해야 한다. 그러나 이 모든 은밀한 책략들은 결혼식의 화려한 연극을 통해 세상 사람들의 눈앞에서 감쪽같이 가려졌다. 왕세자가 프랑스에서 결혼식을 올리는 일은 200년 넘게 없었던 터라, 발루아 왕가는 이런 호사를 누려보지 못한 백성들에게 전례 없는 화려함을 선보일 의무가 있다고 여겼다. 카트린 드 메디시스는 자신의 고향 이탈리아에서 르네상스의 대가들이 설계한 성대한 축제를 이미 맛보았다. 그녀는 그 어떤 축제보다도 더 웅장한 혼례를 치르는 것을 자신의 명예로 삼았다.

>—•— 카트린 드 메디시스(1519-1589)

1558년 4월 24일, 파리는 축제의 도시가 되었다. 노트르담 성당 앞에는 파란색 키프로스 비단에 황금색 백합 문양이 수놓인 왕실의 천막이 세워졌고 길에는 백합이 수놓인 파란색 융단이 깔렸다. 붉고 노란 옷을 입은 연주자들이 선두에서 악기를 연주하고, 그 뒤로 눈부시게 치장한 왕가의 행렬이 환호 속에 등장했다. 백성들이 지켜보는 가운데 결혼식이 거행되었고 수많은 시선이 연약하고 창백한 소년 곁에 선 신부에게로 쏠렸다. 화려한 의상이 오

히려 그 소년을 짓누르는 듯했다. 궁
정 시인들은 이번에도 앞다투어 그
녀의 아름다움을 황홀하게 찬양했다.
평소에는 점잖은 연애담을 즐겨 이야
기하던 브랑톰조차 이날만큼은 찬가
를 남겼다. "그녀는 하늘의 여신보다
백 배나 더 아름다웠다." 어쩌면 행복
으로 빛나던 그 순간에 특별한 후광이
그녀에게 나타났던 것인지도 모른다.
그 순간 미소를 머금고 사방을 향해 축
복의 인사를 건네던 이 소녀는 싱그럽

프랑수아 2세와 메리 스튜어트

고 눈부신 젊음으로 가득 차 있었다. 아마도 그것이 그녀 인생에서 가장
화려한 순간이었을 것이다. 풍요와 찬탄, 환호에 둘러싸였던 메리 스
튜어트의 삶은 이후 다시는 이러한 영광을 맞이하지 못한다.

그녀는 유럽 제일의 왕세자와 나란히 행렬의 맨 앞에 서서 환호와
열기가 지붕까지 진동하는 거리를 행진했다. 저녁에는 궁전에서 연회
가 열렸고 온 파리가 환호 속에 어린 소녀를 바라보았다. 프랑스 왕관
에 새로운 왕관을 가져온 이 소녀를 경탄의 눈길로 바라보았다. 영광
스러운 하루의 마지막은 무도회였다. 예술가들은 이 무도회를 위해 놀
라운 장치들을 마련했다. 금으로 장식된 여섯 척의 배가 있었고, 배의
돛은 은빛 천으로 만들어졌으며 거센 항해의 움직임을 정교하게 흉내
냈다. 이 배들은 보이지 않는 기술자들에 의해 연회장 안으로 끌려 들
어왔다. 각 배에는 황금빛 옷과 다마스크 직물로 된 가면을 쓴 왕자가

있어 공손하게 부인 한 명 한 명을 자신의 배로 안내했다. 카트린 드 메디시스 왕비, 메리 스튜어트, 나바라의 여왕, 엘리자베트, 마르그리트, 그리고 클로드 공주가 그 배에 올랐다. 화려함과 풍요 속에서 인생의 행복한 항해를 기원하는 이 연출은 상징적인 의미를 담고 있다. 그러나 인간의 소망만으로 운명을 다스릴 수는 없다. 바로 이 한순간, 아무 걱정 없는 순간이 지나고 나면, 메리 스튜어트의 인생이라는 배는 더 낯설고 위험한 해안으로 향하게 될 것이다.

첫 번째 위험은 예기치 못한 곳에서 찾아왔다. 메리 스튜어트는 이미 스코틀랜드의 여왕으로 즉위해 있었고, 프랑스의 왕위 계승자인 왕세자 역시 그녀를 자신의 아내로 삼았다. 이렇게 하여 또 하나의 값진 왕관이 그녀의 머리 위에 드리워졌다. 바로 그때, 운명은 그녀 앞에 파멸적인 유혹으로 세 번째 왕관을 내밀었다. 그리고 그녀는 아무런 조언도 듣지 않은 채 어린아이처럼 현혹된 손으로 그 거짓된 영광을 붙잡으려 했다.

1558년, 메리 스튜어트가 프랑스 왕위 계승자의 아내가 된 바로 그해에 잉글랜드의 여왕 메리 1세가 세상을 떠났다. 그리고 곧바로 이복동생인 엘리자베스가 잉글랜드의 왕위에 올랐다. 하지만 과연 엘리자베스가 진정한 왕위 계승권을 가진 여왕일까? 여러 아내를 두었던 헨리 8세는 세 명의 자녀를 남겼는데 아들 에드워드와 두 딸이 있었다. 그중 메리는 아라곤의 캐서린에게서 태어났고, 엘리자베스는 앤 불린에게서 태어났다. 아들 에드워드가 일찍이 세상을 떠난 뒤, 연장자이자 법적으로 의심의 여지가 없는 혼인에서 태어난 메리가 왕위를 계승했다. 그러나 그녀가 자식 없이 죽는다면 과연 왕위는 엘리자베스에게 돌아가는 것이 정당한가?

잉글랜드의 왕실 법학자들은 그렇다고 주장했다. 결혼은 주교가 집전했고, 교황이 이를 승인했기 때문이다. 하지만 프랑스의 왕실 법학자들은 아니라고 말했다. 헨리 8세가 후에 앤 불린과의 결혼을 무효로 선언했고, 엘리자베스를 의회의 결정으로 서녀로 규정했기 때문이다. 그리고 만약 가톨릭 세계 전체가 지지하는 이 견해에 따라 엘리자베스가 서녀이자 왕위에 오를 자격이 없는 존재라면, 이제 잉글랜드 왕위 계승권은 헨리 7세의 증손녀인 메리 스튜어트에게 돌아가게 되는 것이다.

➤•━ 엘리자베스 1세(1533-1603)

엘리자베스 1세는 헨리 8세와 그의 두 번째 왕비 앤 불린 사이에서 태어났다. 헨리 8세는 앤 불린과 결혼하기 위해 로마 가톨릭 교회와 결별했으나 이후 유산을 반복하자 아들을 낳아줄 또 다른 여성에게 눈을 돌렸다. 앤 불린은 간통과 반역 혐의로 1536년 처형되었고, 헨리 8세는 곧 앤 불린의 시녀였던 제인 시모어와 결혼하였다.

그리하여 세계사적으로 중대한 결정이 하룻밤 사이에 열여섯 살의 경험 없는 소녀의 손에 떨어진다. 메리 스튜어트에게는 두 가지 선택지가 있었다. 하나는 유연하게 처신하고 정치적으로 행동하는 길이다. 사촌 엘리자베스를 정당한 잉글랜드 여왕으로 인정하고, 무력 없이는 결코 관철할 수 없는 자신의 왕위 계승 주장을 접는 것이다. 또 하나는 대담하고 단호하게 엘리자베스가 왕관을 훔친 것이라고 선언하고,

프랑스군과 스코틀랜드군을 동원해 그 여왕 자리를 무력으로 끌어내리는 것이다.

그러나 불행하게도 메리 스튜어트와 그녀의 조언자들은 세 번째 길, 정치에서 가장 불행한 선택인 중도를 택했다. 엘리자베스를 향해 단호하게 공격하지도 못한 채 프랑스 궁정은 허세 어린 공허한 제스처를 취했다. 앙리 2세의 명령에 따라 왕세자 부부는 자신들의 문장에 잉글랜드 왕관까지 집어넣었고, 메리 스튜어트는 그 뒤로도 모든 문서에 '프랑스, 스코틀랜드, 잉글랜드, 아일랜드의 여왕'이라 서명했다. 왕위 계승권을 주장하긴 했지만, 실제로는 그것을 지키기 위한 어떤 행동도 취하지 않았다. 엘리자베스를 전쟁으로 몰아붙이지도 않고, 그저 그녀의 심기를 건드리는 데 그쳤다. 칼과 무기로 드러나는 직접적인 행동 대신 종이 위에 그려진 방패와 그 아래 적힌 글자뿐인 무력한 선언을 택한 것이다. 그렇게 메리 스튜어트의 잉글랜드 왕위 계승권은 존재하는 듯하면서도 존재하지 않는 상태가 되어버렸다. 예컨대 계약에 따라 엘리자베스가 칼레를 반환할 것을 요구했을 때 앙리 2세는 이렇게 답했다. "그 경우, 칼레는 왕세자의 아내, 스코틀랜드 여왕이자 우리가 모두 잉글랜드의 여왕으로 여기는 이에게 넘겨져야 할 것입니다."

그러나 정작 앙리 2세는 메리 스튜어트의 계승권을 지키기 위해 손 하나 까딱하지 않았다. 그는 오히려 왕관을 빼앗은 자로 지목된 엘리자베스와 동등한 군주인 듯 외교 협상을 이어갔다. 어리석고 공허한 제스처, 유치하고 허영 어린 문장 위에 그려진 왕관 그림으로 메리 스튜어트는 아무것도 얻지 못하고 모든 것을 망쳐버렸다. 모든 인간의 삶에는 돌이킬 수 없는 실수가 있기 마련이다. 그녀는 어린 나이에 단

한 번의 정치적 미숙함으로, 숙고라기보다는 오기와 허영에서 비롯된 행동으로 사실상 자신의 인생 전체를 망쳐버리고 만다.

이 단 한 번의 모욕으로 인해 그녀는 유럽에서 가장 강력한 여성을 영원한 적으로 만들어버렸다. 진정한 군주는 모든 것을 용인할 수 있지만 단 한 가지, 다른 누군가가 자신의 통치권을 의심하는 것만은 절대로 용납하지 않는다. 그러므로 엘리자베스가 바로 그 순간부터 메리 스튜어트를 가장 위험한 경쟁자, 곧 자신의 왕좌 뒤에 드리운 그림자로 여기게 된 것은 어쩌면 당연한 일이었고 그녀를 탓하기도 어렵다. 그 순간 이후로 두 사람 사이에 오간 어떤 말과 문서는 모두 허울뿐인 겉치레에 불과했다. 두 사람 사이의 골은 돌이킬 수 없이 깊어졌고, 결코 치유되지 않았다.

정치든, 인생이든 어정쩡한 행동과 진실하지 못한 선택은 언제나 단호하고 명확한 결정보다 더 큰 해를 가져온다. 메리 스튜어트의 문장에 상징적으로 그려 넣은 잉글랜드의 왕관은 실제 왕관을 두고 벌였을 전쟁보다 더 많은 피를 부르게 되었다. 정면승부로 맞섰다면 한 번의 전투로 모든 것이 끝났을 테지만 이 교활한 대결은 끝없이 반복되어 두 여인의 삶을 서서히 갉아먹었다.

잉글랜드 왕실 문장이 새겨진 치명적인 문장은 1559년 7월, 파리의 마상 창시합 경기장에서 자랑스럽게 왕세자와 왕세자비 앞에 내걸렸다. 이 시합은 카토—캉브레지 조약의 체결을 기념하기 위해 열린 행사였다. 기사도를 중시하던 왕 앙리 2세는 직접 창을 들고 귀부인의 사랑을 위해 시합에 나섰다. 이 귀부인이 누구인지는 모두가 알고 있었다. 바로 디안 드 푸아티에. 그녀는 오만하고도 아름다운 모습으

> ── 앙리 2세(1519-1559)

앙리 2세는 프랑스 발루아 왕조의 국왕이자 메리 스튜어트의 첫 남편 프랑수아 2세의 아버지다. 카토—캉브레지 조약은 프랑스와 스페인 사이의 오랜 이탈리아 전쟁을 종결한 평화 조약으로, 프랑스는 이탈리아에서의 패권을 포기하고 스페인의 우위를 인정했다. 디안 드 푸아티에는 앙리 2세의 정부로 왕의 총애를 받아 막강한 영향력을 행사했다.

로 왕의 연인을 자처하며 그를 내려다보았다. 그러나 이 경기는 무시무시한 결말을 맞았다. 이 한 차례의 결투가 결국 세계사의 향방을 바꾸어 놓는다. 스코틀랜드 근위군 대장이던 몽고메리 경은 창이 부러진 뒤에도 남은 나무 토막으로 경기 상대인 앙리 2세를 거칠게 들이받았다. 바로 그 때 부러진 창의 파편 하나가 투구의 틈을 뚫고 왕의 눈을 찔러버렸다. 앙리 2세는 말에서 떨어지며 그대로 의식을 잃었다. 처음에는 이 상처가 그리 깊지 않은 것처럼 보였다. 그러나 왕은 다시 깨어나지 못했고 가족들은 절망 속에서 그의 곁을 지켰다. 며칠 동안 용맹한 발루아 왕가의 강건한 육신이 죽음과 맞섰으나, 마침내 7월 10일 그의 심장이 멎고 말았다.

그러나 깊은 슬픔 속에서도 프랑스 궁정은 삶의 지고한 원칙인 예법을 여전히 지켰다. 왕실 가족이 성을 떠나는 순간, 앙리 2세의 왕비 카트린 드 메디시스는 문 앞에 이르러 걸음을 멈췄다. 과부가 된 순간부터 궁정 행사에서 맨 앞에 서는 일은 더 이상 그녀의 권리가 아니었다. 이제 막 왕비가 된 여인의 것이었다. 메리 스튜어트는 머뭇거리는 발걸음과 혼란스러운 얼굴로 새 프랑스 국왕의 왕비가 되어 방금까지 여왕이었던 여인을 지나 앞으로 나아가야 했다. 그리고 이 한 걸음으로 열일곱 살 소녀는 권력의 정상에 올라서게 되었다.

제3장

안녕, 프랑스여

1560/07-1561/08

메리 스튜어트의 삶이 비극으로 기울게 된 가장 큰 이유는 권력이 지나치게 손쉽게, 마치 거짓된 환상처럼 그녀의 손에 쥐어졌기 때문이다. 그녀의 상승 곡선은 유성처럼 눈부시게 치솟았다. 여섯 살에 스코틀랜드의 여왕이 되었고, 여섯 해 뒤에는 유럽에서 가장 강력한 왕세자의 약혼녀가 되었으며, 열일곱에는 프랑스의 여왕이 되었다. 내면의 삶이 비로소 시작되기도 전에, 외적으로는 이미 정점에 올라 있었던 것이다. 마르지 않는 코르누코피아에서 끝없는 선물이 쏟아져 그녀에게 주어졌다. 스스로의 의지로 얻거나, 힘으로 쟁취한 것은 아무것도 없었다. 현란하게 스쳐 지나가는 한 편의 꿈처럼 그녀는 결혼 드레스와 대관식 의상을 차례로 입었다. 감각이 막 깨어나 이른 봄을

>·•·•· 코르누코피아

고대 그리스에서 풍요를 상징한 장식물

알아차릴 틈도 없이, 그 봄은 이미 꽃을 떨구고 시들어 사라지고 말았다. 꿈에서 깨어보니 남은 것은 실망뿐이었고 모든 것을 빼앗긴 채 혼란스러울 뿐이었다. 다른 이들이 이제 막 바라기 시작하고, 갈망하기 시작할 나이에 그녀는 이미 모든 승리의 순간을 지나온 것이다. 그러나 그것을 마음 깊이 음미할 여유도 시간도 없었다. 운명이 지나치게 성급했던 까닭에 그녀의 불안과 채워지지 않는 갈증 역시 그 속에 씨앗처럼 숨겨져 있었다. 이토록 빠르게 가장 높은 자리에 올라선 사람은 다시는 작은 삶의 그릇에 자신을 담지 못한다. 약한 천성이라면 포기하고 체념해 버리겠지만, 강한 이들은 운명 앞에서도 굴복하지 않고 절대적인 운명마저 싸움의 장으로 끌어내리려 한다.

프랑스에서 왕비로 지낸 이 짧은 시간은 조급하고, 불안하고, 두렵고, 근심 가득한 꿈처럼 스쳐 지나간다. 랭스 대성당에서 대주교가 병약하고 창백한 소년에게 왕관을 씌우는 동안, 온갖 보석으로 치장한 젊고 아름다운 왕비는 귀족들 사이에서 여리고 가느다란, 아직 완전히 피지 않은 백합처럼 빛났다. 그 장면만이 그녀에게 단 한 번, 찬란한 색채로 물든 순간을 허락했다. 운명은 메리 스튜어트에게 긴 시간을 허락하지 않았다. 그녀가 꿈꾸던 시와 예술이 넘치는 음유시인들의 궁정을 일굴 시간도, 화가들이 젊은 군주와 아름다운 왕비의 모습을 화려한 초상화에 담을 시간도, 연대기 작가들이 그녀의 성품을 기록할 시간도, 백성들이 그녀를 알아가고 사랑하게 될 시간도 주어지지 않았다. 어린 왕과 왕비는 마치 사나운 바람에 내몰린 그림자처럼, 프랑스 왕들의 긴 행렬을 잠시 스쳐 지나갈 뿐이다.

프랑수아 2세는 병약했다. 그는 숲속의 병든 나무처럼 일찍이 죽음의 표식을 지닌 채 태어났다. 둥글고 부은 얼굴 너머로 불안하고 지친 눈동자가 잠에서 막 깨어난 듯 세상을 바라보고 있었다. 갑작스레 시작된 비정상적인 성장은 그를 더욱 허약하게 만들었다. 의사들은 늘 그의 곁을 지키며 보살펴야 했다. 그러나 소년의 마음속에는 어리석고 치기 어린 명예욕이 숨어 있어, 사냥과 스포츠를 정열적으로 즐기는 강인한 아내에게 뒤지고 싶어 하지 않았다. 그는 자신의 건강과 남자다움을 드러내고자 승마와 운동에 지나치게 몰두했다. 하지만 자연은 속일 수 없다. 그의 피는 이미 돌이킬 수 없을 만큼 병들어 있었고 할아버지 프랑수아 1세에게서 물려받은 불길한 유산 탓에 툭하면 열에 시달렸다. 날씨가 조금만 사나워도 그는 초조하고 지친 모습으로 집 안에 틀어박혀 있어야 했다. 그는 수많은 의사들의 근심에 둘러싸인 한 줌의 그림자에 지나지 않았다.

허약한 왕은 경외심보다는 동정을 불러일으켰고, 민중들 사이에서는 곧 흉흉한 소문이 돌기 시작했다. 왕이 문둥병에 걸렸으며, 병을 고치려고 갓 잡은 아이의 피에 몸을 담근다는 이야기까지 퍼졌다. 병색이 완연한 얼굴로 말을 몰며 지나갈 때면 농민들은 측은한 눈빛으로 그 창백한 소년을 바라보았다. 궁정의 신하들은 벌써부터 눈치를 보며 왕의 어머니 카트린 드 메디시스와 왕위 계승자 샤를 주위로 모여들기 시작했다. 그토록 힘없고 미약한 손으로는 통치의 고삐를 단단히 붙잡아 둘 수 없다. 소년 왕은 이따금 뻣뻣하고 서툰 글씨로 자신의 이름 '프랑수아'를 문서나 칙령 아래에 적어 넣었지만, 실제로 나라를 다스린 것은 메리 스튜어트의 외가인 기즈 가문이었다. 그는 오직 하나의 싸움을 하고 있었다. 그가 벌이고 있던 싸움은 단 하나, 얼마 남지 않은 자신의 생명과 기력을 하루라도 더 붙들어두려는 처절한 몸부림뿐이었다.

그들의 결혼이 진정한 의미에서 실제로 이루어진 것이었는지조차 확신할 수 없는 마당에, 병상 곁에서 이어진 간호와 보호 속에서 이어진 이 관계를 행복한 결혼이라 부르기란 어렵다. 하지만 그렇다고 해서 이 어린아이들 사이에 불화가 있었던 것으로 보이진 않는다. 온갖 연애담을 캐내 기록하기를 즐기던 브랑톰은 『귀부인들의 연애사』에서 궁정의 사랑 이야기를 빠짐없이 적어두었지만 메리 스튜어트의 품행에 대해서는 어떤 비난도, 의심도 남기지 않았다. 물론 동정심 많고 다정하며 본래 성품이 선량했던 메리 스튜어트는 병든 남편을 정성껏 돌보았을 것이다. 설령 그것이 사랑에서 비롯된 행동은 아니었다 해도, 이 병약한 소년의 숨결과 맥박 위에 자신의 권력과 영광이 달려 있다는 사실을 그녀는 이성적으로 분명히 알고 있었을 것이다. 남편의 생명을 지키는 일은 곧 자신의 행복을 지키는 일이었다.

그러나 이 짧은 시기 동안 진정한 의미의 행복은 어디에도 자리할 틈이 없었다. 나라 안에서는 위그노들의 반란이 들불처럼 번졌고, 왕과 왕비의 신변을 위협한 악명 높은 앙부아즈 사건 이후 메리 스튜어트는 통치자로서 쓰라린 대가를 치러야 했다. 그녀는 반역자들의 처형에 입회해야 했고 그 잔혹한 장면을 끝까지 지켜보아야 했다. 그 순간은 그녀의 영혼 깊숙이 각인되었을 것이다. 아마도 훗날, 또 다른 시간 속에서 마치 마법의 거울처럼 되살아날지 모를 그 장면은 이러했다. 두 팔이 묶인 채 도마 위에 눕혀진 몸, 무자비한 형리의 도끼가 무딘 충격과 함께 뼈를 부수는 소리, 메아리치듯 울려 퍼지는 둔탁한 소리와 함께 목덜미를 향해 떨어지고, 잘린 머리가 피를 흘리며 모래 위로 굴러떨어지는 모습. 그 끔찍한 장면은 랭스 대성당에서의 화려했던 대관식의 기억마저 지워버릴 만큼 충격적이었을 것이다. 그리고 이어서 들려오는 소식은 하나같이 비보뿐이었다. 1560년 6월, 그녀의 어머니이자 스코틀랜드의 섭정이었던 마리 드 기즈가 세상을 떠났다. 메리에게 남겨진 고향은 종교적 분열과 반란, 국경의 전쟁으로 얼룩져 있었고 잉글랜드 군대는 이미 영토 깊숙이 침입해 있었다. 이제 메리 스튜어트는 아이처럼 동경하던 축제의 옷을 벗고 상복을 입어야 했다. 좋아하던 음악은 물론 춤도 모두 멈추어야 했다.

그리고 또다시 뼈만 남은 앙상한 죽음의 손길이 마음의 문을 두드리고 있었다. 프랑수아 2세는 점점 더 쇠약해졌다. 그의 정맥을 흐르는 오염된 피는 관자놀이 뒤편에서 불안하게 욱신거렸고, 귀 안에서는 소란스러운 굉음이 울렸다. 그는 더 이상 걷지도, 말을 탈 수도 없었으며 침대에 누운 채 이 방에서 저 방으로 옮겨 다녀야 했다. 마침내 고름이 찬 염증이 귀를 통해 터져 나왔고, 의사들도 더는 손쓸 도리가 없었다. 1560년 12월 6일, 그 불운한 소년은 고통스러운 생을 마감했다.

그리고 다시 한 번, 비극의 상징처럼 카트린 드 메디시스와 메리 스튜어트 사이의 장면이 임종의 침상 곁에서 반복되었다. 프랑수아 2세가 마지막 숨을 내쉰 직후, 더 이상 프랑스의 여왕이 아니게 된 메리 스튜어트는 문 앞에서 한걸음 물러서야 했다. 이제는 젊은 과부왕비는 나이가 많은 과부 왕비에게 자리를 내주어야 했다. 단 한 해 만에 꿈은 끝났고, 메리 스튜어트는 이제 더 이상 프랑스의 왕비가 아니었다.

그녀에게 남은 유일한 칭호는 처음부터 그녀의 것이었고 마지막 순간까지도 그러할, 오직 스코틀랜드의 여왕이라는 칭호뿐이었다.

프랑스 궁정의 의례에 따라 왕비는 40일간의 엄격한 애도 기간을 가져야 했다. 쓰라린 칩거 기간 동안 왕비는 단 한 순간도 자신의 방을 떠날 수 없었다. 특히 처음 보름 동안은 새 국왕과 그의 직계 가족을 제외한 누구도 촛불만 켜진 이 어두운 무덤 같은 방으로 그녀를 찾아올 수 없었다. 이 기간 동안 왕비는 평민과 달리 검은 상복 대신 흰 상복을 입었다. 창백한 얼굴 위로 흰 두건을 쓰고, 흰 비단 옷을 입고, 흰 신발과 흰 양말을 신어야 했다. 낯선 조명 아래 드리워진 어두운 장식 천만을 제외하면, 메리 스튜어트는 철저히 흰빛 속에 싸여 있었다. 화가 클루에는 유명한 초상화에서 바로 이런 그녀의 모습을 전해 준다. 시인 롱사르는 자신의 시에서 다음과 같이 묘사했다.

길고 섬세한, 가느다란 천이
겹겹이 접히고 뒤얽혀 당신을 상복처럼 감싸고 있었지요.
머리에서 허리까지 흘러내린 그 옷자락은
바람에 부풀어 오른 돛처럼
당신을 앞으로 밀어내듯 부풀어 올랐습니다.
한때 왕홀을 손에 쥐고 다스리던 그 아름다운 나라를
당신은 바로 그런 차림으로 떠났지요.
생각에 잠긴 채
흐르는 눈물로 가슴을 적시며
왕궁의 긴 회랑을 따라

슬픔에 잠겨 걸어갔지요.

물의 아름다움에서 그 이름을 얻은

궁궐의 정원을 지나며

《스코틀랜드의 여왕 메리》(1561)
프랑수아 클루에, 스코틀랜드 국립 미술관

➤•➤ 18개월 사이에 메리 스튜어트는 가까운 가족 세 명을 잃었다. 그녀의 시아버지인 앙리 2세, 어머니 마리 드 기즈, 그리고 남편 프랑수아 2세였다. 이 초상에서 그녀는 상복 차림으로 흰 후드와 베일을 쓰고 있다. 프랑스 궁정에 있던 베네치아 대사의 기록에 따르면 메리의 슬픔은 이루 말할 수 없을 정도였으며, 그녀의 눈물과 탄식은 모든 이에게 깊은 연민을 불러일으켰다고 한다.

젊은 얼굴의 온유함과 고결함이 이보다 더 인상적으로 드러난 초상은 없다. 평소에는 불안하게 흔들리던 시선도 이 순간만큼은 깊은 사색 속에 가라앉아 있었고, 장식 하나 없는 단조로운 색채는 그녀의 맑고 창백한 안색을 더욱 돋보이게 했다. 화려한 보석과 권력의 상징으로 치장된 이전의 초상들보다 애도의 옷을 입은 모습에서 우리는 훨씬 또렷하게 그녀의 인간적 고귀함, 곧 진정한 왕족의 품위를 느낄 수 있다. 고귀한 우수는 그녀가 남편의 죽음을 애도하며 지은 몇 줄의 시 속에서도 고스란히 느껴진다. 그 구절들은 그녀의 스승이자 시인이었던 롱사르의 작품이라 해도 손색이 없을 만큼 격조를

지녔다. 설령 그것이 왕족의 손에서 나온 것이 아니었다 하더라도, 그 조용한 비가는 진솔한 어조로 마음을 울렸을 것이다.

여기서 남겨진 이는 죽은 이에게 격정적인 사랑을 고백하지 않는다. 시 속에서 메리 스튜어트는 한 번도 거짓된 감정을 말하지 않았다. 그녀가 거짓을 허락한 것은 오직 정치의 세계뿐이었다. 이 시에서 그녀의 목소리를 이끄는 것은 사랑이 아니라 상실감이며, 곁에 아무도 남지 않았다는 깊은 외로움이다.

> 내 마음은 끊임없이 부재의 슬픔에 젖어 있네.
> 가끔 하늘을 올려다보면
> 구름 사이로 그의 다정한 눈빛이 떠오르네
> 물속을 들여다보면 마치 무덤처럼 그가 비치고,
> 잠시 고요히 잠든 순간에도 그가 곁을 스치는 듯하고
> 일할 때도, 쉴 때도 그이가 내 곁에 있네.

프랑수아 2세를 향한 메리 스튜어트의 슬픔이 단지 시적 상상에 그친 것이 아니라, 진실하고도 순수한 애도였음에 틀림없다. 그녀는 온화하고 유순한 동료이자 다정한 친구를 잃었을 뿐 아니라, 유럽에서 누리던 지위와 권세, 그리고 안정을 함께 상실한 것이기도 했다. 곧 이 어린 과부는 깨닫게 된다. 궁정에서 제일의 여인, 곧 여왕이라는 자리가 무엇을 의미했는지, 그리고 하루아침에 그 지위를 잃고 후계자의 시혜에 기대어 살아가는 연금 수급자가 된다는 것이 얼마나 가혹한지를 말이다. 이것만으로도 충분히 비참했지만, 여기에 더해 그녀는 권력을 장악한 시어머니 카트린 드 메디시스의 적대까지 감당해야 했다. 적개심의 근원은 언젠가 메리 스튜어트가 무심코 내뱉은 말 한마디에

있었다고 한다. 그녀는 카트린을 경멸하듯 "상인의 딸"이라 낮춰 부르며, 대대로 내려온 자신의 왕가의 혈통과 견주어 조롱한 적이 있었다. 이러한 무분별한 언사는 (엘리자베스를 향해서도 비슷한 경솔함을 범하게 된다) 노골적인 모욕보다 더 치명적인 균열을 낳는다.

디안 드 푸아티에를 견제하며 이십 년의 세월을 버텨 온 카트린 드 메디시스는 정치적 권력을 손에 쥐자마자 권좌에서 밀려난 두 여인에게 그동안 품어온 적의를 거침없이 드러내며 오만하게 군림했다. 그러나 메리 스튜어트는 그 무엇에도 꺾이지 않는 강직하고 단단한 마음으로 결코 두 번째 자리에 머무르려 하지 않았다. 이제야 비로소 그녀 성격 가운데 가장 결정적인 면모가 드러난다. 그녀는 하찮은 지위나 반쪽짜리 위상에 머물 인물이 아니었다. 차라리 모든 것을 내던지겠다. 차라리 죽음을 택하겠다. 그녀는 이 나라에서 최고가 될 수 없다면 차라리 세속의 지위를 포기하고 수도원에 들어가 조용한 은둔 속에 살겠다고 생각한 적도 있었다. 그러나 열여덟 살에 불과한 그녀에게 영원한 체념이란 본능을 거스르는 일이었다. 게다가 잃어버린 왕관을 그에 못지않은 영광으로 바꿀 기회는 여전히 남아 있었다. 스페인 국왕은 사절을 보내 두 세계의 황태자, 돈 카를로스와의 결혼을 제안했고 오스트리아 황실도 비밀리에 접근해 왔다. 스웨덴과 덴마크의 왕들 역시 왕좌를 내세워 구혼했다. 무엇보다 그녀는 여전히 스코틀랜드의 계승권을 가지고 있었으며, 잉글랜드의 왕관 역시 결말이 나지 않은 채로 남아 있었다.

어린 과부 왕비, 이제 막 한 송이 꽃처럼 절정에 이른 이 여인 앞에는 수많은 가능성이 놓여 있다. 다만 이제부터는 더 이상 운명이 선물

해주지 않는다. 모든 것을 직접 쟁취해야 한다. 지혜와 인내로, 강인한 적들과 끝까지 싸워 이겨내야 한다. 그러나 가슴 속에 그토록 많은 용기를 지녔고, 얼굴엔 찬란한 아름다움을 머금고 있으며, 온몸엔 뜨겁게 살아 숨 쉬는 젊음이 넘치는 이라면 설령 가장 위험한 게임이라 할지라도 주저 없이 뛰어들 수 있다. 그리고 마침내 메리 스튜어트는 자신의 유산을 향한 치열한 싸움 속으로 결연히 발걸음을 옮겼다.

물론 프랑스와의 결별은 쉽지 않았다. 그녀는 이 왕실 궁정에서 열두 해를 보냈다. 아름답고 풍요로우며 감각적인 기쁨이 넘치는 이 나라는 이미 스코틀랜드보다 더 익숙한 고향이 되어 있었다. 이곳에는 자신을 보호해주는 어머니의 친족들이 있었고, 행복한 기억이 깃든 성들이 있었다. 자신을 찬양하고 이해해주는 시인들이 있었고, 기사도 같은 삶의 품격도 있었다. 이미 오래전부터 왕국으로 돌아오라는 다급한 전갈이 있었지만 그녀는 몇 달이고 돌아가는 일을 미루고 또 미루었다. 쫑빌르와 낭시에서는 친족들을 방문했고, 랭스에서는 열 살밖에 되지 않은 시동생 샤를 9세의 대관식에도 참석했다. 그녀는 마치 어딘가 불길한 예감을 품은 듯, 귀국을 차일피일 미루기 위한 온갖 구실을 찾아다녔다. 마치 스코틀랜드로 돌아가는 것을 막아줄 어떤 운명의 손길을 기다리기라도 하는 것 같았다.

아직 열여덟에 불과해 국정에 대해선 미숙하고 경험도 부족했지만, 한 가지는 분명히 알고 있었다. 스코틀랜드에는 가혹한 시련이 기다리고 있다는 사실이었다. 섭정으로 나라를 다스리던 어머니가 세상을 떠난 뒤, 스코틀랜드는 강경한 개신교 귀족들이 정국을 장악한 상태였다. 그들은 자신들이 경멸하는 미사와 로마 가톨릭을 신봉하는 이 젊은 여왕을 맞이해야 한다는 사실을 증오하고 있었다. 잉글랜드 대사는 이 상황을 기다렸다는 듯 런던에 보고했다. "스코틀랜드 여왕의 귀국을 몇 달쯤 더 미뤄야 합니다. 우리는 그녀에게 복종할 의무도 없고, 굳이 알현할 이유도 없습니다." 잉글랜드는 이미 오래전부터 비밀스럽고도 위험한 술책을 꾸미고 있었다. 엘리자베스 여왕에게 스코틀랜드 왕위 계승 서열에 있는 개신교 귀족 애런 백작을 그녀의 남편으로 삼도록 제안하여 스코틀랜드 왕관을 손에 쥐어주려 했다.

스코틀랜드 의회의 특사로서 프랑스로 건너온 이복 오빠 제임스 스튜어트, 모레이 백작도 믿을 수 없기는 마찬가지였다. 그는 위험할 만큼 엘리자베스와 가까웠고 어쩌면 돈을 받고 그녀를 위해 일을 하고 있는지도 모르는 일이었다. 이 모든 음침하고 불온한 계략들을 제때에 꺾어낼 수 있는 길은 오직 서둘러 귀국하는 것뿐이었다. 그녀는 또한 조상인 스튜어트 왕가로부터 물려받은 용기만이 자신의 왕위를 지켜 줄 수 있다는 사실을 알고 있었다. 그리하여 마침내 두 개의 왕관을 모두 잃지 않기 위해 메리 스튜어트는 무거운 마음과 불길한 예감을 품은 채 결단을 내린다.

그러나 자신의 왕국에 들어서기도 전에 메리 스튜어트는 스코틀랜드가 잉글랜드와 국경을 맞대고 있으며, 그 땅에는 또 다른 여왕이 존재한다는 사실을 절감하게 된다. 엘리자베스는 경쟁자이자 계승권을 주장할 수 있는 인물에게 우호적일 이유도, 그럴 의지도 없었다. 그녀의 대신 윌리엄 세실은 적대적인 태도를 냉소적으로, 숨김 없이 드러냈다. "스코틀랜드 여왕의 상황이 불확실하면 할수록 폐하께는 더 유리합니다."

　문장과 문서, 휘장과 칭호로 표출된 갈등은 여전히 이어지고 있었다. 스코틀랜드의 사절들은 에든버러에서 잉글랜드 측과 조약을 체결했고, 그 안에는 메리 스튜어트를 대신해 엘리자베스를 정당한 잉글랜드 여왕으로 인정한다는 조항이 들어 있었다. 그러나 그 조약이 파리로 보내져 메리 스튜어트와 남편 프랑수아 2세가 최종 서명을 할 때가 되자 두 사람은 이를 회피했다. 그녀는 도저히 서명할 수 없었다. 한때 그녀는 자신의 문장에 잉글랜드의 왕관을 앞세우고 그것을 마치 깃발처럼 내걸었던 사람이었다. 그런 그녀가 이제 와 그 깃발을 스스로 거둘 수는 없었다. 그러나 엘리자베스는 그런 이중성을 참아줄 사람이 아니었다. 그녀는 스코틀랜드 여왕이 파견한 대표들이 여왕의 이름으로 에든버러 협약서에 서명했으니, 메리 스튜어트가 여기에 서명할 의무가 있다고 선언했다. 은밀한 동의나 암묵적인 약속 따위로는 엘리자베스를 만족시킬 수 없었다. 여전히 절반에 가까운 잉글랜드 국민이 가톨릭 신앙을 고수하고 있는 현실 속에서, 개신교도인 그녀에게 있어 가톨릭 계승자의 존재는 정치적 위협을 넘어 생명의 위협으로까지 다가왔기 때문이다. 메리 스튜어트가 공개적으로, 명확하게 왕위 주장에 대한 포기를 선언하지 않는 한 엘리자베스는 결코 진정한 의미의 여왕이 될 수 없었다.

　이 쟁점에 있어서 엘리자베스가 법적으로 옳은 입장에 서 있다는 사실은 누구도 부정할 수 없다. 그러나 그녀는 이 정당성을 스스로 훼손하고 만다. 중대한 정치적 갈등을 지나치게 감정적으로 처리하려 들었기 때문이다. 정치의 장에서는 종종 사소한 문제에 집착해 바늘 끝으로 상대를 찌르듯 괴롭히다가, 갈등을 사적인 악의로 변질시키는 이들이 있다. 평소에는 냉철한 통찰력을 지녔던 그녀 역시 그와 같은 실수를 되풀이하고 만다. 메리 스튜어트는 스코틀랜드로 돌아가기 위해 형식적인 '통행증'(오늘날로 치면 일종의 통행 비자)을 요청했다. 이는 외교적인 정중함의 표시였고, 바다를 통해 귀국할 수 있었음에도 불구하고 엘리자베스에게 우회적으로 화해의 뜻을 전한 셈이었다. 그러나 엘리자베스는 이 요청을 일격을 가할 기회로 받아들였다. 그녀는 정중한 요청에 무례하게 응수하며, 에든버러 조약에 서명하지 않는 한 통과 허가는 없다고 선언했다. 정치적 신중함보다 개인적인 불쾌감을 앞세운 결정이었다.

이제 이 두 여성의 내적인 갈등을 가리고 있던 베일은 벗겨져 나갔다. 단호하고 뜨거운 눈길로 자존심과 자존심이 대결하게 되었다. 메리 스튜어트는 즉시 잉글랜드 대사를 소환하여 몰아세웠다.

"나를 가장 아프게 한 것은, 어찌하여 굳이 구하지 않아도 될 그런 은혜를 청하고 말았는가 하는 점입니다. 여왕께서 여행을 할 때 내 허락이 필요치 않듯이, 나 역시 허락이 필요 없습니다. 통행 허가서 없이도 나는 왕국으로 돌아갈 수 있습니다. 이 나라에 들어올 때에도 선왕께서 나를 막기 위해 온갖 방해를 꾀했지만, 무사히 도착하지 않았습니까? 마찬가지로 이번에도 뜻을 돕고자 하는 이들이 있다면, 충분히 길을 찾을 수 있습니다. 당신은 양국의 여왕 사이에 우정이 있다면 서로에게 유익할 것이라고 하셨습니다. 하지만 지금 여왕께서 그리 생각하지 않는다는 인상을 지울 수 없습니다. 만약 그렇다면 그토록 무레하게 거절하진 않았을 테니까요. 여왕께서는 내 신하들 가운데 불복하는 자들의 우정은 중히 여기면서도, 지혜나 경륜 면에서는 다소 부족할지 모르나 혈통으로는 가장 가까운 친족이자 국경을 맞댄 이웃인 나에게는 그만한 가치를 두지 않는 듯합니다. 내가 바라는 것은 오직 우정뿐입니다. 나는 여왕의 나라를 어지럽히지 않고, 신하들과 은밀히 접촉하지도 않습니다. 하지만 잘 알고 있습니다. 여왕의 왕국 안에도 내 제안을 기꺼이 들으려는 이들이 결코 적지 않다는 사실을요.”

　이것은 강력한 위협이었다. 어쩌면 현명하다기보다는 지나치게 강경한 발언이었는지도 모른다. 아직 스코틀랜드에 도착하기도 전에, 필요하다면 잉글랜드에서라도 싸움을 벌이겠다는 의지를 드러낸 셈이었기 때문이다. 잉글랜드 대사는 정중히 말을 돌렸다. 모든 문제가 불거진 것은 메리 스튜어트가 잉글랜드의 문장을 자신의 문장에 포함시켰기 때문이라는 것이었다. 이에 대해 메리 스튜어트는 즉각 응수했다. “그때 나는 시아버님이신 앙리 왕과 남편이자 국왕이었던 프랑수아의 영향 아래 있었습니다. 그 당시 있었던 일은 전부 그분들의 명령과 지시에 따라 이루어진 것이었습니다. 그분들이 세상을 떠난 이후로는 결코 잉글랜드 여왕의 문장도, 칭호도 사용한 적이 없습니다. 이러한 처신으로 제 신의를 충분히 증명할 수 있으리라 믿습니다. 더구나 잉글랜드의 문장을 사용한다고 해서 사촌 자매이신 여왕 폐하께 그토록 큰 불명예가 되리라고는 생각하지 않습니다. 서열이 나보다 낮고 그다지 가까운 친척이 아닌 사람들도 이 문장을 내걸 수 있다는 사실을 알고 있습니다. 내 할머니께서 여왕 폐하의 부왕의 누이 중 한 분이셨고, 그중에서도 장녀셨다는 사실만은 부인할 수는 없으실 겁니다.”

다시 한 번 우호적인 말투 이면에 위협적인 암시가 어른거렸다. 메리 스튜어트는 혈통의 우위를 내세워 자신의 권리를 다시 확인한 셈이었다. 엘리자베스의 대사가 마찰을 원만히 수습하기 위해 약속한 대로 에든버러 조약에 서명해 달라고 조심스레 청하자, 메리 스튜어트는 언제나 그렇듯 익숙한 방식으로 시간을 끌었다. "그 문제는 스코틀랜드 의회와 상의하기 전에는 결정할 수 없습니다." 하지만 대사 역시 엘리자베스를 대신해 어떤 확실한 약속도 내놓으려 하지 않았다. 양국의 협상이 결정적인 국면에 이를 때마다 양측 모두 솔직하지 못한 태도로 한발 물러섰다. 손에 쥔 트럼프를 꽉 움켜쥐고 내놓으려 하지 않았다. 그리하여 이 싸움은 끝없이 이어질 수밖에 없었다.

마침내 메리 스튜어트는 협상을 단호히 끊어 버린다. 천을 베어내듯 날카로운 결단이었다. "준비가 충분하지 않았다면 어쩌면 당신의 군주인 여왕의 불친절이 내 여행을 가로막았을지도 모릅니다. 그러나 이제 나는 어쨌든 이 일을 감행하기로 결심했습니다. 잉글랜드 해안을 건드릴 필요가 없도록 바람이 제대로 불어주기를 바랄 뿐입니다. 그러나 그런 일이 벌어진다면 나는 여왕의 손아귀에 떨어지겠지요. 그렇게 되면 마음대로 가지고 놀 수 있을 겁니다. 만약 그녀의 마음이 그토록 냉혹하여 내 죽음을 원한다면, 뜻하는대로 나를 희생시키셔도 좋습니다. 어쩌면 그것이 살아남는 것보다 더 나은 결말일지도 모르니까요. 모든 것은 오직 신의 뜻대로 이루어지기를 바랍니다."

이 말들 속에서는 특유의 위험할 만큼 자신감에 찬 단호한 어조가 울려 나온다. 본래 성품으로 보자면 그녀는 부드럽고 느긋하며 다소 경솔하고 투쟁보다는 삶의 향유에 더 마음이 기우는 사람이었다. 그러나 자신의 명예가 걸리는 순간, 여왕으로서의 권리가 침해되는 순간, 이 여인은 즉각 강철처럼 단단하고 완강하며 대담한 존재로 변한다. 굴복하느니 차라리 파멸을 택하고, 비열한 나약함보다는 왕다운 어리석음을 선택한다.

사절은 당황한 채 자신의 실패를 런던에 보고했다. 그러자 마침내 국정에 능하고 유연한 엘리자베스가 서둘러 한걸음 물러섰다. 그렇게 통행증이 작성되어 칼레로 보내졌다. 그러나 이미 이틀이 늦은 뒤였다. 메리 스튜어트는 그사이 잉글랜드의 해적선들이 해협을 누비는 위협 속에서도 출항을 감행하기로 결심했기 때문이다. 굴욕의 대가로 얻는 안전한 길보다는 자유롭고 대담한 위험한 길을 택한 것이다. 이로써 엘리자베스는 관용으로 충돌을 미연에 막을 수 있었던 단 한 번의 기회를 놓치고 만다. 두려움의 대상이던 경쟁자를 손님으로 맞아들일 수 있는 기회를 말이다. 그러나 이성과 정치가 언제나 같은 길을 걷는 것은 아니다. 어쩌면 세계사의 극적인 형상은 언제나 이렇게 놓쳐버린 가능성들로부터 빚어지는 것인지도 모른다.

저녁 햇살이 세상을 속이듯 황금빛으로 물들이는 것처럼, 메리 스튜어트는 이 작별의 시간에 프랑스 궁정이 지닌 모든 화려함과 영광을 다시금 누리게 된다. 왕의 신부로서 이 땅을 밟았던 그녀가 왕국을 뒤로하고 떠나는 순간에도 초라하게 떠나는 일은 없도록 하기 위해서다. 세상은 분명히 알아야 했다. 스코틀랜드의 여왕은 버림받은 가엾은 과부로, 힘없는 여인으로 물러나는 것이 아니며, 프랑스의 명예가 여전히 그녀의 운명 뒤에 굳건히 서 있다는 사실을 말이다. 생제르맹에서 칼레까지 그녀의 뒤를 따르는 것은 장엄한 기병대 행렬이었다. 화려한 장식 천을 걸친 말 위에는 프랑스 르네상스의 사치스러운 의복을 걸친 이들이 무기를 덜그럭거리며 행진했다. 행렬의 가장 앞에는 그녀의 세 외삼촌인 기즈 공작과 로렌, 기즈 추기경이 있었다. 그녀 곁에는 네 명의 메리들이 늘 함께했고 귀부인과 시녀들, 시인, 악사들이 그녀를 에워쌌다. 귀중한 가구들을 실은 짐수레가 화려한 행렬의 뒤를 따르고 왕관과 보석들은 궤짝 속에 담겼다. 왕비로 이 땅에 왔던 그대로 존엄과 예우, 영광과 위엄 속에서 메리 스튜어트는 이제 마음의 고향을 떠난다. 그러나 한때 아이의 두 눈을 환히 밝혔던, 근심 없는 기쁨은 더 이상 없다. 작별이란 언제나 저녁 햇살과 같아서 빛이 채 사라지기 전부터 어둠이 배어든다.

칼레에 이르러 화려했던 궁정 행렬은 대부분 돌아갔다. 귀족들은 말을 돌려 궁정으로 되돌아갔다. 그들은 다음 날이면 루브르에서 또 다른 여왕을 섬길 것이다. 궁정 사람들에게는 언제나 품위만이 중요하지, 그 품위를 지닌 인간 자체에는 관심이 없다. 지금은 황홀한 눈길로 그녀 앞에 무릎 꿇고 영원한 충성을 맹세하는 이들도 바람이 갤리온의 돛을 잡아당기는 순간, 모두 떠나갈 것이다. 그들에게 있어 작별의 장면은 즉위식이나 장례식 같은 장엄한 의식에 지나지 않았다. 진실한 슬픔을 느낀 이들은 오직 시인들뿐이었다. 섬세한 감각을 지닌 그들은 상실의 기운을 누구보다 먼저 알아차렸다. 명랑하고 아름다운 궁정을 일구려 했던 이 젊은 여인과 함께, 프랑스에서 예술적 정신이 떠나가고 있음을 시인들은 알고 있었다. 이제 프랑스 전역에 닥쳐올 것은 어두운 시대였다. 정쟁과 분열, 위그노 전쟁, 성 바르톨로메오의 밤, 싸움꾼과 광신자들. 그 모든 것이 다가오고 있었다. 예술의 승리 그리고 시의 시대, 그 상징이던 플레야드파의 별자리도 곧 전란의 어둠 속에서 빛을 잃고 말 것이다. 시인들은 이렇게 탄식했다.

오늘, 그날의 바람이 프랑스를 떠나며
이곳에 머물고자 했던 뮤즈들마저 데려가 버렸노라.

젊음과 우아함 앞에서 늘 마음이 다시 젊어지곤 했던 시인 피에르 드 롱사르는 이별시에서 메리 스튜어트의 아름다움을 찬미한다. 다시는 볼 수 없게 된 그녀의 모습을 시 속에라도 붙잡아 두려는 듯, 진심 어린 슬픔 속으로 마음을 울리는 유려한 탄식을 빚어낸다.

당신이 떠나자 시인들은 말을 잃었습니다.
뮤즈들조차 말을 잃었으니, 누가 노래를 이어가겠습니까.
아름다운 것은 오래 머물지 못합니다.
장미도, 백합도, 봄 한 철이면 그만이듯이
당신의 아름다움 또한 프랑스에 고작 열다섯 해 머문 뒤
한 줄기 번갯불처럼 사라졌습니다.
남은 것은 오직 그리움,
내 마음 깊이 새겨진 한 여인에 대한 기억뿐입니다.

프랑스의 궁정과 귀족, 기사들이 그녀를 잊어갈 동안에도 오직 시인

들만이 여전히 그들의 여왕을 섬겼다. 시인들에게 불행은 또 하나의 고귀함일 뿐이었고, 한때 그녀의 아름다움을 노래하던 이들은 이제 슬픔 속에서 더욱 그녀를 사랑하게 된다. 끝까지 그들은 그녀의 삶과 죽음을 노래하며 함께할 것이다. 고귀한 한 인간이 생을 하나의 시로, 드라마로, 발라드로 마무리할 때면 시인들은 나타나 그것을 새롭게, 그리고 끊임없이 되살릴 것이다.

칼레 항구에는 흰색으로 칠한 호화로운 갤리온선이 기다리고 있었다. 프랑스 왕실 깃발과 스코틀랜드 깃발을 나란히 휘날리는 기함 위로 세 명의 외삼촌, 기사들, 그리고 충직한 시녀들이자 벗인 네 명의 메리들이 그녀를 호위했다. 두 척의 다른 배가 호위선으로 뒤를 따랐다. 그런데 배가 항구를 미처 벗어나기도 전에, 메리 스튜어트는 불길한 일이 일어났다. 항구로 끌려오던 작은 배 하나가 난파되어 그 안의 사람들이 물에 빠질 위기에 처한 것이다. 프랑스를 떠나 자신의 운명을 향해 나아가는 그녀의 출발은 시작부터 음울한 상징에 드리워졌다.

불길한 예감 때문이었을까, 아니면 잃어버린 고향에 대한 애틋함이었을까, 혹은 다시는 돌아오지 못하리라는 예감이었을까? 어쨌든 메리 스튜어트는 아무것도 모른 채로 행복했던 땅에서 눈을 떼지 못했다. 산들바람이 불어와 돛을 밀어 올리자, 그녀는 고물 위에 두 팔을 올린 채 울음을 터뜨렸다. 밤이 될 때까지 "안녕, 프랑스여"라는 말을 몇 번이고 되뇌었다. 갑판에서 이제 그만 내려 오라며 아무리 권해도 그녀는 모든 청을 물리쳤다. 그래서 하는 수 없이 갑판 위에 침상이 마련되었다. 그녀는 날이 밝았을 때 프랑스의 지평선이 조금이라도 보

칼레에서 스코틀랜드로 돌아오는
메리 스튜어트 여왕

이면 지체하지 말고 꼭 깨워 달라고 키잡이 선원에게 특별히 당부했다. 다행히도 소망은 이루어졌다. 바람이 잦아들어 배는 밤새 멀리 나아가지 못했다. 새벽이 밝자 프랑스의 해안선이 희미하게 남아 있었다. 그녀는 자리에서 일어나 시야에서 사라질 때까지 하염없이 그 땅을 바라보았다. 그리고 몇 번이고 되풀이했다. "안녕, 프랑스여. 안녕. 다신 보지 못할거야."

제4장

스코틀랜드로의 귀환

1561/08

여름이면 북쪽 해안이 안개에 잠기는 날은 드물다. 그러나 1561년 8월 19일, 메리 스튜어트가 리스에 도착한 날에는 짙은 안개가 해안을 온통 뒤덮고 있었다. 그녀가 떠났던 달콤한 프랑스와는 너무도 다른 풍경이었다. 프랑스에서는 위엄 있는 행렬 속에서 귀족들의 경의를 받으며 떠났고 왕자와 백작, 시인과 음악가들이 궁정의 예법에 따라 작별을 고했다. 하지만 이곳에는 그녀를 맞이할 이가 아무도 없었다. 배가 해안에 닿은 뒤에야 비로소 사람들이 호기심에 모여들었다. 거친 작업복 차림의 어부 몇 명, 한가히 서성이는 병사들, 도시로 양을 팔러 온 상인과 농부들뿐이었다. 그들은 멀찍이 떨어져 조심스레 바라볼 뿐, 환호하지도 않았다. 호화로운 옷차림에 화려한 장신구를 두른 귀부인들과 귀족들이 배에서 내리자 마치 이방인이 서로를 마주보는 듯했다. 북방의 대지가 지닌 영혼처럼 거칠고 냉엄한 환영이었다. 메리 스튜어트는 도착하자마자 고향이 얼마나 참담한 가난에 놓여 있는지 깨달았다. 불과 닷새의 항해였지만, 그녀는 마치 수세기를 거슬러 되돌아온 셈이었다. 찬란하고, 사치스러운 문화의 중심에서 좁고, 어둡고, 비극적인 세계 속으로 들어온 것이다. 잉글랜드군과 반란군에게 수차례 약탈당하고 불태워진 이 도시는, 그녀를 맞이할 궁전은커녕 귀족의 저택조차 남아 있지 않았다. 결국 하룻밤 몸을 누일 곳을 찾기 위해, 이 나라의 여왕은 평범한 상인의 집에서 밤을 보내야 했다.

첫인상은 한 사람의 영혼에 큰 흔적을 남기는 법이다. 메리 스튜어트에게 그것은 깊고도 운명적인 모습으로 새겨졌다. 지금 이토록 마음을 사로잡는 감정이 정확히 무엇인지 아마 그녀 자신도 알지 못했을 것이다. 13년의 부재 끝에 그녀는 낯선 이처럼 자기 왕국의 땅을 다시 밟고 있다. 그것은 향수일까, 프랑스 땅에서 배워 사랑하게 된 삶의 따스함과 부드러움에 대한 무의식적인 갈망일까, 아니면 잿빛 하늘이 드리운 불안의 그림자였을까? 다가올 위험에 대한 예감 때문일까? 브랑톰의 전언에 따르면 메리 스튜어트는 홀로 남자마자 눈물을 터뜨렸다고 한다. 그녀는 정복자 윌리엄처럼 자부심에 찬 자세로 브리튼 섬에 발을 디딘 것이 아니었다. 군주의 위엄보다는 어색함과 불안, 그리고 앞으로 닥쳐올 일들에 대한 두려움이 그녀를 먼저 사로잡았다.

다음 날, 소식을 받고 급히 달려온 섭정이자 이복 오빠 제임스 스튜어트(일반적으로 모레이 백작이라는 이름으로 알려진 인물이다)와 몇몇 귀족들이 그녀를 맞이해 가까운 에든버러까지 호위했다. 그러나 호위는 이름뿐이었다. 잉글랜드 측은 해적을 수색한다는 얄팍한 구실을 내세워 궁정의 말들이 실려 있는 배 한 척을 억류해버렸고 작은 도시리스에서는 여왕에게 어울릴 만한 안장과 장식을 갖춘 말을 겨우 한 필 구해냈을 뿐이었다. 시녀와 귀족들은 불쾌감을 억누른 채, 근처 헛간과 마구간에서 급히 끌어모은 거칠고 촌스러운 말들을 타야 했다. 이 꼴을 본 메리 스튜어트의 눈에 눈물이 고였다. 다시금 그녀는 남편의 죽음이 자신에게서 얼마나 많은 것을 빼앗아갔는지, 스코틀랜드 여왕이라는 지위가 프랑스의 왕비였던 것에 비해 얼마나 보잘것 없는 것인지 뼈저리게 느꼈다. 이토록 빈약하고 궁색한 모습으로 백성들 앞에 나서는 것은 그녀의 자존심이 허락하지 않았다. 그래서 왕의 입성을 알리는 행진 대신, 수행원들과 함께 곧장 도시 성벽 바깥에 있는 홀리루드 궁전으로 말을 몰았다. 그곳은 그녀의 아버지가 세운 궁전으로, 어두운 풍경 속에 둥근 탑을 이고 서 있으며 오직 성채의 첨탑만이 완강하게 솟아 있다. 단단히 다듬어진 석재와 선명한 윤곽이 어우러져 위엄 있는 위용을 자아낸다.

그러나 내부로 들어서자 프랑스에서 귀하게 자라난 그녀를 맞이한 것은 싸늘하고 텅 빈, 축제의 기운이라곤 조금도 남아 있지 않은 공간이었다. 고블랭 직물로 짠 벽걸이도, 이탈리아 거울을 따라 벽에서 벽으로 번져가던 빛의 찬란함도 없었다. 여러 해 전부터 군주가 거처하지 않은 이곳은 웃음 소리 하나 깃들지 않았고, 아버지가 죽은 후 새롭게 단장된 적도 없었다. 궁전은 마치 텅 빈 눈으로 그녀를 바라보는 듯했고, 왕국의 오래된 저주인 빈곤이 그 자리에 서서 그녀를 맞아들였다.

에든버러 사람들은 여왕이 홀리루드에 들어왔다는 소식을 듣자마자, 그날 밤 곧장 거리로 나와 그녀를 맞이했다. 그러나 프랑스 궁정의

섬세한 취향에 길들여진 그녀의 눈에는 이 모든 것이 다소 거칠게 느껴졌을 터였다. 롱사르의 제자인 그녀를 위해 마드리갈이나 정교한 칸초네를 연주해 줄 궁정 악사는 이곳에 없었다. 척박한 땅에서 풍성하게 내어줄 수 있는 것은 나무토막뿐이었고, 사람들은 광장에 통나무를 쌓아 올려 거대한 횃불처럼 밤새 밝혀두었다. 그리고는 백파이프와 피리, 조잡한 악기들이 울려 퍼졌다. 그들에겐 음악이었으나, 세련된 귀족들의 귀에는 거의 지옥의 소리처럼 들렸을지도 모른다. 찬송 이외의 속된 노래는 칼뱅주의 목사들에 의해 금지되었기에, 사람들은 거친 남성의 목소리로 찬송가와 경건한 성가곡들을 불렀다. 이것이 최선이었다. 하지만 메리 스튜어트는 그 진심 어린 환대를 기쁘게 받아들이는 듯 보였다. 첫 귀환의 밤, 적어도 그 순간만큼은 오랜 세월 단절되어 있던 군주와 백성 사이에 다시금 화합의 기운이 감돌았다.

정치적 경험이 전무한 젊은 여왕 앞에 놓인 과업이 실로 헤아릴 수 없이 험난하리라는 사실은 메리 스튜어트 자신도, 조언자들도 모두 알고 있었다. 스코틀랜드 상류 귀족층 가운데 가장 명민한 인물로 꼽히는 레딩턴의 메이틀랜드는 예언이라도 하듯 그녀의 귀국이 엄청난 비극들을 불러올 것이라 평한 바 있다. 아무리 단호하고 강경한 의지의 소유자라 해도, 이 땅에 오랜 평화를 세우는 것은 결코 쉬운 일이 아니었다. 하물며 이제 겨우 열아홉 살, 오랜 시간 고국을 떠나 있었으며 통치의 경험조차 쌓지 못한 한 여인에게 이 모든 혼란을 감당하라 한다면, 그 무게는 얼마나 막막할 것인가. 그녀 앞에 펼쳐진 현실은 이러했다. 가난한 나라, 부패한 귀족층. 그들에게 반란과 전쟁은 언제나 반가운 기회였고, 수많은 씨족들은 끝없는 갈등 속에 살아가며 분노를 내전으로 바꿀 명분만을 기다리고 있었다. 가톨릭과 개신교 성직자들은 지배권을 두고 서로 적개심을 불태웠고, 인접한 강대국 잉글랜드는 날카로운 감각으로 그 모든 균열을 놓치지 않고 자극하고 있었다. 거기에 세계 열강의 냉혹한 적의까지. 그들은 무자비하게 스코틀랜드를 자신들의 피비린내 나는 게임 속으로 끌어들이려 하고 있었다.

그녀가 조국의 땅으로 들어선 순간, 이 싸움은 피할 수 없는 결정적인 국면으로 접어들게 되었다. 그녀는 어머니에게서 가득 채워진 금고 대신에 저주스러운 유산을 물려받았는데 그것은 다른 어느 곳보다도 사람들을 광란으로 몰아넣은 종교적 분열이었다. 메리 스튜어트가 아무것도 모른 채 행복하게 프랑스에서의 세월을 보내는 동안 종교개혁은 스코틀랜드 전역으로 승리의 발걸음을 넓혀가고 있었다. 궁정과 가정, 도시와 시골, 가문과 혈족을 가로질러 하나의 거대한 균열이 나라 전체를 갈라놓고 있었다. 귀족의 절반은 개신교를 따랐고, 나머지는 여전히 가톨릭을 고수했다. 도시들은 새 신앙 쪽으로 기울었고 농촌 마을은 옛 신앙에 머물렀다. 가문 대 가문, 종족 대 종족으로 맞선 양쪽 진영은 맹렬한 성직자들의 선동과 외세의 정치적 개입 속에서 끝없는 증오에 사로잡혀 있었다. 그러나 메리 스튜어트에게 가장 위험한 사실은 따로 있었다. 스코틀랜드 귀족 가운데 가장 강력하고 영향력 있는 세력이 바로 적대 진영, 곧 칼뱅주의 진영에 속해 있다는 점이었다. 부패한 교회의 재산을 차지할 기회는 권력욕에 불타는 반역자 무리들에게 무엇보다 매혹적인 유혹이었다. 그들은 마침내 '진정한 교회의 수호자'라는 깃발 아래 자신들의 여왕에게 반기를 들 명분을 얻었고 그 뒤에는 언제나 잉글랜드의 후원이 준비되어 있었다. 절약에 철저하기로 유명한 엘리자베스조차 가톨릭 스튜어트 가문에게서 스코틀랜드를 빼앗기 위해 이미 20만 파운드가 넘는 자금을 반란과 원정에 쏟아부었다. 그리고 메리 스튜어트의 신하들 가운데 상당수는 은밀히 엘리자베스의 급료를 받고 있었다.

메리 스튜어트는 단번에 힘의 균형을 되찾을 수도 있었다. 그녀가 개신교로 개종하기만 하면 되는 일이었다. 실제로 몇몇 고문들은 강력하게 개종을 권유했다. 그러나 메리 스튜어트는 기즈 가문 사람이었다. 그녀는 가톨릭 신앙의 열렬한 투사로 알려진 가계에서 태어났으며, 광신적인 독실함까지는 아니더라도 조상 대대로 이어진 신앙에 충직하고도 열정적인 애착을 지니고 있었다. 그녀는 결코 자신의 신념에서 물러날 인물이 아니었다. 그녀의 대담한 천성을 떠올려보면, 설령 그것이 위험을 부르는 선택이라 하더라도 양심을 거스르는 비겁함을 택하기보다는 차라리 끝없는 투쟁을 받아들였을 것이다. 그러나 바로 이 신념 때문에 그녀와 귀족 사이에는 메울 수 없는 균열이 생겨난다. 군주와 백성이 서로 다른 신앙을 가질 때 그 갈등은 언제나 치명적 결과를 낳기 마련이다.

이제 메리 스튜어트 앞에 남은 선택지는 둘뿐이었다. 종교개혁을 굴복시키거나, 아니면 그 앞에 무너지는 것. 루터와 칼뱅, 그리고 로마 사이의 피할 수 없는 충돌은 기묘한 우연 속에서 메리 스튜어트의 운명 안으로 스며들어 극적으로 전개된다. 엘리자베스와 메리 스튜어트, 잉글랜드와 스코틀랜드 사이의 대결은 결국 잉글랜드와 스페인, 종교개혁과 반종교개혁 사이의 싸움까지도 좌우할 중대한 국면으로 이어진다.

> ━● 제임스 스튜어트(모레이 백작)(1531-1570)

제임스 5세의 사생아이자 메리 여왕의 이복오빠

운명의 무게를 짊어진 이 상황은 종교적 분열이 그녀의 가정과 궁정, 그리고 조언자들의 회의실 깊숙한 곳까지 스며들면서 그 무게를 더하게 되었다. 스코틀랜드에서 가장 영향력 있는 인물, 그녀의 이복 오빠 제임스 스튜어트는 그녀가 국정 운영을 맡길 수밖에 없는 존재이면서도 확고한 개신교도였고, 신실한 가톨릭 신앙인으로서는 이단으로 규탄하지 않을 수 없는 스코틀랜드 장로교회의 수호자였다. 그는 이미 4년 전, 이른바 '회중의 영주들'이라 불린 개신교 귀족 연맹의 수호자 서약서에 가장 먼저 서명한 인물이기도 했다. 그곳에서 그는 사탄의 가르침을 거부하고, 미신과 우상 숭배를 거부하며, 앞으로는 그것들의 공개적인 적이 되겠다고 맹세했다. 그들이 사탄의 교리라 부르며 단절을 선언한 종교는 다름 아닌 가톨릭, 곧 메리 스튜어트의 신앙이었다. 이로써 여왕과 섭정 사이에는 시작부터 가장 근본적인 세계관의 균열이 자리 잡게 되었으며 그런 관계에서 평화를 기대하기란 어려운 일이었다. 여왕의 마음 깊은 곳에는 오직 하나의 생각만이 자리하고 있었다. 스코틀랜드에서 종교개혁을 억누르는 것. 그리고 섭정이자 오빠인 제임스 스튜어트 역시 개신교를 이 땅의 유일한 신앙으로 세우겠다는 단 하나의 의지를 품고 있었다.

제임스 스튜어트는 메리 스튜어트라는 비극의 드라마 속에서 가장 결정적인 인물 중 하나로 등장할 운명이었다. 운명은 그에게 중요한 배역을 맡겼고, 그는 그 역할을 능숙하게 연기할 줄 아는 인물이었다. 그의 어머니는 스코틀랜드 최고 명문가 중 하나인 어스킨 가의 딸, 마거릿 어스킨으로 제임스 5세와 오랜 연인 관계를 맺었던 여인이었다. 제임스 스튜어트는 왕족의 피와 더불어 강철 같은 기질을 타고나 마치 왕권의 정당한 후계자로 태어난 사람처럼 보였다. 그러나 정치적으로 불안정한 처지에 놓여 있던 제임스 5세는 권력을 안정시키고 재정적 기반을 강화하기 위해 마거릿 어스킨과의 혼인을 끝내 단념할 수밖에 없었다. 대신 그는 메리 스튜어트의 어머니인 프랑스 공주와 혼인했다. 그 결과 야망에 불타는 왕의 아들은 사생아라는 낙인을 안게 되었고, 이는 왕위 계승의 길을 영원히 가로막는 장애물이 되었다. 비록 제임스 5세의 간청으로 교황이 왕족의 혈통을 인정해주기는 했으나, 왕위 계승권에서는 배제된 존재로 남게 되었다. 그는 왕권에 대한 어떠한 권리도 가질 수 없었다.

가장 위대한 모방자인 셰익스피어는 여러 차례 사생아의 내면적 비극을 묘사했다. 아들이면서 아들이 아닌, 자연이 피와 얼굴에 새겨넣은 권리를 국가와 종교, 세속의 법이 빼앗아버리는 이 비극을 말이다. 가장 무자비하고도 융통성 없는 심판인 '편견'에 의해 단죄된 사생아들은 대개 사랑이 아니라 정치적 계산으로 태어난 연약한 적자들보다 늘 밀려나고 소외된다. 한 인간에게 열등하다는 낙인이 찍히는 순간 그는 열등감 속에서 무너져 내리거나, 아니면 그 낙인을 극복하기 위해 스스로를 단련할 수밖에 없다. 비겁하고 미온적인 성격의 사람들은 이런 굴욕 앞에서 더욱 왜소해진다. 그들은 스스로를 구걸하는 자, 아첨하는 자로 전락시켜 정통성을 인정받은 이들의 은총에 매달린다. 그러나 강한 기질을 지닌 이들에게는 이런 배제와 좌절이 오히려 내면 깊숙이 억눌려 있던 어두운 힘을 깨우는 역할을 한다. 정면으로 권력에 이르는 길이 순순히 허락되지 않는다면, 그들은 마침내 권력을 스스로 만들어내는 법을 배우게 된다.

모레이 백작 제임스 스튜어트는 강한 기질의 소유자였다. 그의 피에는 스튜어트 왕가 선조들의 거칠고 단호한 기개, 자존심, 그리고 지배자의 의지가 깊이 배어 있었다. 인물로서도, 존재감으로서도 그는 영리함과 또렷한 결단력으로 탐욕에 눈이 먼 다른 귀족들과 남작들보다 한 수 위였다. 그의 목표는 훨씬 더 원대한 것이었고 그의 계획들은 정치적으로 신중하게 고려된 것이었다. 그는 누이동생을 마치 장난치는 아이를 바라보듯 내려다보며, 자신의 영역을 침범하지 않는 한 그대로 두었다. 그는 낭만적인 충동에 휘둘리지 않았다. 영웅적인 광채는 없었지만 그 대신 기다릴 줄 알고 인내할 줄 아는 자만이 성공을 거둔다는 비밀을 알고 있었다. 그것은 열정적인 돌진보다 훨씬 더 확실한 방식이었다.

정치적 자질을 지닌 인물은 애초부터 자신에게 불가능한 것을 욕망하지 않는다는 점에서 그 재능을 드러낸다. 제임스 스튜어트 같은 사생아에게 있어 불가능한 것은 바로 왕관이다. 그는 자신이 결코 제임스 6세라는 이름으로 불릴 수 없음을 알고 있었다. 그래서 그는 신중한 정치가답게 처음부터 스코틀랜드의 왕이 되려는 야망을 접고, 그대신 더 확실한 길을 택한다. 왕이 아니라 통치자로 남는 길, 곧 섭정으로서 권력을 행사하는 길이었다. 눈에 보이는 상징적인 권력은 포기하였지만 오히려 그 덕분에 실질적인 권력을 더 확실하게 움켜쥐었다.

그는 재산을 모으는 데 있어서도 능통했다. 아버지에게서 상당한 유산을 물려받았고, 다른 이들로부터도 아낌없이 선물을 받아냈다. 수도원 재산이 해체되는 과정 역시 빈틈없이 이용했으며, 전쟁의 소용돌이 속에서도 기회를 놓치지 않았다. 언제나 그의 그물이 가장 먼저, 가장 무겁게 채워졌다. 엘리자베스로부터 보조금을 받는 데에도 아무런 거리낌이 없었다. 메리 스튜어트가 귀국했을 때 그는 이미 스코틀랜드에서 가장 부유하고, 가장 강력한 인물이 되어 있었다. 이제 그를 밀어낼 수 있는 자는 아무도 없었다. 메리 스튜어트는 애정보다도 필요에 의해 그의 우정을 구했다. 그녀는 자신의 통치를 지키기 위해 이복 오빠가 원하는 모든 것을 내어주었고, 그의 끝없는 부와 권력욕을 만족시켜 주었다. 다행히도 모레이의 손은 믿을 만했다. 그는 움켜쥘 줄도, 물러설 줄도 아는 사람이었다. 타고난 정치가로서 개신교도였으나 과격한 성상 파괴자가 아니었고, 스코틀랜드의 애국자이면서도 엘리자베스의 신임을 잃지 않았다. 귀족들과는 필요할 만큼 타협하되, 결정적인 순간에는 주저 없이 단호함을 드러냈다. 겉으로 드러나는 권위에는 쉽게 현혹되지 않았으며 오직 실질적인 권력만을 자신의 만족으로 여겼다.

이처럼 비범한 인물은 그가 그녀 곁에 서 있을 때는 막강한 자산이 되지만, 반대편에 서게 되는 순간 가장 치명적인 위협으로 돌변한다. 같은 피를 나눈 형제로서, 또 순전히 이기적인 계산으로 보더라도 모레이는 여동생이 권좌에 머무르기를 바랄 수밖에 없었다. 왜냐하면 해밀턴이나 고든 가문이 그 자리를 차지한다면 지금처럼 절대적인 권력과 통치의 자유를 결코 자신에게 허락하지 않을 것이 분명했기 때문이다. 그는 기꺼이 메리 스튜어트가 대표 역할을 하는 것을 지켜보았다. 권력이 자신의 손에 있다는 확신만 있다면 그것으로 충분했다. 하지만 메리 스튜어트가 통치권을 직접 행사하려 하고 그의 권한을 약화시키려는 순간, 스튜어트 가의 자존심이 정면으로 충돌하게 된다. 비슷한 기질과 힘을 지닌 이들이 맞서는 싸움만큼 위험하고 집요한 적대는 없다.

메리 스튜어트 궁정에서 모레이 다음으로 중요한 인물이자 국무장관이었던 레딩턴의 메이틀랜드 역시 개신교도였다. 그 또한 처음에는 그녀의 편이었다. 메이틀랜드는 예리한 두뇌를 지닌 유연하고 세련된 인물로 엘리자베스 여왕이 그를 두고 지성의 꽃이라 부를 정도였다.

그는 모레이처럼 권력 그 자체를 사랑하는 사람은 아니었다. 외교관인 그에게는 정치와 음모라는 복잡하고 혼란스러운 게임 자체가 즐거움이었다. 원칙이나 종교, 조국과 같은 가치에는 크게 얽매이지 않았다. 그에게 중요한 것은 어디에든 손을 뻗어 줄을 엮고 풀 수 있는 예술적인 솜씨 그 자체였다. 그는 메리 스튜어트에게 개인적으로 기묘한 애착을 가지고 있었고, 네 명의 메리 중 한 명인 메리 플레밍과 혼인하게 된다. 그러나 그에게서는 절대적인 충성도, 노골적인 배신도 기대할 수 없다. 그는 그녀가 순조롭게 통치하는 동안에는 기꺼이 협력하지만, 위험이 닥치면 미련 없이 떠날 인물이었다. 메리 스튜어트는 그를 통해 바람의 방향을 읽을 수 있었다. 그의 존재 자체가 하나의 풍향계와 같았기 때문이다.

메리 스튜어트는 오른쪽을 보나 왼쪽을 보나, 도시에서나 자기 자신의 성에서나 믿고 의지할 수 있는 친구를 찾을 수 없었다. 그럼에도 모레이나 메이틀랜드와는 어느 정도 함께 통치하고 협상할 수 있는 여지가 있었다. 그러나 그녀에게 처음부터 철저히 적대적인 인물이 있었으니 바로 스코틀랜드에서 가장 강력한 민중 지도자이자 에든버러의 설교가, 그리고 스

>·•◦ 존 녹스(1513-1572)

전세계 장로회의 시초가 된 스코틀랜드의 장로교회의 창시자이다.

코틀랜드 교회를 조직하고 장악한 종교 선동의 대가 존 녹스였다. 그와 함께 시작된 싸움은 단순한 논쟁이 아니었다. 존재냐 소멸이냐, 생명이냐 죽음이냐를 건 투쟁이었다. 존 녹스가 내세운 칼뱅주의는 단순한 교회 개혁이 아니라, 하나의 신정 국가 체제였기 때문이다. 그런 의미에서 그것은 개신교가 도달할 수 있는 가장 급진적이고도 완결된 형태였다. 그는 권위적인 지배자처럼 행동하며 왕에게조차 자신의 명령에 절대 복종할 것을 요구했다. 만일 상대가 고교회파나 루터교, 혹은 보다 온건한 종교개혁의 세력이었더라면 메리 스튜어트는 어느 정도 타협의 여지를 찾을 수 있었을 것이다.

그러나 칼뱅주의가 지닌 독선적 기질은 애초부터 진정한 군주와의 어떤 타협도 허락하지 않았다. 심지어 존 녹스를 정치적으로 이용해 경쟁자인 메리 스튜어트를 곤란하게 만들려 했던 엘리자베스조차, 그의 견디기 힘든 오만함에는 노골적인 혐오를 감추지 않았다. 그렇다면 인간적이며 인문주의적 성향을 지닌 메리 스튜어트에게는 얼마나 더 큰 거부감을 불러일으켰겠는가. 삶의 기쁨을 사랑하고 향유를 두려워하지 않으며, 예술에 대한 깊은 애정을 지닌 그녀에게 제네바 교리가 내세우는 금욕주의와 냉혹한 규율, 삶을 부정하는 엄격함은 도저히 이해할 수 없는 것이었다. 웃음을 죄악으로 규정하고, 아름다움을 타락으로 단죄하며, 음악과 시, 춤, 그리고 그녀가 가장 소중히 여기는 우아한 예절의 형식들까지 하나하나 파괴하려 드는 고압적이고 완고한 태도는 메리 스튜어트에게 신념의 차원을 넘어 자신의 존재 자체를 부정하는 공격으로 느껴졌다. 그렇지 않아도 이미 어두웠던 땅에 더욱 짙은 어둠이 내려앉고 있었다.

에든버러에서 존 녹스가 이끈 교회는 마치 돌처럼 단단한 공동체였다. 구약 성서의 엄격한 정신을 그대로 새겨 넣은 듯했다. 녹스는 모든 종교 개혁자들 가운데서도 가장 완고하고 냉혹한 인물로, 심지어 그의 스승인 칼뱅조차 불관용과 단호함에 있어서는 그를 능가하지 못했다. 본래 하급 가톨릭 사제였던 그는 독선적이고 거친 영혼, 맹렬한 분노에 이끌려 종교 개혁 운동에 뛰어들었고 종교 개혁가 조지 위샤트의 추종자가 되었다. 메리 스튜어트의 어머니는 위샤트를 이단자로 규정하여 산 채로 불에 태워 죽였다. 그러나 스승을 몰락시킨 불꽃은 아직도 여전히 존 녹스의 영혼 안에서 타오르고 있었다. 메리 스튜어트 어머니인 마리 드 기즈의 섭정에 대항하는 반란의 지도자 중 한 사람이었던 그는 프랑스 원군에게 붙잡혀 끌려가, 프랑스 갤리선에 쇠사슬로 묶인 채 노를 젓는 형벌을 받았다. 오랜 시간 사슬에 매여 있었으나 그의 의지는 그 사슬만큼이나 단단해졌다. 석방된 후 그는 제네바로 피신해 칼뱅 아래에서 연설의 힘을 익히고, 모든 밝고 헬레니즘적인 것들에 대한 무자비한 청교도적 증오를 배웠다. 그리고 스코틀랜드로 돌아오자마자 그의 카리스마는 귀족과 민중을 불과 몇 해 만에 개혁의 물결 속으로 몰아넣는다.

존 녹스는 어쩌면 역사상 가장 완벽한 유형의 종교적 광신자일지도 모른다. 때때로 내면의 명랑함이 그의 영혼을 움직였던 루터보다도 더 냉혹했고, 설교의 광채와 신비로운 영감을 지녔던 사보나롤라보다도 더 엄격했다. 그는 자기 나름의 일관성에서는 분명 진실했지만, 끔찍하게 편협한 사고방식 때문에 오직 자신의 진리만이 진리이며, 자신의 덕만이 덕이고, 자신의 기독교만이 진정한 기독교라고 믿는 데 이르고

세인트 자일스 대성당

말았다. 그의 뜻을 따르지 않는 자는 범죄자로, 그의 요구에서 단 한 글자라도 벗어나는 자는 악마의 하수인으로 여겼다. 녹스는 자기 자신에게 사로잡힌 자만이 가질 수 있는 어두운 용기를 지녔다. 폐쇄된 신념 속에 갇힌 광기의 열정을 품었으며 자신만이 옳다고 믿는 오만함까지 갖추고 있었다. 그의 냉혹함 속에는 냉혹함 자체에 대한 위험한 쾌감이 스며 있었고, 그의 불관용 속에는 자신이 결코 틀릴 리 없다는 확신에서 비롯된 도취가 자리하고 있었다.

성난 파도 같은 수염을 늘어뜨린 채 그는 매주 일요일 세인트 자일스 교회의 설교단 위에 우뚝 섰다. 마치 스코틀랜드의 여호와처럼, 자신의 설교를 따르지 않는 모든 이를 향해 증오와 저주의 천둥을 내리꽂았다. '기쁨을 죽이는 자'로서 그는 저마다의 방식으로 신을 섬기려는 태평하고 무심한 사람들, 곧 '사탄의 족속'이라 부르는 이들에게 독설을 퍼부었다. 이 늙은 광신자는 자신의 독선적인 승리 이외에는 기쁨을 몰랐다. 누군가 교회의 적을 제거했다면, 그것은 곧 하나님께서 이 영광스러운 행위를 원하신 결과로 받아들였다. 가령 메리 스튜어트의 남편인 프랑수아 2세의 귀에서 곪은 고름이 터져나와 그를 죽음으로 몰아갔을 때, 그 귀가 하나님의 목소리를 듣기를 거부했기 때문이라며 강단 위에서 찬가를 불렀다.

메리의 어머니 마리 드 기즈가 죽자 그는 설교 도중 열정에 사로잡혀 외쳤다. "하나님께서 그의 크신 자비로 저 발루아 가문의 남은 족속들까지 속히 우리에게서 거두어 주시옵소서. 아멘!" 그의 설교에서 복음의 온유함이나 신의 자비로움이라 할 만한 것은 찾아볼 수 없었다. 그에게 성서란 피로 얼룩진 엄격한 구약성서뿐이며 그의 설교는 모압, 아말렉, 그 밖에도 불과 칼로써 제거해야 할 이스라엘 민족의 모든 적수들에 대한 것이었다. 이는 곧 '진정한', 다시 말해 '자신의' 신앙에 맞서 선 자들에 대한 위협이기도 했다. 그가 무시무시한 말로 성서 속 이사벨 여왕을 질책하면 청중들은 그가 실제로는 어떤 여왕을 겨냥한 것인지 금방 알아들었다. 그가 불러오는 칼뱅주의의 그림자는 마치 하늘을 뒤덮은 거대한 천둥구름 같아서, 사람들의 영혼을 끊임없이 공포 속으로 몰아넣었다. 이처럼 확고부동한 사람과는 어떤 타협도 가능하지 않다. 그를 달래거나 설득하려는 모든 시도는 오히려 그를 더욱 조소적으로 만들 뿐이다. 언제나 신의 뜻을 위해 싸운다고 자처하는 자들이야말로 지상의 평화를 모르는 이들이다. 천상의 계시를 들었다고 믿는 그들의 귀는, 인간의 말에는 철저히 닫혀 있기 때문이다.

아직 스코틀랜드에 도착한 지 일주일도 되지 않았지만, 메리 스튜어트는 벌써 이 광신자의 어두운 존재를 실감해야 했다. 통치에 나서기 앞서 그녀는 모든 신하들에게 신앙의 자유를 전면 보장하겠다고 약속했는데, 이것은 관대한 그녀의 기질로 보아 그리 큰 희생도 아니었다. 심지어는 스코틀랜드의 공식적인 행사에서 가톨릭 미사를 금지한다는 법률까지 인정하였다. 고통스러운 양보였지만, 존 녹스의 추종자들을 달래기 위한 조치였다. 녹스는 "스코틀랜드에 적군이 만 명 상륙하는 것이 단 하나의 미사가 봉헌되는 것보다 낫다"라고 말할 정도였다. 물론 독실한 가톨릭 신자이며 기즈 가문의 조카인 메리 스튜어트는 자신의 궁성 예배실에서만큼은 신앙을 실천할 권리를 보장받았고, 의회도 이에 이견을 제기하지 않았다.

그러나 첫 일요일, 홀리루드 궁전의 예배실에서 미사를 준비하자마자 군중이 위협적인 기세로 몰려들었다. 제단에 성촛불을 올리려던 시종은 그 촛불을 강제로 빼앗겼다. 그들은 미신을 숭배하는 사제를 멀리 추방하라고, 심지어 죽여버리라고까지 요구했다. '사탄의 예배'라는 비난은 점점 격렬해졌고, 예배당은 폭도들에게 침탈당할 위기에 놓였다. 다행히도 모레이 경이 비록 자신 역시 교회의 선봉장임에도 불구하고 앞에 나서서 입구를 방어했다. 두려움에 가득 찬 미사를 마친 뒤 그는 놀란 사제를 안전하게 방에 데려다 주었다. 자칫 일어날 뻔한 재앙을 막고 여왕의 권위는 겨우 구제되었다. 하지만 메리 스튜어트를 환영하기 위한 연회들, 녹스가 조롱하던 그 축제들은 모두 중단되었다.

메리 스튜어트는 분노를 터뜨리며 모욕에 응수했다. 억눌러 왔던 격정이 눈물과 날카로운 언사로 터져 나왔다. 그 순간, 지금까지는 또렷이 드러나지 않았던 그녀의 성격이 더욱 분명하게 모습을 드러냈다. 어린 시절부터 운명에게 특별한 총애를 받아온 이 젊은 여왕은 본디 섬세하고 다정하며, 유순하고 붙임성 있는 사람이었다. 궁정의 유력 귀족들부터 시녀와 하녀들에 이르기까지, 그녀의 상냥하고 겸손한 성품을 칭찬하지 않는 이가 없었다. 누구에게도 거만하게 군림하지 않았고 자신이 지닌 지위의 우월함을 드러내기보다 오히려 자연스러운 부드러움으로 사람들의 마음을 열었다. 하지만 그 관대하고 따뜻한 태도 아래에는 강한 자의식이 자리하고 있었다. 평소에는 그것이 드러나지 않았지만, 누군가 그녀에게 반기를 들거나 도전하려 하면 즉시 밖으로 터져나왔다. 개인적인 모욕은 흘려보낼 수 있었지만, 자신의 왕권에 대한 침해만큼은 단 한 번도 용납하지 않았다.

그녀는 단 한순간도 모욕을 참으려 들지 않았다. 그런 건방짐은 처음부터 철저히 짓밟아야 마땅했다. 그리고 그녀는 누구를 겨눠야 할지도 잘 알고 있었다. 이단의 교회에서 긴 수염을 휘날리며 백성들을 선동하고 마침내 저 광신의 무리를 궁궐 안까지 들이민 장본인, 바로 그 사내를 말이다. 프랑스의 절대 왕정 아래에서 순종과 권위의식 속에 자라온 메리 스튜어트에게 백성, 그것도 평민이 자신의 권위에 맞선다는 것은 상상조차 할 수 없는 일이었다. 하지만 존 녹스는 그 싸움에 기꺼이, 아니 오히려 반가운 듯 나섰다.

"귀부인의 고운 얼굴이 나를 두렵게 하겠소? 나는 이미 셀 수도 없이 많은 분노한 사내들의 눈을 마주했지만, 한 번도 비겁하게 물러선

적이 없었소."

　신을 위한 싸움은 광신자에게 있어 최고의 기쁨이었다. 신이 왕에게는 왕관을, 자기 같은 사제와 예언자에게는 불같은 말씀을 내렸노라고 그는 믿었다. 그에게 있어서 신의 법을 수호하는 교회의 사제는 왕보다 위에 있는 존재였다. 그의 사명은 이 땅에서 하나님의 나라를 지키는 것, 불복종하는 자들을 진노의 막대기로 단죄하는 일이었다. 사무엘이, 또 다른 구약의 판관들이 그랬듯이 말이다. 그리하여 마치 성서 속 장면처럼, 한 여왕의 자존심과 한 사제의 오만이 정면으로 맞부딪혔다. 이 싸움은 단지 한 여인과 한 사내의 충돌이 아니었다. 수천 년을 이어온 두 관념, 세속의 권력과 신의 권위가 불꽃 튀는 대결로 맞붙은 것이다. 메리 스튜어트는 온화함을 잃지 않으려 애썼다. 그녀는 협력을 원했고, 분노를 억눌렀다. 나라 안의 평화를 바라고 있었기 때문이다. 그녀는 정중한 태도로 대화를 시작했다. 그러나 존 녹스는 이 '우상 숭배자' 앞에서, 이 세상의 어떤 권력에도 머리를 숙이지 않는다는 것을 보여주려 했다. 그는 마치 검사처럼 어둡고 무거운 침묵 속에서 여왕의 말을 들었다. 메리 스튜어트는 녹스가 지은 『여성의 괴물 같은 통치에 대항한 첫 번째 나팔 소리』라는 책에서 여성이 지닌 모든 군주의 권리를 부정한 것 대해 따져 물었다. 아이러니하게도 녹스는 그 책의 내용을 불쾌하게 여긴 개신교 여왕 엘리자베스 1세에게도 굴욕적인 사과를 한 바가 있었다. 하지만 자신이 '교황주의자'라고 여기는 조국의 군주 앞에서는 애매모호한 말들로 입장을 굽히지 않으려 했다.

　메리 스튜어트는 단도직입적으로 물었다. "백성은 군주에게 절대적으로 복종해야 하지 않습니까?" 하지만 그녀가 기대한 "그렇습니다"라는 답은 돌아오지 않았다. 노련한 전략가인 녹스는 비유를 들어 복종의 의무를 한정지었다. "만약 한 아버지가 제정신을 잃고 자신의 자식들을 죽이려 든다면, 그 아이들은 아버지의 손을 묶고 칼을 빼앗을 권리가 있습니다." 존 녹스가 에둘러 내뱉은 이 말 속에서, 메리 스튜어트는 곧장 자신의 통치권에 대한 도전을 읽어냈다. "그렇다면 내 신하들이 당신 말에는 복종하고 내 말에는 복종하지 않아도 된다는 뜻입니까? 결국 내가 당신에게 복종해야 하고, 당신은 내게 복종할 필요가 없다는 말입니까?"

그것이 바로 존 녹스의 생각이기는 했다. 그러나 그는 모레이가 지켜보는 자리에서 그 견해를 노골적으로 드러낼 만큼 경솔하지는 않았다. "아닙니다." 그는 얼버무리듯 대답했다. "통치자든 백성이든, 모두 하나님께 순종해야 합니다. 왕은 교회의 부양자가 되어야 하고, 여왕은 그 유모가 되어야 합니다."

"그러나 당신의 교회는 내가 부양할 교회가 아니에요." 여왕은 그의 애매한 답변에 격분하며 이렇게 응수했다. "나는 로마 가톨릭 교회를 돌볼 것입니다. 내가 하나님의 교회라고 믿는 교회는 바로 그곳입니다."

마침내 충돌을 피할 수 없게 되었다. 독실한 가톨릭 신자와 개신교도 사이에는 더 이상 어떤 타협도 존재하지 않게 되었다. 녹스는 매우 불손한 어조로 로마 가톨릭 교회를 '창녀'라 부르며, 그런 교회가 어찌 하나님의 신부가 될 수 있느냐고 쏘아붙였다. 여왕이 그 언사는 자신의 양심을 모욕하는 말이니 삼가 달라 요청하자, 그는 도전적으로 되받았다. "양심은 앎을 전제로 하지요. 그런데 폐하께서는 그 앎이 부족하신 듯합니다."

첫 대면은 화해는커녕 대립만을 더욱 격화시켰다. 녹스는 이 '사탄'은 강하며, 젊은 통치자로부터는 어떤 양보도 기대할 수 없다는 것을 깨달았다. 훗날 그는 이렇게 적었다. "그녀와의 논쟁에서 나는 지금껏 그 나이 또래에서는 한 번도 본 적 없는 결연함을 보았다. 그날 이후 궁정은 나에게 끝이었고, 나 또한 그들에게 끝이었다." 녹스는 고개를 똑바로 들고 방을 나섰지만 메리 스튜어트는 충격에 휩싸인 채 홀로 남겨졌다. 자신의 무력함을 뼈저리게 느끼며 뜨거운 눈물을 쏟았다. 그러나 그것은 결코 마지막 눈물이 아니었다. 그녀는 곧 깨닫게 될 것이다. 권력은 단지 혈통으로 물려받는 것이 아니라, 끊임없는 싸움과 굴욕 속에서 되찾고 다시 세워야만 하는 것임을 말이다.

제5장

죽음의 서곡

1561-1563

메리 스튜어트가 스코틀랜드에서 보
낸 첫 3년은 비교적 큰일 없이 조용히
지나갔다. 그녀의 운명이 지닌 독특한
양상 중 하나는 중대한 사건들이 언제나
아주 짧은 에피소드 안에 응축되어 폭
발하듯 펼쳐진다는 점이다. 바로 이 점
이 작가들을 매혹하는 요소이기도 하다.
이 시기에는 모레이와 메이틀랜드가 실
질적인 통치를 맡았고, 메리 스튜어트
는 국가의 얼굴로서 대표 역할을 수행
했다. 이러한 권력 분할은 왕국 전체를

윌리엄 메이틀랜드(1528-1573)

스코틀랜드의 국무 장관

위해서는 아주 훌륭한 것이었다. 모레이나 메이틀랜드는 영리하고 신
중하게 국정을 운영했고 메리 스튜어트도 훌륭하게 제 역할을 해냈다.

타고난 아름다움과 우아함을 지닌 그녀는 기사도가 요구하는 온갖 기예에도 능했다. 말 타기에 있어서는 대담하고 씩씩했으며, 공놀이에도 능숙하고, 사냥에는 열정적이었다. 외적인 모습만으로도 그녀는 사람들의 시선을 사로잡기에 충분했다. 새벽녘, 에든버러 사람들은 높이 치켜든 팔 위에 매를 얹고 빛나는 기병대의 행렬 속을 씩씩하게 달리는 스튜어트 가문의 공주를 자랑스러운 눈빛으로 바라보았다. 그녀는 스치는 이마다 환하게 웃으며 인사를 건넸다. 엄격하고 어두운 이 땅 위에 소녀 같은 여왕은 젊음과 아름다움이라는 한 줄기 햇살처럼 찾아왔다. 예로부터 통치자의 젊음과 미모는 기묘한 힘으로 백성의 마음을 사로잡는 법이다. 귀족들 역시 그녀의 씩씩하고 용감한 기질을 높이 평가했다. 이 젊은 여인은 며칠이고 거친 들판을 내달리며 언제나 선두에서, 지칠 줄 모르고 무리를 이끌었다. 사람을 끌어당기는 그녀의 친절함 속에는 아직 펼쳐지지 않은 단단한 자존심이 감춰져 있었고, 나긋나긋하고 섬세한, 가냘프기 그지없는 몸 안에는 비범한 힘이 숨겨져 있었다.

그녀는 어떤 일에도 좀처럼 지치지 않았다. 한 번은 들판을 질주하는 기쁨에 겨워 밤새 들판에서 지내는 것이 어떤 기분일지 알고 싶어서 남자가 되면 좋겠다고 시종에게 말한 적도 있다. 모레이가 반란을 일으킨 헌틀리 가문에 맞서 전투를 벌일 때도 그녀는 주저 없이 말을 몰아 곁에 나섰다. 허리에는 검을 차고, 벨트에는 총을 꽂은 채였다. 거칠고도 위험한 그 모험의 숨 가쁜 긴장감이 그녀의 가슴을 뜨겁게 달구었다. 자신의 모든 힘과 열정을 쏟아 몰입하는 것, 그것이 이 결연한 여인의 본성 깊숙이 숨겨진 영혼의 비밀이었다.

그러나 사냥꾼처럼, 전사처럼 들판을 달리는 나날들 속에서도 다시금 성으로 돌아오면 그녀는 완전히 다른 모습이 되었다. 품위있는 궁정의 여왕 역할을 해내며 자신의 작은 세계에서 가장 유쾌하고 사랑스러운 존재로 군림했다. 그녀의 젊음은 용기와 우아함, 강인함과 부드러움을 동시에 갖추어 그 시대의 이상적인 인간상을 완벽히 구현하고 있었다. 그녀의 존재는 마치 음유시인 트루바두르 시대 정신이 마지막으로 번뜩이는 한 줄기 빛과 같았다. 잿빛 종교개혁의 그늘이 드리운 냉랭한 북방 세계를 아름답게 비추고 있었다.

낭만적인 소녀 같은 여인, 혹은 젊은 여왕의 모습이 이토록 찬란하게 빛났던 때는 결코 없었다. 바로 그녀가 스무 살, 스물한 살이던 해였다. 그러나 그 찬란한 절정은 너무나도 이르게 찾아왔다. 그녀의 내면은 완전히 깨어나지 못한 상태였다. 여성으로서 자신의 욕망을 아직 알지 못했고, 인격도 아직 뚜렷한 형상을 갖추지 못한 채 성숙에 이르지 못했다. 메리 스튜어트는 평온 속에서는 자신을 드러내지 못하는 여인이었다. 오직 흥분과 위기 속에서만 비로소 진면목이 번뜩였다.

스코틀랜드에서의 첫 몇 해는 그녀에게 아무런 의미도 없는 시간에 불과했고, 목적 없이 시간을 흘려보내는 나날이었다. 무엇을 위해, 누구를 위해 자신을 준비하고 있는지도 모른 채 말이다. 그것은 결정적 순간을 앞두고 숨을 고르는 창백한 정적과도 같았다. 어린 나이에 프랑스를 자신의 것으로 만들었던 메리 스튜어트에게 스코틀랜드라는 궁핍한 왕국은 도무지 만족스럽지 못했다. 메리 스튜어트가 고국으로 돌아온 것은 가난하고 협소하며 외진 땅을 다스리기 위함이 아니었다. 처음부터 그녀는 이 왕관을 더 눈부신 왕관을 향해 나아가기 위한 담보쯤으로 여겼다. 아버지의 유산을 충실히 지키는 수호자로 남고자 했다고 믿는 이들은, 그녀를 전혀 이해하지 못한 것이다. 이 젊은 여인의 내면에는 더 큰 권력을 향한 의지가 자리잡고 있었다.

열다섯의 나이에 파리 노트르담 대성당에서 프랑스 왕자와 결혼하고, 루브르 궁전에서 수많은 백성의 찬사를 받으며 군림했던 그녀가 고작 말 안 듣는 영주 몇 명과 수십만의 양치기와 어부들을 거느리는 여왕 자리 따위에 만족할 리 없었다. 후세 사람들이 그녀에게 씌운 '애국적 국민 감정'이라는 것도 실제로는 몇 세기 뒤에야 등장한 개념에 불과했다. 그녀의 마음속에 그러한 감정은 존재하지 않았다. 16세기의 군주들은, 특히 그녀의 강력한 라이벌 엘리자베스를 제외하면 대체로 국민을 전혀 고려하지 않은 채 오직 개인의 권력만을 염두에 두고 있었다. 국가란 당시 사람들에게 옷처럼 덧붙였다가 잘라낼 수 있는 것이었다. 전쟁과 결혼이 나라의 운명을 좌우했지, 국민의 의지나 민족의 정체성이 기준이 되는 시대는 아니었다.

그러니 메리 스튜어트가 조국을 사랑했고, 충직한 스코틀랜드 여왕으로서 조용히 자신의 왕국을 지키려 했다는 식의 감상적인 해석은 착각에 불과하다. 그녀는 언제든 스코틀랜드를 스페인, 잉글랜드, 프랑스 또는 다른 어느 나라의 왕위와도 기꺼이 맞바꿀 준비가 되어 있었고, 숲과 호수, 고풍스러운 성들로 가득한 고향과의 이별조차 아마 눈물 한 방울 없이 받아들였을 것이다. 왜냐하면 그녀의 불타는 야심 속에서 이 작은 나라는 단지 더 높은 곳으로 도약하기 위한 디딤돌에 지나지 않았기 때문이다. 태생적으로 왕위에 오를 운명을 타고났다고 믿었고, 자신의 아름다움과 교양은 유럽 어느 왕관에도 어울린다고 여긴 그녀는 다른 또래 여성들이 무한한 사랑을 꿈꾸던 나이에 오직 무한한 권력만을 열망했다.

그래서 메리 스튜어트는 처음부터 국정 운영을 모레이와 메이틀랜드에게 맡겼다. 질투도, 집착도, 어쩌면 깊은 관심조차 없었다. 운명이 너무 이르게 모든 것을 안겨준 이 여인에게, 이 보잘것 없는 작은 나라가 도대체 무슨 의미가 있었겠는가? 그녀는 그들이 권력을 휘두르고 정사를 돌보는 것을 내버려두었다. 통치하고, 재산을 불리고, 국가를 관리하는 정치 기술은 결코 메리 스튜어트의 강점이 아니었다. 그녀는 지켜내는 법보다 맞서는 법을 먼저 배운 사람이었다. 자신의 권리가 침해당하고, 타인의 의지가 그녀의 권한을 넘보는 순간에야 비로소 그녀의 에너지는 거칠고도 돌발적으로 깨어났다.

메리 스튜어트의 뜨거운 가슴이 잠시 숨을 고르고 조용해질 때면, 그녀의 위대한 라이벌인 엘리자베스 역시 잠잠해진다. 이 위대한 현실주의자의 가장 탁월한 정치적 자질 중 하나는 언제나 현실을 인정하고 불가피한 일을 고집으로 거스르지 않는 것이다. 엘리자베스는 한때 온 힘을 다해 메리 스튜어트의 귀국을 막으려 했고, 그것을 지연시키기 위해 가능한 모든 수단을 동원했다. 그러나 귀국이 기정사실이 되자, 피할 수 없는 현실 앞에서 더 이상 저항하려 하지 않는다. 당장 제거할 수 없는 경쟁자라면 차라리 우호적 관계를 유지하는 편이 낫다고 판단한 것이다.

지혜로운 여인이었던 엘리자베스는 전쟁을 사랑하지 않았다. 불안정하고 고집 센 성격에도 불구하고, 이것은 그녀의 가장 두드러진 장점 가운데 하나였다. 그녀는 폭력적인 결단이나 책임이 따르는 강경책을 두려워했으며, 계산적인 성향으로 언제나 협상과 조약을 통해 이익을 얻고자 했다. 힘의 충돌보다는 노련한 두뇌 싸움으로 우위를 점하는 방식을 선호했다. 메리 스튜어트의 귀국이 확실해지자 모레이 경은 엘리자베스에게 감동적인 말로 진정한 우정을 권했다.

폐하 두 분은 모두 젊고 뛰어난 여왕이십니다. 전쟁과 유혈로 명성을 높이려는 일을 경계하시길 바랍니다. 두 분 모두 서로에 대한 감정이 어디에서 비롯되었는지 잘 알고 계십니다. 우리 여왕께서 폐하의 왕국에 대한 권리를 얻으려는 시도를 하지 않으시기를 하느님께 빌었습니다. 그렇지만 두 분께서는 친구가 되셔야 합니다. 그러나 한 번 입 밖에 나온 생각은 쉽게 사라지지 않습니다. 이 문제가 해결되지 않는 한, 두 분 사이에는 언제나 오해가 남게 될 것입니다. 폐하께서도 이 점만큼은 양보하기 어려우시겠지요. 하지만 우리 여왕께서도 혈통으로 보아 잉글랜드와 그토록 가까운 분이니, 이 땅에서 외국인처럼 대우받는 현실을 억울하게 여기실 수밖에 없습니다. 정녕 타협의 길은 없는 것입니까?

엘리자베스 여왕은 그러한 제안을 이해 못할 인물이 아니었다. 이제 메리 스튜어트는 프랑스와 스코틀랜드의 여왕이던 과거와 달리 스코틀랜드의 통치자일 뿐이었고, 엘리자베스의 후원을 받는 모레이의 영향 아래 놓여 있었다. 예전만큼 위협적인 존재는 아니었다. 그렇다면 진심은 아닐지라도 표면적인 우정을 연출하는 일쯤은 해볼 만하지 않겠는가. 곧 엘리자베스와 메리 스튜어트 사이에는 서신교환이 이루어졌다. 서로를 '친애하는 자매'라 부르며 다정한 마음을 전했다. 메리 스튜어트는 애정의 표시로 다이아몬드 반지를 보냈고, 엘리자베스는 그보다 더 값진 반지로 답례를 했다. 둘은 마치 친자매 같은 애정을 주고받는 연극을 펼쳤다. 메리 스튜어트는 "이 세상에서 가장 간절히 바라는 것은 사랑하는 언니를 직접 뵙는 일"이라고 말하며 프랑스와의 동맹도 끊을 수 있다고 했다. 삼촌들보다 언니의 애정이 더 소중하다는 말도 덧붙였다. 이에 엘리자베스도 중요한 순간에만 사용하는 점잖은 글씨체로 애정을 담아 답신을 보냈다. 하지만 막상 합의를 맺고, 직접 만날 시기를 정하려 하면 두 사람은 조심스럽게 발을 뺐다. 근본적으로는 여전히 과거의 협상에 멈춰 있었다. 메리 스튜어트는 엘리자베스 여왕이 자신의 후계권을 인정해주어야만 에든버러 협약에 서명하겠다고 했다. 그러나 엘리자베스에게 그것은 곧 자신의 사망선고서에 서명하는 일과 다름없었다. 결국 이 화려한 수사들은 넘을 수 없는 깊은 간극을 감추고 있을 뿐이었다.

"하늘에 두 개의 태양이 있을 수 없듯, 땅 위에도 두 명의 칸이 있을 수는 없다." 세계를 정복한 칭기즈 칸의 말처럼, 결국 한 명은 물러나야 한다. 엘리자베스일까, 메리 스튜어트일까? 두 사람 모두 그 사실을 깊이 알고 있었고, 그 날을 기다리고 있었다. 그러나 그 순간이 오기까지 전장의 한복판에서 잠깐의 휴전을 즐겨서 안 될 이유가 있겠는가? 지워지지 않을 불신이 마음 깊이 남아 있는 한, 언젠가는 그 어두운 불꽃이 활활 타올라 모든 것을 집어삼킬 불길로 번지기 마련이다.

이 시절, 사소해 보이는 근심들이 여왕을 지치게 했다. 국사는 번거로

웠고, 냉혹하고 호전적인 귀족들 사이에서는 늘 이방인처럼 느껴졌다. 열렬한 성직자들과 음모꾼들은 지긋지긋하기만 했다. 그럴 때면 그녀는 마음의 고향인 프랑스로 도피하곤 했다. 물론 실제로 스코틀랜드를 떠날 수는 없었기에, 그녀는 홀리루드 궁 안에 작은 프랑스를 꾸몄다. 가장 내밀한 취향을 자유롭게 누릴 수 있는, 하나의 작은 트리아농이자 작은 세계였다. 홀리루드의 둥근 탑 안에 그녀는 프랑스식으로 기품 있고 낭만적인 궁을 만들었다. 고블랭과 터키산 양탄자, 화려한 침대와 가구, 그림들, 아름답게 제본된 책들, 에라스뮈스, 라블레, 아리오스토, 롱사르 같은 작가들의 작품들로 그곳을 꾸몄다. 이곳에서는 프랑스어로 대화하며, 저녁이 되면 깜빡이는 촛불 아래에서 음악을 연주하고, 시를 낭송하고, 마드리갈이 울려 퍼졌다. 바로 이 작은 궁정에서, 훗날 영국 연극을 찬란히 꽃피우게 될 가면극들이 처음으로 시도되었다. 한밤중을 훌쩍 넘도록 가면무도회가 이어졌고, 그중 하나인 「The Purpose」라는 무도회에서는 젊은 여왕이 심지어는 남장까지 하고 등장했다. 몸에 딱 붙는 검은색 비단 바지를 입고 나타난 그녀의 곁에는, 여인으로 분장한 젊은 시인 샤스텔라르가 서 있었다. 이 광경은 아마도 존 녹스에게는 참을 수 없을 만큼 끔찍한 충격이었을 것이다.

청교도들과 열광적인 신앙인들, 그리고 그에 못지않게 불평이 많은 이들에게 이러한 즐거움은 굳게 닫힌 문과도 같았다. 존 녹스는 이들을 두고 분개하며, 세인트 자일스 교회의 설교단에서 수염이 시계추처럼 흔들릴 만큼 격렬하게 외쳐댔다. "군주들은 하나같이 하나님의 거룩한 말씀을 읽고 듣는 일보다, 음악을 익히고 연회 자리에 앉는 데 더 능숙합니다. 그들은 청년들을 타락시키는 음악가들이나 아첨꾼들을 더 사랑하지요. 경건한 충고로 타고난 오만을 꺾으려는 어른들보다 그런 자들을 훨씬 더 좋아합니다!" 그의 독설이 누구를 겨냥했는지는 굳이 설명할 필요도 없었다. 하지만 이 젊고 쾌활한 무리는 '기쁨을 죽이는 자'의 '영혼을 치유한다는 훈계' 따위에 별로 관심이 없었다. 프랑스 취향의 기사 몇 명과 네 명의 메리는 밝고 따뜻한 공간 안에서 엄격하고 비극적인 나라의 어둠을 잠시 잊을 수 있다는 사실만으로도 충분히 행복했다. 무엇보다도 메리 스튜어트에게는 권위라는 차가운 가면을 벗고, 마음 맞는 이들과 어울려 그저 한 명의 유쾌한 젊은 여성이 될 수 있다는 것이 더없이 소중했다.

그러한 갈망은 지극히 자연스러운 것이다. 그러나 그녀에게는 위험한 일이기도 했다. 그녀는 위선을 힘겨워하고, 신중함도 부족했다. "나는 내 감정을 감출 줄 모른다"고 스스로 적었듯이, 정치의 세계에서 그 솔직함은 때로 악의적인 기만이나 냉혹한 강경함보다 더 큰 곤경을 불러왔다. 여왕은 이 젊은이들 사이에서 아무런 권위도 세우지 않고 기분내키는 대로 행동했다. 그 자유로운 태도는 방종한 이들 사이에 분수에 맞지 않는 친밀함을 낳았고 어떤 이들에게는 유혹적으로 다가왔다. 이 여인에게는 초상화로는 온전히 전해지지 않는 관능적으로 자극적인 무언가가 있었음이 틀림없다. 아마도 몇몇 남자들은 부드럽고 사근사근하며 자신감 넘치는 소녀 같은 태도 아래, 거대한 정념의 힘이 마치 온화한 풍경 아래 잠든 화산처럼 숨어 있다는 것을, 미세한 징후들을 통해 이미 어렴풋이 느꼈던 것일지도 모른다. 분명 그녀 안에는 남자들을 낭만적인 사랑보다는 육체적인 욕망 쪽으로 이끄는 어떤 힘이 있었다.

아직 자기 안의 욕망조차 온전히 자각하지 못했기에, 그녀는 어루만지는 손길이나 입맞춤, 초대하듯 머무는 시선과 같은 가벼운 몸짓을, 그 위험을 잘 아는 경험 많은 여인들보다 훨씬 쉽게 허락했을지도 모른다. 어쨌든 때때로 그녀를 둘러싼 젊은이들은 그 안의 여인이 곧 여왕이라는 사실, 감히 범접할 수 없는 존재라는 점을 잠시 잊고 말았다. 실제로 헵번이라는 이름의 젊은 스코틀랜드 장교가 그녀에게 무례하고 건방진 행위를 저지른 일이 있었는데, 그는 간신히 도망쳐 극형을 면할 수 있었다. 그러나 메리 스튜어트는 이 불쾌한 사건을 대수롭지 않게 넘겨버린다. 그녀의 가벼운 용서는 곁을 서성이는 또 다른 젊은 귀족에게 뜻밖의 용기를 안겨주었다.

처음에는 그것이 한 편의 낭만적인 모험처럼 보였다. 하지만 스코틀랜드에서 벌어지는 이야기들이 으레 그렇듯, 곧 피로 물든 어두운 발라드로 변모한다. 프랑스 궁정에서 메리 스튜어트를 처음 흠모한 것은 당빌이라는 인물이었다. 그는 자신의 젊은 친구이자 동료인 시인 샤스텔라르에게 그 열렬한 감정을 털어놓으며 마음을 나눴다. 하지만 메리 스튜어트를 비롯한 귀족들과 함께 스코틀랜드로 여행을 떠났던 당빌은 이제 아내가 기다리는 프랑스로 돌아가야만 했다. 대신 음유시인 샤스텔라르가 스코틀랜드에 남았다. 마치 타인의 사랑을 대신하는 대리인처럼 말이다. 다정한 시는 때로 가장 위험한 불씨가 된다. 놀이로 시작된 일은 너무도 쉽게 현실이 된다. 메리 스튜어트는 젊은 위그노 시인이 바치는 시적인 찬사들을 별생각 없이 받아들였다. 그는 기사도적 기예에 능한, 문무를 겸비한 인물이었다. 그녀는 심지어 자신의 시로 화답하기도 했다. 예술적인 감수성을 지녔지만 거칠고 폐쇄적인 환경에 고립된 여인이 자신을 이토록 찬미하는 시구로 노래하는 이를 마주하고서 어찌 마음이 흔들리지 않겠는가?

오, 불멸의 여신이시여,
부디 내 목소리를 들어주소서.
당신의 법 아래 운명을 맡긴 몸,
내 삶이 머지않아 사라진다 해도
세상은 고백하리라.
그대의 아름다움 앞에서,
내가 그 잔혹함에 무너졌노라고.

그녀가 스스로에게 아무런 잘못이 없다고 느꼈다면, 이런 찬사에 더더욱 마음이 흔들리지 않았을까? 샤스텔라르는 자신의 열정에 대해 진정한 사랑의 응답을 받았다고는 감히 말할 수 없었다. 그는 우수에 잠겨 이렇게 고백했다.

그럼에도 불구하고

나를 태우는 이 불꽃은

단 한 번도

그대의 영혼에

어떠한 애정도 불러일으키지 못했노라.

　아마도 메리 스튜어트는 시인으로서 서정시의 과장이 얼마나 흔한 것인지 잘 알고 있었기에 아름다운 시구들을 아첨과 다르지 않은 시적인 찬사로 여겼을 것이다. 그녀는 그런 시들을 미소로 받아들였고 낭만적 분위기의 궁정에서라면 이상할 것 없다고 여겼다. 그녀는 늘 그래왔듯 거리낌 없는 태도로 샤스텔라르와 농담을 주고받았고, 네 명의 메리들과 어울릴 때처럼 순수하게 그와 어울렸다. 샤스텔라르에게는 사소하지만 눈길을 끄는 친절을 베풀었고, 신분으로는 감히 넘보기 어려운 그를 무도회의 파트너로 지명하기도 했다. 춤을 추다 그의 어깨에 몸을 기대는 일도 있었다. 그녀는 존 녹스의 설교가 울려 퍼지는 거리에서 세 걸음도 떨어지지 않은 이 땅에서, 그가 스코틀랜드 방식으로 친밀하게 말을 해도 그대로 내버려두었다. 녹스의 말로 하자면 "정숙한 여인보다는 방탕한 여인에 어울리는 풍속"이라 비난받을 만한 태도였다. 심지어 가면무도회와 같은 자리에서는 그에게 가벼운 입맞춤을 허락했을지도 모른다.

　이러한 친밀한 분위기는 결국 좋지 않은 결말로 이어진다. 젊은 시인 샤스텔라르는 마치 시인 토르콰토 타소처럼 여왕과 신하의 구분, 존경과 친근함의 거리, 구애와 품위, 진지함과 농담의 경계를 더 이상

분간하지 못한 채 격정에 휩쓸리고 만다. 그리하여 예기치 않은 불쾌한 사건이 벌어진다. 어느 날 저녁, 메리 스튜어트를 시중들던 궁녀들이 여왕의 침실 커튼 뒤에 숨어 있는 샤스텔라르를 발견한 것이다. 처음엔 누구도 그 상황을 불순하게 여기지 않았고, 단지 젊은 혈기의 철없는 장난쯤으로 받아들일 뿐이었다. 시녀들은 그 무모한 청년을 침실 밖으로 내쫓았다. 메리 스튜어트 또한 관용 어린 태도로 받아들였다. 또한 이 일을 오빠에게는 철저히 비밀로 부쳤다. 그러나 이 너그러운 처사는 치명적인 실수가 되고 만다. 자신의 경솔함이 가볍게 용서된 데서 용기를 얻은 것인지, 아니면 여왕을 향한 진실한 열정이 끝내그의 망설임을 지워버린 것인지, 어쨌든 그는 여왕이 파이프로 여행을할 때 몰래 뒤를 밟았다.

메리 스튜어트가 자기 방에서 옷을 반쯤 벗었을 때에야 시녀들은이 어리석은 인간을 여왕의 방에서 발견하게 되었다. 그녀는 처음엔깜짝 놀라 비명을 지르고, 그 날카로운 외침은 집안 전체에 울려 퍼졌다. 근처 방에서 그녀의 이복 오빠 모레이가 황급히 달려오고, 이제는더 이상 용서도, 침묵도 불가능해진 상황이 되었다. 당시 메리 스튜어트가 지금 당장 저 무모한 자를 단검으로 찔러 죽이라고 명했다는 말이 전해지나, 그것이 사실이었을 가능성은 크지 않다. 매사에 냉정하고 계산적인 모레이가 여왕의 침실에서 젊은 남자를 살해하도록 내버려둘 리 없었기 때문이다. 그렇게 했다가는 그의 피로 방바닥을 더럽힐 뿐 아니라 그녀의 명예 또한 더럽혀지리라는 사실을 알고 있었다. 이런 죄는 은밀히 처리할 일이 아니라 공개적으로 단죄되어야만, 여왕의 완전한 결백이 백성들 앞에 분명히 드러날 수 있다고 판단했을 것이다.

　며칠 뒤 샤스텔라르는 단두대로 끌려갔다. 그의 뻔뻔스런 행동은 판사들에 의해 범죄로, 그의 경박함은 악의로 해석되었다. 만장일치로 그에게 가장 가혹한 형벌, 참수형이 선고되었다. 메리 스튜어트가 설령 그를 용서하고자 했더라도 이제는 더 이상 그를 구할 길이 없었다. 이미 이 사건은 각국 외교 사절들에 의해 궁정마다 보고되었고, 런던과 파리에서도 그녀의 반응을 주시하고 있었다. 그를 위해 단 한마디라도 입을 여는 순간, 함께 죄를 나눈 자로 의심받을 처지였다. 그래서 그녀는 한때 흥겨운 시간을 함께했던 그 젊은이를, 아무런 희망도 도움도 없이 마지막 순간으로 내맡길 수밖에 없었다. 그는 사제에게 고해하기를 거부했다. 오직 시만이 자신을 위로해줄 수 있다고 믿으며 다가오는 죽음을 담담히 받아들였다.

　나의 가련한 불행이여,
　영원히 내 운명이 되어다오.

　용감한 음유시인 샤스텔라르는 의연하게 형장으로 향했다. 그는 시편이나 기도를 읊는 대신, 길 위에서 큰 목소리로 친구 롱사르의 유명한 시 「죽음에게 보내는 서한」을 낭송했다.

　그대를 환영하노라, 복되고 자비로운 죽음이여,
　고통을 거두어 가는 치유자요 마지막 위안이여.

단두대 앞에 이르러, 그는 마지막으로 고개를 들어 짧은 외침을 내뱉는다. 그것은 비난이라기보다는 탄식에 가까운 부름이었다. "오, 잔혹한 여인이여." 그리고 그는 침착히 몸을 굽혀 일격을 받아들인다. 이 낭만주의자는 마치 한 편의 발라드, 한 편의 시처럼, 그렇게 생을 마감한다.

그러나 불행한 샤스텔라르는 그 비극적인 행렬의 첫 희생자에 불과했다. 그는 메리 스튜어트를 위해 죽은 첫 번째 인물이며, 다른 이들보다 한발 먼저 단두대로 향했을 뿐이다. 그와 함께 시작된다. 이 여인을 향해, 또 그녀로 인해 형장으로 걸어들어가는 이들의 섬뜩한 죽음의 행진이. 그들은 그녀의 운명에 이끌리고, 그녀 역시 그들과 함께 파멸의 길로 끌려 들어간다. 그들은 사방에서 모여든다.

마치 홀바인의 「죽음의 무도」처럼 검은 뼈로 된 북소리에 홀린 듯 의지 없이 끌려 들어온다. 해마다 왕과 군주, 백작과 귀족, 사제와 전사, 청년과 노인이 뒤따른다. 모두가 그녀를 위해 자신을 내던지고, 그녀로 인해 희생된다. 운명이 어느 한 여인의 형상에 이토록 많은 죽음의 마력을 쏟아부은 예는 드물다. 마

>━━● 《죽음의 무도》 한스 홀바인 (1538)

치 어둠의 자석처럼, 그녀는 주변의 모든 남성들을 끌어당기고 가장 위험한 방식으로 그들을 파멸로 이끈다. 메리 스튜어트를 미워했다고 해서 행운이 찾아오지도 않았지만 감히 그녀를 사랑한 자들은 더욱 혹독한 대가를 치러야 했다.

샤스텔라르의 사건은 겉보기에는 단순한 해프닝처럼 보일 수 있지만, 실상은 그렇지 않다. 여기서 처음으로, 비록 메리 스튜어트 자신은 곧바로 깨닫지 못했지만, 그녀의 운명을 지배하는 냉혹한 법칙이 모습을 드러낸다. 그 법칙이란 느긋하고 가벼운 마음으로, 그리고 타인을 신뢰하는 방식으로 살아가는 것이 결코 아무 대가 없이 허락되지 않는다는 것이다. 메리 스튜어트의 삶은 태초부터 이미 그렇게 정해져 있었다. 그녀는 언제나 상징적인 존재, 곧 여왕으로 살아야만 했다. 처음엔 은총처럼 보였던 것들, 어린 시절의 대관식이라던가 타고난 신분은 실은 축복이 아니라 저주였다. 그녀가 자신의 기분이나 사랑, 진심 어린 성향에 따라 살아가려고 할 때마다 그 선택은 무시무시한 대가를 요구했다. 샤스텔라르의 사건은 그 모든 것의 시작, 첫 번째 경고에 지나지 않았다.

그 사건 이후 의회와 귀족들은 불안에 휩싸여 재혼을 재촉했다. 메리 스튜어트는 이제 남자를 선택해야 했다. 물론 그녀가 사랑하는 이가 아니라, 국가의 권력과 안정을 보장해줄 수 있는 인물이어야만 했다. 이미 오래전부터 진행되던 혼인 협상은 빠르게 추진되었다. 한번 더 혼인 시장에서 치열한 흥정이 벌어졌다. 메리 스튜어트는 다시금 정치의 굴레 속으로 끌려 들어갔다. 그 굴레는 그녀의 삶을 처음부터 마지막 순간까지 한 치의 틈도 없이 조여온 냉혹한 운명의 고리였다. 그리고 그 차가운 고리를 잠시라도 벗어나 숨을 고르려 할 때마다, 그녀의 삶은 어김없이 산산이 부서지고 말았다.

제6장

왕관을 건 거래

1563-1565

이 시기, 전 세계에서 가장 많은 구혼을 받던 두 젊은 여인이 있었다. 바로 잉글랜드의 엘리자베스와 스코틀랜드의 메리였다. 왕위 계승권을 지녔으면서도 아직 배우자가 없는 이 두 사람을 향해 유럽의 유력 가문과 군주들은 앞다투어 사절단을 보냈다. 합스부르크와 부르봉, 스페인의 펠리페 2세와 그의 아들 돈 카를로스, 오스트리아의 대공, 스웨덴과 덴마크의 국왕들까지 온 유럽의 군주들이 줄지어 이 시장에 발을 들였다. 정치적인 혼인 시장이 이처럼 풍성하게 북적였던 적은 없었다. 혼인은 한 군주가 자신의 권력을 확장하는 데 있어 가장 손쉬운 방법 중 하나였다. 절대 왕정 시대에 거대한 상속과 영토의 결합은 전쟁이 아니라 혼인을 통해 생겨났다. 통일된 프랑스, 세계 제국 스페인, 합스부르크 가문의 권력. 이 모든 것은 혼인의 산물이었다. 그리고 이제, 유럽에 남은 마지막 왕관들이 다시 한 번 세상의 눈길을 끌고 있다. 엘리자베스와 메리 스튜어트, 잉글랜드와 스코틀랜드. 이 두 나라와 혼인으로 맺어지는 자는 세계 정치의 무대에서도 승리자가 되는 셈이었다.

그리고 이 국가 간 경쟁의 이면에는 또 하나의 전쟁이 도사리고 있었다. 그것은 정신과 신앙을 둘러싼, 종교의 전쟁이었다. 두 군주 가운데 어느 한 사람이라도 가톨릭 군주와 혼인해 브리튼 제도가 그 영향 아래 들어가게 된다면, 가톨릭과 개신교 사이의 미묘한 균형은 단숨에 로마 쪽으로 기울게 된다. 그리하여 가톨릭 교회는 다시금 승리의 깃발을 들어 올리게 될 터였다. 이 치열한 신부 쟁탈전은 단순한 혼인이나 가문의 문제가 아니었다. 세계의 판도를 좌우할 중대한 선택이었다.

그러나 그것은 두 여인에게도 곧 자신의 삶을 결정짓는 문제였다. 두 여왕의 운명은 풀 수 없는 매듭처럼 얽혀 있었다. 한 사람이 혼인을 통해 지위를 높이면, 다른 한 사람의 왕좌는 필연적으로 흔들릴 수밖에 없다. 저울의 한쪽이 올라가면 다른 쪽은 내려가야 하는 법이다. 메리 스튜어트와 엘리자베스 사이의 겉뿐인 우정은 두 사람이 결혼하지 않고 있는 동안에만 지속될 수 있었다. 한쪽이 그저 잉글랜드의 여왕이고, 다른 한쪽이 다만 스코틀랜드의 여왕일 때에만 가능했던 균형이었다. 그러나 무게추가 한쪽으로 기우는 순간, 둘 중 하나는 승자의 자리에 서고 다른 하나는 패자의 자리에 밀려날 수밖에 없다. 끔찍하게 뒤얽힌 실타래를 풀 수 있는 것은, 삶과 죽음을 건 투쟁뿐이었다.

역사는 화려하게 펼쳐질 자매 간의 대결을 위해 두 명의 걸출한 경쟁자를 선택했다. 메리 스튜어트와 엘리자베스, 두 사람은 모두 비할 데 없는 자질을 지닌 존재였다. 이 두 여왕의 강인한 존재감 앞에서 동시대의 다른 군주들, 이를테면 수도승처럼 경직된 스페인의 펠리페 2세, 소년 같이 변덕스러운 프랑스의 샤를 9세, 혹은 존재감 없는 오스트리아의 페르디난트는 그저 평범한 조연처럼 보일 뿐이다. 그들 중 누구도 이 특별한 여성들이 서로 맞서고 있는 지적인 차원에 근접할 수 없었다. 두 사람 모두 뛰어난 지성을 지녔고, 쉽게 꺾이지 않는 야망을 품고 있었다. 두 사람의 교양은 르네상스 인문주의 시대의 정점에 도달해 있었다. 모국어 외에 라틴어, 프랑스어, 이탈리아어를 유창하게 구사했고, 엘리자베스는 여기에 그리스어까지 더했다. 그들의 서신은 표현력에 있어서도 대신들을 능가했다. 엘리자베스의 편지는 기민한 국무대신 세실의 글보다 훨씬 다채롭고 명료했고, 메리 스튜어트의 편지는 메이틀랜드와 모레이의 매끄럽게 다듬어진 외교 문서보다 훨씬 생동감 있고 개성적이었다. 두 사람의 지성, 예술적 감수성, 왕족으로서의 품격은 가장 엄격한 심판자 앞에 세워도 감탄을 자아낼 만한 것이었다. 엘리자베스는 셰익스피어와 벤 존슨의 찬사를 받았고, 메리 스튜어트는 롱사르와 뒤 벨레의 경탄을 받았다.

하지만 두 사람의 공통점은 교양에서 그쳤고, 그 너머에는 오히려 내면의 뚜렷한 차이가 드러난다. 두 인물의 대비는 너무도 뚜렷해서, 그들의 삶의 궤적만으로도 선명하게 그려진다. 가장 결정적인 차이는 엘리자베스는 초기에 고난을 겪었고, 메리 스튜어트는 말년이 힘들었다는 점이다. 메리 스튜어트의 행운과 권세는 마치 맑은 하늘에 떠오르는 새벽별처럼 밝고 빠르게 솟구쳤다. 그러나 그 몰락 또한 그만큼이나 가파르고 급작스러웠다. 그녀의 운명은 세세한 여러 사건보다도 몇 차례의 결정적인 비극에 응축되어 있으며, 그 점에서 전형적인 비극의 주인공으로 자주 그려져 왔다. 반면 엘리자베스의 삶은 점진적이고 끈질긴 상승의 서사다. 그녀는 신이 가볍게 내려준 듯한 은총을 받아본 적이 없었다. 어린 시절에는 사생아로 선언되었고, 이복언니에 의해 탑에 감금되었으며, 사형 선고의 위협까지 겪어야 했다.

　이처럼 전혀 다른 삶의 궤적은 필연적으로 갈라질 수밖에 없다. 잠시 스치듯 교차할 수는 있어도, 끝내 하나로 얽히지는 못한다. 한 사람은 왕관을 자연스럽게 타고난 존재였고, 다른 한 사람은 그 지위를 얻기 위해 싸우고, 속이고, 쟁취해야만 했다. 한 사람은 처음부터 정통성 있는 여왕이었고, 다른 한 사람은 그 지위 자체를 끊임없이 의심받아야 했다. 각기 다른 운명적 조건 속에서 두 사람은 서로 다른 종류의 힘을 길러냈다. 메리 스튜어트는 모든 것을 너무 이른 나이에 손에 넣었다. 그런 삶은 그녀에게 남다른 자신감과 경솔함을 심어주었고, 그로써 대담하면서도 무모한 용기를 갖게 했다. 왕관은 신이 내린 선물처럼 그녀에게 주어졌고, 누구도 그것을 빼앗을 수 없다고 그녀는 믿었다. 그녀는 명령하도록 태어났으며, 타인은 복종하도록 태어났다고 여겼다. 세상이 그녀의 권리를 의심하더라도, 그녀는 자신의 본성을 피 속에서 뜨겁게 느꼈다. 그녀는 쉽게 감동하고, 깊이 따지기 전에 먼저 뛰어들었다. 결정은 빠르고 격정적으로 내려졌다. 마치 칼자루를 움켜쥐듯 단호했다. 거리낌 없이 고삐를 잡아채 장애물을 뛰어넘는 기수처럼, 정치의 난관과 위험도 오직 자신감과 기백만으로 돌파할 수 있다고 믿었다.

　엘리자베스에게 통치란 끊임없는 긴장의 연속이자 머리를 써야 하는 일종의 체스 게임이라면 메리 스튜어트에게 그것은 살아 있음의 기쁨을 고양시키는 강렬한 향유이자, 기사도적인 전투 놀이일 뿐이었다. 그리고 바로 이 경솔한 대담함, 이기적일 정도로 주체적인 군주 의식이 그녀를 비극의 주인공으로 만들었으며 동시에 그녀의 몰락을 불러온 원인이 되었다.

엘리자베스는 철저히 현실적인 기질을 지닌 인물이었다. 현실을 꿰뚫어보는 천부적인 통찰력을 지녔던 그녀는, 기사도적인 경쟁자인 메리 스튜어트의 경솔함과 무모함을 영리하게 이용함으로써 결국 승리를 거머쥔다. 그녀의 초상화를 들여다보면 맑고 날카로운 새와 같은 눈동자가 보인다. 그 눈으로 세상을 언제나 의심하듯 바라보았다. 어린 시절부터 행운의 구슬이 얼마나 쉽게 굴러 떨어지는지, 왕위에서 단두대까지의 거리가 얼마나 짧은지, 죽음의 문턱인 런던 탑에서 웨스트민스터의 왕좌로 되돌아오는 길이 얼마나 위태로운지도 몸소 지켜보았다. 엘리자베스에게 '권력'은 언제나 유동적이고 불안정한 것이었다. 그녀는 유리로 된 왕관이 손에서 미끄러질까 두려워 조심스레 움켜쥔 채 살아갔다. 인생의 대부분을 걱정과 망설임 속에서 보내야 했다. 어느 초상에서도 그녀는 태연한 지배자의 눈빛으로 정면을 응시하지 않는다. 긴장으로 굳은 얼굴에는 불안과 경계가 배어 있고, 마치 무언가를 기다리는 듯 귀 기울이고 있는 표정이다. 자신감 넘치는 미소가 입가에 환히 떠오르는 일도 없다. 수줍음과 허영이 뒤섞인 채, 그녀는 보석으로 번쩍이는 화려한 예복 사이로 창백한 얼굴을 내민다.

그리고 우리는 느낄 수 있다. 국왕의 예복이 앙상한 어깨에서 벗겨지고, 창백한 뺨에서 분장이 지워지는 순간, 그와 함께 위엄도 스러지고 만다는 것을. 그 자리에 남는 것은 세상의 짐은커녕 자신의 고통조차 감당하기 힘든 외롭고 지친, 너무 일찍 늙어버린 한 여인일 뿐이다. 이러한 조심스러운 태도는 여왕의 모습답지 않게 보일 수도 있다. 끝없는 망설임과 결단력 없는 태도는 결코 위엄 있어 보이지 않는다. 하지만 엘리자베스의 정치적 위대함은 낭만적 이상과는 전혀 다른 차원에 있다. 그녀의 힘은 대담한 계획이나 과감한 결단에서 드러나는 것이 아니라, 조금씩 더하고 지키며 아끼고 모으는 끈질기고도 세심한 노력, 말하자면 시민적이고 가정적인 덕목에서 비롯되었다. 불안과 조심성, 정치적 관점에서 보면 그것이야말로 생산적인 힘이었다.

메리 스튜어트가 오직 자기 자신만을 위해 살았다면, 엘리자베스는 그녀의 나라를 위해 살았다. 엘리자베스는 현실주의자답게 통치를 하나의 책무, 곧 직업으로 받아들인 반면 낭만주의자인 메리 스튜어트는 왕권을 책임 없는 소명쯤으로 여겼다. 메리 스튜어트는 영웅적이지만 어리석은 무모함 때문에 파멸에 이르렀고, 엘리자베스는 오히려 끊임없는 주저함과 망설임으로부터 성공을 끌어냈다. 정치에서는 언제나 감정적이고 통제되지 않는 힘보다 느리고 끈질긴 인내가, 즉흥적인 추진력보다 치밀하게 다듬어진 계획이, 그리고 낭만적인 열정보다 현실 감각이 끝내 우위를 점하기 마련이다. 하지만 두 '자매의 싸움'은 단지 정치적 대립에 그치지 않는다. 엘리자베스와 메리 스튜어트는 단순히 여왕으로서뿐만 아니라, 성격과 기질에서 완전히 상반된 존재였다. 마치 자연이 한 번쯤은 역사적으로 위대한 대조를 두 인물 속에 집요할 만큼 철저히, 대위법적으로 구현해보고자 한 듯하다.

메리 스튜어트가 내린 삶의 가장 결정적인 선택들조차도 결국 그녀의 본성 깊은 곳에서 나온 것들이다. 그녀의 감정이 깨어나기까지는 수년이 걸렸다. 그 전까지 우리가 마주하는 그녀는, 초상화들이 보여주듯 다정하고 부드럽고 온화한 인상의 소녀일 뿐이다. 눈가에는 은은한 그리움이 서려 있고, 입가에는 거의 어린아이 같은 미소가 감돈다. 그녀는 유난히 예민해 작은 자극에도 쉽게 흔들렸고, 사소한 일에도 얼굴을 붉히거나 금세 눈시울을 적시곤 했다. 그리고 여왕으로서의 명예와 여인으로서의 사랑 사이에 놓이는 순간, 그녀는 망설임 없이 후자를 택한다. 그녀가 온전히 자신의 삶을 살았다고 느낀 몇 순간을 위해 왕국도 권력도 품위도 기꺼이 내던졌다는 사실만큼, 그녀를 더 분명하게 설명해주는 것은 없다.

엘리자베스는 메리 스튜어트처럼 온전히 자신을 내어주는 사랑에는 결코 이르지 못했다. 과민하게 반응하고, 감정이 급격히 요동치며, 열에서 냉으로, 긍정에서 부정으로 끊임없이 바뀌는 예측 불가능한 태도, 교묘함과 계산된 이중성. 이 모든 것은 그녀 내면 깊은 곳의 불안정에서 비롯된 것이었다. 그녀는 자연스럽게 느끼고 생각하고 행동하는 법을 알지 못했다. 누구도 그녀를 온전히 확신할 수 없었고, 무엇보다 그녀 자신조차 스스로를 믿지 못했다. 그녀를 교활한 고양이에 비유하며, 순진한 메리 스튜어트를 가지고 노는 존재로 그려낸 오래된 도식, 이를테면 실러가 비극에서 택한 방식은 피상적인 상상에 가깝다.

좀 더 깊이 들여다보면, 우리는 권력의 중심에서 외롭게 얼어붙은 채 누구에게도 완전히 마음을 내어주지 못하고 스스로를 단련하며 괴롭히는 한 여인을 보게 된다. 그 안에는 어딘가 숨겨진 따뜻함이 있다. 변덕스럽고 격렬한 감정 너머에는 너그럽고 선한 의지가 자리하고 있다. 엘리자베스는 본래 폭력적인 방법을 견디지 못하는 성격이었다. 가능한 한 외교의 기술과 미묘한 책략으로 문제를 풀고자 했고, 전쟁을 선포할 때마다 망설이며 몸을 떨었다. 사형 선고 하나하나는 그녀의 양심 위에 돌처럼 무겁게 내려앉았다. 그녀가 메리 스튜어트를 적대했던 것은 어디까지나 자신이 위협받고 있다고 느꼈기 때문이다. 그러면서도 공식적인 전쟁만은 어떻게든 피해가려고 했을 것이다. 그녀는 타고난 사기 도박꾼일 수는 있어도 싸움꾼은 아니었다. 결국 메리 스튜어트는 경솔함 때문에, 엘리자베스는 두려움 때문에 갈등의 소용돌이에서 벗어나지 못한다. 두 사람 모두 어설픈 평화와 불완전한 공존을 바라기도 했으나, 역사적 운명은 두 여왕의 나란한 존재를 허락하지 않았다. 개인의 의지와 무관하게, 더 거대한 '역사의 의지'가 인간과 권력을 피비린내 나는 체스판 위로 끌어들이는 경우도 있는 것이다.

메리 스튜어트가 낡은 세계, 곧 가톨릭 교회의 편에 서 있었고, 엘리자베스가 새로운 세계, 종교개혁 진영의 수호자였다는 사실은 단지 종교적 입장 차이를 넘어선다. 그것은 서로 다른 세계관의 대립이었다. 메리 스튜어트는 중세적이고 기사도적인 세계를, 엘리자베스는 근대적이고 세속적인 세계를 상징한다. 이 두 여왕의 대립 속에서 하나의 시대가 막을 내리고 새로운 시대가 열린다.

메리 스튜어트라는 인물이 그토록 낭만적으로 느껴지는 이유도 여기에 있다. 그녀는 지나간 것, 시대에 뒤처진 대의를 위해 최후의 기사처럼 싸우는 인물이다. 그녀는 과거를 향한 시선을 고수한 채 이미 정점을 지나버린 스페인과 교황청 같은 이들과 손을 잡으며, 역사가 부여한 의지에 따를 뿐이다. 반면 엘리자베스는 멀리 내다본다. 러시아와 페르시아에 사절단을 파견하고 예리한 직감으로 그녀의 에너지를 대양을 향해 돌린다. 마치 그녀는 새로운 대륙에 제국의 새로운 기둥이 세워져야 한다는 것을 알고 있는 듯했다. 메리 스튜어트는 끝내 과거의 유산에만 집착한다. 그녀에게 있어 국가는 군주에게 속하지만, 군주는 국가에 속하지 않는다. 그녀는 스코틀랜드의 여왕으로 군림했을 뿐, 스코틀랜드를 위한 여왕이 된 적은 단 한 번도 없었다. 그녀가 써 내려간 수백 통의 편지들은 오직 자신의 권리를 강화하고 확장하기 위한 것이었을 뿐, 백성의 복지나 무역, 항해, 군사력 증강을 다룬 단 한 줄의 기록도 없다. 그녀가 평생 동안 시와 대화에서 고수한 언어가 프랑스어였듯, 그녀는 스코틀랜드를 위해 살아간 것이 아니라, 그저 스코틀랜드의 여왕으로 남기 위해 살아갔을 뿐이다. 결국 메리 스튜어트가 이 나라에 남긴 창조적인 유산은 오직 그녀의 전설적인 생애뿐이었다. 모든 것 위에 군림하려는 메리 스튜어트의 태도는, 결국 누구의 도움도 받지 못하는 고립으로 이어질 수밖에 없었다.

용기와 결단력에 있어 그녀는 엘리자베스를 개인적으로 압도할 만큼 뛰어났다. 그러나 엘리자베스는 결코 홀로 그녀와 맞서지 않았다. 자신이 근본적으로 불안정한 처지에 있다는 자각 속에서 일찌감치 자신을 안정시키는 법을 배웠고, 신중하고 선견지명이 있는 인물들로 주변을 단단히 다졌다. 이 전쟁에서 그녀 곁에는 마치 하나의 총사령부와도 같은 참모진이 있었다. 그들은 엘리자베스에게 정치적 전술을 가르쳤으며 그녀의 기질에 내재된 경솔함과 변덕스러움이 결정적인 순간에 치명적 실수가 되지 않도록 보호해주었다. 오늘날 우리는 엘리자베스 개인의 성과와 '엘리자베스 시대' 전체의 집단적인 성취를 가려내기가 거의 불가능할 지경이다. 그녀의 이름에 덧씌워진 엄청난 명성은 실은 그녀의 뛰어난 조언자들이 남긴 익명의 업적까지도 함께 품고 있다. 엘리자베스는 언제나 세실, 레스터, 월싱엄, 그리고 국민 전체의 에너지와 더불어 존재했다.

그러므로 우리는 때때로 묻게 된다. 과연 셰익스피어 시대의 진짜 천재는 엘리자베스였는가, 아니면 잉글랜드였는가? 그만큼 둘은 하나의 찬란한 공동체로 융합되어 있었다. 당시의 군주들 가운데 엘리자베스가 유독 탁월한 존재로 평가받는 이유는 그녀가 잉글랜드를 지배하려 했기 때문이 아니라, 잉글랜드 국민의 뜻을 읽고 구현하려 했기 때문이다. 그녀는 시대의 흐름을 이해했다. 그것은 바로 절대 권력에서 입헌 질서로 나아가는 흐름이었다. 엘리자베스는 신분 제도의 변화와 신대륙 발견이 가져온 새로운 시대의 흐름을 기꺼이 인정하고 받아들였다. 그녀는 조합, 상인, 금융가, 심지어 해적들까지 지원하며, 이 모든 것이 잉글랜드가 바다의 패권을 거머쥘 기반이 되리라 믿었다. 그녀는 창조적인 것에 몰두하여 자신의 내적인 불안으로부터 벗어나곤 했다. "잉글랜드의 위대함을 통해 후세에 위대한 인물로 남고 싶다." 그것이 그녀의 가장 고귀한 허영심이었고, 더 위대한 잉글랜드를 위해 살아간 것이 삶의 진정한 의미였다.

따라서 메리 스튜어트와 엘리자베스의 대결에서 세계를 내다본 여왕이 승리하고, 과거를 향해 선 기사도적 여왕이 패배한 것은 결코 우연이 아니었다. 엘리자베스의 승리는 역사의 의지, 즉 낡은 형식을 텅 빈 껍데기처럼 뒤에 던져버리고 언제나 앞으로 나아가며 새로운 질서를 창조하려는 의지의 승리였다. 그녀의 삶에는 자신의 자리를 세계 속에서 쟁취하려는 한 민족의 에너지가 응축되어 있고, 메리 스튜어트의 죽음 속에서는 다만 장엄하고 비극적인 방식으로, 기사도적 과거가 막을 내린다. 그러나 그럼에도 불구하고 이 싸움 속에서 두 사람은 저마다의 의미를 완전히 실현해낸다. 역사 속에서는 현실주의자인 엘리자베스가 승리하고 시와 전설 속에서는 낭만주의자인 메리 스튜어트가 승리한 것이다.

이 대립은 공간적으로도, 시대적으로도 실로 장엄하다. 다만 아쉬운 것은, 그처럼 거대한 갈등이 벌어진 방식이 너무도 옹졸하고 치졸했다는 점이다. 그들의 적대는 결코 정정당당한 것이 아니었고, 늘 소심하고 교활한 방식으로 이루어졌다. 정면 충돌 대신 숨죽이며 서로를 맴돌고, 날을 숨긴 채 노려보았다. 두 여인은 25년이 넘도록 끊임없이 서로를 기만했다. 아첨하며, 위선을 주고받으며 서로를 축하하고 선물을 주는 척했지만 늘 등 뒤에는 칼을 숨기고 있었다. 일리아스적인 전투라기보다는 마키아벨리의 책 속에서 발췌된 비열한 한 장에 가깝다.

이 비열한 놀음은 메리 스튜어트의 결혼 협상에서부터 시작된다. 왕족 신분의 구혼자들이 차례로 거론되지만, 메리 스튜어트는 누구든 상관없다는 태도였다. 여성으로서의 감정은 아직 깨어나지 않았고, 선택에 깊이 관여하지도 않았다. 돈 카를로스가 사납고 광기에 사로잡혔다는 소문이 돌았음에도 그녀는 그를 맞이할 뜻을 보였고, 아직 어린 샤를 9세 또한 마다하지 않았다. 나이가 많든 적든, 마음에 들든 그렇지 않든, 그녀의 관심사는 오직 한 가지였다. 그 혼인이 엘리자베스보다 더 높은 지위로 자신을 끌어올릴 수 있는가 하는 점이었다.

　그녀는 이 협상을 이복 오빠 모레이에게 맡겼다. 그는 지극히 이기적인 열성으로 협상을 진행했다. 여동생이 프랑스나 오스트리아, 혹은 스페인에서 왕비가 된다면 자신은 다시금 스코틀랜드에서 실질적인 권력을 쥘 수 있기 때문이다. 한편, 엘리자베스는 스코틀랜드 내 정보망을 통해 이 모든 상황을 정확히 파악하고 있었다. 그리고 곧장 강경하게 대응했다. 메리 스튜어트가 프랑스, 오스트리아, 스페인 왕실로부터의 구혼을 받아들인다면 그것을 적대 행위로 간주하겠다고 스코틀랜드 특사에게 경고한 것이다. 그러는 동시에 메리에게는 애정 어린 편지를 보냈다. 겉으로는 어떤 결혼에도 반대하지 않는다는 태도를 취하며, 개신교 군주라면 이를테면 덴마크 국왕이나 페라라 공작과의 혼인도 무방하다고 말이다. 하지만 이것은 실질적으로 정치적 위협이 되지 않는 인물들만을 염두에 둔 제안이다. 그녀는 메리에게 되도록 고향에서 결혼하라고 조언했다. 스코틀랜드든 잉글랜드든, 그 안에서 귀족 출신의 배우자를 택하라는 뜻이다. 그럴 경우 자신은 자매와도 같은 우정과 전폭적인 지원을 아끼지 않겠노라고 약속했다.

　엘리자베스의 태도는 물론 명백한 '반칙'이었다. 그리고 누구나 그녀의 의도를 간파하고 있었다. '처녀 여왕'의 길을 택한 엘리자베스는, 실은 자신의 라이벌이 유리한 결혼 상대를 얻는 것을 어떻게든 막으려는 속셈뿐이었다. 하지만 메리 스튜어트 역시 능란하게 그 공을 되받아쳤다. "그 무엇도 나와 당신의 소중한 우정을 해칠 수는 없습니다. 절대로요!" 그녀는 순수한 마음으로 엘리자베스의 뜻을 따를 준비가 되어 있다며, 어떤 구혼자가 '허용'되는지, 또 누가 '불허' 대상인지 알려달라고 정중히 부탁한다. 그러나 그 말 한가운데 메리는 조심스럽게 한 가지 질문을 끼워 넣는다. "내가 그렇게 협조한다면, 폐하께선 어떤 방식으로 보상해주시겠습니까?" 이 말의 속뜻은 이렇다. "좋아요, 내가 폐하의 뜻에 따라, 폐하의 지위를 위협하지 않을 만큼 신분이 낮은 사람과 결혼하겠습니다. 그러니 이제는 나에게도 보장해주셔야 하지 않겠습니까? 내 잉글랜드 왕위 계승권은 어떻게 되는 건가요?"

"내가 추천하는 사람과 결혼해요. 그럼 당신을 내 후계자로 삼겠소." 엘리자베스가 이렇게 말하면 메리 스튜어트는 되받아친다. "폐하께서 먼저 나를 후계자로 선언해 주세요. 그럼 나는 그분과 결혼하겠습니다." 그러나 두 사람 가운데 누구도 상대를 신뢰하지 않았다. 서로를 속일 생각이었기 때문이다. 무려 2년 동안이나 결혼 문제, 그리고 계승권 문제를 둘러싼 협상이 미루어진다. 스페인 펠리페 2세와의 협상도 무산되자 메리 스튜어트는 더 이상 이렇게 눈치만 보는 소극적인 태도를 끝내야겠다고 생각했다. 그래서 그녀는 그토록 다정하던 '언니' 엘리자베스를 정면으로 압박했다. "그래서, 폐하. 도대체 누구를 '신분에 걸맞은 남편'으로 추천하실 생각이신가요?" 엘리자베스에게 이보다 곤혹스러운 순간은 없었다. 특히 이처럼 민감한 사안에서 명확한 답을 요구받는 일은 그녀가 가장 꺼리는 일이었다. 이미 엘리자베스는 슬며시 그녀가 메리 스튜어트에게 염두에 둔 인물이 있음을 여러 차례 암시해 왔다. 그녀는 중얼거리며 이렇게 말했다. "아무도 내가 그런 결정을 내릴 거라 생각하지 못할 인물을, 그 아이에게 주고 싶다." 하지만 스코틀랜드 궁정은 모르는 척하며, 애매한 말 대신 구체적인 이름을 요구했다. 더는 물러설 수 없게 된 엘리자베스는 숨을 길이 없다는 걸 깨닫는다. 그리고 마침내, 이를 악물고 토해내듯 내뱉었다. "로버트 더들리."

엘리자베스의 제안은 그 자체로 엄청난 모욕이었다. 스코틀랜드의 여왕에게 왕족의 피 한 방울 섞이지 않은, 더구나 자신의 신하에 불과한 귀족과 혼인하라고 권하는 것은 거의 협박과 다름없었다. 하지만 이 제안이 더욱 무례하게 느껴지는 이유는 그 인물의 정체 때문이었다. 로버트 더들리가 수년 동안 엘리자베스의 연정의

>···· 로버트 더들리(1532-1588)

상대였다는 사실은 이미 전 유럽에 알려진 바였다. 그렇다면 잉글랜드 여왕은 자신이 결혼하기엔 격이 맞지 않는다 여긴 바로 그 남자를 스코틀랜드 여왕에게 마치 헌 옷을 넘기듯 건네려 한 셈이 된다. 물론 몇 년 전까지만 해도 엘리자베스는 그를 남편으로 맞을 생각을 어느 정도 품고 있었다. 그런데 더들리의 아내 에이미 롭사트가 수상한 정황 속에서 살해된 채 발견되자, 그녀는 재빨리 발을 뺐다. 자신에게 공범 혐의가 씌는 것을 어떻게든 피하기 위해서였다. 한 번은 그 석연치 않은 살인 사건으로, 또 한 번은 여왕과의 부적절한 관계로 두 차례나 세상의 눈총을 받은 인물을 메리 스튜어트의 남편으로 내민 것이다. 이는 엘리자베스가 재위 기간 내내 보여준 도발적인 행동들 가운데서도 가장 충격적이라 할 만하다.

엘리자베스가 이 황당한 제안을 하면서 속으로 무슨 속셈을 가졌는지는 끝내 밝혀지지 않을 것이다. 누가 감히, 이 인물의 혼란스러운 욕망과 상상을 논리적으로 정리해낼 수 있겠는가? 그녀는 혹시 진심으로 사랑하는 남자에게 자신이 가진 가장 귀중한 것, 즉 왕국의 계승권을 넘겨주고자 했던 것일까? 아니면 단지 더 이상 흥미를 느끼지 못하게 된 총애를 깔끔히 정리하고 싶었던 걸까? 혹은 자신이 신뢰하는 남자를 통해 야심 찬 경쟁자를 더 쉽게 통제할 수 있으리라 생각했던 것일까? 그도 아니면, 더들리의 충성을 시험해보려는 속셈이었을까? 아니면 메리 스튜어트의 거절을 예상하고 그 거절을 빌미로 그녀를 압박하려는 계산이었을 수도 있다. 이 모든 가능성이 열려 있다. 그러나 가장 그럴듯한 설명은, 이 변덕스러운 여인이 정작 스스로 무엇을 원하는지조차 분명히 알지 못했다는 것이다. 그녀는 그저 그러한 생각들을 손안의 장난감처럼 굴려보았을 뿐이다. 만약 메리 스튜어트가 진지하게 엘리자베스가 쓰다 버린 연인을 받아들이라는 요구에 응했더라면 어떻게 되었을까? 어쩌면 엘리자베스는 즉시 마음을 바꾸어 더들리와의 결혼을 금지시켰을지도 모른다. 그리고 이 조롱 어린 제안 위에 거절당한 굴욕까지 덧씌워 그 모든 치욕을 라이벌에게 떠넘겼을 것이다.

메리 스튜어트는 왕족의 피도 흐르지 않는 사람과 결혼하라는 엘리자베스의 제안을 신성모독처럼 느꼈다. 그녀는 냉소적으로 사절에게 묻는다. "여왕께서 진심으로 그렇게 생각하시는 겁니까? 기름부음을 받은 여왕인 내가 '로버트 경' 같은 사람과 결혼하라고요?" 하지만 그녀는 이내 불쾌함을 눌러 삼키고, 아무 일도 없다는 듯 온화한 미소를 지었다. 이토록 위험한 적수를 섣불리 자극하는 것은 어리석은 일이기 때문이다. 스페인이나 프랑스의 왕위 계승자와 결혼하기만 한다면, 모욕에 대한 철저한 복수는 그때 하면 되는 것이다. 메리는 터무니없는 제안을 진지하게 받아들이기라도 하는 듯 행동했다. 그리하여 이 연극의 훌륭한 2막을 준비한다. 그녀는 제임스 멜빌 경을 공식적인 사절로 런던에 파견했다. 겉으로는 더들리와의 혼인 협상을 논의하기 위한 것이었지만, 실제로는 거짓과 위선의 매듭을 더욱 정교하고 치밀하게 얽어매기 위한 목적이었다.

멜빌은 메리 스튜어트의 귀족들 중 가장 충직한 인물로, 외교적으로도 능란한 솜씨를 지닌 사람이었다. 더구나 그는 필력과 관찰력이 뛰어나, 우리가 특히 고마워해야 할 인물이기도 하다. 그의 방문 덕분에 우리는 엘리자베스의 개인적 성격을 생생하게 전하는 기록과, 역사 속에서 오래도록 회자될 한 장면을 얻게 되었기 때문이다. 엘리자베스는 이 세련된 사절이 프랑스와 독일 궁정에서 오래 지냈다는 사실을 알고 있었기에, 그에게 깊은 인상을 남기기 위해 온 힘을 쏟았다. 그러나 이 남자가 자신의 허영과 치장, 사소한 몸짓까지 빠짐없이 기억해 후세에 전하리라는 점은 미처 헤아리지 못했다. 여왕의 체면은 종종 그녀의 허영심으로 인해 큰 타격을 입곤 했다. 그녀는 공작새처럼 화려함을 과시했다. 자신이 소유한 엄청난 옷들 중에서 (사후에 무려 3,000벌이 있었다고 전해진다) 가장 값비싼 복장을 골라 입고, 때로는 잉글랜드식, 때로는 이탈리아식, 때로는 프랑스식으로 옷차림을 바꾸어가며 모습을 드러냈다. 사이사이에 라틴어, 프랑스어, 이탈리아어 실력을 뽐내며 사절의 끝없는 감탄을 쓸어 담으려 했다.

'예쁘다', '똑똑하다', '교양 있다'는 온갖 찬사도 그녀에겐 충분치 않았다. 엘리자베스는 마치 동화 속에서 거울을 향해 "거울아 거울아, 이 세상에서 누가 제일 예쁘니?"라고 묻는 것처럼, 스코틀랜드 여왕의 사절에게서 자신이 그의 여왕보다 더 매력적이라는 말을 꼭 듣고 싶어 했다. 엘리자베스는 아름답게 물결치는 붉은 금발 머리를 자랑스럽게 드러내며 물었다. "메리 스튜어트의 머릿결이 이것보다 더 아름답습니까?" 사절에게는 난처하기 짝이 없는 질문이었다. 그러나 멜빌은 기지를 발휘해 이 곤란한 상황을 모면했다. 그는 솔로몬처럼 현명하게 이렇게 답한다. "잉글랜드에는 폐하와 견줄 여인이 없고, 스코틀랜드에는 여왕을 능가할 여인이 없습니다." 하지만 이런 식의 애매한 대답으로는 허영심 강한 엘리자베스를 도저히 만족시킬 수 없었다.

그녀는 다시금 자신의 매력을 과시하며 멜빌 앞에서 능란하게 몸을 움직였다. 클라비코드를 연주하고, 류트를 타며 노래를 불렀다. 결국 멜빌은 그녀를 정치적으로 구슬려야 한다는 자신의 임무를 잊지 않으면서도 마침내 이 정도의 양보는 해준다. 엘리자베스가 메리 스튜어트보다 피부가 더 희고, 클라비코드를 더 능숙하게 연주하며, 춤출 때의 자세도 더 단정하다고 말이다. 자신을 뽐내는 데 몰두한 나머지, 엘리자베스는 정작 본래의 목적을 잠시 잊고 만다.

마침내 멜빌이 그 민감한 주제를 조심스레 꺼내자, 그녀는 이제 완전히 희극적인 연기 속으로 빠져들어 먼저 서랍에서 메리 스튜어트의 소형 초상화를 꺼내 들고는 다정하게 입을 맞춘다. 그리고 감정을 실은 목소리로 그녀가 얼마나 메리 스튜어트, 사랑하는 자매를 직접 만나보고 싶어 하는지를 이야기한다. (실제로는 그런 만남이 성사되지 않도록 온갖 수단을 동원해 방해해왔음에도 불구하고 말이다.) 만일 이 대담한 여배우의 말솜씨를 그대로 믿는다면, 엘리자베스에게 세상에서 가장 중요한 일은 이웃 왕국의 여왕이 행복하게 지내는 것이라 여길지도 모른다.

하지만 멜빌은 냉정한 인물이었다. 그는 이런 온갖 허세와 연기에 조금도 현혹되지 않았다. 에든버러로 보내는 보고서에서 그는 엘리자베스는 단 한 마디도 진심으로 말하거나 행동하지 않았으며, 그저 교묘한 기만과 동요, 두려움만을 드러냈다고 보고할 것이다. 엘리자베스가 메리 스튜어트는 더들리와의 결혼에 대해 어떻게 생각하느냐고 역으로 묻자 숙련된 외교관 멜빌은 명확한 부정도, 긍정도 하지 않는다. 그는 메리 스튜어트는 아직 그 가능성을 진지하게 고려해본 적이 없다고 에둘러 말했다. 그러나 그가 한 발 물러설수록 엘리자베스는 더 강하게 밀어붙인다.

"로버트 경은 내가 가장 신뢰하는 벗입니다. 나는 그를 형제처럼 사랑합니다. 내가 결혼을 결심할 수 있었다면, 다른 누구도 아닌 그와 결혼했을 겁니다. 하지만 나는 그럴 결심이 도무지 서지 않기에, 적어도 내 여동생이 그를 남편으로 택해주기를 바랍니다. 왜냐하면 내가 내 후계자를 누구와 함께 앉히고 싶은지를 생각해보았을 때, 그보다 더 낫다고 여겨지는 사람은 없기 때문입니다. 며칠 내에 저는 그를 '레스터 백작'이자 '덴비 남작'의 작위에 올릴 것입니다."

실제로 며칠 뒤, 이 희극의 제3막이라 할 만한 예고된 의식이 가장 화려한 준비 속에서 거행되었다. 로버트 더들리는 온 궁정의 귀족들이 지켜보는 가운데 여왕 앞에 무릎을 꿇고, 레스터 백작으로 서임된다.

그러나 이 장엄한 순간에도 엘리자베스 안의 '여인'은 또다시 '여왕'에게 경솔한 장난을 치고 만다. 신실한 신하의 머리에 백작관을 씌워주면서, 여왕은 연인의 머리칼을 다정하게 쓰다듬는 손길을 참지 못한 것이다. 장엄해야 할 의식은 한순간에 희극으로 전락하고, 멜빌은 조용히 수염 아래로 웃음을 흘린다. 이제 그는 에든버러의 여왕께 유쾌한 보고를 보낼 수 있게 되었다.

그러나 멜빌이 런던에 온 목적은 궁정의 희극을 기록하며 즐거움을 얻기 위함이 아니었다. 이 연극 속에서 그는 자신만의 배역을 맡고 있었다. 그의 외교 가방에는 몇 가지 비밀 임무가 들어 있었고, 레스터 백작을 둘러싼 궁정의 수다는 그 진짜 목적을 가리기 위한 연막에 지나지 않았다. 무엇보다 그가 해야 할 일은, 스페인 대사와 단호히 접촉해 돈 카를로스가 혼인 제안을 최종적으로 수락할 것인지, 거절할 것인지를 확인하는 것이었다. 메리 스튜어트는 더 이상 기다릴 수 없다는 입장이었다.

그 외에도 그는 그 다음 후보자인 헨리 단리와 조심스럽게 접촉해볼 임무도 맡고 있었다. 메리 스튜어트는 더 나은 결혼 상대자들이 모두 무산되는 최악의 경우를 대비해 그를 비상 대안으로 남겨두고 있었던 것이다. 단리는 왕도, 군주도 아니었다. 그의 아버지 레녹스 백작은 스튜어트 가문에 대한 적대자로 간주되어 스코틀랜드에서 추방당했으며, 모든 영지도 몰수당한 상태였다. 하지만 어머니 쪽 혈통을 보면 이 열여덟 살 소년의 핏줄에는 왕의 피, 튜더의 피가 흐르고 있었다. 그는 헨리 7세의 증손자로 잉글랜드 왕궁에서 '피의 왕자'로 불

릴 만큼 가장 유력한 혈통을 지
닌 인물이었다. 이 때문에 이론상
으로는 어느 여왕과도 혼인할 수
있는 자격이 있었고, 가톨릭 신자
라는 점도 또 하나의 장점이었다.

제대로 된 희극이라면 등장인
물들이 서로를 속이면서도, 때때
로 슬쩍 상대의 패를 들여다보
는 장면이 있어야 제맛이다. 엘
리자베스 또한 멜빌이 단지 자신
의 머릿결이나 클라비코드 솜씨
에 감탄하려고 런던까지 왔다고
믿을 만큼 순진하지는 않았다.
그녀는 잘 알고 있었다. 기사
서임식 날, 헨리 단리가 궁정의
제1왕자로서 앞장서 왕의 검을

>--• 헨리 스튜어트(단리 경)(1546-1567)

단리의 아버지인 레녹스 백작은 헨리 8세가 에드워
드 6세와 메리 여왕의 결혼을 받아들이지 않은 스
코틀랜드 왕국에 보복하기 위해 벌인 전쟁에서 잉
글랜드 편에 섰다는 이유로 반역죄 판결을 받았다.

들고 나아가자, 엘리자베스는 멜빌 쪽으로 몸을 돌렸다. 그리고는 그
의 얼굴을 빤히 보며 이렇게 말했다.

"그 젊은 풋내기, 당신은 그 애가 더 마음에 드시겠지요. 나도 다 알
고 있습니다." 그러나 멜빌이 이런 위태로운 순간에 태연히 거짓을 말
할 줄 모른다면 애초에 외교관이 될 자격이 없었을 것이다. 그는 얼굴
을 살짝 찡그린 채, 불과 전날까지 치열한 교섭을 벌였던 바로 그 단
리를 향해 경멸 어린 시선을 보낸다. 그리고 냉소적으로 이렇게 말한

다. "지성이 있는 여인이라면 저런 풋내기를 선택하지 않겠지요. 얼굴이 곱고, 마르고, 수염도 없어 사내라기보단 여자 같으니 말입니다."

엘리자베스는 정말로 멜빌의 연기를 곧이곧대로 믿었을까? 능숙한 외교적 대응에 정말 그녀의 의심이 풀렸던 걸까? 아니면 이 모든 일에서 엘리자베스는 훨씬 더 복잡하고 교묘한 이중 게임을 벌이고 있었던 것일까? 어쨌든 도저히 현실이 되지 않을 듯하던 일이 실제로 벌어진다. 먼저 헨리 단리의 아버지 레녹스 백작이 스코틀랜드로 돌아갈 수 있도록 허가를 받고, 1565년 1월에는 단리 자신도 입국을 허락받는다. 그녀가 왜 그런 선택을 했는지 끝내 알 수 없지만, 결국 메리 스튜어트에게 가장 위험한 후보자를 직접 내어준 셈이 되었다. 더욱 기묘한 것은 이 허가를 중재한 인물이 다름 아닌 레스터 백작이라는 점이다. 그 역시 자기 여왕이 자신에게 씌우려 한 혼인의 덫을 조용히 빠져나가려는 속셈으로 이중적인 행보를 보이고 있었던 것이다. 이제 연극의 제4막은 본격적으로 스코틀랜드에서 이어질 것으로 보인다. 그러나 바로 그 순간, 뜻밖의 우연이 모든 인물들의 치밀한 계획을 압도해버린다. 그렇게 인위적으로 엉켜 있던 줄거리는 한순간에 끊어지고, 결국 '구혼극'은 누구도 예상하지 못했던 기묘하고 놀라운 결말로 치닫게 된다.

그해 어느 겨울날, 세속적이고 인위적인 힘인 정치는 영원하고 본능적인 힘과 부딪쳤다. 메리 스튜어트를 방문하기 위해 왔던 구혼자는 알지도 못하는 사이에 여왕의 내면에 숨어 있던 여인을 일깨웠던 것이다. 수년 동안 참고, 체념하며 기다려 온 그녀는 마침내 스스로 자각하게 된다. 그동안 그녀는 왕의 딸이었고, 왕의 약혼녀였고, 왕비였으며 남의 의지에 휘둘리는 존재, 외교의 명령에 순종하는 인형에 지나지 않았다. 그러나 이제 처음으로 그녀는 진정한 감정을 내면에서 솟구치듯 토해낸다. 한순간에 자신을 무겁게 짓누르던 명예욕을 벗어던지고, 오롯이 자신의 삶을 자유롭게 결정할 수 있는 사람이 된다. 그녀는 처음으로 다른 사람들의 말에 귀를 기울이지 않고 오직 자신의 심장 박동, 자신의 의지에만 귀를 기울였다. 그리하여 그녀의 내면에서 비롯된 삶의 이야기가 시작된다.

제7장

두 번째 결혼

1565년

이 순간에 벌어진 뜻밖의 사건은 사실 가장 흔히 일어나는 일이었다. 한 젊은 여인이 한 젊은 남자에게 사랑에 빠진 것이다. 메리 스튜어트는 운명의 갈림길에서 스물세 번째 생일을 앞두고 있었다. 메리 스튜어트가 처음으로 사랑의 감정을 품게 된 상대는 (세계사적으로도 드문 경우지만) 다름 아닌 정치적인 혼담을 위해 파견된 구혼자, 단리 경이었다. 그는 1565년 2월, 어머니의 뜻을 받들어 스코틀랜드에 도착했다. 이 젊은 남자는 완전히 낯선 인물은 아니었다. 4년 전, 열다섯 살이던 그는 프랑스로 건너가 흰 상복을 입은 메리의 방을 찾아 어머니의 조의를 전했다. 그 소년은 이제 키가 크고 건장한, 밀짚빛 금발을 지닌 청년으로 자라 있었다. 매끈하고 아름다운 얼굴, 둥글고 큰 아이 같은 눈은 어딘가 불안한 빛으로 세상을 바라보고 있었다.

외교관 모비시에르는 "이보다 더 아름다운 왕자는 없을 것"이라 평했고, 메리 스튜어트 역시 그를 자신이 본 남자 가운데 가장 매력적이고 키가 큰 인물이라 여겼다. 성격이 불같고 조급했던 메리 스튜어트는 쉽게 환상에 빠져드는 경향이 있었다. 몽상가적 기질을 지닌 낭만주의자들은 사람이나 사물을 좀처럼 있는 그대로의 크기나 본모습으로 보지 못하고, 대개는 자신이 보고 싶어 하는 방식대로만 본다. 과도한 기대와 실망 사이를 끊임없이 오가며, 그들은 좀저럼 현실 감각을 되찾지 못한다. 환상에서 막 깨어난 듯 보이더라도 곧바로 또 다른 환상의 희생자가 되고 마는 것이다. 이들에게 진짜 세계는 현실이 아니라 환상이기 때문이다. 메리 스튜어트 역시 감정이 급격히 타오르던 그 순간에는, 이 아름다운 청년에게 깊이가 부족하다는 사실을 보지 못했다. 겉으로 보기엔 다부진 근육을 지녔지만 그 안에는 진정한 힘이 없었고, 궁정에서의 세련된 태도 이면에는 정신적 교양이 결여되어 있었다.

그러나 그녀의 눈에는 그런 결함이 들어오지 않았다. 청교도적인 환경 속에서 별다른 기쁨이나 즐거움을 누리지 못하고 살아온 그녀에게 이 왕자 같은 청년은 훌륭하게 말을 타고 우아하게 춤추며, 음악과 오락을 사랑하고 때로는 제법 괜찮은 시까지 짓는 인물로 보였다. 이런 예술적인 취향은 그녀에게 좋은 인상을 주었다. 춤과 사냥, 예술과 유희의 세계를 함께 누릴 수 있는 유쾌한 동반자를 찾았다고 여긴 것이다. 그의 존재는 다소 지루하던 궁정에 활기를 불어넣었고, 젊음의 향기를 가져다주었다.

다른 이들도 영리한 어머니의 지시에 따라 겸손하게 처신하는 단리경을 호의적으로 받아들였다. 그는 곧 에든버러 전역에서 '외모 덕분에 모두에게 사랑받는 인물'이 되었다고, 엘리자베스 여왕의 첩자 랜돌프가 보고했다. 예상보다 더 능숙하게 단리는 구혼자의 역할을 연기하고 있었다. 한편으로는 여왕의 새로운 비서이자 반종교개혁파의 신뢰받는 인물인 다비드 리치오와 우정을 맺었다. 낮에는 함께 공놀이를 하고, 밤에는 한 침대에서 잠을 잤다. 하지만 그는 동시에 개신교도들에게도 아첨을 보냈다. 그는 일요일마다 개혁파 섭정 모레이와 함께 교회에 동행하며, 거기서 존 녹스의 설교를 듣고는 마치 깊이 감동받은 듯한 표정을 지었다. 점심에는 사람들의 의심을 피하기 위해 잉글랜드 대사와 식사를 하며 엘리자베스 여왕의 인자함을 칭찬했고, 저녁에는 네 명의 메리들과 춤을 추었다. 키 크고 영리하지는 못한, 그러나 지시를 잘 따르는 이 젊은이는 자신의 일을 잘 해냈다. 그리고 그의 평범한 모습은 성급한 의혹으로부터 그를 지켜주었다.

그렇게 왕과 영주들의 구혼을 받던 메리 스튜어트가 갑자기 열아홉 살 먹은 어리석은 소년에게 구혼을 하기에 이르렀다. 자그마한 모험들과 사랑놀이에 일찌감치 자신의 감정을 허비하지 않은 모든 사람들이 그렇듯이 그녀에게서도 그동안 억눌렸던 애정이 참을 수 없는 힘으로 분출되었다. 프랑수아 2세와의 결혼은 일종의 동지애에 불과하였고 그 이후의 세월 동안 그녀의 감정은 여명 속에서 그저 어슴푸레하게 살아 있을 뿐이었다. 그런데 갑자기 한 남자가 나타난 것이다. 얼어 있던 감정이 급류처럼 녹아내려 그를 향해 쏟아졌다. 생각도, 망설임도 없이 그녀는 그 남자 안에서 이미 '단 하나의 사람', 곧 자신의 마지막이 될 운명을 보아버렸다. 물론 기다리며 이 남자의 진정한 가치를 시험해보는 편이 더 현명했을 것이다. 하지만 사랑에 빠진 사람에게서 논리를 기대한다는 건, 한밤중에 태양을 찾겠다는 말과 같다.

분석할 수 없는 비합리성이야말로 바로 정열의 본질이다. 사랑은 미리 계산할 수도 없고, 나중에 셈할 수도 없다. 메리 스튜어트의 선택은 평소의 냉철한 이성과는 전혀 무관하게 이루어졌다. 성숙하지도, 깊이 있지도 못하며 허영심만 강한, 그저 잘생겼을 뿐인 소년의 본질 속에는 그녀의 넘치는 열정을 설명할 만한 어떤 이유도 없었다. 지적으로 우월한 여인에게 그 이상으로 많은 사랑을 받았던 수많은 남자들처럼, 단리가 지닌 유일한 '공로' 혹은 '마법'은 단 하나였다. 단지 그 결정적인 긴장의 순간, 아직 깨어나지 않았던 한 여인의 사랑을 향한 의지 앞에 우연히 서 있었을 뿐이다.

메리 스튜어트는 일단 무언가를 원하게 되면, 결코 기다리거나 숙고하지 않는다. 이제 그녀에게는 더 이상 잉글랜드도, 프랑스도, 스페인도 중요하지 않았다. 사랑하는 이가 눈앞에 있는데 먼 미래의 계산이 무슨 의미가 있겠는가. 엘리자베스와의 끝없는 희극을 더는 이어가고 싶지 않았고, 마드리드에서 오지도 않는 구혼자를 하염없이 기다릴 생각도 없었다. 설령 그가 두 세계의 왕관을 들고 온다 해도 마찬가지였다. 지금 여기, 그녀의 곁에는 밝고, 젊고, 부드럽고, 감각적인 소년이 있다. 붉고 감각적인 입술, 어린 아이같은 눈망울, 막 싹튼 듯 서투른 애정의 몸짓. 가능한 한 빨리 그와 혼인하고 싶다는 열망이 감상적인 행복에 젖은 그녀를 사로잡는다.

궁정 전체에서 그녀의 달콤한 고민을 알아차린 이는 단 한 사람, 새로운 비서관 다비드 리치오뿐이었다. 그는 이 사랑의 배를 능숙하게 키테라의 항구로 이끌기 위해 온갖 노력을 다했다. 교황청의 신임을 받았던 그는 메리가 가톨릭 신자와 결혼하는 일이 스코틀랜드 내 교회의 패권을 회복하는 계기가 될 것이라 믿었다. 그가 사랑의 중매에 나선 이유 역시 실은 이 연인의 행복보다는 반종교개혁의 정치적 목적에 더 가까운 것이었다. 그는 편지를 썼다. 아직 모레이와 메이틀랜드조차 메리 스튜어트의 의도를 눈치채지 못한 상황에서 그는 벌써 교황에게 결혼 면제를 요청하고 있었다. 메리 스튜어트와 단리는 사촌 지간이었기 때문이다. 그는 신중하게 모든 결과를 따져보며, 필리프 2세에게도 편지를 썼다. 엘리자베스가 이 결혼에 방해를 놓을 경우, 메리 스튜어트가 그의 지원을 기대할 수 있을지를 묻기 위해서였다. 이 계획이 성공한다면 자신의 별이 떠오를 뿐 아니라, 가톨릭 진영의 승리 또한 드높이 울려 퍼지리라 그는 믿고 있었다.

하지만 그가 아무리 열심히 길을 닦으려 해도 조급한 메리에게는 모든 것이 여전히 너무 느리고, 너무 조심스럽고, 지나치게 신중하게만 느껴졌다. 그녀는 기다리려 하지 않았다. 바다와 육지를 건너 편지들이 달팽이처럼 기어가는 몇 주의 시간을 견디는 일은 그녀에게 고통이었다. 그녀는 교황의 면제를 확신하고 있었기에 이미 자신의 의지 속에서 현실이 된 일을 굳이 양피지 문서로 다시 확인받을 필요조차 느끼지 않았다. 메리 스튜어트는 언제나 결단의 순간마다 이와 같은 눈먼 단호함, 눈부시면서도 어리석은 확신을 드러내곤 했다. 그러나 이번에도, 그 욕망을 실질적인 행위로 옮긴 이는 영리한 리치오였다. 그는 자신의 방으로 가톨릭 사제를 불러들였다. 교회의 관점에서 조기 혼인식이 실제로 거행되었는지는 명확히 입증되지 않는다. 메리 스튜어트의 생애를 전하는 증언들은 대개 서로 엇갈리고 완전히 신뢰하기 어렵기 때문이다. 그럼에도 어떤 형태로든 두 사람 사이에 약혼

혹은 결속이 이루어졌음은 분명해 보인다. "하느님께 찬미를!" 충직한 중개자 리치오는 외쳤다. 이제는 아무도 이 혼인을 막을 수 없다고 그는 확신했다. 궁정의 다른 이들이 단리가 구혼자라는 사실조차 눈치채기 전에, 그는 이미 메리 스튜어트의 삶을 지배하는 인물이 되어 있었고, 어쩌면 그녀의 육체까지도 차지했는지 모른다.

이 '비밀 결혼'은 단 세 사람과 침묵을 맹세한 사제에게만 맡겨졌기에 비밀리에 지켜졌다. 하지만 보이지 않는 불길이 연기를 남기듯, 애정은 결국 몸짓과 시선 속에서 드러난다. 오래지 않아 궁정 사람들은 두 사람을 이전보다 더 유심히 바라보기 시작했다. 단리가 갑자기 홍역에 걸렸을 때, 메리 스튜어트가 그토록 조심스럽고 정성껏 그 친척을 돌보는 모습이 눈에 띈 것이었다. 그녀는 여러 날 동안 그의 병상 곁을 지켰고, 단리가 병을 이겨내자 이제는 그가 그녀 곁을 한시도 떠나지 않았다.

이 상황에 처음으로 눈살을 찌푸린 이는 모레이였다. 그는 누구보다 성실하게, 그리고 무엇보다 자신에게 유리한 방향에서, 누이의 혼인 계획을 지지해왔다. 철저한 개신교 신자였음에도 그녀가 가톨릭 진영의 중심인 스페인 합스부르크 왕가의 아들과 혼인하는 일조차 받아들일 수 있었다. 마드리드는 홀리루드에서 충분히 멀리 떨어져 있었고, 그 결혼은 그의 권력에 직접적인 위협이 되지 않았기 때문이다. 그러나 단리와의 혼인은 사정이 달랐다. 그것은 그의 이해관계를 정면으로 흔드는 선택이었다. 모레이는 충분히 통찰력 있는 인물이었다. 미성숙하고 제멋대로인 단리가 일단 왕의 남편이 되면, 곧바로 왕의 권력을 행사하려 들 것임을 그는 꿰뚫어보았다. 게다가 모레이는 정치적 감각 또한 예리했다. 이탈리아인 서기관이자 교황청의 밀사인 리치오가 꾸미는 은밀한 움직임의 방향도 어렴풋이 감지하고 있었다. 그것은 곧 가톨릭 세력의 회복과 스코틀랜드 종교개혁의 전면적인 후퇴를 뜻했다. 모레이의 결연한 의지 속에는 개인적인 야망과 종교적 확신이 뒤섞여 있었고, 권력욕은 국가적 우려와 맞물려 있었다. 단리와의 결혼은 스코틀랜드에 외세의 지배를 들여오는 시작이며, 동시에 자신의 시대가 저물어감을 알리는 신호였다. 그래서 그는 누이에게 경고하며 맞섰다. 이제 막 평정을 되찾아가던 나라에, 헤아릴 수 없는 분열과 갈등을 불러올 결혼이라며 경고한 것이다. 그러나 그 경고가 묵살되었음을 깨닫자, 그는 끝내 분노를 품은 채 궁정을 떠났다.

경험 많은 고문인 메이틀랜드도 반기를 들었다. 메이틀랜드도 자신의 지위와 스코틀랜드의 평화가 위협받을 것이라 염려했다. 또한 장관으로서, 개신교도로서 가톨릭 왕자와의 결혼에 반대했다. 차츰 이 두 사람 주변으로 나라 안의 개신교 귀족들이 모여들었다. 이제 마침내 엘리자베스의 특사인 랜돌프도 눈을 뜨게 된다. 결정적인 순간에 아무 조치도 하지 못했다는 자책감 때문인지, 그는 보고서에서 그 잘생긴 청년이 여왕에게 미친 영향을 "주술"이라고까지 묘사하며 강력한 지원을 요청했다.

그러나 이 모든 사람들의 불쾌감과 불평은 엘리자베스가 보인 억누를 수 없는 분노에 비하면 아무것도 아니었다. 이번 혼인 게임에서 그녀는 자신의 모호한 태도에 대해 혹독한 대가를 치른 셈이었다. 레스터 때문에 협상을 한다는 핑계로 진짜 구혼자를 자신의 손에서 스코틀랜드로 보낸 것이다. 그녀는 뛰어난 외교적 수완을 가지고도 런던에 앉아서 상황을 지켜보는 처지가 되었다. 분노에 휩싸인 그녀는 단리의 어머니 레녹스 부인을 이 혼인의 배후로 지목해 런던 탑에 감금했고, 자신의 신하인 단리에게는 즉각 귀국하라는 위협적인 명령을 내렸다. 아버지에게는 모든 재산을 몰수하겠다고 겁을 주었으며, 국왕 회의를 소집해 메리 스튜어트의 혼인이 양국 간 우호에 해가 될 것이라고 결의하도록 했다. 이는 사실상 전쟁도 불사하겠다는 위협이었다.

그러나 내심 두려움과 혼란에 사로잡힌 그녀는 동시에 협상과 흥정을 하려 들었다. 치욕적인 실책을 만회하기 위해 엘리자베스는 마침내 서둘러 마지막 비장의 패를 꺼내 들었다. 지금껏 손에 쥔 채 결코 내려놓지 않던 마지막 카드, 바로 왕위 계승권이었다. 판세가 기울었음을 깨달은 그녀는 처음으로 메리 스튜어트에게 이를 공식적으로 제안한다. 그녀는 급히 사절까지 보내면서 "스코틀랜드 여왕이 레스터 경과의 혼인을 받아들인다면, 친딸처럼 여겨 그녀를 왕위 계승자이자 후계자로 인정할 것이다."라고 약속했다. 외교라는 행위의 영원한 모순을 보여주는 얼마나 놀라운 장면인가! 메리 스튜어트가 수년간 온갖 지혜와 간청, 술책을 동원해 라이벌 엘리자베스로부터 얻어내려 했던 바로 그 왕위 계승권을, 이제 자신의 생애에서 가장 어리석은 선택을 통해 단번에 손에 넣을 수 있게 된 것이다.

하지만 정치적 양보란 늘 그렇듯, 언제나 너무 늦게 도착한다. 불과 어제까지만 해도 메리 스튜어트는 정치인이었다. 하지만 오늘 그녀는 더 이상 정치인이 아니다. 그저 한 여인, 한 연인일 뿐이다. 잉글랜드의 왕위 계승자가 되는 것. 그것은 얼마 전까지만 해도 메리 스튜어트의 가장 뜨거운 염원이었으나, 이제는 그 모든 왕가의 야망조차도 한 여인의 더 작지만 더 격렬한 욕망에 자리를 내어주고 말았다. 로렌 공작, 즉 메리의 외삼촌과 같은 가까운 이가 그 예쁜 아이, 그 '잘생긴 청년'은 포기하라고 진심으로 충고했을 때조차 그녀는 듣지 않았다. 덫에 걸려 스스로 궁지에 몰린 엘리자베스의 분노에 메리는 비웃듯이 냉소적인 답장을 보냈다.

자매님의 불만이 나로선 참으로 놀랍습니다. 왜냐하면 지금 내가 한 이 선택은 자매님이 원하던 것과 정확히 일치하는 것이기 때문이니까요. 나는 모든 외국인 구혼자들을 거절했고, 두 왕국의 왕가 피를 잇고 있으며, 잉글랜드 내에서는 제1왕자라 할 수 있는 사람을 선택했습니다.

이에 대해 엘리자베스는 아무런 반박도 할 수 없었다. 메리 스튜어트가 그녀의 요청을 지나치게 문자 그대로 (물론 전혀 다른 방식으로) 이행해버렸기 때문이다. 그녀는 확실히 잉글랜드 귀족을 선택했다. 심지어 엘리자베스가 모호한 계산 속에서 궁정에 들여보낸 인물, 단리를 말이다. 그럼에도 엘리자베스가 분노와 혼란에 휩싸여 제안과 위협을 번갈아 쏟아내자, 메리 스튜어트는 마침내 분명하고 단호하게 맞섰다.

지금껏 나는 듣기 좋은 말들로만 붙들려 왔고, 나의 기대는 철저히 버려졌습니다. 그래서 이제는 온 나라의 동의를 받아, 스스로 선택한 사람과 혼인하기로 했습니다.

달콤하든 쓰디쓰든 런던에서 날아오는 서한에는 더 이상 마음을 두지 않은 채, 에든버러에서는 번개처럼 빠르게 혼인 준비가 진행되었다. 혼인에 앞서 급히 단리를 로스 공작으로 임명했다. 그리고 마침내 수많은 항의 서한을 안고 급히 잉글랜드에서 달려온 대사는, 단 한 가지 선언을 듣는 데 겨우 맞춰 도착했다.

"헨리 단리는 이제부터 '왕'이라 불리고 칭해질 것이다."

7월 29일, 결혼을 알리는 종이 울렸다. 홀리루드의 작은 가톨릭 궁정 예배당에서 한 사제가 혼인을 축복했다. 의례와 상징을 중시하던 메리 스튜어트는 이번에도 모두를 놀라게 하며 상복 차림으로 모습을 드러냈다. 그것은 첫 번째 남편, 프랑수아 2세의 장례식에서 입었던 바로 그 옷이었다. 이 차림은 공개적인 메시지였다. 그녀가 첫 번째 남편을 결코 가볍게 잊은 것이 아니며, 오직 조국의 뜻을 따르기 위해서만 다시 혼인 서약을 맺는다는 점을 세상에 알리고자 한 것이었다.

미사가 끝나고, 그녀는 자신의 방으로 물러났다. 그 뒤 연출된 듯한 한 장면이 이어졌다. 이미 준비되어 있던 화려한 축제 의상 앞에서, 단리의 다정한 간청에 못 이긴 듯 그녀는 마침내 상복을 벗고 축복과 기쁨의 색을 입는다. 환호하는 군중이 성을 둘러쌌고 황금이 아낌없이 뿌려졌다. 메리 스튜어트와 그녀의 백성은 맑고 들뜬 마음으로 환희에 젖었다. 그 광경은 존 녹스에게는 매우 못마땅한 일이었다. 정작 그는 쉰여섯의 나이로 열여덟 살 처녀와 재혼한 상태였지만, 세상에서 오직 자신의 기쁨 외에는 그 어떤 즐거움도 허락하고 싶지 않은 사람이었다. 그의 불편한 시선을 아랑곳하지 않고, 결혼식 이후 4일 동안 밤낮으로 축제가 이어졌다. 온갖 어둠은 이제 영원히 물러가고 행복의 시대가 시작된 듯한 흥겨움이었다.

메리 스튜어트가 두 번째 결혼을 했다는 소식을 들었을 때, 엘리자베스의 절망은 이루 말할 수 없을 정도였다. 온갖 외교적 계산을 거듭하는 사이 그녀는 스스로를 궁지로 몰아넣고 있었던 것이다. 그녀는 스코틀랜드 여왕에게 자신의 가장 가까운 벗을 남편으로 제안했으나 그 제안은 전 세계 앞에서 거절당했다. 그녀는 단리와의 결혼에 반대했으나, 그 반대는 아무렇지도 않게 무시되었다. 마지막 경고를 담은 사절을 보냈지만, 그는 혼인이 끝날 때까지 문밖에서 기다려야 했다. 체면을 생각한다면 이제 엘리자베스는 무언가 조치를 취해야 했다. 외교관계를 단절하든지 아니면 선전포고를 해야 할 판이었다. 그러나 어떤 명분으로 그럴 수 있단 말인가? 메리 스튜어트는 명백히 정당한 행동을 했을 뿐이다. 그녀는 엘리자베스가 원했던 대로 외국 군주가 아닌 인물을 택했고, 결혼은 아무 흠잡을 데 없이 정당하게 치러졌으며, 헨리 단리는 잉글랜드 왕 헨리 7세의 증손자로서 왕위를 이을 자격이 충분한 인물이었다.

그러나 '모호함'은 엘리자베스가 평생 고수해온 방식이었다. 이번에도 마찬가지였다. 뼈아픈 경험을 겪고서도 그녀는 그 방식을 결코 버리지 않았다. 메리 스튜어트에게 전쟁을 선포하는 일도, 잉글랜드 대사를 소환하는 일도 물론 하지 않았다. 그러나 수면 아래에서는 지나치게 행복한 부부에게 가장 냉혹한 불행을 안기기 위한 책동이 시작되고 있었다. 그녀는 어둠 속에서 그들을 겨냥해 움직였다. 정통 군주에 맞서 싸우고자 하는 반란 세력은 스코틀랜드에서 늘 쉽게 찾을 수 있었다. 그들 중에서도 특히 압도적인 힘과 진실된 증오심을 겸비한 인물이 있었다. 바로 모레이였다. 그는 여동생의 결혼식에 의도적으로 불참했다. 이는 정세를 꿰뚫어보는 이들 사이에서는 이미 불길한 전조로 받아들여지고 있었다. 모레이가 특별히 매혹적이고도 비밀스러운 인물로 보이는 이유는 그에게는 정세의 변화, 특히 정치적 폭풍이 닥치는 순간을 놀랍도록 정확히 감지해내는 능력이 있었기 때문이다. 그는 믿을 수 없을 정도로 예리한 선견지명으로 정세가 위험하게 기울기 시작하는 순간을 짚어내고, 그에 맞서 가장 현명한 조치를 취했다. 그것은 바로 자취를 감추는 것이었다.

마치 강물이 갑자기 말라붙는 현상이 거대한 재난의 전조가 되듯, 그의 갑작스러운 침묵은 위기의 신호였다. 처음에 그는 수동적으로 행동했다. 자신의 성에 머물며 궁정에 모습을 드러내지 않았고, 섭정이자 스코틀랜드 개신교의 수호자로서 단리의 왕위 책봉을 못마땅해한다는 뜻을 분명히 했다. 그러나 엘리자베스가 바란 것은 단순한 불만 표명이 아니었다. 그녀가 원한 것은 반란이었다. 그녀는 모레이와 마찬가지로 불만을 품고 있는 해밀턴 가문에도 접근했다. 자신의 이름이 절대 드러나지 않도록 "극비리에"라는 엄격한 지시를 내리며, 엘리자베스는 첩자 중 한 명을 통해 이 스코틀랜드 귀족들을 지원하도록 명했다. 마치 자발적으로 그렇게 하는 것처럼, 그녀는 전혀 관여하지 않은 듯 보이도록 말이다. 그렇게 흘러간 자금은 메마른 들판 위에 이슬처럼 귀족들의 탐욕스러운 손에 흘러들었다. 사기는 되살아났고, 잉글랜드가 기대하던 반란은 군사적 지원 약속과 함께 서서히 현실로 모습을 드러내기 시작했다.

아마도 이것이야말로 평소 신중하고 멀리 내다보던 정치가 모레이가 저지른 유일한 실수였을 것이다. 그는 결국 가장 믿을 수 없는 군주인 엘리자베스를 신뢰하고, 그 반란의 선봉에 서기로 결심했다. 물론 그는 즉각적으로 행동에 나서지는 않았다. 신중한 그는 일단 조용히 동맹자들을 규합하는 데 그쳤고, 본래는 엘리자베스가 공개적으로 개신교 귀족들의 편에 선다는 입장을 밝힐 때까지 기다릴 생각이었다. 그래야만 반역자가 아니라, 위협받는 교회를 방어하는 정당한 수호자로서 여동생 메리 스튜어트에게 맞설 수 있기 때문이었다. 하지만 메리는 오빠의 이중적인 태도에 불안함을 느꼈고 분명히 드러나는 적대감을 더는 묵과할 수 없다고 생각했다. 그녀는 공식적으로 모레이에게 의회에 출석해 해명하라는 명령을 내렸다. 그러나 모레이 또한 여동생 못지않은 자존심의 소유자였다. 그는 피고인 자격으로 소환되는 것을 용납하지 않았고, 복종을 거부했다. 이에 따라, 그와 그의 동맹자들은 공개 시장 한가운데서 추방 선고를 받았다. 또다시, 이성 대신 무기가 문제를 해결하게 될 모양이었다.

결정적인 순간마다 메리 스튜어트와 엘리자베스의 성격 차이는 분명하게 드러났다. 메리 스튜어트는 늘 빠르고 단호했다. 그녀는 조급하고 숨 가쁘게 행동으로 옮겼다. 반면 엘리자베스는 본래 조심스럽고 불안해하는 성향대로 언제나 결단을 미루고 망설였다. 반란 세력을 공개적으로 지원할지조차 아직 끝내 결심하지 못한 사이, 메리 스튜어트는 이미 움직이고 있었다. 그녀는 폭도들과 분명히 선을 긋겠다고 선언한다.

"그들은 이미 수많은 부와 영예를 손에 넣고도 만족하지 못하고 우리 왕국 전체를 손에 쥐어 마음대로 다루려 합니다. 나아가 강제로 자신들의 조언만 따르게 만들려 합니다. 요컨대, 그들은 스스로 왕이 되고 싶어 하며, 왕권을 가로채려 합니다.” 그녀는 한시도 지체하지 않았다. 이 용감한 여왕은 곧바로 안장에 올라탔다.

권총을 허리에 차고, 금빛 갑옷을 입은 어린 남편을 곁에 둔 채, 충성을 맹세한 귀족들에게 둘러싸여 메리 스튜어트는 급히 소집된 군대의 선두에 섰다. 그녀는 직접 반란군을 향해 말을 몰았다. 하룻밤 사이에 혼인의 행렬은 전쟁의 행렬로 바뀌었다. 그리고 이 단호함은 곧 효과를 발휘했다. 적대적인 귀족들은 이런 상황에 맞서는 것을 달가워하지 않았다. 게다가 잉글랜드에서 약속한 군대는 오지 않고 엘리자베스는 계속해서 헷갈리는 명령만 내리는 판이었다. 그리하여 귀족들은 한 사람씩 고개를 숙이고 적법한 군주에게로 돌아왔다. 그러나 모레이만은 고개를 숙일 생각이 없었다. 그는 끝까지 저항하려 했으나, 이미 모두가 등을 돌린 상황에서 제대로 된 군대를 꾸리기도 전에 패배했고 결국 도주할 수밖에 없었다. 승리를 거둔 왕과 왕비는 거센 기세로 말을 몰아 국경까지 그를 추격했다. 모레이는 가까스로 10월 중순, 잉글랜드 영토 안으로 도망쳐 목숨을 부지했다.

완벽한 승리였다. 왕국의 모든 귀족들은 이제 완전히 메리 스튜어트 편에 서게 되었고, 스코틀랜드는 오랜만에 다시금 한 명의 여왕과 한 명의 왕의 손에 장악된 듯했다. 안도감은 순간적으로 그녀를 들뜨게 했다. 한때는 공격을 감행해 아예 잉글랜드로 진군해야 하지 않을까 하는 생각까지 스쳤다. 그쪽에서는 소수가 된 가톨릭교도들이 자신을 해방자로 맞이하리라는 사실을 그녀도 알고 있었기 때문이다. 그러나 현명한 중신들이 겨우 그녀의 정열을 붙잡아 가라앉혔다. 어쨌든 이제는 외교적 격식도 모두 끝이었다. 메리는 엘리자베스의 모든 패를 무력화시켰다. 자신이 스스로 결정한 결혼은 엘리자베스에 대한 첫 번째 승리였고, 반란 진압은 두 번째 승리였다. 이제 국경 저편에 있는 '좋은 자매'를 정면으로 마주볼 수 있게 된 것이다.

그러나 다행히도 이 시대는 걸출한 희극들의 세기였고, 엘리자베스 또한 셰익스피어나 벤 존슨과 마찬가지로 강렬하고 대담한 인물이었다. 타고난 배우라 할 만한 그녀는 여왕 중에서도 유난히 장대한 연출에 능한 인물이었다. 당시 햄프턴 코트와 웨스트민스터에서 벌어진 장면들은 글로브 극장이나 포춘 극장에서 공연된 연극들에 결코 뒤지지 않는다. 모레이라는 불편한 동맹자가 도착했다는 소식을 접하자마자 엘리자베스는 그날 저녁 곧바로 모레이에게 '리허설'을 시켰다. 그를 불러들인 세실은 엘리자베스의 체면을 살리기 위해 그가 연기해야 할 배역을 세심히 지도했다. 이튿날 벌어진 이 희극보다 더 대담하고 뻔뻔한 연출을 상상하기란 어려울 것이다.

마침 프랑스 대사가 방문 중이었다. 그는 자신이 이제 막 한 편의 희극 속으로 끌려들어 왔다는 사실을 전혀 눈치 채지 못한 채, 엘리자베스와 정치 담화를 나누고 있었다. 그때 하인이 들어와

➤•━● 윌리엄 세실(1520-1598)

엘리자베스 1세 여왕의 수석 고문이자
국무 장관

150

모레이 백작이 도착했음을 알렸다. 엘리자베스는 이마를 찌푸리며 되묻는다. "뭐라고? 내가 잘못 들은 것은 아니겠지?" 그녀의 '좋은 자매'를 상대로 반란을 일으킨 그 파렴치한이 어떻게 런던까지 올 수 있었단 말인가? 더구나, 어떻게 감히 자신 앞에 모습을 드러낼 수 있단 말인가? 온 세상이 다 아는 사실 아니던가. 엘리자베스는 사랑하는 사촌 메리와 마음과 영혼을 함께하는 사이라는 것! 불쌍한 엘리자베스! 그녀는 놀라움과 분노에 휩싸여 한동안 도무지 정신을 가다듬을 수 없었다. 마침내 어둡게 망설이는 기색을 한참이나 보인 뒤, 그녀는 그 '대담무쌍한 자'를 받아들이기로 결심한다. 다만, 절대 혼자서 만나지는 않을 터였다! 그녀는 프랑스 대사를 일부러 붙잡아 두었다. 자신의 진심어린 분노에 대한 증인으로 삼기 위해서였다.

이제 연극은 모레이 차례였다. 그는 진지하고 엄숙한 태도로 미리 연습해 둔 장면을 훌륭히 연기했다. 등장부터 이미 죄책감에 젖은 사람의 모습으로 절묘하게 연출되어 있었다. 언제나 당당하고 용기 있게 걷던 그가 이번에는 겸손하고 주저하는 걸음으로 검은 옷을 입고, 무릎을 꿇은 채 스코틀랜드어로 여왕에게 말을 걸기 시작했다. 엘리자베스는 곧 그의 말을 끊었다. 프랑스 대사도 이해할 수 있도록, 그리고 자신과 이 '폭도' 사이에 어떠한 비밀도 없다는 점을 분명히 하기 위해 프랑스어로 말하라고 명령했다. 당황한 듯 모레이가 말을 더듬자, 엘리자베스는 곧바로 대화의 주도권을 쥔다.

"당신이 어떻게 감히, 망명자이자 나의 친구에게 반역한 자로서, 그것도 아무 요청도 없이 내 궁정에 들어올 수 있단 말입니까?" 그녀는 말을 이었다. "물론 나와 메리 스튜어트 사이에 때때로 오해가 있었던 건 사실이지만, 그것은 결코 심각한 것이 아닙니다. 나는 스코틀랜드 여왕을 늘 나의 좋은 자매로 여기며, 앞으로도 그렇게 될 것이라 믿습니다. 그러니 당신이 정말 단지 어리석음에서, 혹은 자기방어라는 사정 아래에서 여왕에게 반기를 든 것임을 증명하지 못한다면, 나는 당신을 체포하고 그 반역 행위에 대해 책임을 묻겠습니다. 말해보십시오, 모레이 경.”

모레이는 세실에게 철저히 배역 훈련을 받은 덕분에 단 한 가지, 결코 입 밖에 내어서는 안 될 것이 무엇인지 분명히 알고 있었다. 바로 진실이었다. 그는 모든 책임을 자신이 홀로 떠안아야 한다는 사실을 이해하고 있었다. 그래야만 엘리자베스가 프랑스 대사 앞에서 완전히 무관한 인물로 보일 수 있고, 이 반란을 명령하거나 방조했다는 의혹에서도 벗어날 수 있었기 때문이다. 그녀에게는 무엇보다도 ‘알리바이’가 필요했다. 그래서 모레이는 메리 스튜어트에 대해 불평하기는커녕, 그녀를 극찬하는 연기를 펼쳤다. 그녀가 자신의 공로를 훨씬 넘어서는 영지와 영예, 포상을 내렸다고 말하며, 자신은 언제나 충실히 그녀를 섬겨왔다고 진술했다. 그리고 자신이 경솔한 행동에 이른 까닭은 오직 두려움 때문이었다고 둘러댔다. 자신을 겨냥한 음모가 있으며, 암살당할지도 모른다는 불안이 판단을 흐리게 했다는 것이다. 그리고 엘리자베스를 찾은 이유는 그녀가 자비로운 마음으로 스코틀랜드 여왕께 다시 용서를 구할 수 있도록 도와주시길 바라는 마음에서였다고 마무리했다.

그 말만으로도 반란의 진짜 배후를 감싸기에 충분한 변명처럼 들렸다. 그러나 엘리자베스가 원하는 것은 그 이상이었다. 이 희극의 목적은 모레이가 프랑스 대사 앞에서 모든 책임을 떠안는 데에 그치지 않았다. 더 중요한 것은, 엘리자베스가 이 사태와 아무 관련이 없다는 사실을 그가 증인의 자격으로 분명히 확인해주는 일이었다. 노련한 정치가에게 강력한 거짓말 하나쯤은 숨을 한 번 고르는 일만큼이나 가벼운 법이다. 그래서 모레이는 프랑스 대사 앞에서 매우 근엄하게 선언했다.

"이 음모에 관하여 엘리자베스 폐하께서는 전혀 아시는 바가 없으며, 폐하께서 저나 저의 동지들에게 스코틀랜드 여왕에 대한 복종을 거부하라고 부추긴 적도 없습니다." 이 말로 그는 엘리자베스의 완전한 무죄를 확인시켜주었다.

이제 엘리자베스는 바라던 알리바이를 손에 넣었다. 그녀는 결백한 존재가 되었다. 그리고는 가장 극적인 어조로 프랑스 대사가 지켜보는 앞에서 연기 상대인 모레이를 향해 호통을 친다. "이제야 당신은 사실을 말하는군요! 나도, 내 이름을 내건 다른 어떤 누구도 당신의 여왕에 반기를 들라고 부추기지 않았다고 말이에요. 그런 비열한 반역은 악영향만 끼칠 뿐이고, 하물며 나의 신하들까지 내게 맞서 모반을 일으키도록 용기를 주는 행동입니다. 이제 물러나도록 하세요. 당신은 아무런 가치도 없는 배신자일 뿐입니다!" 이로써 엘리자베스는 연극의 마지막 장을 마무리지었다. 그리고 대사는 그녀의 분노와 결백함을 증명해 줄 산 증인이 되었다.

모레이는 깊이 고개를 숙였다. 어쩌면, 입가에 떠오른 미묘한 웃음을 감추기 위해서였을지도 모른다. 그는 잊지 않고 있었다. 여왕의 이름으로 자신의 아내와 반란 귀족들에게 전달된 수천 파운드, 랜돌프의 간청이 담긴 서신들, 국무회의의 약속들까지도. 그러나 지금 자신이 희생양 역할을 충실히 해냈다면, 엘리자베스가 자신을 완전히 버리지는 않으리라는 사실도 알고 있었다. 프랑스 대사 또한 조용히, 겉으로는 공손하게 침묵을 지켰다. 교양인이었던 그는 이런 잘 짜인 희극을 감상할 줄 아는 인물이었다. 그리고 돌아가 책상 앞에 앉아 이 장면을 파리로 보고할 때에야 비로소 입가에 웃음을 흘렸을 것이다. 어쩌면 이 순간 가장 쓸쓸했던 이는 엘리자베스 자신이었을지도 모른다. 과연 이 연극을 누가 진심으로 믿었을까 하는 의심을 그녀 스스로도 완전히 떨쳐내지는 못했을 것이다. 그러나 아무도 감히 그 의심을 입 밖에 내지 않았다. 그것이면 충분했다. 진실이 무슨 소용인가? 엘리자베스는 위엄 있게 아무 말 없이 풍성한 옷자락을 휘날리며 방을 빠져나갔다.

경쟁자 엘리자베스가 패배한 뒤 도덕적 퇴로라도 마련하기 위해 그토록 복잡한 책략을 써야 할 만큼 곤란해진 순간보다, 메리 스튜어트의 권력이 더 또렷이 드러난 적은 없었다. 이제 스코틀랜드 여왕은 당당히 고개를 들 수 있었다. 모든 일이 뜻대로 흘러간 듯 보였다. 그녀가 택한 남자는 왕관을 썼고, 그녀에게 맞섰던 귀족들은 돌아오거나 추방되어 외국 땅을 떠돌고 있었다. 별들은 하나같이 그녀 편에서 빛나는 듯했다. 그리고 상속자만 태어난다면, 마침내 그녀의 마지막이자 가장 큰 꿈이 이루어질 터였다. 스코틀랜드와 잉글랜드를 하나로 잇는 왕위 계승자로서의 스튜어트 왕가.

별들은 유리한 자리에 와 있었고 고요함이 귀한 축복처럼 나라를 덮고 있었다. 이제 메리 스튜어트는 잠시 멈춰 서서 이 행복을 누릴 수 있을 듯 보였다. 그러나 불안을 견디지 못하고, 또 스스로 불안을 만들어내는 것. 그것이야말로 길들여지지 않은 그녀의 기질이 지닌 숙명이었다. 거칠고 격정적인 심장을 지닌 이에게는, 설령 외부 세계가 행운과 평화를 건네더라도 그 축복은 오래 머무르지 않는다. 결국 스스로 또 다른 위험을 불러들이고야 마는 것이다.

제8장

홀리루드, 운명의 밤

1566/03/09

진실된 감정이라는 것은 언제나 그 본질상 계산하지 않고, 아끼지 않으며, 망설이지 않고, 묻지 않는다. 고귀한 기질의 사람이 사랑에 빠질 때 그것은 언제나 전적인 헌신이며, 때로는 낭비에 가까운 내어줌을 뜻한다. 혼인 이후 첫 몇 주 동안, 메리 스튜어트는 어린 남편 단리에게 아낌없는 애정 표현을 쏟아부었다. 매일같이 새로운 선물로 그를 놀라게 했고, 어느 날은 말 한 필, 또 어느 날은 의복 한 벌, 그리고 수없이 많은 다정한 물건들로 그의 마음을 기쁘게 했다. 그녀는 이미 단리에게 왕의 칭호를 내리고 자신의 불안한 심장까지 내어준 상태였다. 잉글랜드 특사 랜돌프는 런던으로 보내는 보고서에서 이렇게 적었다.

"한 여인이 한 남자에게 줄 수 있는 모든 명예를 그는 모두 다 받았습니다. 그녀가 줄 수 있는 모든 찬사와 지위는 이미 그의 손에 넘어갔습니다. 그의 말에 동의하지 않는 이는 누구라도 그녀의 총애를 잃으니, 그녀 자신의 의지마저 완전히 그에게 예속되었다고 할 수밖에 없습니다."

　메리 스튜어트는 격정적인 본성대로 무엇이든 절반만 할 수 없는 사람이었다. 그녀의 사랑은 언제나 전부이거나, 그 이상이었다. 랜돌프는 또 다른 보고에서 이렇게 덧붙였다.

　"그녀는 완전히 그의 뜻에 자신을 맡겼으며, 그가 이끄는 대로 따르고 순종하고 있습니다." 이토록 전적인 헌신을 내어줄 수 있는 것은, 역설적으로 누구보다도 강한 자존심을 지닌 여인뿐이다.

　그러나 큰 선물은 그것을 받을 자격이 있는 이에게만 은총이 되며 그렇지 않은 이에게는 오히려 위험이 된다. 강한 성격을 지닌 자는, 자신에게 주어진 권력을 통해 더욱 강해진다. 하지만 약한 성격의 사람은, 자격 없는 행운에 짓눌려 무너지고 만다. 승리는 그들을 겸손하게 만들지 않고, 오히려 거만하게 만든다. 어리석고 유치한 착각 속에서 하늘에서 굴러들어온 선물을 자기 능력으로 얻은 공로인 양 여긴다. 머지않아 메리 스튜어트의 호의는 그릇된 대상에게 주어진 치명적인 낭비였음이 드러나게 된다. 단리는 여전히 훈육이 필요한 미성숙한 소년에 불과했다. 너그러우면서도 고귀한 여왕의 은총을 감당하기에는 너무나도 옹졸하고 허영심 많은 자였던 것이다.

　단리는 자신이 얼마나 큰 권력을 손에 넣었는지를 눈치채자마자 건방지고 오만해지기 시작했다. 그는 메리 스튜어트가 준 선물들을 마치 당연한 조공처럼 여겼고 그녀의 사랑을 자신에게 마땅히 돌아와야 할 남자의 권리로 착각했다. 그리고 자신이 '주군'이 되었으니 이제는 그녀를 아랫사람처럼 대할 자격이 있다고 믿기 시작했다. 내면이 빈약하고, 밀랍처럼 연약한 본성을 지닌 (훗날 메리 스튜어트가 그를 경멸하며 직접 "밀랍 심장을 지닌 자"라 부른다) 이 응석받이 소년은 모든 자제심을 잃어버리고, 점점 오만하게 국정에 간섭하기 시작했다. 한때 지어 올리던 시와 다정하고 부드러운 태도는 더 이상 필요 없었다. 그는 국왕 회의에서 거드름을 피우며 거칠고 큰 목소리로 발언했고, 주색에 빠진 동료들과 어울려 밤마다 술잔을 기울였다. 그리고 그런 품위 없는 무리들로부터 그를 데려오려던 여왕을 그는 공공연히 모욕했다. 그 수치스러운 장면 앞에서 메리 스튜어트는 눈물을 터뜨릴 수밖에 없었다. 그는 메리 스튜어트가 자신에게 부여한 "왕의 칭호", 말 그대로 칭호뿐인 그 이름을 근거로 자신이 진짜 국왕이라도 되는 듯 행동했다. 그는 제멋대로 공동 통치권을 요구했다. 수염도 제대로 나지 않은 열아홉의 청년이 스코틀랜드를 지배하겠다고 나섰다.

하지만 이 거친 태도 뒤에는 진정한 용기란 없으며, 뻔뻔한 허세 뒤에는 단호한 의지도 없다는 것을 누구나 알 수 있었다. 머지않아 메리 스튜어트조차 자신의 첫사랑, 가장 순수하고 아름다웠던 감정을 이토록 배은망덕한 시정잡배에게 낭비해버렸다는 사실을 더는 부정할 수 없게 되었다. 언제나 그렇듯 너무 늦은 깨달음이었지만, 그녀는 이제야 자신이 얼마나 많은 충직한 조언자들의 경고를 외면해왔는지 깨닫기 시작했다. 한 여인의 삶에서 사랑받을 자격조차 없는 남자에게 경솔히 자신을 헌신했다는 것보다 더 깊은 후회는 없다. 그녀는 스스로를 용서할 수 없었고, 그 남자 또한 용서할 수 없었다. 한때 그토록 뜨겁게 타올랐던 감정이 단순한 무관심이나 건조한 격식으로 식어버리는 일은 자연스러운 흐름이 아니었다. 한 번 붙은 불은 사라지지 않는다. 다만 색을 바꿀 뿐이다.

밝게 타오르던 사랑과 정열은 이제 어둡고 그을린 증오와 경멸의 불씨로 남게 되었다. 언제나 감정에 있어서 격정적인 메리 스튜어트는 단리가 사랑받을 자격이 없다는 걸 깨닫자마자 돌연하고 단호한 방식으로 호의를 거둬버렸다. 한때 무심히, 헤아림 없이, 계산도 없이 열정의 격류 속에서 그에게 쏟아부었던 것들을 이제 그녀는 하나하나 되찾기 시작했다. 과거 그녀가 열여섯 살의 프랑수아 2세에게 부여했던 '공동 통치권'은 이제 더 이상 언급조차 되지 않는다. 단리는 자신이 국가회의의 중요한 모임에 초대되지 않는다는 것을 알아채고 분노했다. 자신의 문장에 왕의 표지를 넣는 일도 거부당했다. 이제 그는 사실상 '왕비의 남편'으로 격하되어 꿈꾸던 주인공의 자리를 잃고 갑자기 화가 잔뜩 난 불평꾼 노릇만 하게 된 것이다.

멸시의 분위기는 곧 궁정 신하들 사이에도 전염 되었다. 그의 친구인 다비드 리치오는 그에게 국가문서들을 보여 주지 않았다. 그의 동의 없이 쇠도장과 여왕의 서명만으로 문서에 인장을 찍었다. 잉글랜드 대사 또한 그에게 '폐하'라는 호칭을 쓰지 않았다. 결혼한 지 겨우 반년이 지난 크리스마스 무렵, 스코틀랜드 궁정의 변화는 이미 외교 문서에 오를 정도였다.

"얼마 전까지만 해도 모든 문서에 '왕과 왕비'라고 적혀 있었으나, 이제는 '왕비의 남편'으로만 불리고 있습니다. 단리는 모든 칙령에서 자신의 이름이 맨 앞에 오는 것에 익숙해졌지만, 이제는 두 번째로 밀려났습니다. 얼마 전에는 '헨리쿠스와 마리아'라는 쌍두 초상이 새겨진 주화가 발행되었지만, 곧 수거되어 다른 주화로 대체되었습니다. 두 사람 사이에 어떤 불화가 있는 것은 분명하지만 민간에서는 이를 '연인들 간의 다툼'이나 흔한 '부부 싸움' 정도로 치부하고 있어 상황이 더 나빠지지만 않는다면 아직은 문제 삼을 만한 일은 아닌 듯합니다."

그러나 상황은 더 악화된다! 종이 위에서만 존재하는 왕으로서 겪는 굴욕에 더해, 이제 그는 남편으로서 겪는 가장 은밀하고 치명적인 굴욕과 마주하게 된다. 수년 동안 메리 스튜어트는 정치 세계에서 거짓말하는 법을 배워야만 했다. 그러나 본래 깊은 곳에 진실한 성정을 지닌 그녀는, 개인적인 감정이 얽힌 문제 앞에서는 가면을 쓸 수 없는 사람이었다. 자신의 열정을 하찮은 자에게 낭비했다는 사실을 깨닫는 순간, 그리고 신혼의 환상 속에 있던 단리의 모습 뒤에서 어리석고 허영심 많으며 버릇없고 은혜도 모르는 젊은이의 실체가 드러나는 순간, 육체적 사랑은 순식간에 몸서리치는 혐오로 변해버린다. 한 번 마음이 완전히 돌아선 뒤에는, 이 남편에게 자신의 몸을 허락한다는 생각 자체가 더 이상 견딜 수 없는 일이 된다.

그래서 여왕은 자신이 임신했음을 알게 되자마자 온갖 이유를 들어 그의 포옹을 거절했다. 때로는 몸이 불편하다고 했고, 때로는 피곤하다며 언제나 다른 변명을 찾아냈다. (이 모든 내용은 훗날 단리가 분노에 차 스스로 폭로한 것이다.) 처음 몇 달 동안에는 그녀가 오히려 감각적으로 유혹하는 쪽이었지만, 이제는 그를 거절함으로써 수치를 안겼다. 단리는 이 여인에게 처음으로 권력을 가졌다고 믿었던 가장 내밀한 영역에서조차 쓰라리고 굴욕적이게도 권리를 박탈당하고 버려졌다.

단리에게는 자신의 패배를 감추고 삼켜낼 정신적인 힘이 없었다. 그는 어리석고 미련하게도, 자신이 거절당한 사실을 공공연히 떠들고 다넜다. 투덜거리는 말투로 위협하며, 허세 섞인 말로 무시무시한 복수를 예고하기도 했다. 그러나 그가 떠벌리면 떠벌릴수록 말은 공허해졌고, 우스꽝스럽게 들릴 뿐이었다. 몇 달이 지나자 그는 '왕'이라는 칭호에도 불구하고, 단지 성가시고 심술궂은 인물로 취급되기 시작했다. 사람들은 더 이상 그에게 고개를 숙이지 않았다. 그가 무엇을 요구하든, 무심히 등을 돌리거나 비웃을 뿐이었다. 어떤 군주에게도 증오보다 더 치명적인 것은 보편적인 경멸이다.

메리 스튜어트가 단리에게서 느낀 끔찍한 실망감은 단지 인간적인 것만이 아니라, 정치적인것이기도 했다. 그녀는 남편 곁에서라면 모레이와 메이틀랜드, 그리고 귀족들의 후견 아래에서 마침내 벗어날 수 있으리라 생각했다. 그러나 꿀 같은 신혼이 지나자, 모든 환상은 사라져버렸다. 단리를 선택하기 위해 모레이와 메이틀랜드를 밀어낸 결과, 그녀는 이전보다 더 외로워졌다. 그러나 그녀는 아무리 큰 실망을 겪어도 신뢰 없이 살아갈 수 없는 사람이었다. 다시금 의지할 존재, 절대적으로 믿을 수 있는 사람을 찾기 시작했다. 이번에는 모레이나 메이틀랜드처럼 명망 높은 귀족이 아니라 신분은 낮더라도 이 스코틀랜드 궁정에서 가장 절실한 덕목, 곧 절대적인 충성과 무조건적인 신뢰를 지닌 인물을 택하고자 했다.

우연은 바로 그런 사람을 이 궁정에 데려다주었다. 사보이아 공국의 사절 마르케스 모레타가 스코틀랜드를 방문했을 때 그의 수행원 중에는 이탈리아 피에몬테 출신의 청년 다비드 리치오가 있었다. 그는 대략 스물여덟 살 정도 되었는데 둥글고 또렷한 눈매에 싱그러운 입매

다비드 리치오(1533-1566)

를 지녀 노래를 잘 부를 듯한 외모였다. 시인과 음악가들은 언제나 메리 스튜어트의 낭만적인 궁정에서 환영받는 존재였다. 그녀는 부친과 모친 양쪽으로부터 예술에 대한 열렬한 애정을 물려받았다. 암울한 궁정 생활에서 노랫소리, 바이올린과 류트의 연주를 듣는 것 보다 행복한 일은 없었다. 마침 궁정 합창단에는 베이스 성부가 비어 있었고, '다비 경'으로 불리게 된 이 청년은 노래 실력은 물론, 악보와 가사까지 능숙하게 다룰 줄 알았다. 이에 메리 스튜어트는 모레타에게 그 훌륭한 음악가를 개인 시종으로 남겨달라고 요청했고, 그는 연봉 65파운드로 왕실에 고용되었다. 궁정 기록에는 '노래하는 다비드'로, 하인 명부에는 '침실 시종'으로 적혔지만, 이것이 결코 수치스러운 일은 아니었다. 베토벤 시대에 이르기까지, 가장 신성한 음악가들조차도 궁정에서는 그저 하인 취급을 받았기 때문이다. 유럽 전역에서 명성을 떨치던 볼프강 아마데우스 모차르트나 백발의 하이든조차도 귀족이나 왕족과 함께 식사를 하지 못하고 식탁보도 없는 식탁에서 마부나 시종들과 함께 밥을 먹어야 했다.

리치오는 좋은 목소리뿐만 아니라 명석한 두뇌와 민첩하고 생기 있는 감각, 그리고 훌륭한 예술적 교양까지 갖추고 있었다. 그는 라틴어를 프랑스어와 이탈리아어만큼이나 유창하게 구사했고 문장 솜씨도 뛰어났다. 오늘날까지 전해지는 소네트 한 편만으로도 그의 세련된 취향과 시적 감각을 짐작할 수 있다. 머지않아 그에게는 하인의 식탁에서 벗어날 수 있는 반가운 기회가 찾아왔다. 메리 스튜어트의 비밀 서기관 라울렛이 스코틀랜드 궁에 널리 퍼져 있던 전염병에서 벗어나지 못하고서 잉글랜드 측에 매수를 당한 것이다. 여왕은 즉시 그를 쫓아버렸다. 그리고 비어 있는 자리에 민첩한 리치오가 들어왔다. 그때부터 그의 지위는 빠르게 상승하기 시작했다. 단순한 필경사에서 시작한 그는 얼마 지나지 않아 그녀의 조언자가 되었다. 그녀는 곧 그가 충고하는 대로 편지의 초안을 짜게 되었다. 불과 몇 주 만에 그의 영향력은 스코틀랜드의 국가 업무 전반에서 느껴질 정도가 되었다.

가톨릭 왕자 단리와의 급작스러운 결혼은 상당 부분 그의 작품이었다. 그리고 여왕이 모레이를 비롯한 다른 스코틀랜드 반란자들을 사면하기를 완강히 거부한 것도, 그들의 눈에는 당연히 리치오의 농간으로 보였다. 리치오가 교황의 스코틀랜드 궁정 내 밀사였다는 것은 사실일 수도, 단지 의혹일 수도 있다. 그러나 그가 교황청과 가톨릭 진영에 열정적으로 헌신했음에도 불구하고 어쨌든 그는 지금까지 스코틀랜드에서 메리 스튜어트가 경험한 그 누구보다도 더 깊은 헌신으로 그녀를 섬기고 있었다.

메리 스튜어트는 자신에게 충성을 다하는 이에게는 반드시 보답하는 사람이었다. 그녀는 리치오를 눈에 띄게, 어쩌면 지나칠 만큼 눈에 띄게 총애했다. 값비싼 의복을 하사하고 국왕의 인장을 맡기며 국가의 기밀을 공유했다. 그리 오랜 시간이 걸리지 않았다. 하인이었던 다

리치오와 메리

비드 리치오는 어느새 여왕의 식탁에서 벗들과 함께 식사하는 인물이 되었고, 한때 샤스텔라르가 그랬듯 궁정의 음악회와 연회를 주관하는 역할까지 맡았다. 그렇게 주종관계는 점점 친구 사이로 바뀌어갔다. 이 천한 태생의 외국인은 늦은 밤까지 시종들의 질투를 사며 왕의 전각에 머무를 수 있었다. 불과 몇 년 전만 해도 누더기 하인 복장에 목소리 하나만을 무기로 이 궁정에 찾아왔던 자가 최고 국정을 맡아 집행하고 있었다. 이제 스코틀랜드 왕국에서는 그의 뜻과 승인 없이 어떤 결정도 내려지지 않았다. 그러나 다른 모든 이들을 지배하는 자가 되었음에도, 리치오는 여전히 여왕에게 가장 충직한 신하였다.

그녀의 자주성을 떠받쳐 주는 또 하나의 든든한 버팀목도 마련되었다. 이제 정치적 권력뿐 아니라 군사적 권력까지도 믿을 만한 이의 손에 맡겨진 것이다. 이 분야에서 새롭게 그녀 곁에 선 인물은 바로 보스웰 경이었다. 그는 젊은 시절 한때 개신교 신자였음에도, 여왕의 어머니 마리 드 기즈를 위해 개신교 귀족 연맹과 맞서 싸운 전력이 있었다. 모레이의 증오를 피해 잠시 스코틀랜드를 떠나야 했지만, 숙적이 몰락하자 다시 돌아와 자신의 세력을 여왕에게 바쳤다. 그 힘은 결코 미약하지 않았다. 그는 거리낌이 없었고, 어떤 모험에도 나설 태세가 되어 있는 전사였다. 강철 같은 천성을 지닌 그는 국경 지대의 무사들을 거느리고 있었다. 그 존재만으로도 이미 군대나 다름없었다. 메리 스튜어트는 이에 대한 감사의 뜻으로 그를 해군 총사령관에 임명했고, 누구를 상대하게 되더라도 그는 언제나 자신과 왕권을 지키기 위해 나설 것임을 믿어 의심치 않았다.

이 두 명의 충직한 신하를 곁에 둠으로써 스물세 살의 메리 스튜어트는 마침내 통치의 두 고삐, 정치와 군사를 단단히 손에 쥐게 되었다. 이제 그녀는 처음으로 누구의 그늘에도 기대지 않고 홀로 모든 세력에 맞서 통치에 나설 수 있게 된 것이다. 그리고 본래 경솔하고 대담한 성향의 그녀는 새로운 모험을 두려워하지 않았다.

하지만 스코틀랜드에서 군주가 실제로 통치하려 들기만 하면, 귀족들은 어김없이 반발해 왔다. 반항적이고 오만한 귀족들에게 자신들에게 아첨하지도, 두려움을 보이지도 않는 여군주보다 더 견디기 힘든 존재는 없었다. 잉글랜드에서는 모레이를 비롯한 망명 중인 귀족들이 귀국을 강력히 요구하며 압력을 가해 왔다. 그들은 온갖 수단을 동원해 조정을 흔들었고, 심지어는 은광과 금광을 폭파하려는 시도까지 감행했다. 그러나 메리 스튜어트가 뜻밖에도 단호한 태도로 맞서자, 분노한 귀족들의 불만은 곧장 그녀의 최측근 참모 리치오에게로 집중되었다. 머지않아 궁정 안팎과 성곽들 사이로 은밀한 불평과 수상쩍은 속삭임이 퍼져나가기 시작했다.

분노에 휩싸인 개신교 귀족들은 홀리루드 궁 안에서 마키아벨리식 외교술의 정교한 그물이 조용히 작동하고 있음을 감지했다. 아직 분명한 증거는 없었지만, 스코틀랜드가 대대적인 반종교개혁의 비밀 계획에 포섭되고 있다는 불길한 예감을 떨쳐내지 못했다. 어쩌면 메리 스튜어트는 이미 가톨릭 대동맹에 가담하겠다는 약속을 한 것인지도 모른다. 그리고 그 모든 의심의 중심에는 이방인 리치오가 있었다. 그는 여왕의 절대적인 신임을 받고 있었지만, 궁정 안에서는 단 한 사람의 진정한 우군도 없는 고립된 존재였다. 언제나 그렇듯 가장 영리한 자들이 가장 어리석은 선택을 하는 법이다. 리치오는 자신의 권력을 조심스럽게 감추기보다는 출세한 자들이 으레 범하는 영원한 실수처럼 오히려 그것을 과시하며 드러냈다. 무엇보다도 스코틀랜드 귀족들의 자존심을 건드린 것은, 한때 떠돌이 악사에 불과하던 이 출신 불분명한 인물이 여왕의 침실 곁에서 밤낮없이 밀담을 나누고 있다는 사실이었다. 의심은 갈수록 짙어졌고 그 비밀스러운 회동의 목적이 종교개혁의 말살과 가톨릭 교회의 복권에 있는 것이 아니냐는 두려움이 서서히 확신으로 굳어져 갔다. 결국 그 모든 계획을 사전에 대비하기 위해, 몇몇 개신교 귀족들이 은밀히 결속해 음모를 꾸미기 시작했다.

이제 스코틀랜드 귀족들에게는 수세기 동안 되풀이되어 온 단 하나의 방법만이 남아 있었다. 성가신 적을 처리하는 방식, 곧 암살이었다. 보이지 않는 실을 거미처럼 엮어 온 존재를 짓밟아야 한다고 그들은

믿었다. 이 교활하고 속을 알 수 없는 이탈리아 출신 모험가가 사라져
야만 비로소 정국의 주도권을 되찾을 수 있으며 메리 스튜어트 또한
다시 다루기 쉬운 군주로 돌아올 것이라 여겼다.

리치오를 살해해 제거하자는 계획은 꽤 이른 시기부터 귀족들 사이
에서 공감을 얻고 있었던 듯하다. 실제로 사건이 일어나기 수개월 전,
잉글랜드의 대사는 런던으로 이렇게 보고했다.

"신께서 그에게 신속한 종말을 내리시든지, 아니면 그들은 그로 인
해 견딜 수 없는 삶을 살게 될 것입니다."

그러나 모반자들은 오랫동안 공개적인 반란에 나설 용기를 내지 못
한다. 메리 스튜어트가 마지막 반란을 얼마나 빠르고 단호하게 진압했
는지에 대한 기억이 아직도 그들의 뼛속에 깊이 남아 있었기 때문이
다. 그들은 모레이와 다른 망명자들이 맞이한 운명을 기꺼이 되풀이하
고 싶지 않았다. 여기에 더해 그들은 보스웰의 강철 같은 손을 두려워
했다. 그는 가차 없이 타격을 가하는 인물로 알려져 있었고 귀족들과
음모를 나눌 만큼 오만하지도 않았다. 결국 그들이 할 수 있는 일이라
곤 불만을 삼키며 주먹을 움켜쥐는 일뿐이었다.

그러던 중 마침내 그들 가운데 한 사람이 리치오의 살해를 반역 행
위가 아니라 합법적이고 애국적인 행동으로 둔갑시킬 계책을 떠올린
다. 실로 악마처럼 영리한 발상이었다. 곧 국왕 단리를 모반의 선봉에
세우자는 의견이었다. 한 나라의 국왕이 자신의 아내, 곧 여왕을 상대
로 음모를 꾸민다니! 국왕이 왕비에 맞서다니! 얼핏 보기에 이는 터무
니없는 이야기처럼 보였다. 그러나 심리적으로는 정확한 맥을 짚은 셈
이었다. 왜냐하면 다른 모든 나약한 이들과 마찬가지로 단리의 행동을

이끄는 동기는 충족되지 못한 허영심이었기 때문이다. 그리고 리치오에게 쏠린 권세는 너무도 컸다. 몰락한 단리로서는, 한때 친구였던 그에게 시기심 어린 적개심을 품지 않을 수 없었다. 그 떠돌이 무명인이 이제는 외교 협상을 주도하고 있었으나 정작 헨리쿠스, 스코틀랜드의 국왕인 그는 아무런 보고도 받지 못했다. 리치오는 밤 1시, 2시가 되어도 여왕의 방에 머무르고 있었고 (본래라면 남편과 함께 보내야 할 시간이었다) 그의 영향력은 날로 커져만 갔으며, 그에 반해 단리의 권위는 온 궁정 앞에서 점점 사그라지고 있었다. 여왕이 그에게 공동 통치권을 주기를 거부한 것도 단리의 눈에는 리치오의 참견과 방해로밖에 보이지 않았다. 이것만으로도 자존심에 상처 입은 비열한 성정의 사내가 증오심에 사로잡히기에는 충분한 이유가 되었다.

그러나 귀족들은 단리의 허영심에 생채기를 내는 것으로 그치지 않았다. 그들은 더욱 치명적인 독을 그 상처에 들이부었다. 바로 단리의 가장 민감한 부분, 남성으로서의 명예심을 건드린 것이다. 그들은 온갖 암시를 통해 리치오가 여왕과 단지 식탁만이 아니라, 침대까지도 나누고 있다는 의혹을 퍼뜨렸다. 그 자체로는 입증 불가능한 추측이었지만 단리에게는 점점 더 설득력을 얻고 있었다. 왜냐하면 최근 들어 메리 스튜어트가 점점 더 자주, 그와의 부부관계를 거부하고 있었기 때문이다. 설마, 그녀가 자신보다 저 검은 피부의 음악가를 더 가까이 하기 때문에 이런 일이 벌어진 것일까? 이 얼마나 잔혹한 생각인가. 상처 입은 자존심, 그러나 그것을 드러낼 용기는 없는 야망은 언제나 의심에 쉽게 휘둘린다. 스스로를 신뢰하지 못하는 사람은 타인에 대해서도 쉽게 불신을 품게 마련이다. 귀족들이 그를 선동하는 데는 그리

오랜 시간이 걸리지 않았다. 단리는 점점 혼란스럽고 악의에 가득 찬 인물로 변해갔다. 머지않아 그는 자신이 남자로서 겪을 수 있는 가장 큰 치욕을 당했다고 단단히 확신하게 되었다. 그리고 마침내 상상하기조차 어려운 일이 현실이 된다. 국왕이 음모의 선두에 서게 된 것이다. 자신의 아내이자 스코틀랜드의 여왕, 메리 스튜어트를 겨냥한 음모의 중심에 남편 단리가 나선 것이다.

작고 어두운 피부를 지닌 음악가 다비드 리치오가 실제로 메리 스튜어트의 연인이었다는 의혹은 지금껏 단 한 번도 입증된 적이 없으며, 앞으로도 입증될 수 없을 것이다. 오히려 여왕이 궁정의 눈앞에서 그에게 베풀었던 노골적인 총애야말로 그러한 의심을 가장 강하게 반박하는 증거처럼 보인다. 물론 여성과 남성 사이의 정신적인 친밀감과 육체적인 관계 사이에는 때때로 감정의 긴장이 그 경계를 넘게 만들 수 있는, 얇디얇은 선이 존재한다. 하지만 이미 임신 중이었던 메리 스튜어트가 리치오를 대하던 태도에는 왕실의 우정이라 부를 만한 당당함과 태연함이 있었다. 그것은 불륜을 저지른 여인이 보일 법한 조심스러움과는 거리가 멀었다.

만일 그녀가 정말 리치오와 부적절한 관계에 있었다면, 그녀가 가장 먼저 취했을 행동은 모든 의심스러운 상황을 피하는 일이었을 것이다. 그녀는 리치오와 함께 새벽까지 자신의 방에서 음악을 연주하고 카드 놀이를 하지 않았을 것이며, 외교 문서를 정리한다는 이유로 그와 단둘이 집무실에 틀어박히지도 않았을 것이다. 하지만 샤스텔라르의 경우와 마찬가지로, 이번에도 그녀의 가장 매력적인 본성이 곧 위기의 원인이 되고 만다. 그것은 바로 사람들이 뭐라 하든 개의치 않는 태도,

세상 평판과 수군거림을 태연히 초월하는 여왕의 위엄, 그리고 특유의 천진한 거리낌 없음이었다. 대개 무모함과 용기는 하나의 인격 안에 동시에 깃드는 법이다. 그것들은 위험과 덕성이라는 이름으로, 마치 동전의 양면처럼 함께 따라다닌다. 오직 비겁하고 불안한 자들만이 '죄로 보일지도 모를 상황'을 두려워하고 계산적인 태도를 취하는 법이다.

그러나 아무리 악의적이고 터무니없이 꾸며낸 것이라 해도 한 번 여성의 이름을 둘러싼 소문이 세상에 퍼지고 나면 결코 사라지지 않는다. 그 소문은 입에서 입으로 전해지며, 사람들의 호기심이라는 숨결을 먹고 자란다. 반세기가 지난 뒤에도 프랑스 왕 앙리 4세는 이 비방을 다시 입에 올리며 메리 스튜어트가 당시 뱃속에 품고 있었던 아들, 훗날 잉글랜드의 제임스 6세를 두고 이렇게 조롱한다.

"그는 사실 솔로몬이라고 불렸어야 했지. 왜냐고? 그 역시 다윗의 아들이니까."

이리하여 메리 스튜어트의 명성은 다시 한 번 깊은 상처를 입는다. 그것은 그녀의 잘못 때문이 아니라, 다만 경솔함 때문이었다. 단리를 선동했던 음모자들조차도 그들이 퍼뜨린 이야기를 믿지 않았다는 사실은 훗날 그들의 행동을 보면 분명히 알 수 있다. 불과 2년 뒤, 그들은 '사생아'라던 아이를 제임스 6세로서 엄숙히 국왕으로 선포했던 것이다. 만일 그 아이가 정녕 이방인 악사의 간통으로 태어난 자식이었다면, 오만한 그들이 그에게 충성을 맹세하는 일 따위는 결코 없었을 것이다. 그렇다. 그들은 이미 진실을 알고 있었다. 그들의 비방은 단지 단리의 분노에 불을 붙이기 위한 도구에 불과했다. 분노는 불길처럼 그의 온몸을 휘감았고, 그는 마치 미쳐 날뛰는 황소처럼 눈앞에 드리운 붉은 천, 그 거짓말로 물든 미끼를 향해 돌진했다. 그렇게 그는 눈먼 광기에 사로잡힌 채 치밀하게 짜인 음모 속으로 거침없이 빨려 들어갔다. 불과 며칠이 지나자 리치오의 피를 그토록 갈망하게 된 자는 다름 아닌 단리 자신이었다. 한때 그와 식탁을 함께했고, 침실을 나눈 적도 있으며, 무엇보다 그 이탈리아에서 온 작고 이름 없는 음악가가 바로 자신에게 왕관을 안겨주었던 인물임에도, 이제는 그에게 칼을 겨누게 되었다.

16세기 스코틀랜드 귀족들에게 있어 정치적 암살은 단순히 분노의 발작에서 비롯된 충동적인 폭력이 아니었다. 그것은 일종의 의례였고, 심지어는 장엄한 의무처럼 여겨졌다. 격분에 휩싸여 성급히 칼을 휘두르는 법은 없었다. 대신 공모자들은 신중하게 서로를 얽어매는 준비를 한다. 그들은 서로를 너무도 잘 알고 있었기에, 명예나 맹세 따위로는 결코 충분한 담보가 되지 않는다는 사실을 알고 있었다. 그들은 문서와 인장을 통해, 이 기묘한 기사도적인 행위를 마치 정당한 법적 계약이라도 되는 양 공식화했다. 스코틀랜드의 폭력 정치에서 벌어지는 모든 음모와 행동에는, 마치 부동산 매매 계약처럼 명료하고 정제된 양피지 문서가 하나 마련된다. 그것이 바로 '커버넌트(covenant)' 혹은 '본드(bond)'라 불리는 계약서였다. 이 문서로 귀족들은 서로를 생사고락의 굴레에 묶는다. 왜냐하면 그들은 오직 집단으로, 결사체로, 클랜으로 뭉쳤을 때만이 군주에게 맞설 용기를 낼 수 있었기 때문이다. 그리고 이번에는 스코틀랜드 역사상 처음으로 그 음모 문서에 국왕의 서명이 올라가게 된다. 단리와 음모에 가담한 귀족들 사이에서는 두

장의 계약서가 그야말로 평온하고 합법적인 형식을 갖추어 체결된다. 그 문서에는 궁지에 몰린 국왕과 권력을 상실한 귀족들이 어떻게 손을 맞잡고 메리 스튜어트에게서 실권을 빼앗을 것인지가 조목조목 적혀 있었다.

첫 번째 계약서에서 단리는 음모에 가담한 귀족들을 어떤 경우에도 처벌받지 않도록 보호하겠다고 약속했다. 그는 여왕 앞에서도 그들을 직접 감싸고 옹호하겠다고 다짐하며, 더불어 망명 중인 귀족들을 복귀시키고 그들의 모든 과오를 용서하겠다고 약속했다. 단, 그것은 그에게 메리 스튜어트가 끝내 거부해 온 공동 통치권이 부여될 경우에 한한다고 명시되어 있다. 또한 그는 교회의 권리가 침해당하는 일이 없도록 수호하겠다고도 선언했다.

이에 대한 답신이자 두 번째 계약서에서는 마치 거래 문서에서 사용되는 표현처럼 귀족들이 단리에게 공동 통치권을 수여하겠다고 약속하고, 심지어는 (이들의 치밀함을 엿볼 수 있는 대목이기도 하다) 여왕이 조기 사망할 경우 단리에게 온전한 왕권을 넘기겠다는 조항까지 포함되어 있다. 그러나 이처럼 명확해 보이는 문구 이면에는 단리조차 파악하지 못한 더 깊은 속셈이 숨어 있었다. 잉글랜드 외교관은 이미 그 숨은 의도를 정확히 꿰뚫어보고 있었다. 그것은 단순한 권력 이양이 아니라 메리 스튜어트를 완전히 제거하겠다는 의도였다. 그리고 리치오와 함께, 그녀를 '불행한 사고'로 처리함으로써, 영구히 무력화시키려는 음모였다.

그 수치스러운 야합 문서에 서명이 채 끝나기도 전에, 급사들이 벌써 말을 달려 모레이에게 귀국을 준비하라는 소식을 전하고 있었다.

동시에 이 음모에 깊이 연루된 잉글랜드 대사 역시, 곧 벌어질 피비린내 나는 '놀라움'을 미리 알리기 위해 엘리자베스에게 급히 서신을 보냈다. 그는 2월 13일, 그러니까 암살이 일어나기 훨씬 전부터 런던에 다음과 같은 편지를 보냈다.

"이제 확신합니다. 여왕은 자신의 결혼을 후회하고 있으며, 남편과 그의 일가를 증오하고 있습니다. 그는 자신에게 협력하는 동료가 있다고 믿고 있으며, 부자 간에 모종의 음모가 진행되고 있어 여왕의 의사에 반해 왕권을 얻으려 하고 있습니다. 그리고 이 계획이 성공하게 된다면, 앞으로 열흘 안에 다비드는 국왕의 승인 아래 목이 베일 것입니다." 하지만 이 잉글랜드의 첩자는 표면적인 모략 그 너머에 있는 보다 깊숙한 음모의 의도들까지도 간파하고 있었던 듯하다. "그보다 더 끔찍한 일들까지 제 귀에 들어왔습니다. 심지어는 여왕의 목숨까지 노리고 있다는 말도 있습니다."

제정신이 아닌 단리는 (언제나 가장 비겁한 자들이 막상 권력을 등에 업게 되면 가장 잔혹해지는 법이다) 리치오에게 해줄 고상한 복수를 궁리하고 있었다. 그 남자는 그에게서 왕의 인장과, 아내의 신뢰를 빼앗아간 존재였다. 단리는 아내를 굴복시키고자 그 살해가 그녀의 눈앞에서 자행되기를 바랐다. 이는 강한 인간을 '형벌'이라는 형식으로 꺾어보려는 외면당한 사내의 허망한 환상, 야만적인 폭력으로 다시 그녀의 마음을 되돌릴 수 있으리라는 망상일 뿐이었다. 그리고 그의 끔찍한 바람은 그대로 실현된다. 살해는 결국 임신 중이던 여왕의 침실에서 자행되기로 결정되고 날짜는 3월 9일로 정해졌다. 그 계획의 치졸함을 능가할 만큼, 실행 방식의 잔혹함 역시 전례 없는 수준으로 철저히 준비되었다.

엘리자베스와 그녀의 대신들은 이미 몇 주 전부터 이 음모의 모든 세부 사항을 속속들이 알고 있었지만 위협을 받고 있던 자매에게 단 한 마디의 경고조차 보내지 않았다. 모레이는 국경에서 말을 안장 채로 대기하고 있었고 존 녹스는 이미 설교문을 준비 중이었다. 그는 이 살인을 "가장 찬미받을 만한 행위"로 미화할 생각이었다. 그러나 메리 스튜어트는 모든 사람에게 배신당한 채, 이 모든 사실을 전혀 알지 못하고 있었다. 특히 최근 며칠 동안 단리는 유난히 순종적인 태도를 보였다. 배신을 더욱 혐오스럽게 만드는 것은, 언제나 그에 앞선 위선이다. 메리로서는 3월 9일 저녁 해가 지며 다가오는 공포의 밤이, 그리고 그 밤이 앞으로 수년간 이어질 비극의 서막이 되리라는 사실을 전혀 짐작하지 못했다. 한편 리치오에게는 정체를 알 수 없는 인물로부터 경고가 전해졌으나 그는 그것을 대수롭지 않게 여겼다. 왜냐하면 그날 오후 단리가 그를 불러 함께 공놀이를 하자고 했기 때문이다. 리치오는 한때 좋은 친구였던 국왕의 초대를 아무 의심 없이 받아들였다.

마침내 저녁이 되자 메리 스튜어트는 평소처럼 식사를 자신의 탑 안쪽 방으로 들게 했다. 그 방은 침실 옆 1층에 자리한 아담한 공간으로, 가까운 몇 사람들만 모일 수 있는 자그마한 방이었다. 참나무 식탁에는 여왕의 의붓 자매와 몇몇 귀족들이 둘러앉아 있었고, 은촛대에 꽂힌 밀랍초가 방을 부드럽게 밝히고 있었다. 여왕의 맞은편에는 다비드 리치오가 앉았다. 그는 마치 귀족이나 된 듯 근사하게 차려입고 머리에는 프랑스식 모자를 쓰고 있었으며, 다마스크 천과 모피로 장식된 의복을 입고 있었다. 유쾌하게 이야기를 이어가던 그는 식사가 끝나면 잠시 음악을 즐기거나 가벼운 여흥이 이어질지도 모른다는 기대를 품고 있었을 것이다. 그 순간, 여왕의 침실로 통하는 커튼이 조용히 열리며 단리가 방 안으로 들어왔다. 그것은 그다지 이상한 광경도 아니었다. 모두가 자리에서 일어나 손님을 맞이했다. 비좁은 식탁에 간신히 그가 앉을 자리를 마련하자, 그는 아내의 어깨에 느슨하게 팔을 두르고는 배반의 예고처럼 가벼운 입맞춤을 건넸다. 대화는 다시 활기를 띠고, 접시와 잔이 부딪히는 소리가 다정한 음악처럼 방 안을 채웠다.

그리고 두번째로 커튼이 젖혀졌다. 이번에는 모두들 혼비백산한 채 벌떡 일어섰다. 문 너머에 서 있는 이는 전신에 갑옷을 두르고, 마치 어둠 속에서 나타난 검은 천사처럼 보이는 패트릭 루스벤 경이었다. 그는 모반자 가운데 한 사람으로, 궁정에서 마법을 부린다는 소문까지 돌던 두려운 존재였다. 그의 손에는 칼이 들려 있었다. 중병에 시달리던 그는 이 '찬미받을 만한 행위'를 놓치지 않겠다는 집념으로 병상에서 몸을 일으켜 이 자리에 나타난 것이다.

여왕은 즉시 불길한 기운을 감지했다. 그 비밀스러운 나선형 계단은 오직 남편 단리만이 오르내릴 수 있는 길이었기 때문이다. 누가 그에게 이곳 출입을 허락했느냐고, 어찌하여 아무런 예고도 없이 그녀의 방에 침입했느냐고 그녀는 날 선 목소리로 루스벤을 꾸짖었다. 그러자 루스벤은 여왕을 해치러 온 것도, 다른 누구를 노린 것도 아니라고 냉담할 만큼 침착하게 답했다. 그가 찾는 이는 다름 아닌, "저기 있는 겁쟁이 다비드"라는 것이다.

화려한 모자 아래에서 리치오의 얼굴이 순식간에 창백해졌다. 그는 본능적으로 식탁 가장자리를 움켜쥐듯 붙잡았다. 자신에게 닥쳐올 일이 무엇인지, 그는 단박에 깨달은 것이다. 이제 그를 지켜줄 수 있는 이는 오직 그의 주군, 메리 스튜어트뿐이다. 국왕은 무례한 침입자를 내쫓을 기색조차 보이지 않고, 마치 자신과는 무관한 일인 양 냉담하고 어색한 표정으로 자리에 앉아 있었기 때문이다. 메리 스튜어트는 즉시 중재에 나섰다. 그녀는 대체 리치오가 무슨 잘못을 했는지 물었다. 이에 루스벤은 비웃듯 어깨를 으쓱하며 말했다. "남편에게 여쭈어 보시지요."

메리 스튜어트는 무의식적으로 단리 쪽으로 몸을 돌렸다. 그러나 그 순간, 몇 주째 살인을 부추겨 온 그 비열한 자는 결국 비겁하게도 주저앉고 만다. 그는 자신이 공모자들과 한패임을 당당히 인정할 용기도, 그들 곁에 서 있을 배짱도 없었다. "난 이 일에 대해서는 아무것도 모르오." 그런데 그 순간, 다시 커튼 너머에서 무거운 발소리와 무기들이 부딪히는 쇳소리가 들려왔다. 공모자들이 하나둘씩 좁은 계단을 올라오고 있었다. 그들은 갑옷을 갖춰 입은 채 리치오의 퇴로를 철벽처럼 막아섰다. 도망치는 것은 불가능했다.

메리 스튜어트는 충직한 하인을 협상으로라도 구해내려 했다. 만약 다비드에게 어떤 혐의가 있다면, 그녀가 직접 그를 소집된 귀족 의회 앞에 세우겠다고 말했다. 그러니 지금은 모두 이 방을 떠나라고 명령했다. 그러나 폭도들은 꿈쩍도 하지 않았다. 루스벤은 이미 시체처럼 창백해진 리치오에게 다가가 그의 몸을 움켜잡았고, 다른 자는 밧줄을 던져 그의 몸을 감은 뒤 끌어내기 시작했다. 식탁이 뒤집히고, 은촛대의 불빛도 하나둘 꺼져갔다. 순식간에 끔찍한 아수라장이 되었다.

리치오는 무장도 하지 않은 채 연약한 몸으로 전사도 영웅도 아닌 평범한 음악가로서 여왕의 옷자락을 붙잡고 매달렸다. 공포에 찬 그의 비명이 혼란 속을 가르듯 울려 퍼졌다. "마돈나, 나는 죽었습니다! 정의를, 정의를 베푸소서!" 모반자 중 한 명은 장전된 권총을 메리 스튜어트에게 겨누었다. 계획대로라면 그 자리에서 방아쇠를 당겼을 것이다. 다만 다른 이가 재빨리 그의 손을 밀쳐내는 바람에 참극은 모면되었다. 한편 단리는 양팔로 임신 중인 여왕의 몸을 단단히 붙잡았다. 리치오는 침실을 지나 다른 방으로 질질 끌려가면서도 마지막 힘을 다해 여왕의 침대에 매달렸다. 메리 스튜어트는 속수무책으로 그가 애원하며 도움을 부르짖는 목소리를 듣고 있을 수밖에 없었다. 그러나 무자비한 손들이 그의 손가락을 하나하나 억지로 떼어내고는, 마침내 접견실로 끌고 나갔다.

그리고 그들은 일제히 미친 듯 달려들어 리치오의 몸을 마구 찢고 베기 시작했다. 원래는 그를 구금한 뒤 다음 날 장터에서 공개 처형할 계획이었다고 하지만, 분노는 이미 이성을 집어삼킨 지 오래였다. 저마다 들고 온 단검을 경쟁하듯 꽂아 넣으며, 멈추지 않고 거듭 내리쳤다. 그 난폭함은 서로의 몸까지 베일 만큼 통제력을 잃은 상태였다. 피가 바닥을 적셨고, 방 안은 선혈로 물들었다. 리치오의 몸이 경련하며 마지막 숨을 내쉴 때까지, 이미 오십 군데가 넘는 상처에서 피를 흘리고서야, 그들은 멈추었다. 그리하여 메리 스튜어트가 가장 신뢰하던 친구의 육신은 형체를 알아보기 어려운 고깃덩이로 변해 창밖으로 던져지고, 아래뜰로 처참히 떨어졌다.

메리 스튜어트는 충직한 하인의 비명을 하나하나 들으며 분노로 가

>⋯● 리치오 살인 사건

득 차 귀를 기울였다. 그러나 그녀는 임신으로 무거워진 몸을 이끌고 단리의 팔에서 벗어날 수 없었다. 그는 그녀의 두 팔을 꽉 붙든 채 놓아주지 않았다. 그럼에도 불구하고 메리는 온 존재를 다해 저항했다. 자신의 궁전에서, 자신의 시종들 앞에서, 여왕인 자신에게 가해진 이 말도 안 되는 모욕에 그녀는 온 영혼의 격정을 담아 들끓듯 맞섰다. 단리는 그녀의 손을 붙잡았지만 입까지 막을 수는 없었다. 격노에 휩싸인 그녀는 이 비겁한 사내를 향해 치명적인 경멸을 퍼부었다. 그를 배신자라 부르고, 배신자의 아들이라 저주했으며 그토록 보잘것없는 인간을 스코틀랜드 왕좌에 앉힌 자신이야말로 죄인이라고 스스로를 책망했다.

지금껏 그녀 마음속에 자리했던 단리에 대한 단순한 혐오감은 결코 지워지지 않을 증오로, 돌이킬 수 없는 원한으로 단단히 굳어졌다. 단리는 변명하려 했다. 몇 달 전부터 그녀가 자신을 육체적으로 거부해왔고, 리치오에게 더 많은 시간과 관심을 쏟아왔다는 것이다. 방으로 들어서서 지친 몸을 의자에 내던진 루스벤을 향해서도 메리 스튜어트는 무시무시한 위협을 했다. 만일 단리가 그녀의 눈빛 속에 담긴 뜻을 읽을 수만 있었다면, 그 안에서 거침없이 타오르는 살의 어린 증오 앞에 몸을 떨었을지도 모른다. 그리고 그의 감각이 조금만 더 예민하고 분별력이 있었다면, 그녀의 말이 품은 무서운 함의를 알아차렸을 것이다. 그녀는 더 이상 단리를 남편으로 여기지 않으며, 그에게도 그녀가 겪은 고통과 같은 비통함을 반드시 느끼게 하겠노라고, 결코 가만히 있지 않겠노라고 선언한 것이다. 하지만 단리는 그 말의 진의를 깨닫지 못했다. 지쳐 침묵에 잠긴 그녀가 힘없이 자신의 방으로 이끌려가는 모습을 보며, 그녀의 의지는 완전히 꺾였고 이제 다시 자기 손아귀에 들어왔노라고 착각했다. 하지만 머지않아 그는 깨닫게 될 것이다. 말없이 가라앉은 증오가 거친 분노보다도 훨씬 더 무섭다는 것을. 그리고 한 번 이 여인의 자존심을 치명적으로 짓밟은 자는, 그 순간부터 스스로의 죽음을 등에 업고 살아가게 된다는 것을 말이다.

리치오의 비명과 궁정 안에서 울려 퍼진 소란은 온 궁궐을 깨워놓았다. 여왕의 충복 보스웰과 헌틀리 경이 급히 방을 박차고 나왔다. 하지만 모반자들은 이 가능성까지도 미리 계산해 두고 있었다. 홀리루드 궁은 무장한 병사들에게 포위되어 있었고, 모든 출입로는 봉쇄된 상태였다. 보스웰과 헌틀리에게 남은 선택지는 단 하나였다. 목숨을 건져 궁 밖으로 탈출하고, 구조군을 요청하는 것. 그들은 창문으로 몸을 던져 간신히 탈출했다. 그리고 여왕의 생명이 위태롭다는 경고와 함께 경보를 울렸다. 그 소식을 접한 성 수비대도 즉시 종을 울렸고, 시민들은 놀라 모여들었다.

성난 군중은 여왕의 안위를 확인하기 위해 홀리루드 궁 앞으로 몰려왔다. 그러나 그들을 맞이한 이는 여왕이 아닌 단리였다. 그는 아무 일도 일어나지 않았다고 거짓말을 하며 군중을 안심시키려 했다. 단지 외국의 간첩 하나를 처리했을 뿐이며, 그 자는 스페인 군대를 이 땅에 끌어들이려 했던 자라고 주장했다. 왕의 말이라면 감히 의심할 수 없는 법. 수비대도 의심하지 않았고 충직한 시민들도 조용히 집으로 돌아갔다. 그 사이 메리 스튜어트는 충복들에게 도움을 청하려 애썼지만 소용이 없었다. 그녀는 자신의 방 안에 철저히 감금되었다. 시녀와 하녀들까지 출입이 금지되었고, 궁전의 문과 계단마다 삼중의 경비가 세워졌다.

그리하여 메리 스튜어트는 생애 처음으로 여왕에서 죄수로 전락하고 만다. 모든 것이 완벽히 실행되었다. 음모는 한 치의 오차 없이 성공한 듯 보였다. 궁정 마당 한복판에는 피웅덩이 속에 그녀의 가장 충직한 하인이 갈기갈기 찢긴채 놓여 있고, 그 적들의 맨 앞에는 스코틀랜드의 국왕, 곧 그녀의 남편 단리가 서 있었다. 이제 왕관은 그에게 돌아갔고, 메리 스튜어트는 자신의 방조차 마음대로 나설 수 없는 처지가 되었다. 순식간에 그녀는 가장 높은 자리에서 가장 깊은 나락으로 내던져졌다. 아무런 도움도, 우군도 없이 증오와 조롱으로 둘러싸인 채 고립된 것이다. 하지만 절망 속에서 그녀의 뜨거운 심장은 단련되어 갔다. 자유와 명예, 왕위가 모두 위태로워진 그 순간, 메리 스튜어트는 누구보다도, 어느 충신보다도 자신의 내면에서 더 큰 힘을 발견하게 된다.

제9장

배신당한 배신자들

1566/03-06

메리 스튜어트에게 위기란 언제나 일종의 행운과도 같았다. 오직 결정적인 순간, 그녀가 자신의 존재 자체를 걸어야 할 마지막 기로에 섰을 때에야 비로소 잠들어 있던 비범한 자질이 드러났기 때문이다. 그녀는 절대적인 결의와 번개처럼 빠른 판단력, 거칠고도 영웅적인 용기를 지닌 인물이었다. 그녀를 꺾고자 하는 자들은 결국 그녀를 일으켜 세운 셈이었고, 시련은 보다 깊은 의미에서 승화의 기회이자 하늘이 내린 선물이 되었다. 치욕의 밤이 지나고 메리 스튜어트의 성격은 되돌릴 수 없을 만큼 변해버렸다. 남편과 오빠, 친구들과 신하들까지 한순간에 신뢰를 배반한 끔찍한 불구덩이 속에서 본래 부드러운 성정을 지녔던 이 여인은 단련된 강철처럼 단단해졌다. 동시에 불 속에서 잘 연단되어 나온 금속처럼 유연하고 날렵한 탄성을 갖추게 되었다. 그녀의 성격은 양날이 선 칼처럼 이중적인 것으로 바뀌었다. 위대한 피의 비극이 시작된 것이다.

지금 이 순간 그녀의 의식을 가득 채우는 것은 오직 하나, 복수뿐이다. 반역한 신민들에게 포위당한 채 감금된 여왕은 쉴 새 없이 방 안을 오가며 오직 한 가지 생각만을 되뇌었다. 어떻게 적들의 포위망을 뚫을 것인가? 아직도 마루 틈 사이로 흘러내리고 있는 충직한 하인의 피를 어떻게 갚을 것인가? 어떻게 그들을 처형대 앞에 세울 것인가? 기사도적인 방식을 따랐던 이 전사의 마음속에는, 이제부터는 어떤 수단도 정당하고 허용된다는 확신이 자리 잡았다. 지나치게 솔직하고 꾸밈이 없어 남을 속이지 못하던 그녀는 교활하고 신중한 사람으로 변해 갔다. 정직한 감정으로만 타인을 대했던 그녀는 자신을 감추고 위장하는 법을 배우게 된다. 누구에게든 공정한 승부만을 해왔던 그녀는 이제 탁월한 지성과 능력을 모두 동원해, 배신자들을 자신의 책략으로 꺾어내려 했다. 때로 인간은 몇 달, 몇 년에 걸쳐 배우는 것보다 단 하루 만에 더 많은 것을 배운다.

이번 경험은 그녀의 일생 전체를 바꿔놓을 결정적인 교훈이 되었다. 배신자들을 순진하게 믿고, 거짓말쟁이를 정직하게 대하며, 무정한 자들에게 스스럼없이 마음을 드러내는 일이 얼마나 어리석은가! 이제는 감정을 숨겨야 하며, 분노를 드러내지 말아야 한다. 살해된 친구를 대신하여 복수의 그 날이 오기를 묵묵히 기다려야 한다. 그들이 아직도 성공의 도취에서 깨어나지 못한 이 시기를 노려야 한다! 괴물들 앞에서 이틀, 사흘 비굴하게 보이더라도 그 뒤에는 완전히 무릎 꿇게 만들 수 있어야 한다. 이토록 끔찍한 배신은, 그것보다 더 대담하고 더 철저하며 더 냉소적인 배신으로만 갚을 수 있다.

죽음의 위기가 때로는 지극히 무기력하고 느슨한 성정에게조차 변뜩이는 천재성을 부여하듯, 메리 스튜어트는 눈부신 직관으로 자신의 계획을 세운다. 그녀는 단리와 공모자들이 결속을 유지하는 한, 자신에게는 전혀 가망이 없다는 것을 간파했다. 그녀를 구할 수 있는 길은 단 하나, 그 결속에 쐐기를 박는 것이다. 목을 조여오는 쇠사슬을 한 번의 힘으로 끊을 수 없다면, 가장 약한 고리를 찾아 조용히 갈아내는 수밖에 없다. 그녀는 공모자들 가운데 하나를 다른 자들에 맞서는 또 다른 배신자로 만들어야 했다. 그리고 배신자들 중에서도 가장 마음이 약하고 흔들리기 쉬운 자가 누구인지 그녀는 알고 있었다. 바로 '밀랍으로 된 심장'을 지닌 단리였다.

메리 스튜어트가 처음으로 취한 조치는 심리학적으로 하나의 걸작이었다. 그녀는 격심한 진통이 시작되었다고 알렸다. 전날 밤에 벌어진 끔찍한 살인은 임신 5개월 차의 여인 앞에서 자행되었으니, 조산의 가능성은 충분히 그럴듯한 일로 받아들여질 만했다. 그녀는 복통을 호소하며 침상에 누웠고, 그리하여 누구도 극도의 잔인함을 감수하지 않고서는 시녀들이나 의사의 도움을 막을 수 없는 처지가 되었다. 이것이야말로 메리 스튜어트가 처음부터 노린 것이었다. 그렇게 그녀는 신뢰할 수 있는 시녀들을 통해 보스웰과 헌틀리에게 메시지를 전했고 탈출을 준비했다. 그녀가 태중에 지닌 아이는 다름 아닌 스코틀랜드의 후계자이며 동시에 잉글랜드의 왕위 계승자였다. 임신한 아내 앞에서 자행된 야만적인 살인으로 인해 아이마저 위험에 처하게 된다면, 이 전대미문의 책임은 아이의 친부에게 돌아가게 될 것이었다. 단리는 불안에 가득 찬 얼굴로 아내의 방에 나타났다.

그리고 이제, 셰익스피어의 희곡에 견줄만한 장면이 막을 올린다.

이 장면은 『리처드 3세』에서 리처드가 자신이 죽인 남편의 관 앞에서 그 아내를 유혹해 결국 그녀의 마음을 얻어내는 장면을 떠올리게 하는, 기이하고도 믿기 어려운 광경이다. 여기서도 희생자는 아직 땅에 묻히지 못한 채 싸늘한 시신으로 남아 있고, 끔찍한 배신을 저지른 살인자와 공모자가 그 앞에 마주 서 있다. 이 장면에서도 위장의 기술은 마치 악마에게서 빌려온 듯한 설득력을 발휘한다.

그 장면의 구체적인 대화와 묘사는 전해지지 않는다. 남아 있는 것은 다만 그 시작과 결과뿐이다. 단리는 전날 가장 잔혹한 모욕을 안긴 아내의 방을 찾아갔다. 그날 메리 스튜어트는 그에게 죽음을 예고했으며 리치오의 시신 앞에서, 마치 크림힐트가 지크프리트의 시체 앞에서 그러했듯 두 주먹을 불끈 쥐고 복수심을 드러냈다. 그러나 그녀는 하룻밤 사이에, 복수를 위해 자신의 증오를 감추는 법을 배웠다. 단리가 그 방에서 마주한 인물은 더 이상 전날의 메리 스튜어트가 아니었다. 고개를 치켜들고 맞섰던 당당한 여왕, 복수의 화신은 온데간데 없었다. 대신 그 앞에 있는 것은 금방이라도 지쳐 쓰러질 듯한 병든 여인, 모든 기세가 꺾인 듯 유순하고 나약한 아내였다. 그녀는 고개를 들어 폭군 같은 사내를 향해 애틋한 눈길을 보냈다.

허영 가득 찬 어리석은 사내는 어젯밤 그토록 갈망하던 승리를 손에 넣었다고 느꼈다. 메리 스튜어트가 다시 자신에게 매달리고 있다는 착각에 빠진 것이다. 그의 냉혹한 손길을 한 번 겪고 나자 그 오만하던 여인이 끝내 길들여졌다고, 그가 그토록 꺼려하던 이탈리아인을 제거한 지금에서야 비로소 진정한 주인에게 충실히 돌아왔다고, 그렇게 믿었다.

헨리 스튜어트(단리 경)(1546-1567)

그는 의심했어야 했다. 어제 번개처럼 번뜩이던 눈빛으로 자신을 배신자라 외치던 그 날카로운 목소리가 아직도 귓가에 맴돌았어야 했다. 이 스튜어트 왕녀가 치욕을 용서하지 않고 모욕을 잊지 않는 성정이라는 사실도 기억하고 있었어야 했다. 그러나 단리는 아첨에 쉽게 넘어가는 허영심 강한 자들이 그렇듯, 속기 쉬운 인간이었고 또 금세 까먹는 사람이었다. 게다가 기묘하게도 이 격정적인 젊은이는 메리 스튜어트가 지금껏 만난 모든 남자들 가운데 그녀를 가장 열정적으로 사랑한 사람이었다. 이 탐욕스러운 청년은 그녀의 몸에 맹목적일 정도로 집착했고, 어느 순간부터 자신의 품을 거부하기 시작한 것이야말로 그를 가장 격분하게 만들었다. 그런데 기적처럼 그가 그토록 갈망하던 여인이 다시 자신에게 돌아온 것이다. 그녀는 오늘 밤만은 곁에 있어 달라고 간청하듯 말했다. 언제나 그를 밀쳐내던 여인이 이렇게 말하자, 그는 무너져내렸다. 그는 이내 다시 다정해졌고 그녀의 영혼에 사로잡힌 노예, 그녀의 하인, 그녀의 충직한 종이 되었다.

메리 스튜어트가 도대체 어떤 교묘한 속임수로 이 놀라운 '회심의 기적'을 이루어냈는지는 아무도 알지 못한다. 하지만 살인 사건이 벌어진 지 아직 24시간도 채 지나지 않았는데, 방금 전까지만 해도 동지들과 함께 메리 스튜어트를 배신했던 단리는 이제 완전히 그녀에게 굴복해 모든 일에 순순히 따르려 했다. 그는 이제 어제의 공모자들을 배신하기 위해 나름의 최선을 다하게 된다. 그들이 단리를 끌어들인 것보다 훨씬 더 쉽게, 이 여인은 그를 다시 자기 편으로 끌어들였다. 그는 공모자들의 이름을 전부 그녀에게 넘겼고, 그 복수가 결국 자기 자신에게도 향하게 되리라는 것도 모른 채 기꺼이 그 복수의 도구가 되려 했다. 지배자이자 군주의 자격으로 들어왔다고 믿었던 그 방을, 이제는 복종하는 도구로서 떠났다. 메리 스튜어트는 가장 치욕적인 모욕을 당한 지 불과 몇 시간 만에 단 한 번의 '균열'로 그 사슬을 끊어냈다. 공모자들 가운데 가장 중요한 인물은 아무도 눈치채지 못한 사이에 또 하나의 음모에 가담하게 되었다. 그녀의 천재적인 연기가 저열한 계략을 압도한 것이다.

해방이라는 과업의 절반은 이미 완료되었다. 모레이가 다른 추방당한 귀족들과 함께 에든버러에 입성할 무렵에는 상황이 이미 절반쯤 정리된 상태였다. 계산적인 성격답게 그는 리치오 살해 당시 자리에 없었고 그 일에 관여했다는 뚜렷한 증거도 남기지 않았다. 이처럼 위험한 국면에서도 영리한 인물을 붙잡는 것은 결코 쉽지 않다. 다른 이들이 더러운 일을 처리한 후 그는 언제나 깨끗한 손으로 나타나 결실을 거둔다. 침착하고, 당당하고, 자신감 넘치는 모습으로 그는 이제 그 열매를 거두러 온 것이다. 아이러니하게도 3월 11일, 바로 이날은 메리 스튜어트가 의회에서 그를 반역자로 선언하려던 날이었다. 하지만 놀랍게도 감금된 그녀는 그 모든 증오를 한순간에 잊은 듯 행동했다. 절망 속에서도 탁월한 연기력을 발휘하는 그녀는 그의 품에 안기며,

마치 어제 남편에게 받은 유다의 입맞춤을 그에게 되돌려주는 듯했다. 방금 전까지 그를 추방했던 그녀가 이제는 다정하게 형제라 부르며 조언과 도움을 청했다.

모레이는 훌륭한 심리 분석가답게 상황을 정확히 꿰뚫고 있었다. 그가 리치오의 암살을 바라며 승인했다는 점에는 의심의 여지가 없다. 그는 메리 스튜어트의 가톨릭 비밀 외교를 저지하기 위해 그 어두운 음모가를 제거하고자 했던 것이다. 모레이에게 있어 리치오는 스코틀랜드의 개신교적 대의에 해악을 끼치는 존재였고, 자신의 권력욕을 가로막는 성가신 장애물이기도 했다. 그러나 리치오가 성공적으로 제거된 이상, 모레이는 이 어두운 사건이 신속히 마무리되길 원했다. 그래서 그는 타협안을 내놓았다. 모반을 일으킨 귀족들이 여왕을 감시하는 따위의 치욕적인 일은 있을 수 없으며, 메리 스튜어트는 위엄 있는 왕으로서 권위를 되찾아야 한다는 것이다. 그 대신에 그녀에게 사건 자체를 잊고 애국적 명분 아래 행동한 살인자들을 용서하라고 했다.

메리 스튜어트는 이미 배신자 남편과 함께 탈출 계획을 세세한 부분까지 철저히 준비해둔 상태였기에, 리치오를 살해한 자들을 용서할 생각은 조금도 없었다. 그러나 반역자들의 경계를 풀기 위해 그녀는 대범한 척 행동했다. 암살 사건이 벌어진 지 불과 48시간 만에 리치오의 짓이겨진 시신과 함께 모든 일이 땅속에 묻혀버린 듯 보였다. 음악가 하나가 살해당했을 뿐인데, 그게 뭐 그리 대단한 일인가? 이 이방인, 무일푼 하인은 곧 잊힐 것이고 스코틀랜드에는 다시금 평화가 찾아올 것이다.

구두로 합의는 이루어졌다. 그러나 그럼에도 불구하고 모반자들은 선뜻 메리 스튜어트의 처소 앞에 배치한 경비병들을 철수할 수 없었다. 어딘가 모를 불안한 느낌이 그들을 뒤흔들고 있었던 것이다. 영리한 자들은 스튜어트 가문의 자존심을 너무도 잘 알기에, 아무리 화해의 제스처를 보였다 해도 메리 스튜어트가 자신의 충직한 하인을 비열하게 살해한 일을 순순히 잊고 용서하리라 믿지 않았다. 그들은 이제어 불가능한 여인을 계속 억류해서 복수할 기회를 원천 차단하는 것이 더 안전하다고 여겼다. 그녀에게 자유를 주는 한, 그녀는 언제나 위험한 존재일 것임을 그들은 본능적으로 감지하고 있었다.

또 한 가지 그들에게 불쾌했던 것은 단리가 계속해서 그녀의 방을 드나들며 병든 아내와 긴밀한 비밀 회담을 나누고 있다는 사실이었다. 이 비열한 겁쟁이는 조금만 압박을 가해도 쉽게 굴복하는 인물이라는 것을 그들은 잘 알고 있었다. 그들은 노골적으로 의심을 드러내기 시작했다. 그들은 단리에게 분명히 경고하며, 그녀의 어떤 약속도 믿지 말라고 신신당부했다. 그렇지 않으면 두 사람 모두 뼈저리게 후회하게 될 것이라고 경고했다. 단리가 모든 것은 용서되었다고 안심시키려 했지만, 그들은 여전히 메리 스튜어트의 경비를 철수할 생각이 없었다. 여왕이 처벌하지 않겠다는 확약을 문서로 넘기기 전까지는 말이다. 이 이상한 '법의 수호자'들은 살인을 저지를 때처럼 그 살인에 대해 면책받는 일에도 계약서를 요구했다. 맹세를 깨는 데 익숙한 자들답게, 말로만 하는 약속이 얼마나 허약하고 무가치한지 누구보다 잘 알고 있었다. 그래서 확실한 문서를 요구했다. 그러나 메리 스튜어트는 살인자들과의 약속에 자신의 서명을 얹을 생각은 추호도 없었다. 하지만 그녀는 기꺼이 서명하겠다는 태도로 거짓된 기쁨을 연기했다. 지금 그녀에게 필요한 것은 저녁까지 시간을 버는 일 뿐이었다.

이제 다시금 밀랍 덩어리가 되어버린 단리에게는 전날 함께 음모를 꾸몄던 자들을 거짓된 온기로 달래며 서명을 미루는 비열한 역할이 맡겨진다. 단리는 반역자들 앞에 대표로 나서 그들이 요구한 공식적인 면책 문서를 함께 작성했고, 이제 남은 것은 여왕의 서명뿐이라고 말했다. 그리고 이렇게 둘러댔다. "지금은 밤이 깊어 여왕께서 몹시 지쳐 잠들어 계십니다. 염려하지 마십시오. 내일 아침에는 반드시 서명한 문서를 전해드리겠습니다." 거짓말 위에 또 하나의 거짓말을 얹는 일이 그리 어려울 리 없었다. 그가 이렇게까지 장담했으니, 이제 그를 더 의심하는 것은 모욕이나 다름없는 일이었다. 모반자들은 합의의 증표로 메리 스튜어트의 침실 앞에서 경비를 철수했다. 여왕이 바라던 것은 오직 그것뿐이었다. 이제 탈출로는 열렸다.

문 앞을 지키던 경비들이 물러서자마자 메리 스튜어트는 거짓으로 누워 있던 병상에서 벌떡 일어나 모든 준비에 착수했다. 성 밖에 머물던 보스웰과 다른 동지들과는 이미 오래전부터 연락을 주고받아 두었다. 자정이 되자 교회 묘지 담장의 그림자 아래 안장을 얹은 말들이 조용히 대기하고 있었다.

이제 남은 것은 단 하나, 음모자들의 경계를 완전히 풀어버리는 일이었다. 와인과 친밀함을 앞세워 안심시키는 천박한 연기는 어김없이 단리에게 맡겨졌다. 여왕의 지시에 따라 그는 어제까지 함께 음모를 꾸몄던 동료들을 성대한 만찬에 초대했고, 술잔이 오가는 가운데 늦은 밤까지 화해의 분위기를 연출했다. 동료들이 마침내 각자의 방으로 흩어져 잠자리에 들 때까지도 그는 일부러 메리 스튜어트의 방으로 가지 않았다. 반역자들은 마음을 놓고 있었다. 여왕은 용서를 약속했고, 왕은 그것을 보증했으며, 리치오는 이제 땅속에 묻혔고, 모레이 역시 돌아왔다. 더는 의심하거나 경계할 까닭이 없었다. 그들은 긴 하루의 피로와 승리의 도취, 그리고 술기운에 몸을 맡긴 채 침대에 쓰러져 깊은 잠에 빠져들었다.

자정이 되자 잠든 성의 복도에는 깊은 고요가 내려앉았다. 그 적막한 어둠 속에서 위층에 있는 문이 살며시 열렸다. 메리 스튜어트는 하인들의 방을 지나 계단을 따라 조심스레 아래로 내려갔다. 그녀가 향하는 곳은 지하실. 그곳에서 교회 묘지의 납골당까지 이어지는 비밀 통로가 시작된다. 차가운 돌벽에는 습기가 맺혀 있었고, 물방울이 음산하게 떨어지며 죽은 자들의 냄새를 풍겼다. 횃불이 검은 어둠을 일렁이며 비추고, 그녀는 관들과 백골 더미가 쌓여 있는 통로를 지나쳐 갔다. 마침내 지하를 빠져나와 자유로운 바깥 공기를 들이마셨다. 출구는 확보되었다. 이제 묘지를 가로질러 담장 너머로 나가기만 하면 된다. 그곳에선 안장을 얹은 말들이 친구들과 함께 기다리고 있었다. 그 순간 단리가 갑자기 걸음을 멈추고 비틀거린다. 여왕이 그의 곁으로 다가가자, 두 사람은 동시에 그것을 알아보았다. 막 흙을 덮은 듯 아직 축축한 흙더미 하나. 다비드 리치오의 무덤이었다.

이것은 이미 강철처럼 굳어진 여인의 심장을 다시 한 번 단련하는 마지막 망치질이었다. 이번 탈출을 통해 여왕의 명예를 되찾고, 아이를 낳아 왕위 계승자를 남기는 것. 그리고 나서 그녀를 모욕하는 데 가담한 모든 자들에게 복수하는 것! 심지어 지금 어리석게도 자청해서 그녀를 돕고 있는 자에게도 복수할 것이다! 단 한순간의 망설임도 없이, 임신한 지 5개월 된 이 여인은 충직한 근위대장 아서 어스킨이 탄 말 뒷자리에 있는 남성용 안장에 올라탔다. 남편보다 이 이방인 곁이 훨씬 더 안전하다고 느꼈던 것이다. 실제로 단리는 그녀를 기다리지도 않고 자기 안전만을 생각한 채 앞서 내달렸다. 그렇게 두 사람은 밤을 가르며 쉼 없이 21마일을 달려 로드 세턴의 성에 도착했다. 그곳에서 그녀는 자신의 말로 바꿔 타고 200명의 기사들의 호위를 받게 되었다.

도망자였던 그녀는 날이 밝자 다시 통치자가 되어 있었다. 그날 오전, 그녀는 던바성에 도착한다. 하지만 휴식을 취하기는커녕 곧바로 업무에 돌입했다. 단지 여왕이라는 칭호만으로는 부족했다. 진정으로 여왕이 되기 위해선 싸워야 했다. 그녀는 충성을 지킨 귀족들을 모으기 위해 사방으로 편지를 쓰고 받아 적게 하며, 반역자들이 점거한 홀리루드에 맞설 군대를 모으려 했다. 목숨은 건졌으니 이제는 왕관과 명예를 되찾아야 할 때였다!

다음 날 아침, 홀리루드 궁의 반역자들은 참담한 현실 앞에 눈을 떴다. 방은 텅 비어 있었고 여왕은 달아났으며 그녀의 보호자였던 단리 또한 함께 사라진 것이다. 처음에는 자신들이 처한 상황을 제대로 이해하지 못했다. 여전히 단리의 말을 믿으며 전날 밤 그와 함께 작성했던 선언이 유효하리라 기대하고 있었던 것이다. 그들은 아직 속았다는 것을 믿지 못한 채 공손히 사절을 보냈다. 샘필 경을 던바로 보내 서약문을 정식으로 넘겨달라고 청했다. 그러나 메리 스튜어트는 사흘 동안이나 화해의 사신을 성문 밖에 세워둔 채 들이지 않았다. "반역자들과는 협상하지 않는다." 이것이 그녀의 입장이었다. 더구나 그 무렵에는 이미 보스웰이 병력을 집결시켜 두고 있었다.

이제야 배신자들은 목덜미를 스치는 서늘한 공포를 느꼈다. 그들의 대열은 빠르게 흩어졌고, 하나둘씩 은밀히 다가와 용서를 구했다. 하지만 선동자들, 이를테면 리치오를 가장 먼저 붙잡았던 루스벤, 여왕에게 권총을 겨눴던 포던사이드 같은 자들은 자신들에게 사면이 내려질 리 없음을 잘 알고 있었다. 그들은 서둘러 국외로 도망쳤다. 그리고 끔찍한 살인을 성스러운 일이라며 너무 일찍, 너무 크게 찬동했던 존 녹스도 함께 자취를 감추었다.

메리 스튜어트는 본보기를 보이고 싶었을 것이다. 오만한 귀족들에게 자신에게 대항하면 어떤 대가를 치르게 되는지 보여주고 싶었을 것이다. 그러나 이번 사태가 얼마나 위태로웠는지 그녀는 잘 알고 있었고, 앞으로는 더욱 신중하고 교활하게 움직여야 한다는 사실을 깨달았다. 모레이, 그녀의 이복 오빠 역시 이번 음모를 사전에 알고 있었음이 분명했다. 그가 정확한 시점에 귀환한 일이 그것을 말해준다. 하지만 그는 살인에 직접 가담하지는 않았다. 메리 스튜어트는 그를 단죄하기보다는 관대하게 넘기는 편이 자신에게 이롭다는 것을 알고 있었다.

너무 많은 적을 한꺼번에 만들 필요는 없다. 그래서 그녀는 차라리 눈을 감는다. 재판을 연다면 가장 먼저 고발해야 할 이는 다름 아닌 그녀의 남편 단리일 것이기 때문이다. 바로 그가 살인자들을 그녀의 방으로 들였고, 살해가 벌어지는 동안 그녀의 손을 붙잡고 있던 인물이 아니었던가. 이미 샤스텔라르 사건으로 그녀의 명성은 크게 훼손되었기에, 메리 스튜어트는 남편이 명예 회복을 빌미로 살인을 저지른 인물로 비치는 일을 피하고자 했다.

그녀는 사건을 조작하여 모든 비극의 주동자였던 단리가 마치 이 살인과 아무런 관련이 없었던 것처럼 보이게 만들기로 결심한다. 그가 두 개의 계약서에 서명했고, 살인자들에게 사전에 면책을 보장하는 계약서까지 작성했으며, 그의 단검이 리치오의 찢겨진 시신에서 발견되었고, 그것을 살인자 중 하나에게 친히 빌려주기까지 했다는 사실을 생각하면 이 모든 일이 그와 무관하다고 주장하는 것은 믿기 어려운 일이다. 하지만 꼭두각시는 의지도 없고 명예도 없다. 메리 스튜어트가 실을 쥐고 흔들면 단리는 그저 순순히 춤을 출 뿐이다. 단리는 16세기에서 가장 뻔뻔스런 거짓말을 '왕자로서의 명예를 걸고' 에든버러 시에 공표하였다. 자신은 이 반역적인 음모에 어떤 방식으로도 관여한 적이 없으며, 이 음모를 "계획하거나, 지시하거나, 동의하거나, 승인했다"는 비난은 모두 허위이자 중상모략이라는 것이다. 그러나 그가 이 일에 대해 "조언했고, 명령했고, 동의했고, 도왔으며, 인장을 찍고 서한을 통해 승인까지 했다"는 사실을 모르는 사람은 없었다. 이처럼 허약하고 배신적인 자가 리치오가 살해되던 그 밤에 보여준 비열함도 경악스러웠지만, 공식적인 성명은 그보다도 더 수치스러운 것이었다. 에든버러 광장에 울려 퍼진 위증 선언은 그 자신에게 내린 사형 선고나 다름없었다. 메리 스튜어트가 복수하겠다고 맹세한 사람들 가운데 단리보다 더 무서운 복수를 당한 경우는 없었다. 그녀가 속으로는 이미 오래전부터 업신여기고 있었던 이 남자를, 이제는 온 세상 사람들 앞에서 영원히 경멸의 대상으로 전락시킨 것이다.

눈처럼 새하얀 거짓의 수의가 살인 사건 위를 덮었다. 돌연 화해한 왕과 왕비는 승리라도 거둔 듯 에든버러에 입성했다. 모든 것이 진정되고 수습된 듯 보였다. 정의의 외양을 간신히 유지하면서도 권력자들을 자극하지 않기 위해 그들은 몇 안 되는 불쌍한 자들을 교수대에 내몰았다. (상황도 모른 채 명령에 따랐을 뿐인 하층민 병사들이나, 위층에서 단검을 휘두르던 그 시각에 성문을 지키고 있던 하인들이다.) 하지만 정작 귀족 계급의 주동자들은 아무런 처벌도 받지 않았다. 리치오는 (죽은 자에겐 별 위로도 되지 않지만) 왕실 묘지에 제대로 된 묘자리를 얻게 되고, 그의 형제는 여왕의 궁정에서 그의 자리를 대신했다. 그렇게 이 비극적인 사건은 마무리되었다.

수많은 위기와 격정을 겪은 메리 스튜어트에게 남은 일은 단 하나, 왕위 계승자를 무사히 낳는 것이었다. 왕의 아내로서는 조롱의 대상이 되기 쉬웠던 그녀도, 왕의 어머니가 되는 순간부터는 더 이상 누구도 함부로 대할 수 없는 존재가 될 터였다. 그녀는 불안한 마음으로 그 고된 시간을 기다렸다. 마지막 몇 주 동안 그녀를 사로잡은 것은 묘한 어두움과 낙담이었다. 아직도 리치오의 죽음이 그녀의 영혼 위에 무거운 그림자를 드리우고 있는 것일까? 아니면 날카로운 예감으로 다가오는 불행을 미리 느끼고 있었던 것일까? 어찌 되었든, 그녀는 유언장을 작성했다. 그녀는 유언장에 혼인식 날 단리가 그녀의 손가락에 끼워주었던 반지를 그에게 남긴다고 적어두었다. 그녀는 살해당한 리치오의 형제인 요제프 리치오도, 보스웰도, 네 명의 시녀 '메리'들도 잊지 않았다. 언제나 대담하고 근심 없는 성정을 지녔던 그녀였지만 이번만큼은 처음으로 죽음의 위험을 두려워했던 것이다.

6월 9일 아침, 축포 소리가 성채에서 도시를 향해 울려 퍼졌다. 아들이 태어난 것이다. 스튜어트 왕가의 아들, 스코틀랜드의 왕이 탄생했다. 어머니가 오랫동안 간절히 꿈꾸어 온 일이, 그리고 이 나라가 그토록 원했던 스튜어트 가문의 남자 후계자가 마침내 탄생한 것이다. 그러나 메리 스튜어트는 이 아이에게 생명을 준 순간, 그 명예 또한 지켜주어야 할 의무가 있음을 느꼈다. 단리의 귀에 음흉하게 속삭여졌던 그 모든 소문, 그녀가 리치오와 간통했다는 소문이 이미 퍼질 대로 퍼졌다는 것을 그녀는 누구보다 잘 알고 있었다. 런던에서 어떤 구실로든 이 아이의 정통성을 부정하고 훗날 왕위 계승권에 제동을 걸 기회를 노리고 있다는 점 또한 분명히 알고 있었다. 그렇기에 그녀는 세상 모두가 보는 앞에서 그 뻔뻔한 거짓말을 단호히 짓밟고자 했다. 단리를 산실로 불러들여 사람들 앞에 아기를 내보이며 말했다.

"하느님께서 그대와 내게 아들을 주셨습니다. 다른 누구도 아닌, 바로 당신의 아들입니다."

단리는 당황했다. 자신의 수다스러운 질투심이 명예를 더럽히는 소문이 퍼지는 데 한몫했기 때문이다. 그토록 장중한 선언 앞에서 그가 달리 무슨 말을 할 수 있었을까? 당혹감을 감추기 위해 그는 아이 위로 몸을 숙이고 입을 맞추었다. 그러자 메리 스튜어트는 아이를 품에 안고 다시 한 번 또렷한 목소리로 말했다. "나는 지금 최후의 심판대 앞에 서 있는 마음으로, 이 아이가 당신의 아들이며, 다른 누구의 아이도 아님을 하나님 앞에 증언합니다. 그리고 이 자리에 있는 모든 분들이 증인이 되어주길 바랍니다. 이 아이가 당신을 너무도 닮아, 훗날 그것이 오히려 이 아이에게 해가 되지 않을까 염려될 정도입니다."

이는 중대한 맹세이면서도 어딘가 섬뜩한 우려의 표현이었다. 그토록 장엄한 순간에도 상처 입은 여인은 단리에 대한 불신을 숨기지 못했다. 의미심장한 말을 남긴 뒤, 그녀는 아이를 귀족 윌리엄 스탠돈 경에게 건네며 말했다.

"이 아이는 언젠가 스코틀랜드와 잉글랜드, 두 왕국을 처음으로 통합할 인물이 되리라 믿습니다."

이에 윌리엄 스탠돈 경은 다소 당황한 듯 이렇게 되물었다.

"왜 하필이면 이 아이입니까, 폐하? 어째서 그가 폐하와 국왕 폐하보다 앞서야만 합니까?"

제임스 6세(1566-1625)
유년 시절 초상화

그러자 메리 스튜어트는 다시금 날 선 어조로 답했다. "그의 아버지가 우리 사이를 망쳐놓았기 때문입니다."

단리는 격앙된 메리를 진정시키려 애썼다. 그리고 불안한 듯 물었다. "이건… 모든 걸 용서하고 잊겠다고 했던 약속에 어긋나는 일이 아니오?"

"용서는 하겠어요." 여왕이 대답했다. "하지만 절대 잊지는 않을 것입니다. 그때 포던사이드가 방아쇠를 당겼더라면, 나와 그 사람은 어떻게 되었을까요? 하느님만 아시겠지요, 그 사람들이 당신에겐 무슨 짓을 했을지."

"부인." 단리가 나직이 타이르듯 말했다. "그 일들은 이미 다 지나간 일이 아닙니까."

"좋아요, 그 이야기는 여기까지 하지요." 번갯불처럼 번뜩이는 대화는 이렇게 끝이 났다. 그러나 그 불안한 여운은 곧 닥쳐올 폭풍을 예고하는 섬광과도 같다.

아이를 낳고 산모가 간신히 숨을 고른 지 얼마 지나지 않아, 메리 스튜어트의 가장 믿음직한 사절 제임스 멜빌 경은 말에 오른다. 그는 쉼 없이 국경까지 달려 스코틀랜드를 벗어나 버윅에서 하룻밤을 보내고, 다음 날 아침 다시 전속력으로 길을 재촉했다. 그리고 6월 12일 저녁, 거품을 물고 헐떡이는 말 위에 올라탄 채 런던에 도착했다. 그곳에서 엘리자베스 여왕이 그리니치 궁에서 무도회를 열고 있다는 소식을 듣자, 그는 피로에도 아랑곳하지 않고 다시 말에 올라타 그 밤이 가기 전 반드시 전갈을 전하겠다는 일념으로 내달렸다.

엘리자베스는 화려한 무도회장에서 춤을 추고 있었다. 한때 생명을 위협할 만큼 심각했던 병에서 회복한 뒤, 되찾은 활력을 마음껏 누리고 있던 참이었다. 화사하고 짙은 화장에 흰 가루 분장까지 한 채, 그녀는 종 모양으로 부풀어 오른 호화로운 드레스를 입고 마치 거대한 튤립 한 송이처럼 충직한 기사들 사이에 서 있었다. 바로 그때 제임스 멜빌의 뒤를 따라 국무장관 세실이 춤추는 무리 사이를 헤치고 들어왔다. 그는 여왕에게 다가가 귀에 속삭였다. "메리 스튜어트가 아들을 낳았습니다. 후계자입니다."

엘리자베스는 국정을 이끄는 군주로서 외교적 감각을 지닌 인물이었고 자기 절제의 달인이며 감정을 숨기는 데 능숙했다. 그러나 이 소식은 마치 심장 한가운데로 단검이 파고드는 듯한 충격이었다. 너무나 놀란 나머지, 분노로 번뜩이던 눈과 굳게 다문 입술은 더 이상 태연한 표정을 꾸밀 여유조차 없었다. 얼굴은 창백하게 굳어 버렸고, 화장 아래로 핏기가 가시며 손은 경련하듯 굳어 버렸다. 곧바로 그녀는 음악을 멈추라고 명했다. 그리고 당황한 기색을 감추지 못한 채 황급히 연회장을 빠져나갔다.

그러나 침실에 이르러 흥분한 시녀들에게 둘러싸이자 그녀의 강철 같던 자제력은 무너져 내린다. 그녀는 신음 섞인 한숨과 함께 자리에 주저앉아 끝내 억눌러 온 울음을 터뜨렸다. "스코틀랜드 여왕은 아름다운 아들을 얻었는데, 나는 그저 메마른 나무에 불과하구나."

이 불행한 여인의 일흔 해 삶을 통틀어, 이 순간만큼 그녀의 비극이 적나라하게 드러난 적은 없었다. 메리 스튜어트가 누린 다른 모든 권력과 성공은 질투하면서도 언젠가는 용서할 수 있었을지도 모른다. 그러나 단 하나, 어머니가 된다는 사실만은 그녀가 가장 깊은 곳에서 절망적으로 갈망하고, 또 부러워했던 일이었다.

그러나 다음 날 아침이 되자 엘리자베스는 다시 완전히 여왕으로, 철저히 정치적이고 외교적인 여인으로 돌아와 있었다. 그녀는 수없이 되풀이하며 익혀온 기술, 즉 분노와 불쾌함은 물론 가장 깊은 고통까지도 차갑고 위엄 있는 말 속에 감추는 기술을 유감없이 발휘했다. 완벽히 단장한 얼굴에 친절한 미소를 띠고 멜빌을 성대히 맞이했다. 겉으로 보기에는 마치 일생일대의 경사를 전해 들은 듯한 모습이었다. 엘리자베스는 메리 스튜어트에게 진심 어린 축하를 전해 달라고 부탁했고, 아이의 대모가 되겠다고 약속하며 가능하다면 세례식에도 직접 참석하겠다고 말했다. 자신의 운명을 나눈 자매와도 같은 메리 스튜어트의 행복을 속으로는 시기하면서도 세상 앞에서는 관대하고 너그러운 인물처럼 보이기를 원했던 것이다.

또다시 운명의 여신은 대담한 자의 편에 섰고, 모든 위기는 지나간 듯 보였다. 메리 스튜어트의 운명 위에 처음부터 드리워져 있던 그 비극의 먹구름도 이번에는 자비롭게 물러난 듯했다. 그러나 대담한 사람에게 위기를 넘긴 경험은 신중함을 가르치기보다 오히려 더 큰 무모함을 부추긴다. 메리 스튜어트는 평온이나 행복을 위해 태어난 인물이 아니었다. 그녀 안에는 스스로 다스릴 수 없는 운명의 힘이 거칠게 요동치고 있었다. 운명이란 외부에서 벌어지는 사건이나 우연이 제멋대로 빚어내는 것이 아니다. 언제나 한 인간을 형성하거나 파멸시키는 것은, 그 삶 속에 처음부터 내재해 있던 가장 고유하고 근본적인 법칙들이다.

제10장

파괴적인 열정

1566/07-크리스마스

아이의 탄생은 메리 스튜어트의 비극 제1막이 끝났음을 의미할 뿐이다. 상황은 순식간에 극적으로 변하며, 내적인 갈등과 긴장으로 요동친다. 이제 새로운 인물들이 등장하고 무대가 바뀌며, 비극은 정치의 영역에서 개인의 영역으로 옮겨간다. 지금까지 메리 스튜어트는 나라 안에서는 반란군과, 국경 너머에서는 적대 세력과 싸워왔다. 그러나 이제 그녀를 덮쳐오는 새로운 힘은 그 어떤 귀족이나 제후들보다도 더 거칠고 압도적이다. 바로 그녀 자신의 감각과 감정이 격렬히 뒤흔들리기 시작한 것이다.

메리 스튜어트 안에서 깨어난 여인이 여왕과 맞선다. 권력 의지는 처음으로 혈육의 의지 앞에서 주도권을 내준다. 눈을 뜬 여인은 열정과 경솔함 속에서, 여왕으로서 그간 억눌러 간신히 지켜온 모든 것을 허물어뜨린다. 그녀는 마치 심연으로 몸을 던지듯, 찬란한 감정의 황홀 속으로 몸을 던진다. 그토록 격렬한 감정은 세계사의 그 어떤 기록에서도 찾아보기 힘들다. 모든 것을 잊고, 모든 것을 휩쓸며 그녀는 나아간다. 명예, 법과 도덕, 왕관, 나라, 이 모든 것이 흔들린다. 그녀 안에서 솟아오른 존재는 우리가 알던 근면하고 얌전한 공주에게서도, 한가로이 기다리며 장난스럽게 나날을 보내던 왕비 시절의 모습에서도 결코 예감할 수 없던, 전혀 다른 비극적 영혼이었다. 단 한 해 동안, 메리 스튜어트는 자신의 삶을 극적인 열기로 끌어올린다. 그리고 바로 그 한 해, 단 하나의 해 동안, 그녀는 자신의 삶을 파괴해버린다.

제2막의 시작에 다시 단리가 등장한다. 그 역시 변했다. 이제는 비극의 인물로 무대 위에 선다. 그는 이제 혼자였다. 모두를 배반한 그를 신뢰할 사람은 아무도 없었다. 야망으로 가득 찬 이 젊은이의 영혼은 깊은 분노와 무력한 울분으로 휩싸여있었다. 그는 한 남자가 한 여자를 위해 감행할 수 있는 가장 극단적인 선택을 했다. 그 대가로 그는 최소한의 감사, 약간의 겸손과 헌신, 어쩌면 사랑까지 기대했을지도 모른다. 하지만 메리 스튜어트에게 더는 필요없는 존재가 되자, 그가 마주한 것은 이전보다 더 깊어진 혐오뿐이었다.
여왕은 단호했다. 망명한 귀족들은 그녀가 단리를 처벌할 수 있도록, 리치오 살해 당시 단리가 서명한 면죄 증서를 몰래 넘겨주었다. 새로운 사실을 알려준 것은 아니었지만 그녀는 단리의 배신과 비겁함을 더욱 경멸하게 되었다. 한편 자존심 강한 그녀는 한때 자신이 그런 껍데기 같은 아름다움을 사랑했다는 사실을 도저히 용서할 수 없었다. 그녀는 동시에 과거의 잘못된 선택까지도 함께 미워하게 되었다. 그의 존재 자체가 악몽처럼 느껴졌다. 이제 그녀의 머릿속에는 단 하나의 생각만이 맴돈다. 그로부터 어떻게 벗어날 것인가. 어떻게 해야 단리에게서 완전히 자유로워질 수 있는가.

그런 상황에서 이혼은 너무도 당연하고도 논리적인 해결책처럼 보였다. 실제로 그녀는 이 가능성을 두고 모레이와 메이틀랜드와 상의하기까지 했다. 그러나 아이를 낳은 지 얼마 되지 않아 이혼을 추진하는 것은 위험한 소문(그녀가 리치오와 부적절한 관계를 맺었다는 소문)에 기름을 붓는 격이었다. 그렇게 되면 곧바로 그녀의 아이는 사생아로 낙인찍힐 터였다. 제임스 6세라는 이름에 단 하나의 흠결도 남겨서는 안 되며, 그는 결백한 혼인 관계에서 태어난 자식으로서만 정당하게 왕위 계승을 주장할 수 있다. 그래서 여왕은 실로 끔찍한 고통 속에서도 가장 자연스러운 해결책을 스스로 포기해야 했다.

하지만 아직 하나의 가능성이 남아 있었다. 그것은 조용하고 은밀한 방식으로, 남편과 아내 사이에서 이루어지는 비공식적인 합의였다. 겉으로는 여전히 국왕과 왕비로 부부인 척하면서도, 실제로는 서로에게 자유를 돌려주는 것이다. 만약 그런 식의 합의가 이루어진다면 메리 스튜어트는 단리의 집요한 애정 공세에서 벗어날 수 있을 뿐 아니라 대외적으로도 혼인이라는 외형을 유지할 수 있었다. 메리 스튜어트가 실제로 이런 해방의 방식을 시도했음을 보여주는 일화도 전해진다. 그녀는 단리에게 필요하다면 정부(情婦)를 두어도 좋다는 뜻을 넌지시 내비쳤다. 심지어 그의 숙적인 모레이의 아내를 거론하면서 반쯤 농담 섞인 말투로 제안했다. 다른 여인에게서 위안을 얻는다면 자신은 조금도 상처받지 않을 것임을 우회적으로 전하려 했던 것이다. 그러나 단리는 다른 여인을 원하지 않았다. 그가 원하는 것은 오직 메리 스튜어트, 그 한 사람뿐이었다.

이 불쌍한 청년은 알 수 없는 집착과 탐닉에 사로잡혀 강인하고 자존심 강한 이 여인에게만 병적으로 매달렸다. 다른 여인에게는 눈길조차 주지 않았다. 그녀의 육체는 그에게 광적인 욕망의 대상이 되었고, 그는 끊임없이 부부로서의 권리를 요구하며 매달렸다. 그가 집요하고 열정적으로 다가설수록 메리 스튜어트는 더욱 격렬하게 그를 밀쳐냈다. 결국 이 여인은 품위도 위엄도 갖추지 못한 소년에게 성급히 결혼의 권리를 내주었던 불행한 선택에 대해 혹독하리만큼 값비싼 대가를 치르게 된다.

끔찍한 상황 속에서 메리 스튜어트는 절망에 빠진 이들이 대부분이 그러하듯 행동했다. 결단을 유보하고, 노골적인 충돌을 피하며, 조용히 현실에서 도피했다. 그녀의 전기를 쓴 이들은 산후 조리를 마치기도 전에 아무런 예고 없이 성과 아이를 떠나 마르 백작의 영지인 알로아로 유람을 간 일을 하나같이 이해하지 못하고 고개를 저었다. 하지만 사실 이 도피만큼 설명하기 쉬운 것도 없다. 몇 주가 흐르면서, 회복을 핑계로 미워하는 남편을 멀리할 수 있었던 유예는 끝나버렸다. 이제 그는 다시 그녀에게 다가와 밤낮으로 권리를 요구할 것이 분명했다. 그렇다면 그 곁에서 벗어나려는 선택은 오히려 너무도 자연스러운 일이었다. 거리를 두고, 공간을 만들고, 외적인 자유를 통해 내적인 자유를 지키려 한 것이다.

몇 주, 몇 달 동안 가을이 깊어지기까지 성에서 성으로 옮겨 다니며 사냥을 이어가는 동안, 그녀는 그렇게 스스로를 구하려 애썼다. 아직 스물넷도 되지 않은 메리 스튜어트는 즐겁게 지내면서 기분 전환을 했다. 한때 샤스텔라르나 리치오와 함께하던 근심 없던 날들처럼, 가면극과 무도회, 온갖 유희로 시간을 보냈다. 위험할 만큼 태평한 이 여인이 과거의 쓰라린 경험을 얼마나 빨리 잊어버리는지를 보여주는 장면이다. 한번은 단리가 말을 달려 알로아까지 찾아왔지만, 짧은 인사만 나눴을 뿐 성에 머물라는 초대도 받지 못했다. 오빠 모레이와도 겉으로는 화해했지만, 이제 더 이상 그를 믿을 수 없었다. 오랜 망설임 끝에 용서를 베푼 메이틀랜드 역시 마찬가지였다. 그러나 메리 스튜어트에게는 온전히 의지할 수 있는 누군가가 반드시 필요했다. 충동적인 성정을 지닌 그녀에게 '신중함'이나 '거리 두기', '망설임'은 애초에 어울리지도, 감당할 수도 없는 덕목이었기 때문이다. 그녀는 언제나 모든 것을 내어주거나 완전히 거부하는 사람이었다. 전적으로 불신하거나, 전적으로 신뢰했다. 메리 스튜어트는 평생 의식적이든 무의식적이든, 자신의 불안정한 기질과 정반대의 성향을 지닌 인물, 곧 강인하고 냉정하며 끝까지 신뢰할 수 있는 사람을 찾아 헤매었다.

리치오가 죽은 뒤로 메리 스튜어트가 의지할 수 있었던 사람은 단 한 사람, 보스웰뿐이었다. 거친 운명은 이 강인한 사내를 사정없이 몰아붙였다. 젊은 시절 그는 권력에 눈먼 귀족들과 손을 잡지 않았다는 이유로 추격을 당했고, 끝까지 메리 스튜어트의 어머니 메리 드 기즈의 편에 서서 종교개혁파 귀족들과 맞서 싸웠다. 가톨릭 스튜어트 가문의 앞날이 절망적으로 기울었을 때조차 저항을 멈추지 않았다. 그러나 결국 압도적인 세력 앞에서 그는 조국을 떠날 수밖에 없었다. 망명지 프랑스에서 그는 곧 스코틀랜드 근위대의 사령관이 되었고, 궁정에

제임스 헵번(보스웰 백작)(1534-1578)

서의 명예로운 지위는 그의 기품을 다듬어주었지만 본래의 강인하고 본능적인 기질까지 꺾지는 못했다. 한 자리에 안주할 성정이 아니었고, 숙적 모레이가 여왕에 맞서 들고일어났다는 소식이 전해지자 그는 망설임 없이 바다를 건너 메리의 곁으로 달려왔다. 그 뒤로도 그녀가 간계 많은 신하들과 맞서 싸워야 할 때마다 보스웰은 언제나 주저 없이 강철 같은 손을 내밀었다.

리치오가 암살당한 그날 밤, 그는 단숨에 2층 창문을 뛰어내려 도움을 청하러 달려갔고 그의 침착한 판단은 여왕의 대담한 탈출을 성공으로 이끌었다. 그의 군사적 기개는 음모자들에게 공포를 안겨주었고, 그들은 끝내 황급히 항복할 수밖에 없었다. 지금까지 스코틀랜드에서 불과 서른 살 남짓한 이 대담한 전사만큼 메리 스튜어트를 위해 헌신적으로, 능란하게 봉사한 이는 없었다.

보스웰은 마치 하나의 검은 대리석을 통째로 깎아낸 듯한 인물이었다. 이탈리아의 용병대장 콜레오네를 연상시키는 이 사내는 각 잡힌 자세로 시대를 응시하며 대담하게 서 있었다. 과장된 남성성이 응축된 강인함과 거침없는 야성, 그는 그야말로 '완전한 사내'였다. 보스웰은 고귀한 혈통, 즉 오래된 귀족 가문인 헵번 가문의 이름을 지니고 있었지만 그 몸속을 흐르는 피는 거친 바이킹과 노르만인의 것에 가까웠다. 그는 뛰어난 프랑스어 실력을 자랑하며 책을 사랑하고 수집하는 교양을 갖추었으나, 그 안에는 타고난 반골 기질과 길들여지지 않은 전투 본능이 살아 있었다. 그는 사회적 질서에 순응하는 '선량한 시민'의 삶을 본능적으로 거부했으며 바이런이 사랑한 낭만적 무법자와 해적, 도적의 기질을 간직한 사내였다. 키가 크고 어깨가 떡 벌어진 그는 뛰어난 체력을 지녔다. 무거운 쌍수검을 가벼운 레이피어처럼 다룰 줄 알았고, 폭풍우 속에서도 혼자 힘으로 배를 조종할 수 있었다. 이러한 육체적 자신감은 그에게 도덕을 초월한 대담함, 어쩌면 비도덕적인 용맹을 부여했다. 그는 어떤 일에도 주저함이 없었으며, 오직 강자의 윤리만을 따랐다. 가차 없이 쟁취하고, 지켜내고, 끝까지 방어하는 것. 그것이 그의 신념이었다.

그의 전사적 기질은 다른 귀족들의 천박한 탐욕이나 계산적인 책략과는 전혀 다른 것이었다. 그는 그러한 자들을 경멸했다. 그들은 늘 겁에 질린 채 떼를 지어 어둠 속에서 도둑질하듯 움직였지만, 그는 그렇지 않았다. 보스웰은 어떤 동맹에도 기대지 않았고 누구와도 편을 이루지 않았다. 그는 홀로 오만하게, 정면으로 법과 관습을 거슬렀으며, 자신에게 맞서는 자가 있으면 가차 없이 철갑 같은 주먹을 내리꽂았다. 하고 싶은 일은 무조건 했고, 그것이 허용된 일이든 아니든 개의치 않았다. 누구보다 무자비했고, 어떤 의미에서는 철저히 비도덕적인 인물이었다. 그러나 그런 그에게도 단 하나의 미덕은 있었다. 정직함이었다. 음험하고 이중적인 귀족들과 달리 보스웰은 끝까지 자기 자신에게 솔직했다. 모호하고 이중적인 인물들이 들끓는 스코틀랜드 귀족들 사이에서, 그는 야수 같으면서도 왕후장상의 위엄을 지닌 존재로 군림했다. 교묘하게 속삭이는 늑대와 하이에나들 사이에서 그는 마치 한 마리의 사자와 같았다. 도덕적이거나 인간적인 매력은 부족할지언정 적어도 그는 본능적이고 전사적이며, 타고난 사내였다.

여자들에게 있어 보스웰은 거침없고 투명하며 노골적인 힘을 지닌 사내로서, 말로 다할 수 없는 매혹을 발산했다. 그가 과연 잘생긴 인물이었는지는 확실치 않다. 생전의 모습을 제대로 담은 초상화 하나 남아 있지 않지만 사람들은 프란스 할스의 붓끝에서 튀어나온 듯한, 모자를 비스듬히 눌러쓰고 도전적인 눈빛으로 세상을 마주하는 대담한 전사를 자연스레 떠올리게 된다. 어떤 기록은 오히려 그의 외모가 흉할 만큼 투박했다고 전하기도 한다. 그러나 여자를 사로잡는 데 반드시 미모가 필요한 것은 아니다. 압도적인 남성의 향취, 날것 같은 야성, 전쟁과 승리의 기운을 두른 아우라는 여성을 관능적으로 유혹한다. 만일 그런 사내가 본능에만 충실한 야수 같은 존재에 그치지 않고 보스웰처럼 세련된 예법과 교양으로 그것을 감싸고 있다면, 거기에 지혜와 기지가 더해진다면 그것은 더할 나위 없이 치명적인 매력이 된다. 프랑스 궁정에서 그의 인기는 악명이 자자할 정도였다. 메리 스튜어트의 궁정에서도 그는 이미 여러 귀족 여인을 손에 넣은 바 있었다. 덴마크에서는 한 여인이 그에게 남편과 전 재산까지 바쳤다. 그렇다고 보스웰을 돈 후안이나 여자만을 쫓는 사냥꾼이라 부를 수는 없다. 그런 종류의 승리는 그의 전투 본능에 비하면 너무도 쉬운 일이었기 때문이다. 보스웰은 여자를 바이킹처럼, 마치 전리품처럼 취했다.

처음에 메리 스튜어트는 보스웰이라는 사내에게서 어떤 특별한 것도 보지 못했다. 그녀에게 그는 그저 믿을 만한 충신일 뿐이었다. 보스웰 역시 여왕을 젊고 매혹적인 여인으로 느낀 적이 없었다. 오히려 그는 특유의 거침없는 언행으로 여왕 개인에 대해서도 서슴없이 말하곤 했고, 어느 날은 이런 말까지 내뱉었다. "메리와 엘리자베스를 합쳐도 제대로 된 여자 하나는 안 될 테지."

처음에 메리 스튜어트는 그가 프랑스에서 자신에 대한 무례한 소문을 퍼뜨렸다는 이유로 귀국조차 금지시키려 했다. 그러나 전장에서 군사적 역량을 직접 확인하고 나자 메리 스튜어트는 곧 그의 능력을 인정하며 신뢰했고, 주저 없이 곁에 두어 중용하게 되었다. 은총은 연이어 내려졌다. 보스웰은 북부 변방의 총사령관에 임명된 데 이어 스코틀랜드의 대부총독, 그리고 전쟁이나 반란이 일어날 경우 무장 병력의 최고사령관직까지 맡게 된다. 반역 혐의를 받은 귀족들의 토지는 그의 수중에 넘어갔다. 여왕은 그의 공적에 대한 각별한 보답이자 우정의 표시로 헌틀리 가문의 부유한 집안에서 젊은 아내를 골라 짝지어주기까지 했다. 이 모든 것은 두 사람의 관계가 처음부터 애정과는 무관하게, 철저한 정치적 신뢰를 바탕으로 맺어졌음을 분명히 보여준다.

타고난 지배자는 권력을 손에 넣는 순간 그것을 단단히 움켜쥔다. 머지않아 보스웰은 국정 전반의 최고 고문이자 사실상의 통치자로 떠올랐고, 이에 불편함을 느낀 잉글랜드 대사는 "여왕에게 미치는 그의 영향력은 누구보다도 막강합니다"라며 격앙된 보고를 올렸다. 그러나 이번만큼은 메리 스튜어트의 선택이 틀리지 않았다. 그녀는 마침내 진정한 권력의 동반자를 얻은 것이다. 엘리자베스의 회유나 매수에 흔들리지 않을 만큼 자존심 강하고, 귀족들과의 일시적인 이익을 위해 타협하지 않을 만큼 단단한 의지를 지닌 사내를 말이다. 이 대담하고 거침없는 전사의 충성을 얻은 순간, 메리는 생애 처음으로 자신의 나라에서 주도권을 확실히 쥐게 된다. 곧 귀족들은 보스웰의 군사 독재를 통해 여왕의 권위가 날로 강화되고 있음을 실감하게 된다. "그자의 오만은 이루 말할 수 없을 지경이니, 예전의 다비드 리치오보다도 더 혐오스럽다"라며 틈만 나면 그를 제거하고 싶어 안달이었다. 하지만 보스웰은 리치오처럼 무방비로 도륙당할 인물이 아니었고 단리처럼 순순히 밀려날 사내도 아니었다. 그는 귀족들의 음험한 수법을 누구보다 잘 알고 있었기에 언제나 강력한 친위대를 거느리고 경계를 늦추지 않았다. 그의 손짓 하나면 국경의 전사들이 언제든지 무기를 들 준비가 되어 있었다. 궁정 안에서 음모를 꾸미는 자들이 자신을 미워하든 말든, 그에게는 전혀 중요하지 않았다. 중요한 것은 그들이 자신을 두려워한다는 사실, 그리고 그가 허리에 칼을 차고 버티고 있는 한, 불온하고 약탈적인 귀족 무리도 이를 갈며 여왕의 명령에 복종할 수밖에 없다는 점이었다.

그러나 보스웰의 거친 손아귀에 권력이 집중되면 될수록, 정작 법과 관례에 따라 그 권력을 나누어 가져야 할 인물, 곧 국왕에게 돌아갈 몫은 점점 줄어들 수밖에 없었다. 불과 1년 전, 그 찰나의 영광이 얼마나 아득한 옛날처럼 느껴지는가. 젊고 눈부신 여왕은 단리를 열정으로 택했고 백성들은 그를 국왕으로 부르며 환호했다. 그는 황금 갑옷을 입고 반란군을 향해 용감히 말을 달렸다. 그러나 이제 아이가 태어나고 '책임'이라는 명분마저 끝난 뒤, 이 불운한 사내는 점점 가장자리로 밀려나 노골적인 무시 속에 잊혀져가고 있었다. 그가 무슨 말을 해도 아무도 귀 기울이지 않고, 어디를 가도 누구도 동행하지 않았다. 더 이상 국정 회의에 불려가지도 않고 사적인 모임에 초대받지도 못했다. 그의 등 뒤로는 조롱과 증오의 찬바람이 끊임없이 불어왔다.

단리를 완전히 내쳐버린 것이 내면의 깊은 혐오감에서 비롯된 것이라면 심정적으로는 이해가 될 여지가 있다. 그러나 경멸을 그토록 노골적으로 드러낸 것은 국가적 관점에서 보자면 분명한 정치적 과오였다. 야심 많고 자존심 강한 젊은이에게 최소한의 체면마저 허락하지 않고, 그를 귀족들의 공개적인 모욕 앞에 무방비로 내맡긴 것은 결코 현명한 처사가 아니다. 왜냐하면 모욕은 가장 나약한 이에게서조차 끝내 반발심을 끌어내는 법이기 때문이다. 이제 그는 더 이상 자신의 분노를 억누르지 않았다. 리치오 암살 이후 나름대로 신중해진 그는 무장한 시종들을 거느린 채 며칠씩 말을 달려 사냥 모임에 나섰고, 그 자리에서 모레이와 몇몇 귀족들을 향해 노골적인 위협을 서슴지 않았다. 심지어 그는 자신이 외교적 권위를 지닌 군주라도 되는 듯 외국으로 직접 서신을 보내기까지 했다. 메리 스튜어트를 "신앙에 있어 신뢰할 수 없는 자"라 비난하며, 자신이야말로 가톨릭의 진정한 수호자라고 주장하고, 스페인의 필리프 2세에게 지지를 요청한 것이다. 그는 자신이 헨리 7세의 증손이라는 점을 내세우며 권력과 발언권을 가질 정당한 자격이 있다고 강조했다. 비록 그의 마음은 얕고 감정은 유약했으나, 그 깊은 곳에서는 '명예'라는 단어가 위태롭게 깜박이고 있었다.

마침내 국왕은 절박한 결단을 내린다. 9월 말, 그는 홀리루드 궁을 홀연히 떠나 글래스고로 향했고 스코틀랜드를 떠나 타국으로 망명하겠다는 뜻을 내비쳤다. "이제 더는 이 판에 끼지 않겠다"라고 선언한 것이다. 국왕으로서 마땅히 누려야 할 권한이 부정된다면, 그는 그 칭호마저 내던질 작정이었다. 그의 명령에 따라 항구에는 언제든 출항할 수 있는 배가 대기하고 있었다. 단리는 이 갑작스러운 '탈출 선언'을 통해 무엇을 노렸던 것일까? 이미 어딘가에서 경고를 받은 것일까? 어떤 음모가 진행 중이라는 기미를 눈치채고, 그 무리와 정면으로 맞설 용기가 없어 독과 단검이 닿지 않을 먼 곳으로 달아나려 했던 것일까? 혹은 근거 없는 불안과 막연한 두려움이 그를 내몰았던 것일까? 아니면 행동으로 옮길 생각은 없으면서, 메리 스튜어트를 겁주기 위한 외교적 허세이자 감정 어린 위협에 불과했던 것일까? 이 모든 가능성은 부정할 수도, 단정할 수도 없다. 인간의 결정이라는 것은 언제나 여러 감정이 복잡하게 뒤섞인 결과이며 하나의 결심에도 수많은 동기가 함께 작용하기 마련이다. 그리고 바로 그 지점, 마음 깊은 그늘로 발걸음이 향하는 순간부터는 역사적 기록의 빛도 흐릿해진다. 우리는 이제 조심스럽게 이 미로 속으로 발을 들여놓을 수밖에 없다.

단리가 출국을 예고하자 메리 스튜어트는 큰 충격을 받았다. 아이의 세례식을 앞두고 아버지가 나라를 등지고 떠난다면, 여왕의 명예는 얼마나 치명적인 상처를 입겠는가. 그것도 리치오 사건의 여파가 가시지 않은 민감한 시점에 분노로 이성을 잃은 철없는 청년이 프랑스의 카트린 드 메디시스나 잉글랜드의 엘리자베스의 궁정에서 그녀의 명예를 해칠 온갖 이야기들을 떠벌리고 다닌다면 어떻게 되겠는가? 그토록 애정을 쏟았던 남편이 아내의 품과 국왕의 식탁을 박차고 도망친다면 여왕의 정적들에게 얼마나 값진 승리가 되겠는가? 메리 스튜어트는 즉시 국무회의를 소집하고 단리보다 한 발 앞서기 위해 서둘러 외교적 조치를 취했다. 그녀의 명에 따라 카트린 드 메디시스에게 보내는 장문의 외교 서한이 작성되었고, 그 안에는 모든 잘못과 책임을 단리에게 돌려 도망자이자 배신자로 몰아가는 논리가 치밀하게 구성되어 있었다.

그러나 그 경보는 너무 일찍 울려 퍼졌다. 단리는 끝내 출발조차 하지 않았기 때문이다. 9월 29일, 귀족들이 경고장을 파리로 보내던 바로 그날 그는 예고 없이 에든버러 궁 앞에 모습을 드러냈다. 그러나 궁 안으로 들어가기를 거부했다. 아직 여러 귀족들이 머물고 있다는 이유에서였다. 혹시 리치오의 운명을 두려워한 것일까? 자신의 숙적들이 머무는 궁에 섣불리 들어가는 것을 경계한 탓일까? 아니면 메리 스튜어트로부터 '공식적으로' 돌아와달라는 청을 받기 전까지는 안으로 들어가지 않겠다는, 일종의 자존심 싸움을 벌인 것일까? 혹은 단지 자신의 협박이 얼마나 효과적이었는지를 확인하러 온 것일까? 어느 쪽이든 그의 운명을 둘러싸고 맴도는 비밀의 안개처럼 단리의 행동 역시 끝내 수수께끼로 남는다.

그러나 메리 스튜어트는 재빨리 마음을 다잡는다. 이제 그녀는 이 나약한 사내가 반항하며 군왕인 양 행동하려 들 때, 그를 다루는 나름의 기술을 이미 익힌 상태였다. 그녀는 그의 유치한 고집이 화근이 되기 전에 그의 의지를 꺾어야 한다는 것을 알고 있었다. 그녀는 귀족들을 물리고 궁문 앞에서 뻣뻣이 버티고 서 있던 단리를 직접 맞으러 나갔다. 그를 정중히 궁 안으로 들였을 뿐 아니라, 마치 키르케의 섬처럼 은밀한 자신의 침실로 이끌었다. 그러자 마법은 다시 한 번 완벽하게 작동했다. 온몸으로 그녀에게 매혹된 이 젊은이는 그 밤 이후 다시 길들여졌다. 다음 날 아침, 단리는 한층 유순해져 있었고 메리 스튜어트는 또다시 그를 손아귀에 넣었다.

그러나 단리는 유혹의 대가를 다시금 혹독히 치르게 된다. 자신이 다시 남편이자 지배자라 여긴 그 순간, 그는 느닷없이 궁전의 접견실에서 프랑스 특사와 귀족들과 마주친다. 메리 스튜어트는 모든 것이 준비된 자리에 그를 끌어들인 것이다. 엘리자베스가 모레이의 연극에 증인을 마련했듯, 그녀 또한 제때에 입회자를 불러 모았다. 그리고 그들 앞에서 그녀는 단리에게 묻는다. "하느님을 생각해서라도 말씀해주세요. 어째서 스코틀랜드를 떠나려 하셨습니까? 내가 그런 결심을 하게 할 만한 무슨 잘못을 했단 말입니까?" 단리에게는 충격이었다. 방금 전까지 연인의 감정에 젖어 있던 그는 순식간에 귀족들과 외교 사절 앞에서 피고인처럼 끌려나온 꼴이 되었다. 키가 크고 수염 하나 없는 창백한 젊은 사내는 말없이 서 있었다. 그가 진정 강단 있는 인물이었다면, 지금이야말로 나서서 자신의 불만을 밝히고 피고가 아니라 심판자로, 한 나라의 왕으로서 권위를 세웠을 것이다. 그러나 밀랍처럼 무른 심장으로는 감히 저항하지 못한다. 그는 방금 꾸지람을 들은 학생처럼, 금방이라도 눈물이 맺힐 듯한 얼굴로 입술을 굳게 다문 채 침묵했다. 비난도, 변명도 하지 않았다.

침묵에 괴로워진 귀족들이 그에게 친절하게 말을 걸기 시작했다. "그토록 아름다운 여왕과 고귀한 나라를 어찌 그리도 쉽게 떠나려 하십니까?" 그러나 단리는 아무런 대답도 하지 않았다. 프랑스 특사와 귀족들이 끈질기게 말을 건네자 그는 마침내 나지막하고 불쾌한 목소리로 말했다. "아니오, 내 아내는 내가 떠날 어떤 이유도 주지 않았습니다." 메리 스튜어트가 원했던 것은 바로 그것이었다. 그제야 메리 스튜어트는 안도하듯 미소를 지으며 가볍게 손짓해 상황을 매듭짓는다. "그 말이면 족합니다."

그러나 단리는 만족스럽지 않았다. 또다시 '데릴라'에게 굴복하고, 침묵이라는 마지막 방벽에서 끌려나온 자신이 부끄러워 숨이 막힐 지경이었다. 그러나 깨달음은 뒤늦게 찾아오는 법이다. 그는 거칠게 대화를 끊었다. 귀족들에게 인사 한 마디 없이, 아내에게는 포옹조차 없이, 마치 전쟁 선포를 알리는 전령처럼 냉랭한 태도로 방을 떠났다. 그가 남긴 마지막 말은 단 한 문장이었다. "부인, 아마도 저를 다시 보시기는 어려울 겁니다." 그러나 방 안의 누구도 그 말에 위협을 느끼지 않았다. 귀족들과 메리 스튜어트는 서로 가볍게 안도의 미소를 주고받았다. 그렇게 거만하게, 반항하듯 들어섰던 '오만한 바보'는 고개를 떨군 채 궁을 빠져나갔다. 그 자신을 위해서도, 이 나라를 위해서도 차라리 그는 정말로 멀리 떠나 있는 편이 나았다.

그러나 곧 이 사내를 다시 불러낼 수밖에 없는 일이 생겼다. 12월 16일, 스털링성에서 어린 왕자의 성대한 세례식이 거행될 예정이었기 때문이다. 대대적인 준비가 이루어졌다. 대모로 지목된 엘리자베스는 평생토록 메리 스튜어트와 직접 마주하는 자리를 피해왔듯 이번에도 나타나지 않았지만, 악명 높은 절약 정신을 꺾고 값비싼 선물을 보내

왔다. 베드퍼드 백작을 통해 도착한 선물은 순금으로 정교하게 세공하고 보석으로 테두리를 두른 묵직한 세례반 그릇이었다. 프랑스, 스페인, 사보이의 사절단이 도착했고 스코틀랜드 전역의 귀족들이 속속 모여들었다. 명망 있는 자라면 누구도 이 자리에 빠지려 하지 않았다.

이처럼 중대한 의식에서, 아이의 아버지이자 국왕인 헨리 단리를 완전히 배제할 수는 없었다. 그는 그동안의 일들에 이미 질릴 대로 질려 있었고, 잉글랜드 특사가 자신에게 '폐하'라는 호칭을 쓰지 말라는 지시를 받았다는 사실도 알고 있었다. 프랑스 대사를 찾아가려 했을 때는, 단리가 한쪽 문으로 들어오면 자신은 다른 쪽으로 나가겠다는 불손한 답변까지 전해졌다. 그제야 짓밟혀온 자존심이 꿈틀댔다. 유치한 방식이었지만, 이번만큼은 그 유치한 저항이 힘을 발휘했다.

단리는 스털링성에 머물렀지만 모든 공식 행사에서 모습을 드러내지 않았다. 나타나지 않음으로써 항의한 것이다. 그는 자신의 방을 결코 나서지 않았고, 아들의 세례식에도, 이어지는 무도회에도, 연회와 가면극에도 얼굴을 비추지 않았다. 그 대신 손님들을 맞이한 것은 새 비단옷으로 단장한, 귀족들의 눈에 거슬리는 총애자 보스웰이었다. 메리 스튜어트는 분위기를 수습하려는 듯 유난히 밝고 친절한 미소로 축제의 주인공 자리를 지켰다. 그러나 아무도 말로 꺼내지 않았을 뿐, 모두가 알고 있었다. 위층, 문이 잠긴 방 안에 진짜 '주인'이, 아이의 아버지가, 왕비의 남편이 앉아 있다는 것을 말이다. 그리고 그는 자신의 부재를 통해 오히려 가장 강렬하게 자신의 존재를 각인시켰다.

그러나 유치한 반항의 대가가 곧 채찍처럼 되돌아왔다. 며칠 뒤, 성탄 전야에 뜻밖의 결정이 내려진 것이다. 좀처럼 용서를 모르는 메리 스튜어트가 이번에는 모레이와 보스웰의 조언에 따라 리치오 암살에 가담했던 자들을 사면하기로 한 것이다. 이로써 단리의 가장 두려운 적들, 그가 거짓말하고 속여먹은 모반자들이 다시 돌아오게 되었다. 단리가 아무리 어리숙한 인물이라 해도 이번만큼은 그 의미를 단번에 간파했다. 이것은 단순한 사면이 아니라 그의 존재 자체에 대한 심판이었다. 원수들이 다시 한자리에 모이고, 모레이와 보스웰까지 한 편이 되어 움직인다는 것은 이제 사냥이 시작되었음을 뜻했다. 자신의 아내가 돌연히 그의 치명적인 적들과 손을 잡았다는 사실, 그 안에는 분명한 의도가 담겨 있었다. 그리고 그 의도는 단리가 결코 감당할 수 없는 대가를 요구하고 있었다.

단리는 위험을 직감했다. 이번에는 정말 자신의 목숨이 걸렸다는 것을 알고 있었다. 피 냄새를 맡은 사냥개 무리가 바짝 뒤쫓아오는 것을 느낀 짐승처럼, 그는 성을 빠져나와 글래스고에 있는 아버지의 집으로 도망쳤다. 아직 리치오가 땅에 묻힌 지 1년도 채 지나지 않았건만, 그 살인자들이 다시 형제처럼 모여들고 있었다. 죽은 자들은 무덤 속에서 혼자 잠드는 것을 싫어한다. 그들은 자신을 그 아래로 밀어 넣은 자들을 끝내 끌어내리려 하고, 공포와 불안을 전령처럼 앞세워 보낸다.

몇 주 전부터 홀리루드성 위에는 어둡고 무거운 것이 먹구름처럼 눌러앉아 있었다. 숨 막히듯 답답하고 서늘한 기운이 성 전체를 감싸고 있었다. 스털링성에서 왕자의 세례가 거행되던 저녁, 수백 개의 촛불이 환히 타올라 손님들을 맞이하던 그 순간에도 메리 스튜어트는 늘 그렇듯 자신의 의지를 완전히 다잡았다. 그러나 불빛이 꺼지자 연기된 기쁨도 함께 사라졌다. 홀리루드에는 고요가 내려앉았다. 끔찍할 만큼 고요한 침묵, 그녀의 마음속에도 기묘하고 음산한 침묵이 스며들었다. 설명할 수 없는 근심이 여왕을 사로잡았다. 평소에는 전혀 보이지 않던 우울이 갑작스레 탁한 그림자처럼 그녀의 얼굴 위에 드리워졌다. 춤도 음악도 더는 찾지 않았다. 그녀는 옆구리의 고통을 핑계로 며칠씩 병상에 머물었다. 홀리루드에 오래 머물지도 못했다. 여러 성들을 옮겨 다니며 몇 주씩 지냈지만, 어디에서도 오래 머무르지 못했다. 끔찍한 불안이 그녀를 계속해서 떠밀었다. 마치 그녀 안에서 어떤 파괴적인 힘이 작동하고 있는 듯했고, 그녀 자신도 섬뜩한 호기심에 귀를 기울이고 있는 듯했다.

한번은 프랑스 대사가 그녀를 방문한 적이 있었다. 그녀는 침대에 누워서 흐느끼고 있었다. 부끄러움을 느낀 그녀는 왼쪽 옆구리의 통증이 너무 심해 눈물이 난 것뿐이라며 급히 변명했다. 그러나 대사는 단번에 그녀의 고통을 알아보았다. 그것이 육체의 병이 아니라 마음의 병이며, 한 불행한 여인을 짓누르는 근심이라는 것을 말이다. 그는 파리에 이렇게 보고했다. "여왕의 상태는 좋지 않습니다. 병의 원인은 결코 잊힐 수 없는 깊은 슬픔에 있는 듯합니다. 그녀는 끊임없이 죽고 싶다는 말만 되풀이하고 있습니다."

모레이, 메이틀랜드, 그리고 다른 귀족들도 여왕의 얼굴에 드리운 어두운 그림자를 눈치채지 못하는 것은 아니었다. 그러나 전쟁에는 능숙해도 인간의 내면을 읽는 데는 서툰 그들은, 겉으로 드러난 뻔한 이유, 곧 결혼의 파탄만을 문제로 삼았다. 메이틀랜드는 이렇게 적었다. "그녀가 견딜 수 없는 것은 그가 그녀의 남편이라는 사실이며, 거기서 벗어날 길이 보이지 않는다는 점입니다."

이 불행한 여인을 괴롭힌 것은 겉으로 드러난 불화가 아니라 보이지 않는 내면의 상처였다. 잊을 수 없는 고통의 근원은 바로 자기 자신을, 자신의 명예를, 법과 도덕을 배반했다는 자각에 있었다. 마치 어둠 속에서 갑작스레 덮쳐온 야수 같은 격정에 사로잡혀 육체와 정신이 뿌리째 뒤흔들렸다. 그것은 절제할 수도, 만족시킬 수도 없는 거대한 욕망이었다. 처음부터 죄로 시작되었고, 또 다른 죄 없이는 끝맺을 수 없는 성질의 것이었다. 스스로도 두려워할 만큼 변해버린 자신의 모습과 싸우면서 이 끔찍한 비밀을 감추려 안간힘을 썼다. 그것은 결코 감춰질 수 없고, 침묵으로 덮어둘 수도 없다는 것을 그녀는 이미 알고 있었다. 그녀 위에는 이미 자신의 의지를 넘어서는 더 강력한 의지가 드리워져 있다. 메리 스튜어트는 자기 자신을 잃어버린채 압도적이고 광기 어린 열정의 지배를 받게 된 것이다.

제11장

보석함 편지

1566-1567

메리 스튜어트가 보스웰을 향해 품었던 열정은 역사에 기록된 사랑 가운데서도 손꼽힐 만큼 강렬한 것이었다. 그 격렬함과 폭발력에 있어서는 고대의 전설로 전해지는 사랑들도 이보다 더하다고 말하기 어려울 것이다. 그 사랑은 마치 치솟는 불꽃처럼 순식간에 타올라 황홀경의 자줏빛 경계까지 솟구치고, 끝내는 범죄라는 암흑의 영역에까지 그 광적인 열기를 밀어 넣는다. 하지만 인간의 내면이 이토록 극한에 달했을 때, 그것을 이성과 논리로 재단하려는 시도는 어리석은 일이다. 길들일 수 없는 충동이란 본래부터 이성에 거슬러 나타나는 법이다. 그러한 격정은 질병처럼 비난할 수도 없고 변호할 수도 없다. 자연의 원초적 힘이 때로는 자연 속에서, 때로는 인간의 내부에서 폭풍처럼 터져 나올 때, 우리는 다만 두려움과 경외 속에서 그것을 바라보고 묘사할 수 있을 뿐이다.

극한에 이른 열정은 개인의 의지력 밖에 존재하며 더 이상 의식적인 삶의 영역 안에 속하지 않는다. 열정의 표출과 그로 인한 결과는 이미 그 사람의 책임 범위를 넘어선 것이다. 이런 상태에 빠진 인간을 도덕적으로 평가하려는 시도는 마치 천둥번개를 법정에 세우거나 화산 폭발을 단죄하겠다는 것처럼 무의미한 일이다. 그 시기 메리 스튜어트가 정신적인 예속 상태에서 보여준 행동을 전적으로 그녀 개인의 책임으로 돌리기 어려운 까닭도 바로 여기에 있다. 왜냐하면 그 시기의 비이성적인 행위들은 그녀가 살아온 비교적 절제된 삶의 궤도 밖에서 벌어진 일이었기 때문이다. 모든 것은 그녀의 의지와 무관하게, 오히려 그것을 거슬러 일어났다. 눈을 감고, 귀를 닫고, 그녀는 꿈을 꾸듯 현실을 걷는다. 마치 자석에 끌리듯, 그녀는 파멸과 범죄로 이어지는 길을 따라간다. 어떤 충고도 그녀의 마음에 닿지 못하고 어떤 외침도 그녀를 일깨우지 못한다. 그러나 다시 정신을 차릴 즈음이면 모든 것은 이미 타버리고 폐허만이 남아 있을 것이다. 그런 불꽃을 한 번 온몸으로 겪은 이에게 삶이란 더 이상 불타오를 것이 없는 재와 다르지 않다.

폭발이 한순간에 모든 화약을 소진시키듯, 격정의 분출은 단 한 번에 내면의 감정을 모조리 소진시킨다. 메리 스튜어트에게 이 백열의 황홀은 채 반 년도 지속되지 않았다. 어떤 시인들, 이를테면 랭보나 음악가 마스카니가 단 하나의 천재적인 작품에 모든 창조력을 쏟아붓고 이후에는 침묵 속으로 가라앉듯, 어떤 여인들은 단 한 번의 폭발적인 사랑으로 자신의 모든 사랑을 소진해버린다. 위험도 죽음도 개의치 않고 달려드는 이런 사랑을 가리켜 진정 '영웅적인' 사랑이라 부를 수 있다면, 메리 스튜어트야말로 가장 완벽한 예일 것이다. 그녀는 단 한 번의 사랑을 겪었지만 그 사랑을 감정의 극한, 스스로를 해체하고 파괴하는 지점까지 밀어붙였다.

처음에는 의아하게 느껴질 수도 있다. 어떻게 메리 스튜어트가 보스웰을 향해 품은 그토록 원초적이고 압도적인 열정이, 단리를 향한 감정의 뒤를 이어 그토록 빠르게 피어날 수 있었을까? 그러나 실은 바로 이런 전개야말로 가장 자연스럽고도 논리적인 흐름이라 할 수 있다. 사랑 또한 다른 모든 위대한 예술과 마찬가지로 배우고 익히며 삶 속에서 서서히 체득되는 것이기 때문이다. 예술이 단 한 번의 손놀림으로 완성되는 경우가 드물듯, 뜨겁고 강렬한 감정 역시 대개는 그보다 작고 미숙한 감정을 발판 삼아 도약한다.

인간 심리를 가장 정밀하게 꿰뚫은 셰익스피어는 이 원리를 작품 속에서 분명히 보여주었다. 『로미오와 줄리엣』을 보라. 평범한 작가라면 로미오가 줄리엣을 처음 본 순간 사랑에 빠지는 장면에서 곧바로 이야기를 시작했을 것이다. 그러나 셰익스피어는 그에 앞서 '로잘린'을 향한 맹목적인 사랑을 배치한다. 그는 진정한 사랑이 등장하기 이전에 반드시 착오와 모의, 그리고 미묘한 전조를 거친다는 것을 보여주고자 했다. 참된 인식에는 반드시 그에 앞선 예감이 선행되며, 진정한 기쁨은 언제나 먼저 찾아오는 기대와 설렘을 동반한다. 타오르는 감정의 불꽃 또한 한 차례의 점화 없이는 솟아오르지 않는다. 로미오가 로잘린에게 열정을 쏟았던 것은 그의 영혼 깊은 곳에서 이미 사랑을 향한 갈망이 차오르고 있었기 때문이다. 아직 제대로 보지 못한 채, 눈앞에 나타난 대상에게 그 막연한 열망을 투사했을 뿐이다. 그러나 진정한 사랑이 도래하자 그는 망설임 없이 미완의 감정을 버리고 줄리엣에게 모든 것을 걸었다.

메리 스튜어트에게도 단리는 그런 예비적 감정의 대상이었다. 아직 눈뜨지 못한 상태에서, 단지 그가 젊고 매력적이며 적절한 순간에 나타났다는 이유로 끌렸을 뿐이었다. 그러나 단리의 미약한 존재는 그녀 내면에 잠든 불길을 일으키기에는 역부족이었다. 그는 그녀를 황홀경으로 이끌지 못했고 그녀는 스스로를 태워낼 수도, 완전히 타오를 수도 없었다. 그녀의 영혼은 만족되지 못한 채 지독한 갈증에 시달렸다. 불완전한 점화, 질식된 열정의 고통 속에서 그녀는 타들어갔다. 그러나 마침내 '진짜 불꽃'이 찾아왔다. 그녀의 억눌린 열정을 일깨우고 거기에 숨결을 불어넣을 수 있는 인물, 바로 보스웰이다. 그 순간 억눌렸던 불꽃은 모든 하늘과 지옥을 삼킬 듯한 거대한 불길로 타올랐다. 로미오가 로잘린을 즉시 잊고 줄리엣에게 몰입했듯, 메리 스튜어트도 단리를 향한 애정을 순식간에 지워버리고, 보스웰을 향한 황홀한 열정에 몸을 던졌다. 궁극의 열정은 언제나 그 이전의 모든 감정을 연료 삼아 자신을 키워간다.

메리 스튜어트가 보스웰에게 품었던 열정의 역사를 다루다 보면 우리는 두 가지 종류의 자료를 마주하게 된다. 하나는 당시의 연대기, 연보, 공적 문서와 같은 외적 기록이며, 다른 하나는 그녀가 쓴 것으로 전해지는 편지와 시구들의 모음이다. 그리고 외적 사실과 내면적 충동의 증언은 놀랍도록 정확하게 맞물려 있다. 그러나 메리 스튜어트를 도덕이라는 이름으로 변호하고자 하는 이들, 그녀 스스로도 통제하지 못했던 욕망에 맞서 그녀를 옹호하고자 하는 이들은 이 편지들과 시의 진위를 인정하길 완강히 거부한다. 그들은 이것들을 단순히 위조된 것, 역사적으로 신빙성이 없는 것으로 치부한다. 절차적 관점에서 보자면 그들의 주장이 전혀 근거 없다고만 할 수는 없다. 메리 스튜어트의 편지들과 소네트들은 우리에게 번역된 형태로만, 게다가 어쩌면 왜곡되었거나 불완전한 형태로 전해졌기 때문이다. 원본은 전혀 남아 있지 않으며 앞으로도 발견될 가능성은 없다. 메리 스튜어트의 자필 문서는 이미 파기되었으며, 그 행위가 누구에 의해 이뤄졌는지도 알려져 있다. 그녀의 아들 제임스 1세는 왕위에 오른 직후 어머니의 명예를 훼손할 수 있는 문서들을 불태워 없애버렸다. 그 뒤로 이른바 '보석함 편지'의 진위를 둘러싸고 종교적·민족적 편향이 뒤엉킨 논쟁이 이어졌다.

따라서 어떤 편에도 치우치지 않으려는 역사가라면 서로 대립하는 첨예한 주장들을 면밀히 대조해 보아야 한다. 하지만 최종적인 판단은 어디까지나 개인적이며 주관적일 수밖에 없다. 원본이 사라진 지금, 과학적 혹은 사법적으로 유효한 증거는 더 이상 존재하지 않으며 이 자료들의 진위를 가릴 수 있는 길은 오직 논리적이고 심리적인 판단뿐이기 때문이다.

그럼에도 메리 스튜어트를 있는 그대로, 그녀의 내면적 본질까지 꿰뚫어 그려내고자 하는 사람이라면 이 시와 편지들을 진본으로 받아들일 것인지 아닌지를 분명히 결정해야만 한다. '어쩌면 맞을 수도, 어쩌면 아닐 수도'라는 식으로 무책임하게 어깨만 으쓱이며 이 문제를 피해갈 수는 없다. 이 지점이야말로 그녀의 내면 변화의 핵심이기 때문이다. 따라서 양쪽의 논거를 충분히 숙고한 뒤 책임 있는 판단을 내려야 하며, 이 시와 편지들을 진실한 증언으로 받아들이고자 한다면 그 결론에 이른 이유를 명확한 근거와 함께 제시해야 할 것이다.

'보석함 편지'라는 명칭은 보스웰이 급히 도주한 뒤 은제 자물쇠가 달린 상자 속에서 이 편지들과 소네트가 발견되었다는 사실에서 비롯된다. 이 상자는 메리 스튜어트가 첫 번째 남편인 프랑수아 2세에게 선물받은 것으로 그녀가 보스웰에게 다른 모든 것과 함께 기꺼이 넘겨주었다는 사실은 의심의 여지가 없다. 보스웰은 이 안전한 상자 안에 자신의 가장 비밀스러운 문서들을 보관했는데, 그 안에 메리 스튜어트의 편지들도 들어 있었을 가능성은 충분하다. 그리고 이 편지들이 메리 스튜어트가 연인에게 보낸 것이라면, 그 내용이 다소 경솔하고 논란을 불러일으킬 소지가 있다는 점 또한 부인하기 어렵다. 첫째로 메리 스튜어트는 평생 대담하고 거리낌 없는 성격의 소유자였으며, 말이나 글에서 감정을 숨기는 법을 몰랐다. 둘째로 이 편지가 발견되었을 때 정적들이 보였던 지나칠 만큼의 환희는, 이 문서들이 그녀에게 어떤 불리하거나 수치스러운 내용을 담고 있었음을 방증한다. 하지만 이른바 '위조설'을 지지하는 쪽조차도 그러한 편지와 시가 전혀 존재하지 않았다고 말하지는 않는다. 그들은 다만 이렇게 주장할 뿐이다. 원본이 발견된 뒤 의회에 제출되기까지의 며칠 사이, 귀족들이 공모하여 악의적으로 위조 문서를 끼워 넣었고 따라서 세상에 공개된 편지들은 상자 안에서 처음 발견된 진짜 문서와는 전혀 다른 것이라는 것이다.

이제 여기서 한 가지 의문이 제기된다. 과연 조작 혐의를 처음으로 제기한 사람은 누구였는가? 그러나 이 질문에 대한 답은 조작설을 옹

메리 스튜어트의 은제 보석함
스코틀랜드 국립박물관

이 상자는 450년이 넘는 세월 동안 보존되어 왔다. 기록에
따르면 이 보석함은 스코틀랜드 왕실이 보관하고 있다가
초대 더글러스 후작 윌리엄 더글러스의 아내인 메리 고든
이 입수했다. 보석함은 메리 고든이 사망한 후 금세공인에
게 팔렸지만, 해밀턴 공작부인 앤은 이 상자가 메리 스튜
어트의 것이었다는 이야기를 듣고 사들였다. 그 후 3세기
동안 해밀턴 공작 가문이 대대로 소유하다가 2022년 스코
틀랜드 국립 박물관이 180만 파운드에 보석함을 구입했다.

호하는 이들에게는 곤란하게도, 동시대인 가운데 그러한 주장을 분명히 제기한 이는 아무도 없었다. 귀족들은 모턴의 손에 은제 상자가 들어온 다음 날 함께 상자를 열어 그 진위를 확인했고, 이어 열린 의회에서도 다시 한 번 편지들을 검토했지만 (그중에는 메리 스튜어트의 가장 가까운 벗들도 있었다) 누구도 진위에 의문을 제기하지 않았다. 이 편지들은 이후 요크와 햄튼 코트에서도 공개되었고 메리 스튜어트의 다른 친필 문서들과 비교한 결과 진본으로 판정되었다.

무엇보다 설득력 있는 것은 엘리자베스 여왕이 그 편지들의 인쇄본을 모든 유럽 궁정에 보냈다는 점이다. 물론 엘리자베스가 흠 없는 인물이었다고는 할 수 없지만, 쉽게 들춰낼 수 있는 명백하고 뻔뻔한 위조문서를 의도적으로 후원하고 나섰을 리는 없다. 그녀는 그러한 사소한 사기극을 벌일 만큼 경솔한 정치인이 아니었다. 가장 놀라운 사실은 명예를 지키기 위해 누구보다 강하게 항의했어야 할 메리 스튜어트 본인이 미온적인 대응만을 보였다는 것이다. 처음에는 그 편지들이 요크에서 제출되지 않도록 비밀리에 외교적 압력을 행사하려 했다. (정말 위조문서라면, 오히려 공개되는 것이야말로 그녀에게 유리한 일이 아니었을까?) 그러나 결국 그녀는 대리인들에게 자신에게 불리하게 제시될 모든 문건을 통째로 거짓이라 주장하라고 지시하는 데 그쳤다. 그리고 뷰캐넌이 이 편지들을 작은 책으로 엮은 뒤 사방팔방에 보내서 모든 궁정으로 퍼져 나가는 상황에서도, 그녀는 격렬한 항의 한 마디조차 하지 않았다. 문서 위조에 대한 반박은커녕, 뷰캐넌을 그저 "지독한 무신론자"라 부르는 데 그쳤다. 교황에게도, 프랑스 왕에게도, 친척들에게도 자신이 쓴 편지나 시가 위조되었다는 주장을 하지 않았다. 프랑스 궁정 또한 메리 스튜어트를 변호하는 입장을 내놓은 적이 없었다.

요컨대 메리 스튜어트의 동시대인 가운데 이 문서들의 진위를 공개적으로 의심한 이는 없었고, 그녀의 친구들 또한 이 엄청난 불의를 문제 삼지 않았다. 이른바 위조 편지설은 백 년, 아니 이백 년이 흐른 뒤에야 서서히 제기되었다. 메리 스튜어트를 한 점의 의혹도 없는 순전한 희생자로 만들려는 시도 속에서 조심스럽게 등장한 것이다.

나의 판단에 의하면, 문헌학적·심리학적 근거들 역시 명확하게 그 진실성을 증명하고 있다. 당시 스코틀랜드에서 과연 누가 그토록 짧은 시간 안에, 그것도 외국어인 프랑스어로 메리 스튜어트의 사적인 삶을 꿰뚫은 소네트를 창작할 수 있었단 말인가? 물론 세계사에는 수없이 많은 위조 서한이나 허위 문서들이 존재해왔다. 문학사에서도 출처가 모호한 작품들이 종종 의문스럽게 나타나곤 한다. 하지만 그런 경우 대부분은 오랜 세월 동안 전해 내려온 문서를 '복원'한다는 명목으로 쓰인 것들, 예컨대 맥퍼슨의 『오시안 시집』이나 『쾨니긴호프 필사본(체코의 언어학자 바츨라프 한카의 위조품)』처럼 소실된 고대 문헌을 가장한 재구성이었다. 살아 있는 인물에게, 그것도 한 편도 아닌 소네트 연작 전체를 날조해 씌운 전례는 찾아보기 어렵다.

더욱 설득력이 떨어지는 것은 조작의 주체가 스코틀랜드의 귀족들이었다는 가설이다. 문학과는 가장 거리가 먼 인물들이 왕비를 곤경에 빠뜨리기 위해 프랑스어로 된 열한 편의 소네트를 지어냈다는 말인가? 그렇다면 반문하지 않을 수 없다. 그 익명의 마법사는 도대체 누구란 말인가? 그 누구도 이 질문에 명확하게 대답하지 못한다. 롱사르나 뒤 벨레조차 한 여성의 영혼 깊은 곳을 정확히 꿰뚫는 시를 쓰는 일은 쉽지 않았을 것이다. 그런데 과연, 칼을 드는 데는 능했으나 프랑스어로 대화를 이어가는 것조차 서툴렀던 모턴이나 아가일, 해밀턴, 고든 같은 이들이 그런 정교한 시편들을 썼단 말인가?

이 시들이 진품임이 확실하다면, 우리는 마찬가지로 편지들의 진위 역시 인정하지 않을 수 없다. 물론 원문으로 전해지는 것은 단 두 통뿐이며, 나머지는 라틴어나 스코틀랜드어로의 재번역되는 과정에서 세부적인 표현이 달라졌을 수도 있다. 그러나 전체적으로 보았을 때 동일한 논거들이 편지들의 진실성을 설득력 있게 뒷받침하고 있으며, 특히 심리적 증거가 그 신빙성을 더욱 굳건히 한다. 만약 소위 '범죄 공모 집단'이 증오에서 그녀를 모함하고자 했다면, 당연히 음험하고 악의적인 성격 묘사를 덧붙였을 것이다. 메리 스튜어트를 음탕하고 교활하며 잔혹한 여인으로 묘사하는 위조 편지를 만들어냈을 것이다. 그런데 실제로 전해지는 편지와 시들은 정반대의 인상을 준다. 그것들은 그녀를 고발하기보다, 어떤 면에서는 변호하는 듯한 성격을 지닌다. 무엇보다 이 문서들은 범죄의 공모자로 얽힌 자신의 처지에 공포를 느끼는 메리 스튜어트의 내면을 절절하게 드러낸다. 이 편지들은 살아 있는 채로 불타고 있는 사람의 질식된 비명이자 절규 같은 참혹한 고통을 담고 있다.

문장들은 거칠고 혼란스러우며 다급하다. 그 불안정함은 그녀가 보인 과민한 심리 상태와 정확히 맞아떨어진다. 만일 누군가가 이 편지들을 허구로 꾸며냈다면, 그는 비범한 천재, 탁월한 심리 묘사자여야 했을 것이다. 그러나 메리 스튜어트를 옹호하는 이들이 번갈아 가며 조작자로 지목하는 모레이, 메이틀랜드, 뷰캐넌 같은 인물들은 셰익스피어도, 발자크도, 도스토옙스키도 아니었다. 조악한 속임수 정도는 꾸며낼 수 있었겠지만 고도의 심리적 진실을 담은 편지를 지어낼 능력은 없었다. 그런 위대한 천재가 실제로 존재했다면, 우리는 먼저 그 인물부터 찾아내야 할 것이다. 따라서 편견 없는 독자라면, 이 편지와 시의 유일한 작가는 메리 스튜어트 자신이라는 사실을 양심껏 인정하게 될 것이다. 그리고 그녀야말로 생애 가장 쓰라린 시기의 가장 진실한 증언자라 할 수 있을 것이다.

이 불행한 열정의 시작을 짐작하게 해주는 유일한 단서는, 시 속에 드러난 그녀의 고백이다. 이 사랑은 결코 서서히 맺혀간 감정이 아니었다. 예고도 없이 번개처럼 덮쳐와 단번에 그녀를 사로잡았고, 다시는 벗어날 수 없게 만든 격정이었다. 그 시작은 다름 아닌 거칠고 폭력적인 육체적 행위, 보스웰의 기습적인 접근, 반쯤 혹은 강압에 가까운 강간이었다. 그 어두운 진실을 그녀의 시구는 번쩍이는 섬광처럼 드러낸다.

나 또한 그를 위해 수많은 눈물을 흘렸네.
그가 내 몸을 차지했을 때는
아직 내 마음은 가지지 못했던 바로 그때였지.

몇 주 전부터 메리 스튜어트는 보스웰과 점점 더 많은 시간을 보내고 있었다. 그는 국가의 최고 고문으로서, 군대의 사령관으로서, 여러 성들을 오가는 여행과 유람에 동행했다. 그러나 그녀가 직접 그에게 고귀한 귀족 여인을 아내로 골라주고 결혼식에도 참석했던 것을 떠올려 보면, 메리 스튜어트는 단 한순간도 그를 구혼자로 의식하지 않았음이 분명하다. 오히려 그 결혼을 통해 그녀는 보스웰이라는 충직한 봉신과의 관계가 안전하게 유지되고 있다는 확신을 얻었을 것이다. 그래서 그녀는 그와 함께 여행하는 데 아무런 의심도 품지 않았고, 그와 함께 있는 것을 거리낌 없이 받아들였다. 하지만 메리 스튜어트의 가장 고귀한 성품이라 할 수 있는 순진하고 믿음 어린 안도감은 언제나 그녀에게 위기의 씨앗이 되었다. 아마도 우리는 그 장면을 어렵지 않게 상상할 수 있다. 샤스텔라르나 리치오와 함께 있을 때처럼, 그녀는 가벼운 친근함과 장난기 어린 무심함을 보였을 것이다. 어쩌면 보스웰과 오랜 시간 단둘이 머물며 경계심 없이 깊은 대화를 나누고, 농담을 주고받으며 웃었을지도 모른다.

그러나 보스웰은 낭만적인 샤스텔라르처럼 류트를 연주하는 음유시인이 아니었고, 아첨으로 출세한 리치오 같은 인물도 아니었다. 그는 뜨거운 욕망을 지닌 강한 육체의 소유자였고, 본능과 충동에 쉽게 휩쓸리는 사내였으며, 무모함을 두려워하지 않는 인물이었다. 이런 남자는 가벼운 도발이나 자극도 쉽게 넘겨버리지 않는다. 그는 거칠게 행동했다. 감정이 흔들리고 불안정한 상태에 있던 여인을, 어리석은 첫 감정에 동요되어 달아오른 감각이 아직 진정되지 않은 그 여인을 거칠게 끌어안았다. 그는 그녀의 몸을 자신의 것으로 만들었다. 그것은 기습적인 것이었고, 어쩌면 강압에 가까운 행위였을지도 모른다. 보스웰에게도 이 일은 치밀하게 계산된 계획이 아니었고, 오랫동안 억눌러온 애정을 실현하려는 시도도 아니었다. 그것은 순전히 충동적인 욕망의 발로였고, 어떠한 정신적 유대도 전제하지 않은 채 벌어진 육체적이고 물리적인 행위였다.

그러나 메리 스튜어트에게 남긴 영향은 천둥과도 같았다. 전혀 새로운 무엇이 폭풍처럼 그녀의 고요한 삶을 뒤흔들었다. 아마도 처음 그녀를 사로잡은 감정은 모욕감과 격렬한 증오, 분노였을 것이다. 그러나 가장 격렬한 감정들은 서로 맞닿아 있는 법이다. 이는 자연이 간직한 비밀과도 같다. 살갗이 극심한 추위와 극심한 열기를 순간적으로 구분하지 못하듯, 서릿발이 불길처럼 느껴지듯, 서로 반대되는 감정은 찰나에 하나로 뒤섞인다. 증오가 사랑으로, 상처 입은 자존심이 극단적인 굴복으로 급변하기도 한다. 방금 전까지 온몸으로 밀어내던 것을 어느새 갈망하고 받아들이게 되는 것이다.

어찌 되었든 그 순간부터 이성적이던 이 여인은 불길에 휩싸여, 그 속에서 타오르며 스스로를 소진하기 시작한다. 지금껏 그녀의 삶을 지탱해온 모든 기둥들, 명예와 품위, 자존심과 자신감, 그리고 이성이 하나씩 허물어진다. 한번 내던져진 뒤로 오르기를 그만두고, 더 깊고 어두운 나락으로 스스로를 내맡긴다. 스스로를 지키려는 의지도 약해지고, 자신을 잃어가는 쪽으로 나아간다. 낯설고도 새로운 쾌락이 그녀를 덮치고 그녀는 마침내 자아의 해체에 이를 때까지 탐닉한다. 자신의 자존심을 꺾어버린 남자의 손에 입을 맞추며, 그가 가르쳐준 헌신의 황홀을 기꺼이 받아들인다.

더할 나위 없이 압도적인 새로운 욕망은 단리에게 품었던 사랑을 훨씬 능가했다. 단리에게 단지 사랑을 시험해 보았을 뿐이었다면 이제 그녀는 비로소 자신을 온전히 내어준다. 단리와는 왕관을, 권력을, 삶을 나누고자 했다면 보스웰에게는 더 이상 무언가를 따로 떼어 주지 않았다. 그녀는 자신이 가진 모든 것을 그에게 바치고, 스스로를 비워 그를 채우며, 스스로를 낮춤으로써 그를 더욱 높이고자 했다. 신비로운 황홀 속에서 오직 한 사람, 그를 붙잡기 위해서 그녀는 자신을 얽매고 있던 모든 것을 내던졌다. 친구들이 하나둘 떠나고, 세상이 자신을 비난하고 경멸하리라는 것도 알고 있었다. 그러나 바로 그 사실이 짓밟힌 자존심에 기묘한 자긍심을 불어넣었다. 그리고 그녀는 벅찬 감정으로 이렇게 고백했다.

그를 위해 나는 명예를 버렸네.
삶에서 오직 참된 행복을 준다 믿던 그것을
그를 위해 양심과 권위를 걸었고
혈육과 친구도 저버렸네.
그를 생각하면 어떤 친구도 더는 의미 없고
원수도, 미움도 나를 더는 떨게 하지 않구나.
이 모든 것을 버린 일이 내게는 오히려 기쁨이 되었네.
그를 위해 나는 이 세상을 버리리.
그를 위해 모든 것을 내려놓으리.
그가 더 높은 자리에 오를 수 있다면
나는 기꺼이
그를 위해 죽으리.

이제 그녀 자신을 위한 것은 아무것도 없고, 모든 것은 오직 그를 위한 것뿐이다. 처음으로 그녀는 자신을 온전히 한 사람에게 내맡겼다.

그를 위해, 나는 영예를 좇으리
그리고 마침내 그가 알게 되리라.
내게는 그 어떤 복도, 기쁨도, 만족도 없노라고
오직 그에게 복종하고, 충직하게 섬기는 것만이
나의 유일한 기쁨이었음을.
그를 위해 나는 모든 행운을 기다리고
그를 위해 나는 건강과 생명을 간직하리.
그를 위해서라면 나는 모든 미덕을 따르려 하며,
변함없이 한결같은 모습으로
그 앞에 머무르리.

그녀는 자신이 가진 모든 것, 왕위와 명예, 육체와 영혼까지 욕망의 심연으로 내던지고 가장 깊은 곳에서 감정의 충만을 만끽한다. 이토록 광적이고 극도로 고조된 감정 상태는 결국 한 인간의 영혼을 바꾸고야 만다. 넘쳐흐르는 열정은, 지금껏 느긋하고 절제되어 있던 이 여인 안에서 마침내 전에는 결코 드러난 적 없는 고유한 힘들을 끌어낸다. 다시는 도달하지 못할 능력과 가능성들이 그녀 안에서 마치 폭풍처럼 터져나온다. 늘 짧막한 시구나 즉흥적인 시에 그치던 그녀는 몇 주 사이에 열한 편의 소네트를 쏟아냈다. 그 시들 속에서 그녀는 언어의 힘과 열정을 담아 자신의 기쁨과 고통을 토해내듯 쏟아 붓는다.

늘 조심성 없이 느긋하던 그녀가 이제는 사람들 앞에서 자신을 완벽히 숨길 줄 알게 되었다. 몇 달 동안 아무도 그녀와 보스웰 사이의 관계를 눈치채지 못했다. 보스웰은 손끝만 스쳐도 그녀를 뜨겁게 달아오르게 하는 남자였지만 그녀는 마치 아무 감정 없는 듯 냉정하게, 부하 직원을 대하듯 말을 건넸다. 속에서는 신경이 타들어가고 영혼이 절망 속에서 무너져 내리고 있었으나, 겉으로는 태연한 미소를 지으며 아무 일도 없는 듯 행동했다. 그녀 안에는 어느새 악마적인, 자신을 초월한 듯한 존재가 자리 잡고 있었고 그 존재는 능력의 한계를 훌쩍 넘어선 곳까지 이끌었다. 그러나 무리한 의지로 얻어낸 초인적인 고양은 언제나 끔찍한 붕괴로 대가를 치른다. 며칠씩 그녀는 침대에 누워 쇠약하고 탈진한 모습으로 시간을 보냈다. 감각이 마비된 듯 방 안을 헤매다가 흐느끼듯 신음했다. "차라리 죽고 싶다"고 말하며 스스로를 찌를 단검을 달라고 소리치기도 했다. 갑작스레 찾아온 힘은, 또 어떤 순간에는 신기루처럼 자취를 감춘다.

그녀의 육체가 무절제한 열정의 과잉으로 얼마나 극한까지 내몰렸는지를 가장 극적으로 보여주는 사건이 바로 유명한 제드버러 일화다. 10월 7일, 보스웰이 밀렵꾼과의 싸움에서 목숨이 위태로울 만큼의 중상을 입었다는 소식이 제드버러에서 지방 법정을 열고 있던 메리 스튜어트에게 전해진다. 세간의 시선을 의식해 곧장 말을 타고 달려가지는 못했지만 비보에 마음이 흔들렸음은 분명하다. 그 무렵 보스웰과의 은밀한 관계를 전혀 알지 못했을 프랑스 대사 뒤 크로크는 파리에 이렇게 보고했다. "그를 잃는 일은 그녀에게 결코 작은 상실이 아니었을 것입니다." 며칠 뒤에야 여왕은 모레이 경과 몇몇 귀족을 데리고 말을 달려 보스웰에게로 향했다. 그녀는 그의 침상 곁에 두 시간 정도 머물렀다가 다시 같은 기세로 되돌아왔다. 이 미친 듯한 질주는 그녀 안에 들끓던 고통스러운 불안을 떨쳐내려는 몸부림과도 같았다. 그러나 안장에서 내리는 순간 그녀는 기절해 쓰러졌고, 두 시간 동안 의식을 잃었다. 이어 열이 치솟으며 신경성 열병이 발병했다. 몸부림치며 헛소리를 하다가, 이내 몸이 차갑게 굳어 시각과 감각마저 잃어갔다. 귀족들과 의사는 이 수수께끼 같은 병세 앞에서 속수무책으로 서 있을 뿐이었다. 혹시 모를 사태에 대비해 국왕과 주교를 부르기 위해 사자들이 파견되고, 마지막 성유까지 준비되었다. 그렇게 메리 스튜어트는 여덟 날 동안 삶과 죽음의 경계를 헤매었다. 마치 더 이상 살고 싶지 않다는 무의식적인 의지가 끔찍한 폭발로 신경을 파괴해버린 듯한 상태였다. 그러나 이 붕괴가 정신적인 것에서 비롯되었음을 보여주기라도 하듯, 회복기에 접어든 보스웰이 마차에 실려 돌아오자 그녀의 상태는 즉각 호전되었다. 그렇게 죽을 줄로만 알았던 그녀는 다시 말 위에 올랐다.

육체는 회복되었지만 여왕은 몇 주 동안이나 여전히 혼란스러운 모습을 보였다. 그녀는 마치 무거운 짐을 짊어진 사람처럼 행동했다. 방문 너머로 시중들이 그녀의 흐느끼는 소리를 들을 수 있을 정도였다. 평소라면 곧잘 마음을 터놓던 그녀였지만 이번만큼은 누구에게도 속마음을 드러내지 않았다. 그녀가 밤낮으로 홀로 짊어지고 다니는 끔찍한 비밀을 짐작하는 이는 아무도 없었고 그 비밀은 점점 그녀의 영혼을 깊이 짓누르고 있었다.

그녀의 열정 속에는 무언가 끔찍한 것이 도사리고 있었다. 그것이 이 사랑을 한편으로는 위대하게, 다른 한편으로는 소름 끼치도록 만드는 이유였다. 이 열정이 무엇보다도 끔찍한 까닭은 여왕 자신이 처음부터 그것이 범죄이며 도무지 빠져나갈 길 없는 것임을 알고 있었기 때문이다. 마치 트리스탄의 순간처럼 사랑의 독주에 취해 있다가도 문득 정신이 번쩍 들고는, 두 사람 모두 자신들이 무한한 감정의 세계에만 존재하는 것이 아니라 의무와 법칙이 지배하는 현실 세계에 묶여 있음을 깨달았을 것이다. 얼마나 허망한 망상에 빠져 있었던가! 자신을 내맡긴 그녀는 이미 다른 남자의 아내였고, 그녀가 몸을 맡긴 남자 역시 또 다른 여자의 남편이었다. 그들이 저지른 일은 간통, 그것도 이중 간통이었다.

게다가 불과 보름 전만 해도 메리 스튜어트 자신이 스코틀랜드의 여왕으로서 친히 칙령을 반포하고 서명하지 않았던가. 간통을 비롯한 모든 부정한 정욕의 행위는 사형에 처한다고 말이다. 이 정열은 처음부터 죄로 낙인찍힌 것이었다. 그것이 지속되기 위해서는 또 다른 죄를 저지를 수밖에 없었다. 먼저 기존의 관계를 폭력적으로 끊어내야만 했다. 한 사람은 남편에게서, 또 다른 사람은 아내에게서 말이다. 이 죄악의 사랑이 맺을 수 있는 열매란 오직 독으로 가득 찬 열매일 뿐이었다. 그리고 메리 스튜어트는 처음부터 이 사실을 소름 끼치도록 또렷하게 알고 있었다. 이제 그녀에게는 더 이상 평화도, 구원도 없음을 알고 있었다. 그러나 그것이 아무리 어리석고 헛된 몸부림이라 해도 그녀는 감히 그것을 시도하고자 했다. 그녀는 비겁하게 물러설 생각이 없었다. 숨지도 않을 것이고, 자신을 감추지도 않을 것이다. 고개를 똑바로 든 채, 그 길의 끝, 절벽의 가장자리에 이를 때까지 나아갈 것이다. 모든 것을 잃게 된다고 해도, 그녀에게 위안이 되는 것은 단 하나, 그것이 사랑하는 그 사람을 위해 기꺼이 바쳐진 희생이었다는 사실이다.

나는 그대의 손에, 그 완전한 지배 아래
내 아들과, 나의 명예, 내 삶을 맡기나이다.
내 나라와 백성, 그리고 내 영혼까지
모든 것이 그대의 것이오.
나는 그대를 속이지 않기 위해
모든 비난을 무릅쓰고서라도
오직 그대를 따르려 하오.

"무슨 일이 닥치든", 그녀는 그 길을 기꺼이 걸어가려 했다. 사랑에 사로잡힌 여인이 이 세상에서 두려워하는 것은 오직 하나뿐이다. 그를 잃는 것. 그러나 가장 혹독한 고통이 그녀를 기다리고 있었다. 왜냐하면 그녀는 그 모든 어리석음 속에서도 지나치게 영민했기에, 자신이 이번에도 또다시 헛된 희생을 했다는 사실을 머지않아 깨달았기 때문이다. 그녀의 온 감각이 불타듯 향하고 있는 그 남자는 그녀를 진심으로 사랑하지 않았다. 보스웰은 그녀를 그저 수많은 다른 여자들과 마찬가지로 대하고 있을 뿐이었다. 그는 언제라도 그녀를 쉽게 떠날 준비가 되어 있었다. 그의 입장에서 이 격렬한 행위는 그저 순간적으로 타오르는 욕망이었으며, 스쳐 지나가는 한낱 모험에 불과했다. 그리고 그가 자신에게 특별한 존경이나 진정한 애정을 갖고 있지 않다는 사실을 불행한 그녀는 곧 인정하지 않을 수 없게 된다.

당신은 내가 경솔하다고 여기고 있군요.
내 마음을 전혀 믿지 않고
겉으로 드러난 아무런 징후도 없이
끝내 나를 의심하고 있지요.
내가 당신을 얼마나 사랑하는지도 모르고
혹시 다른 사랑에 흔들리고 있는 건 아닌가
내 마음이 밀랍처럼 쉽게 녹아내릴 거라 생각하는군요.
하지만 당신의 그 오해와 의심이
오히려 내 사랑을 더욱 뜨겁게 만들 뿐입니다.

그러나 그녀는 자존심을 지키며 그 배은망덕한 자를 외면하지 않는다. 감정을 억누르지도 않는다. 오히려 그에 대한 욕망에 취한 이 여인은 자신에게 무관심한 남자 앞에 무릎을 꿇고 그를 붙들려 한다. 그녀의 자존심은 소름 끼치도록 처절한 자기비하로 바뀌어 있었다. 한때 그토록 위엄 있었던 여인은 이제 마치 장터에 나온 장사꾼처럼, 자신이 그를 위해 얼마나 많은 것을 희생해왔는지 하나하나 헤아리며 값을 따지고 있었다.

당신을 섬기고, 진실하게 사랑하는 것
그것이 내게 남은 유일한 소망입니다.
당신의 뜻이 곧 나의 뜻이 되기를

당신 곁이라면 어떤 불행도 하찮게 여겨지기를
나는 오직 그것만을 바랍니다.
나의 충성스러운 마음이 얼마나 기꺼이
당신을 기쁘게 하려 애쓰는지를
당신은 알게 될 것입니다.
이 세상 그 누구도 사랑하지 않겠나이다.
다만 당신만을, 진심으로
당신의 뜻 아래, 진실된 복종 안에서
그렇게, 살고 또한 죽기를 바랄 뿐입니다.

지금껏 지상의 그 어떤 권력도, 어떤 위협도 두려워한 적 없던 당당한 여인이 이제는 질투와 조소에 사로잡혀 자기 자신을 끌어내리는 이 처절한 붕괴는 소름 끼치도록 충격적이다. 메리 스튜어트는 아마도 보스웰이 자신이 아무것도 모르고 직접 골라준 젊은 아내를 더 좋아한다는 사실을 어떤 식으로든 눈치챘던 것 같다. 그리고 그가 자신으로 인해 아내에게 성실하지 못한 남편이 되려는 생각이 없다는 것도 알아챈 것 같다. 그녀는 치사한 방법으로 그의 아내를 깎아내리려 했다. 그녀는 보스웰의 남성적인 허영심을 자극하려고 애썼다. (분명 그가 직접 털어놓은 사적인 이야기들을 바탕으로) 그의 아내가 그의 품에서 충분히 열정적이지 않으며, 어딘가 머뭇거린다며 지적했다. 한때 오만함의 화신이었던 그녀는 자신이야말로 보스웰을 위해 훨씬 더 많은 것을 희생하고 버렸다고 비교했다. 그의 아내는 그저 높은 지위에서 오는 이익과 향락만을 누릴 뿐이라며 깎아내렸다. 아니다, 보스웰은 메리 스튜어트 곁에 머물러야 한다. 오직 그녀만을 택해야 한다. 그리고 그 거짓된 여인의 편지와 눈물, 간절한 애원 따위에 속지 말아야한다고 그녀는 그가 그렇게 믿어주길 바랐다.

> 그토록 귀한 당신의 사랑을 외면한 것이
> 얼마나 어리석은 짓이었는지
> 이제야 그 여자는 깨닫기 시작했습니다.
> 그래서 지금은 거짓으로 꾸며낸 편지를 써서
> 당신을 다시 데려가려 하고 있습니다.
> 그리고 안타깝게도 당신은 흔들리고 있습니다.
> 그녀가 보낸 편지들을 아직 간직하고 있고
> 그 거짓된 말들을… 나보다 더 믿고 있습니다.

그녀의 외침은 갈수록 더 절박해졌다. 오직 자신만이 사랑받을 자격이 있는 여인이니, 부디 그럴 자격조차 없는 여자와 혼동하지 말아 달라고 간청했다. 그 여자를 버리고 자신과 하나가 되어 주기를 바랐다. 무슨 일이 닥치든 그녀는 삶과 죽음을 함께할 각오가 되어 있었다. 이제 이 비극적인 장면의 진짜 배경이 서서히 드러난다. 메리 스튜어트의 지나치리만큼 노골적인 자기 고백을 통해 상황은 완전히 명확해진다. 보스웰에게 그녀는 수많은 다른 여자들처럼 그저 한 번 스쳐 지나간 대상일 뿐이었다. 그에게 있어 이미 이 모험은 끝난 셈이었다. 그렇다면 어떻게 그를 붙잡아둘 수 있을까? 어떻게 해야 이 거칠고 제멋대로인 방랑자를 영원히 사로잡을 수 있을까? 무한한 맹세와 겸손한 헌신으로는 그런 유형의 남자를 지루하게 만들 뿐이다.

단 한 가지 보상만이 이 욕심 많은 남자를 유혹할 수 있었다. 그 누구도 쉽게 가질 수 없는 보상, 바로 왕관이었다. 보스웰이 사랑하지도 않는 여인의 연인이 되는 것에는 아무 관심이 없다 하더라도, 그 여인이 여왕이며 그녀 곁에 있으면 스코틀랜드의 왕이 될 수도 있다는 사실은 분명 그에게 강력한 유혹으로 작용했다. 물론 처음에는 터무니없는 생각으로 보였겠지만 말이다. 왜냐하면 메리 스튜어트의 정식 남편인 헨리 단리가 아직 살아 있고, 왕이라는 자리에 두 명이 존재할 수는 없기 때문이다. 그러나 바로 이 터무니없는 생각만이 이 순간부터 메리 스튜어트와 보스웰을 엮을 수 있는 유일한 끈이 되었다. 이 불행한 여인에게는 길들일 수 없는 남자를 붙잡아둘 다른 수단이 더 이상 없었기 때문이다. 이미 그녀는 명예도, 품위도, 법의 테두리마저도 잊어버린 상태였다. 설령 그 왕관을 보스웰에게 주기 위해 범죄를 저질러야만 한다 해도 그녀는 자신의 욕망에 눈이 멀어 그 범죄조차 감행할 판이었다.

마녀들의 악마적인 예언을 실현하기 위해 맥베스가 왕위에 오를 수 있었던 유일한 길이 왕족 전체를 피비린내 나는 폭력으로 제거하는 것뿐이었던 것처럼, 보스웰 역시 정당하고 합법적인 방법으로는 결코 스코틀랜드의 왕이 될 수 없었다. 오직 단리의 시체를 넘어야만 했다. 피와 피가 하나로 이어지려면 또 다른 피가 희생되어야 하는 법이다. 단리로부터 그녀를 해방시킨 후 왕관을 요구한다면 메리 스튜어트가 반발하지 않으리라는 것을 보스웰은 분명 알고 있었을 것이다. 설령 그 유명한 은상자에서 발견되었다는 '친족과 다른 이들의 반대를 무릅쓰고 그와 혼인하겠다'는 약속이 위조이거나 후대의 창작이라 하더라도, 그는 그런 증서 없이도 그녀의 예속을 확신했을 것이다. 그녀는 단리가 자신의 남편이라는 사실이 얼마나 고통스러운지 토로해왔고 열렬한 소네트들 속에서, 그리고 사랑의 순간마다 그와 영원히 하나가 되기를 얼마나 간절히 갈망하는지를 여실히 보여주었기 때문이다. 그렇기에 그는 이제 가장 극단적인 행위조차도, 가장 무모한 모험까지도 기꺼이 감행할 준비가 되어 있었다.

그러나 보스웰은 귀족들의 (적어도 암묵적인) 동의 역시 이미 확실히 얻어두었음이 분명하다. 그는 그들 모두가 자신들을 배신한 이 성가시고 견딜 수 없는 젊은이 단리를 향한 증오에 있어 한마음이라는 것을 알고 있었다. 그리고 그 젊은이가 조속히 어떤 식으로든 스코틀랜드에서 사라져준다면, 모두에게 더없이 반가운 일이 되리라는 사실도 잘 알고 있었다. 보스웰은 그 해 11월 크레이그밀러 성에서 메리 스튜어트가 참석한 가운데 열린 기묘한 회의에 참석한 바 있다. 그곳에서는 마치 보이지 않는 주사위를 던지듯 단리의 운명을 놓고 은밀한 논의가 오갔다. 모레이, 메이틀랜드, 아가일, 헌틀리, 그리고 보스웰까지. 국가의 최고 귀족들이 한자리에 모여 여왕에게 이상한 거래 하나를 제안하기로 의견을 모았다. 리치오를 살해한 죄로 추방된 귀족들, 즉 모턴, 린지, 루드번의 복귀를 여왕이 받아들인다면 그 대가로 그녀를 단리로부터 '해방'시켜 주겠다는 것이었다. 물론 왕비 앞에서는 오직 법적인 수단, 즉 이혼에 대해서만 조심스럽게 말이 오갔다.

메리 스튜어트는 한 가지 조건을 제시했다. 그러한 단절이 법적으로 정당한 형식을 갖추는 동시에, 자신의 아들(제임스)에게 불리한 선례를 남기지 않아야 한다는 것이었다. 이에 메이틀랜드는 의미심장하고 모호한 말투로 이렇게 답했다. 형식과 방식은 자신들에게 맡기면 된다며 그녀의 아들이 어떤 불이익도 받지 않도록 잘 처리하겠다고 말이다. 그리고 모레이 역시 (비록 프로테스탄트로서 이런 문제에 있어 더 비판적일 법도 하지만) 이 일에 대해선 눈감아 주겠다고 했다.

분명 기묘한 말이었다. 메리 스튜어트는 그 발언이 너무도 수상쩍어서 다시 한번 분명히 강조했다. 자신의 명예와 양심에 부담을 주는 일은 결코 벌어져서는 안 된다고 말이다. 이 모호한 말들 뒤에 숨겨진 암시를 보스웰이 눈치채지 못했을 리 없었다. 그러나 한 가지 사실만은 분명했다. 이 비극의 주요 인물들, 즉 메리 스튜어트와 모레이, 메이틀랜드, 그리고 보스웰 모두 이미 단리를 제거해야 한다는 데 의견이 일치해 있었으며 단지 그 방식을 두고만 아직 결론에 이르지 못했을 뿐이었다. 그중에서도 가장 조급하고 무모했던 보스웰은 폭력을 택했다. 그는 기다릴 수도, 기다릴 생각도 없었다. 그에게 단리는 단지 귀찮은 존재 이상이었다. 그는 단리를 제거함으로써 왕관과 나라 전체를 손에 넣으려 했다. 그래서 보스웰은 다른 이들이 여전히 기회를 엿보며 머뭇거리고 있을 때, 과감히 결단을 내리고 행동에 나설 수밖에 없었다.

그는 일찍이 은밀한 방식으로 몇몇 귀족들을 공모자이자 조력자로 끌어들이려 했던 것으로 보인다. 하지만 이 지점에서 역사의 기록은 다시 흐릿해진다. 범죄의 준비는 언제나 그림자 속, 희미한 여명 속에서 이루어지는 법이다. 그가 얼마나 많은 귀족들을 자신의 계획에 끌어들였는지, 누가 어떤 방식으로 동조했는지는 결코 밝혀질 수 없을 것이다. 모레이는 그 사실을 알고도 가담하지 않았던 것으로 보이며 메이틀랜드는 무모하게도 앞장서 움직였던 듯하다. 신뢰할 만한 증언은 모턴 백작이 죽기 직전 남긴 고백 속에 있다. 그는 얼마 전 추방에서 돌아왔으며 자신을 배신한 단리에 대해 깊은 증오를 품고 있었다. 바로 그때, 보스웰이 말을 타고 급히 달려와 그에게 암살 계획을 제안했다. 하지만 모턴은 리치오 살해 당시 동료들에게 버림받은 경험 때문에 훨씬 더 신중해져 있었다. 그는 즉각 동의하지 않고, 먼저 이 계획에 여왕이 동의했는지를 물었다. 그러자 보스웰은 아무 망설임 없이 여왕의 동의를 받고 있다고 장담하며 그를 부추겼다. 하지만 모턴은 리치오 사건을 통해 말로만 한 약속이 얼마나 손쉽게 부정될 수 있는지를 뼈저리게 경험한 터였다. 그래서 그는 계획에 가담하기 전에 왕비의 서명이 들어간 서류를 요구했다. 전통적인 스코틀랜드 방식에 따라, 훗날 예상치 못한 불상사가 벌어졌을 때 스스로를 보호할 수 있는 서약서가 반드시 필요하다고 생각했던 것이다. 보스웰은 그 서약서를 가져다주겠다고 약속했지만 물론 그것은 결코 가능하지 않았다. 앞으로 있을 혼인이 무사히 성사되기 위해서는 메리 스튜어트가 철저히 배후에 머물러 있어야 했고 모든 일이 그녀에게는 완전히 '예상치 못한 사건'처럼 보이도록 꾸며져야 했기 때문이다.

결국 그 일은 다시 보스웰의 몫이 되었다. 가장 조급하고, 가장 대담한 그는 그 일을 혼자서라도 해낼 각오가 되어 있었다. 그는 모턴, 모레이, 메이틀랜드가 보여준 그 애매한 태도 속에서 더 이상 귀족들로부터 노골적인 반대는 없으리라는 것을 이미 눈치채고 있었다. 비록 인장이나 서명된 문서는 없었지만, 그들 모두는 침묵과 조용한 방관으로 사실상 동의의 뜻을 내비친 것이나 다름없었다. 그리고 그날 이후, 메리 스튜어트와 보스웰, 그리고 귀족들이 한마음으로 단리의 제거를 바라보게 된 바로 그날부터 단리는 살아 있으면서도 이미 수의를 입은 것이나 마찬가지였다.

모든 준비는 끝난 듯했다. 보스웰은 가장 믿을 만한 공범 몇 명과 이미 뜻을 모았다. 암살의 장소와 방식도 비밀 회의를 통해 정해져 있었다. 그러나 제물을 바치기 위해 아직 한 가지가 빠져 있었다. 비로 그 제물 자신이었다. 어리석은 사람이긴 했지만, 단리는 자신에게 닥쳐올 일을 어렴풋이 감지하고 있었던 것 같다. 몇 주 전부터 그는 귀족들이 무장을 풀지 않은 채 머물고 있는 홀리루드 궁전에 들어가기를 거부했고, 스털링성에서도 더는 안전함을 느끼지 못했다. 자신이 외면했던 리치오의 암살자들이 메리 스튜어트의 애매한 사면 조치 덕분에 나라 안에 돌아와 있었기 때문이다. 그는 모든 부름과 유혹을 단호히 물리치고 글래스고에 머물렀다. 그곳엔 그의 아버지인 레녹스 백작이 있었고 충직한 신하들이 있었으며 견고한 거처도 있었다. 만일의 사태에는 항구에 대기 중인 배를 타고 도망칠 수도 있었다. 그리고 마치 운명이 가장 위험한 순간에 그를 보호하려는 듯, 그는 때마침 천연두에 걸린다. 덕분에 그는 글래스고에 몇 주간 더 머무를 수 있는 절묘한 구실을 얻었고 안전한 은신처에서 조금 더 오랜 시간을 보낼 수 있었다.

이 병으로 보스웰의 계획이 예기치 않은 차질을 빚었다. 그는 초조하게 에든버러에서 제물을 기다렸다. 그가 왜 그렇게 서둘렀는지 정확한 이유는 알 수 없고 다만 짐작할 수 있을 뿐이다. 왕관에 대한 그의 욕망이 지나치게 조급했기 때문일 수도 있고, 믿을 수 없는 공모자들이 너무 많아 발각될까 두려웠을 수도 있다. 어쩌면 메리 스튜어트와의 은밀한 관계가 이미 드러나기 시작했기 때문일지도 모른다. 어쨌든 그는 더 이상 기다릴 여유가 없었다. 하지만 병든 이 남자, 불신으로 가득 찬 이 남자를 어떻게 암살 장소로 유인할 수 있을까? 굳게 닫힌 그의 집에서 어떻게 끌어낼 수 있을까? 공공연히 불렀다가는 단리는 즉시 의심을 품을 것이고, 이미 궁정에서 미움받고 있는 이 남자를 설득하여 스스로 돌아오게 만들 만한 사람은 아무도 없었다. 모레이도, 메이틀랜드도, 그 누구도 그를 움직일 만큼 가까운 관계가 아니었다. 오직 메리 스튜어트, 그녀만이 할 수 있었다. 사랑을 가장하여 자신의 사랑만을 바라는 그를 속인다면 아마도 그 경계심 많은 남자를 스스로 파멸의 길로 이끌 수 있을 것이다. 게다가 그녀는 이제 완전히 보스웰의 명령에 복종하는 처지였다.

그리고 믿기 힘든 일이, 아니, 감정적으로는 도저히 받아들일 수 없는 일이 실제로 일어나고 만다. 1월 22일, 몇 주 동안이나 단리와 마주칠까 두려워하며 그를 피해왔던 메리 스튜어트는 글래스고로 향했다. 겉으로는 병든 남편을 돌보는 척했지만, 실상은 보스웰의 지시에 따라 단리를 에든버러로 유인하기 위함이었다. 그곳에서 날카로운 단도를 든 죽음이 초조하게 그를 기다리고 있었다.

제12장

단리 살인 사건

1567/01/22-02/09

이제 메리 스튜어트의 발라드에서 가장 어두운 악장이 시작된다. 병상에 있던 남편을 글래스고에서 데려와 살인의 현장 한가운데로 몰아넣은 이 여정은 그녀 일생에서 가장 논란의 여지가 많은 행동이다. 메리 스튜어트는 정말로 아트레우스 가문의 사람이었던가? 마치 귀향한 남편 아가멤논에게 따뜻한 목욕을 준비해주며 연인 아이기스토스가 날 선 도끼를 들고 숨어 기다리던 곳으로 안내했던 클리타임네스트라 같은 여인이었는가? 아니면 부드럽고 달콤한 말로 던컨 왕을 잠자리에 들게 한 후 맥베스가 그를 살해하는 동안 그 곁을 지킨 또 한 명의 맥베스 부인이었던가? 가장 격렬한 욕망이 때로는 가장 용감하고 헌신적인 여성마저 악마로 만들어버리는 것처럼 말이다.

혹은 그녀는 단지 거칠고 포악한 남자 보스웰의 손에 놀아나는, 의지력 없는 존재에 불과했는가? 저항할 수 없는 명령에 사로잡힌 채 무의식적으로 행동하는 꼭두각시, 끔찍한 사건을 위한 모든 준비에 무지

했던 그런 인물이었는가? 우리의 감정은 본능적으로 이를 거부한다. 지금껏 인간적으로 느껴졌던 여성을 이 끔찍한 범죄의 공범으로 인정하고 싶지 않기 때문이다. 그래서 사람들은 자꾸만 이 글래스고 여행에 대해 더욱 인간적이고 관대한 해석을 찾아내고자 애쓴다. 메리 스튜어트에게 불리한 모든 증언과 문서들을 신빙성이 없다는 이유로 한쪽에 제쳐두고, 그녀를 변호하는 이들이 내놓는 해명과 변명을 곱씹으려 한다. 하지만 이는 모두 헛된 일이다! 아무리 믿고 싶어도 그녀를 변호하려는 모든 논리는 끝내 설득력을 갖지 못한다. 그녀의 모든 행위는 마치 완벽히 닫힌 고리처럼 사건들과 빈틈없이 맞물려 있지만, 그녀를 옹호하려는 모든 해석은 막상 붙잡으려 하면 허망하게도 손아귀에서 부서지고 만다.

과연 메리 스튜어트가 남편을 정말로 걱정한 나머지, 그를 안전한 피신처에서 집으로 데려와 돌보았다고 볼 수 있을까? 수개월째 두 사람은 사실상 완전히 떨어져 살고 있었다. 단리는 그녀의 곁에서 쫓겨났고 스페인, 잉글랜드, 프랑스의 외교관들은 이미 오래전부터 그들의 소원해진 관계를 돌이킬 수 없는 사실로 받아들여 보고서에 적고 있었다. 귀족들 역시 공개적으로 이혼을 청원했고 심지어는 비밀리에 더 극단적인 방법을 모색하고 있었다. 두 사람은 이미 서로에게 전혀 관심 없는 채 살아가고 있었고 제드버러에서 메리 스튜어트가 위독하다는 소식을 듣고도 단리는 임종성사를 받은 아내를 찾아갈 생각조차 하지 않았다. 그러니 사랑에서 비롯된 걱정이 그녀를 이 여행으로 이끌었다고 가정하는 것은 더 이상 설득력을 가지기 어렵다.

어쩌면 메리 스튜어트는 바로 이 여행을 통해 불행한 갈등을 끝내려 했던 것일까? (이것이야말로 그녀를 어떻게든 옹호하려는 이들의 마지막 논거다.) 그러나 안타깝게도 그녀에게 가장 유리한 마지막 해석조차, 한 통의 편지로 무너지고 만다. 글래스고로 떠나기 전날, 한 번도 자신의 편지가 후대에 불리한 증거가 될 거라 생각해본 적 없는 그녀는 비튼 대주교에게 보내는 편지에서 신랄하고 격앙된 감정을 적나라하게 드러냈다. "우리 남편에 관해서는, 우리가 지금껏 그를 어떻게 대했는지 하나님만이 아십니다. 마찬가지로 그가 우리에게 저지른 온갖 방종과 부정은 온 세상과 하나님께 이미 다 드러나 있습니다. 모든 신하들이 그것을 목격했고, 그들 모두가 마음속으로 그를 비난하고 있으리라 의심치 않습니다." 과연 이것이 병든 남편을 걱정하며 달려가는 아내의 태도라고 할 수 있을까? 또한 이것이 과연 의학과 상식에 부합하는 일일까? 천연두로 열이 오르고 얼굴까지 부어오른 중병 환자를, 매서운 추위가 기승을 부리는 1월에 침대에서 억지로 끌어내 뚜껑도 없는 마차에 태워 이틀이나 되는 먼 길을 이동시킨다는 것이 말이다. 메리 스튜어트는 출발하기 전부터 단리가 반대할 틈조차 주지 않으려 미리 마차를 준비해 두었고, 그를 가능한 한 빨리 에든버러로 데려가려 했다. 바로 그곳에서 그를 향한 살인 모의가 한창 진행되고 있었는데도 말이다.

하지만 어쩌면 메리 스튜어트는 정말로 이 음모에 대해 아무것도 모르고 있었던 것은 아닐까? (그녀의 변호자들에게 한 걸음 양보를 하자면 말이다. 한 인간에게 살인죄를 덮어씌우는 일은 얼마나 대단한 책임이 뒤따르는 것인가!) 그러나 불행하게도 그녀에게 직접 전달된 아치볼드 더글러스의 편지 한 통이 모든 의심을 불식시킨다. 공모자

중 한 명이었던 아치볼드 더글러스는 글래스고로 가는 비극적인 여정 도중에 메리 스튜어트를 직접 찾아와 살인 계획에 대한 명확한 동의를 얻고자 했다. 비록 그 순간 그녀가 어떤 확답도 주지 않았고, 동의도 거부했을지라도 이미 이런 일이 진행되고 있다는 사실을 알고 있는 아내라면, 그 요청 앞에서 어떻게 침묵할 수 있었을까? 어떻게 단리에게 경고하지 않을 수 있었으며, 심지어 그를 설득해 다시 죽음의 공기가 감도는 곳으로 돌아오게 만들 수 있었단 말인가? 이런 경우 침묵은 이미 단순한 방관을 넘어선다. 그것은 은밀하고 소극적인 공모이며, 범죄를 알면서도 이를 막으려는 어떠한 노력도 하지 않은 자의 죄와 다름없다. 따라서 메리 스튜어트에 대해 가장 너그럽게 평가한다 해도 결국은 이 정도다. 그녀는 그 범죄에 대해 알지 못했던 것이 아니라, 알고 싶어 하지 않았다는 것. 그녀는 눈을 감고 고개를 돌렸다. 그리고 "나는 이 일에 가담하지 않았다"라고 말할 수 있는 조건을 스스로 만들어냈다.

메리 스튜어트는 기꺼이 이 일을 저지른 것이 아니다. 당당하게, 의식적으로, 자발적으로 행동한 것도 아니다. 그녀는 자기 자신의 의지가 아니라, 자신을 지배하는 타인의 의지에 따라 움직였다. 그녀는 냉정하거나 계산적이거나 교활하고 냉소적인 태도로 글래스고로 가서 단리를 유인한 것이 아니었다. 결정적인 순간, 이를 뒷받침하는 것이 바로 '보석함 편지들'이다. 그녀는 자신에게 부여된 역할에 대해 혐오와 공포를 느꼈다. 물론 그녀는 보스웰과 함께 단리를 에든버러로 데려오는 계획을 논의했고 그에 동의하기까지 했다. 그러나 그를 떠나온지 하루가 지나자 보스웰의 존재라는 일종의 최면 효과가 약해졌고 그 순간, 오랫동안 억눌려 있던 양심이 꿈틀대기 시작했다.

　범죄의 기로에서 언제나 타인의 힘에 의해 떠밀린 자와, 자기 안의 욕망으로 스스로 죄를 저지른 자는 다르게 구분된다. 계획된 범행과 충동적인 범행은 명백히 다른 것이다. 그리고 메리 스튜어트의 범죄는 자신의 의지를 압도한 타인의 힘에 의해 실행된 범죄의 가장 완벽한 사례 중 하나일지도 모른다. 왜냐하면 그녀가 계획하고 동의했던 일을 실행에 옮기려는 바로 그 순간, 희생자를 도살장으로 유인하라는 명령을 받고 그와 대면하는 순간, 승오와 복수심은 사라지고 그녀 내면의 가장 본능적인 인간성이 잔혹한 임무와 절박하게 투쟁하기 시작했다. 그러나 이미 늦었고, 모든 것은 헛되었다. 이 범죄에서 메리 스튜어트는 단지 사냥꾼이 아니었다. 교묘히 희생자를 뒤쫓는 동시에 그녀 자신도 사냥당하는 존재였다. 그녀는 자신을 몰아세우는 채찍질을 느낄 수 있었다. 약속한 희생자를 끌고 가지 못할 경우 연인의 분노가 자신에게 닥쳐올 것이라는 공포에 떨었고, 그의 명령을 거역하면 그의 사랑을 잃게 될지도 모른다는 두려움에 떨었다. 이 모든 상황에서 단 한 가지 분명한 것은, 그녀가 자신의 의지를 잃은 채, 정신적으로 무방비인 상태에서 강요된 폭력적인 행위에 맞서고 있었다는 사실이다. 그것만이, 비록 정의의 이름으로는 결코 용서될 수 없는 이 범죄를 적어도 인간적인 이해의 범위에서는 받아들일 수 있게 해주는 유일한 근거이다.

　이 끔찍한 사건을 이해할 수 있게 해주는 유일한 단서는 바로 메리 스튜어트가 병상에 누운 단리 곁에서 보스웰에게 보낸 그 유명한 편지다. 어리석게도 그녀의 옹호자들은 그 편지의 존재를 부인하려 하지만, 오직 그 편지만이 이 끔찍한 범죄에 인간적인 빛을 한 줄기나마 비춰준다. 그 편지를 통해 우리는 무너진 벽 틈새로 글래스고에서 있었던 끔찍했던 시간을 들여다보게 된다.

자정은 이미 한참 지났다. 메리 스튜어트는 낯선 방에서 잠옷 차림으로 책상 앞에 앉아 있다. 벽난로 속의 불꽃이 희미하게 흔들리며 차갑고 높다란 벽 위에 그림자를 일렁이게 한다. 하지만 그 불은 이 외로운 방을, 떨고 있는 그녀의 영혼을 전혀 데우지 못한다. 얇은 옷을 걸친 그녀의 어깨 위로 전율이 스친다. 방은 춥고, 그녀는 몹시 지쳐 있다. 마음이 뒤숭숭하고 흥분으로 가득 차 도무지 잠들 수가 없다. 지난 몇 주, 아니 바로 지난 몇 시간 동안 겪은 일들이 너무나 충격적이었기에, 그녀의 신경은 아직도 긴장한 채 떨리고 있었다.

그녀는 끔찍한 범죄를 앞두고 두려움에 몸서리치면서도, 자신의 의지를 맡긴 상대인 보스웰에게 무력하게 복종한 채 끔찍한 여정을 떠났다. 그녀가 맡은 임무는 직접 남편을 안전한 피신처에서 꺼내 죽음이 더욱 확실한 장소로 유인하는 것이었으며, 그 과정은 결코 쉽지 않았다. 성문 앞에서 한 사절이 그녀를 막아섰다. 단리의 아버지 레녹스 백작이 보낸 사자였다. 그 노인은 여왕이 갑작스레 다정하게 병문안을 온다는 것이 의심스러웠다. 나이 든 사람은 불길한 예감을 쉽게 놓치지 않는 법이다. 어쩌면 레녹스는 과거에도 메리 스튜어트가 항상 자신의 목적을 위해 거짓된 애정을 가장했었다는 것을 기억하고 있었는지도 모른다. 그녀는 간신히 그 사자의 모든 질문을 피하며 병상에까지 다다랐지만 병든 단리조차 의심스러운 눈빛으로 그녀를 맞았다. 그는 곧장 물었다. "왜 마차를 가져왔소?" 그녀는 마음을 단단히 다잡아야 했다. 그녀는 다정한 손짓과 달콤한 말로 서서히 단리의 경계를 풀어냈고, 그의 의지를 꺾어 마침내 더 강력한 의지를 심어 넣었다. 그렇게 첫날 오후, 이미 계획의 절반은 달성된 셈이었다.

이제 그녀는 어두운 방에 홀로 앉아 있다. 밤은 깊어지고, 방 안은 차갑고 텅 빈 채로 촛불만 으스스하게 흔들리고 있다. 몹시 고요하여 그녀의 가장 은밀한 생각마저 들리는 듯하고, 짓눌린 양심에서 흘러나오는 한숨이 공간을 메운다. 그녀는 잠들 수 없다. 쉴 수도 없다. 이 밤, 가장 고독한 절망 속에서 영혼을 짓누르는 이 무거운 짐을 누군가에게 털어놓고 싶어진다. 단 한 사람에게만 그 모든 것을 말할 수 있다. 아무도 들어서는 안 되는, 그녀조차 마주하기 두려운 이 끔찍하고 범죄적인 일들을, 그 사람에게만큼은 말할 수 있다. 하지만 그는 지금 곁에 없다. 그래서 그녀는 종이 몇 장을 집어 들고 글을 쓰기 시작했다.

그녀는 다음날 밤이 되어서야 편지를 마무리했다. 이 편지는 범죄의 한복판에서 양심과 씨름하는 한 인간의 고백이다. 깊은 피로와 극도의 혼란 속에서 써 내려간 이 편지에는 취한 듯 비틀거리고 지친 감정들이 뒤엉켜 있다. 어리석음과 깊은 통찰, 절규와 허황된 잡담, 절망의 탄식이 한데 섞여 있다. 어두운 생각들이 박쥐처럼 이리저리 날아다닌다. 하찮은 일상을 늘어놓다가도, 또 어떤 순간에는 그녀의 양심이 비명을 지르듯 솟구친다. 증오가 번쩍이는가 하면, 연민이 그것을 다시 누른다. 그 모든 사이를 관통하는 것은 단 한 사람을 향한 넘치는 사랑의 감정이다. 그녀의 의지를 완전히 지배하고, 그녀를 이 심연으로 밀어 넣은 바로 그 사람을 향한 사랑이다.

침묵이 그녀를 질식시키고, 공포가 그녀를 삼켜버릴 것 같기에, 그녀는 편지로라도 그에게 매달려야 했다. 그러나 이 삼천 단어짜리 편지가 맑은 정신으로 쓰인 것이 아니라는 점, 생각들이 휘청거리듯 엉켜 있다는 점, 바로 그것이 이 편지를 영혼의 역사에서 유례없는 문서로 만든다. 아마도 범죄의 한복판에서 감정적으로 극도로 흥분된 상태를 이토록 완벽하게 드러낸 고백은 일찍이 없었을 것이다. 조용한 밤, 그녀는 미친 듯한 심장의 고동 소리를 듣지 않기 위해 편지를 쓰고 또 썼다. 또다시 우리는 본능적으로 맥베스 부인을 떠올리게 된다. 그녀 역시 헐거운 잠옷 차림으로 성의 어둠 속을 헤매며, 소름 끼치는 생각들에 포위되어 괴로워하고, 소름 끼치는 독백 속에서 꿈결처럼 자기 범죄를 드러낸다. 이런 내면의 고백을 써낼 수 있는 것은 오직 셰익스피어, 도스토옙스키, 그리고 가장 위대한 작가인 현실뿐이다.

나는 지치고 졸립니다. 하지만 종이가 남아 있는 한, 멈출 수가 없습니다. 그래도 기뻐요, 모두가 잠든 사이에 당신에게 편지를 쓸 수 있다는 게. 왜냐하면 지금 당신의 품에 안기고 싶은 갈망 때문에 나는 차마 쓰지 않고는 견딜 수 없을 것 같거든요. 내 소중한 삶이여.

그녀는 가엾은 단리가 그녀의 갑작스러운 방문에 얼마나 기뻐했는지를 묘사했다. 그 착한 소년의 모습이 눈앞에 생생히 그려지는 듯하다. 열로 달아오르고 발진으로 붉어진 그의 얼굴. 그는 낮과 밤을 홀로 누워 지내며, 육체와 영혼까지 바쳐 사랑했던 그녀에게 버려졌다는 생각에 가슴이 찢어지는 고통을 겪고 있었다. 그런데 바로 그 순간 그녀가 갑자기 그의 앞에 나타난 것이다. 사랑하는 아내가 갑자기 다시 침대 옆에 상냥한 모습으로 앉아 있다. 행복에 겨운 이 어리석은 소년은 꿈을 꾸는 것 같다고 말하며 "당신을 다시 보게 되어 너무나 행복해서, 이 기쁨에 죽어도 좋을 것 같다"라고 고백했다.

물론 몇 번이나 불신의 묵은 상처가 아프게 되살아나곤 했다. 하지만 그녀가 그를 아무리 속여왔어도 그의 마음은 이토록 엄청난 배신을 상상할 힘조차 없었다. 약한 사람에겐 믿고자 하는 욕망이 너무나 달콤하고, 허영심 많은 사람은 자신이 사랑받고 있다고 쉽게 믿어버린다. 머지않아 단리는 그녀에게 자신이 저지른 모든 잘못을 용서해 달라고 빌었다.

당신의 신하들도 수많은 잘못을 저질렀지만 당신은 그들을 용서했습니다. 어쩌면 당신은 나를 번번이 용서해줘도 내가 계속 잘못을 저지른다고 말할지도 모릅니다. 하지만 어린 나이에 나쁜 조언에 휘둘려 두 번, 세 번 실수를 반복하고 약속을 지키지 못하는 건 어쩌면 당연한 일이 아닌가요? 이번에 용서해준다면, 다시는 어떤 잘못도 저지르지 않겠다고 맹세하겠습니다. 나는 아무것도 바라지 않습니다. 그저 우리가 부부로서 함께 살 수 있기를 바랄 뿐입니다. 오직 당신만을 생각한 그 대가로 얼마나 혹독하게 벌을 받고 있는지, 하나님만이 아실 겁니다.

그 편지를 통해 우리는 다시 한 번 그 어두운 방 안으로 시선을 던지게 된다. 메리 스튜어트는 병상에 누운 남편 곁에 앉아 그가 쏟아내는 사랑의 고백을 듣고 있다. 이 순간 그녀는 기뻐해야 마땅했다. 계획은 성공했고, 순진한 이 젊은이는 다시 마음을 열었다. 하지만 그녀는 기뻐할 수 없었다. 자신의 기만이 너무나 수치스러워 스스로의 비열함에 치가 떨렸다. 혼란스러운 눈빛으로 병자 곁에 앉아 있는 그녀의 모습을 보며, 단리조차도 그녀를 짓누르고 있는 어둡고 알 수 없는 기운을 느꼈을 정도였다. 불쌍한 이 남자는 배신자를 위로하려 했다. 그녀가 다시 웃고 행복하기를 간절히 바랐다. 불행한 바보는 이미 사랑을 꿈꾸기 시작했다. 그 편지는 참으로 가슴 아프다. 연약한 이가 얼마나 또다시 순진하게 그녀에게 매달리고 있는지를, 그녀 곁에 있다는 사실에 얼마나 깊은 만족을 느끼고 있는지를. 그는 그녀에게 고기를 잘라 달라고 부탁하며 끊임없이 말을 걸었다. 어리석게도 그는 모든 비밀을 그녀 앞에 털어놓았다. 그녀가 이미 몸과 마음을 보스웰에게 바쳤다는 사실도 모른 채, 메이틀랜드와 보스웰을 향한 증오를 솔직히 고백했다. 그가 믿음과 사랑으로 자신을 드러낼수록 그녀는 이 무고하고 무력한 남자를 배신하기가 더욱 힘들어졌을 것이다. 그럼에도 그녀는 억지로 자신을 다잡고, 이 비열한 연극을 계속해나가야 했다.

그보다 더 겸손하고 진심 어린 태도를 본 적이 없습니다. 그의 마음이 밀랍처럼 연약하다는 걸 몰랐다면, 그리고 내 마음이 다이아몬드처럼 단단하지 않았다면, 당신의 명령이 아니었다면 나는 분명 그를 불쌍히 여겼을 겁니다.

열병으로 달아오른 얼굴로 그녀를 바라보는 이 순진한 사내를 향해 더는 증오를 품지 않았다. 그가 과거에 했던 모든 잘못은 잊어버리고,

그녀는 이 계획의 책임을 격렬히 부정하며 보스웰에게 돌렸다.

내 개인적인 복수심 때문이라면 절대 하지 않았을 것입니다. 당신은 두렵고 무서운 거짓 위장을 하도록 나를 몰아세우고 나로 하여금 배신자의 역할을 하도록 만들고 있습니다. 하지만 기억해주세요. 당신에게 복종하기 위한 것이 아니었다면 나는 차라리 죽음을 택했을 거예요. 이 일로 내 가슴은 피를 흘리고 있습니다. 아, 나는 지금까지 누구도 속인 적이 없었습니다. 하지만 이제는 당신의 뜻 아래에서 모든 것을 하고 있습니다. 그저 내가 무엇을 해야 하는지만 알려주세요. 무슨 일이 나에게 닥치더라도 나는 당신에게 복종하겠습니다. 그리고 더 은밀한 방법이 있는지도 생각해 주세요. 예를 들면 약을 쓰는 방법처럼 말입니다. 그는 크레이그밀러에서 약물과 목욕 치료를 받아야 하니까요.

적어도 그녀는 이 불행한 사람에게 조금이나마 덜 잔혹한 죽음을 마련해주고 싶어했다. 만약 그녀가 이토록 이성을 잃지 않았더라면, 보스웰에게 완전히 자신을 내맡기지 않았더라면, 만약 한 줄기의 양심만이라도 있었다면 그녀는 지금 이 순간, 단리를 구했을 것이다. 하지만 그녀는 감히 거부하지 못했다. 그렇게 하면 자신이 모든 것을 걸고 매달린 보스웰을 잃을까 두려웠던 것이다. 동시에 또 다른 공포가 그녀를 옥죄고 있었다. 자신이 이토록 비열한 일에 몸을 던졌다는 바로 그 이유 때문에, 보스웰이 끝내 그녀를 경멸하게 되지는 않을지 두려워했던 것이다. 그녀는 두 손을 모아 애원했다. 지금 그를 위해 감내하고 있는 이 모든 고통을 사랑으로 보상해 달라고 말이다.

나는 모든 것을 바쳤습니다. 명예도, 양심도, 행복도, 위엄도. 그것을 기억해 주세요. 거짓된 처남의 말에 속지 말고, 가장 충실한 연인을 믿어 주세요. 또 거짓 눈물을 흘리는 당신의 아내를 보지 말고, 그녀의 자리를 얻기 위해 내 본성에 거슬러 모든 이를 속이며 감내하는 헌신적인 나를 보아 주세요. 하나님께서 나를 용서해 주시기를, 그리고 나의 가장 소중한 친구인 당신에게 당신의 가장 충실한 연인이 바라는 모든 행복과 은총을 내려 주시기를 빕니다.

이 말들 속에서 고통스러운 심장 소리를 편견 없이 듣는 사람이라면 그녀를 단순히 살인자라 부르기는 어려울 것이다. 비록 그녀의 모든 행동이 살인을 향해 나아가고 있다 해도 말이다. 그녀 안에는 자신의 의지보다 더 강한 혐오와 거부감이 있었기 때문이다. 어쩌면 이 여인은 살인보다 자살에 더 가까이 가 있었을지도 모른다. 그러나 예속의 운명은 잔혹하다. 자신의 의지를 타인에게 내어준 순간, 인간은 더이상 스스로 길을 선택할 수 없다. 다만 섬기고 복종할 뿐이다. 그리하여 그녀는 비틀거리듯 앞으로 나아갔다. 자신의 욕망에 사로잡힌 하녀로서, 무의식적이면서도 잔인할 만큼 또렷한 인식을 가진 감정의 몽유병자로서, 자신이 저지른 행위가 열어젖힌 그 심연을 향해 한 걸음씩 다가갔다.

이튿날, 메리 스튜어트는 자신에게 맡겨진 역할을 한 치의 흔들림도 없이 완수한다. 전날 밤까지 그의 눈 속에서 번뜩이던 불신의 그림자는 완전히 사라졌다. 가엾고 병든, 어리석은 소년은 다시금 기운을 되찾은 듯 보였고, 안도와 평온 속에서 심지어 행복한 표정까지 지었다.

마치 그녀가 보스웰의 명령에 복종하듯 단리도 순종적으로 움직였다. 예속된 자에게 다시 예속된 그는 그녀와 함께 에든버러로 돌아가겠다고 기꺼이 나섰다. 이제 그는 의심하지 않았다. 성 안의 안전한 방을 떠나 마차에 오르는 일조차 망설임이 없었다. 병으로 흉하게 변한 얼굴은 고운 천으로 가려졌다. 이제 남은 것은 거칠고 피비린내 나는 일뿐이다. 그것은 보스웰의 몫이다. 냉혹하고 냉소적인 그에게 그런 일쯤은 메리 스튜어트가 자신의 양심을 배신하는 일보다 훨씬 쉬웠을 것이다.

마차는 구불구불한 겨울길을 따라 나아갔다. 기병들의 호위를 받으며, 몇 달간 이어진 불화가 마침내 봉합된 듯 왕과 왕비는 에든버러로 돌아왔다. 에든버러라면 당연히 행선지는 홀리루드성일 것이다. 왕실의 거처이며, 아늑하고 위엄 있는 궁전 말이다. 그러나 목적지는 그곳이 아니었다. 이미 모든 권력을 손아귀에 넣은 보스웰은 전혀 다른 계획을 세우고 있었다. 왕이 앓은 병은 여전히 전염의 위험이 있으므로 홀리루드성에 머물러서는 안 된다는 것이었다. 그렇다면 스털링이나 난공불락의 에든버러성, 아니면 적어도 주교의 궁전 같은 귀족의 저택에 머물러야 하는 것이 아닐까? 하지만 의심스럽기 짝이 없는 결정이 내려졌다. 그것은 누구도 예상치 못한, 보잘것없는 외딴 집이었다. 귀족과는 전혀 어울리지 않는 성벽 밖, 정원과 들판 사이, 반쯤 무너지고 수년째 비어 있던 경비도 수호도 어려운 허술한 그런 집. 그곳이 바로 행선지였다. 사람들은 본능적으로 묻게 된다. 누가 이 외진 커크 오 필드의 집을 왕을 위한 숙소로 골랐을까? 그리고 그 답은 늘 그렇듯, 보스웰이다. 모든 서신, 모든 문서, 모든 증언에서 반복해 나타나는 단 하나의 붉은 실. 피로 얼룩진 흔적은 언제나 결국 이 한 사람, 보스웰에게로 향한다.

왕이 머물기에 도무지 어울리지 않는 이 작은 집은 황량한 들판 한가운데 덩그러니 놓여 있었다. 대기실 하나와 방 네 칸이 전부였다. 아래층에는 급히 왕비의 침실이 마련되었는데, 이는 그토록 두려워하며 멀리하던 남편을 간호하고 싶다는 왕비의 간절한 뜻 때문이었다. 위층에는 왕의 침실과 그를 돌볼 세 하인들을 위한 방이 나란히 준비되었다. 물론 이 누추한 집에 쏟은 정성은 결코 소홀하지 않았다. 홀리루드 궁전에서 값비싼 융단과 태피스트리를 옮겨왔고, 프랑스에서 마리 드 기즈가 가져온 화려한 침대 중 하나가 왕의 방에, 또 다른 하나는 왕비의 방에 놓였다.

이제 메리 스튜어트는 오랫동안 외면했던 남편에 대한 관심과 애정을 마치 빚이라도 갚듯 과시하기 시작했다. 그녀는 하인들을 이끌고 여러 차례 이 집을 찾았다. 병든 남편 곁을 지키기 위해서였다. 2월 4일부터 7일까지는 편안한 궁전을 뒤로하고 이 외진 집에서 밤을 보내기도 했다. 에든버러 시민 모두에게 왕과 왕비가 다시금 다정한 부부가 되었다는 것을 보여야 했다. 불과 얼마 전까지만 해도 메리 스튜어트와 함께 남편을 어떻게 처리할지 모의하던 귀족들에게 이 화해는 얼마나 기이하게 보였겠는가. 그중에서도 가장 예리했던 모레이는 이 모든 것을 조용히 계산하고 있었다. 그는 이렇게까지 외진 장소에 왕을 머무르게 한 데는 분명히 끔찍한 속셈이 있을 것이라고 생각했다. 그리고 그는 아무 말 없이, 조용히 외교적인 수를 준비해 나갔다.

아마 에든버러뿐 아니라 온 나라를 통틀어 메리 스튜어트의 갑작스러운 감정 변화가 진심이라 믿었던 사람은 단리 단 한 명뿐이었을 것이다. 아내가 베푸는 극진한 보살핌은 그의 허영심을 만족시키기에 충분했다. 그는 그동안 자신을 무시하고 외면하던 귀족들이 병상 곁으로 하나둘씩 다가와 걱정스러운 얼굴로 굽실거리는 모습을 만족스럽게 바라보았다. 2월 7일, 단리는 아버지에게 보낸 편지에 여왕의 따뜻한 간호 덕분에 건강이 눈에 띄게 회복되었다고 감사의 마음을 담아 적었다. 의사들도 곧 완전히 쾌유할 것이라는 기쁜 소식을 전했고, 병이 남긴 흉터들도 서서히 사라지면서 마침내 궁으로 돌아갈 허락을 받을 수 있었다. 월요일 아침이면 말을 타고 다시 홀리루드로 향할 수 있을 것이다. 하루만 더 견디면, 그는 다시 홀리루드 궁전에서 왕좌에 앉아 여왕과 한 이불을 덮고 식탁을 함께하며 나라의 주인이자 그녀 마음의 주인이 될 수도 있을 터였다.

월요일이 오기 바로 전날 밤, 홀리루드성에서는 화려한 축하 연회가 예정되어 있었다. 메리 스튜어트의 충실한 신하 두 사람이 결혼식을 올리기로 했고, 이를 축하하는 성대한 잔치와 무도회가 준비되어 있었다. 여왕은 시종들에게 꼭 참석하겠다고 약속했다. 하지만 그날 아침, 그 연회보다 훨씬 더 중요한 일이 벌어지고 있었다. 이날 아침 모레이 백작은 며칠간의 작별을 고하고 여동생 곁을 떠났다. 공식적으로 그는 병든 아내를 돌보기 위해 자신의 영지로 간다고 했다. 그러나 언제나 그렇듯, 모레이가 정치의 중심에서 조용히 물러날 때는 그럴 만한 이유가 있었다. 그가 물러난 직후에는 늘 정변이나 재앙이 터졌고, 나중에 다시 나타날 때면 언제나 자신은 그 일과 무관하다고 주장할 수 있었다. 다가올 폭풍의 냄새를 맡을 줄 아는 사람이라면, 선구안을 가진 모레이가 조용히 사라지는 모습을 보며 불안을 느꼈을 것이다. 아직 일 년도 지나지 않았다. 리치오가 암살되던 날 아침에도 그는 똑같이 아무것도 모르는 척하며 말을 타고 에든버러에 들어오지 않았던가. 그리고 오늘, 더 끔찍한 사건이 일어날 바로 그날 아침, 그는 또다시 아무것도 모른다는 듯한 얼굴로 자리를 떠났다. 위험은 남에게 맡기고서, 명예와 이익은 챙기기 위해서 말이다.

두 번째 징후 역시 충분히 의심을 불러일으킬 만하다. 메리 스튜어트가 커크 오 필드에 있는 침실에서 사용하던 값비싼 모피 이불을 얹은 침대를 홀리루드로 옮기라는 명령을 내린 것이다. 얼핏 보면 특별히 이상할 것은 없다. 연회가 열리는 이날 밤 그녀는 커크 오 필드가 아니라 홀리루드에서 잠을 잘 계획이었고, 다음 날이면 단리 역시 홀리루드로 돌아올 예정이었기 때문이다. 하지만 그녀가 이처럼 서둘러 침대를 옮긴 신중함은, 곧이어 벌어질 사건들로 인해 무시무시한 해석 혹은 오해의 빌미가 된다.

그날 오후와 저녁에는 어둡거나 불길한 기운은커녕 아무런 위험의 징후도 보이지 않았다. 메리 스튜어트의 행동도 매우 신중했다. 낮에는 가까운 친구들과 함께 병세가 호전된 남편을 방문했고, 저녁이 되자 보스웰, 헌틀리, 아길과 함께 다정한 미소를 지으며 결혼 축하 연회 자리에 참석했다. 그런데 이 얼마나 감동적인 일인가! 아니, 오히려 너무나도 '눈에 띄게' 감동적인 일이었다. 단리가 다음 날 아침이면 어차피 홀리루드로 돌아올 예정이었음에도, 그녀는 그 추운 겨울밤을 뚫고 다시 한번 커크 오 필드의 외딴 집을 찾아갔다. 남편의 침상 옆에 앉아 짧게나마 담소를 나누기 위해서였다. 밤 11시까지(이 시각은 반드시 기억해 두어야 한다) 그녀는 그곳에 머물렀다. 그리고 얼마 후 홀리루드로 돌아갔다. 어두운 밤, 횃불과 등불을 앞세운 기마 행렬이 요란한 소리와 함께 거리를 가로질렀다. 에든버러의 시민이라면 누구나 왕비가 병든 남편을 정성스레 간호한 뒤 홀리루드 궁으로 돌아가는 모습을 목격했을 것이다. 비올라와 백파이프 선율이 궁전 가득 울려 퍼지고 하인들이 흥겹게 춤을 추는 가운데, 그녀는 다시 손님들 사이에 섞여 즐겁게 담소를 나누었다. 그리고 자정이 한참 지난 뒤에야 침실로 돌아가 잠자리에 들었다.

새벽 두 시, 대지가 요란하게 진동했다. 마치 스물다섯 대의 대포가 동시에 발포된 것처럼 엄청난 폭발음이 공기를 갈랐다. 곧이어 커크 오 필드 쪽에서 사람들이 혼비백산하여 달려 나왔다. 왕이 머물던 집에서 무언가 끔찍한 일이 벌어진 게 분명했다. 깊은 잠에서 깨어난 도시 전체가 순식간에 공포와 혼란 속에 빠졌다. 성문은 급히 열렸고, 다급히 파견된 전령들이 홀리루드성으로 달려가 끔찍한 소식을 알렸다. 성벽 바깥 커크 오 필드에 위치한 그 외딴 집이 왕과 시종들과 함께 통째로 폭파되었다는 것이었다. 그 시각, 혼인 잔치에 참석해 있던 보스웰은 (분명 알리바이를 만들기 위해 일부러 모습을 드러낸 것이었으리라) 잠에서 깨어났거나 어쩌면 의도적으로 자는 척하던 침상에서 급히 일으켜졌다. 그는 황급히 옷을 챙겨 입고 무장한 수행원들과 함께 범행 현장으로 향했다. 정원 한쪽에서는 속옷 차림의 단리와 그의 하인이 싸늘한 시신으로 발견되었다. 그들이 머물던 집은 화약 폭발로 완전히 무너져 내린 상태였다. 보스웰은 충격적인 현장을 마주하고도 놀란 기색만을 보일 뿐이었다. 누구보다도 정확히 진상을 알고 있으면서도 그 이상의 조사를 벌이지 않았다. 그는 시신들을 수습해 안치하라 명한 뒤, 고작 30분 만에 다시 성으로 돌아왔다. 그곳에서 역시 아무것도 모른 채 잠에서 깨어난 여왕에게 그는 단지 짧은 말을 전할 뿐이었다. 그녀의 남편인 스코틀랜드의 왕 헨리 단리가 알 수 없는 살인자들에 의해서 알 수 없는 방식으로 살해되었다는 바로 그 소식을 말이다.

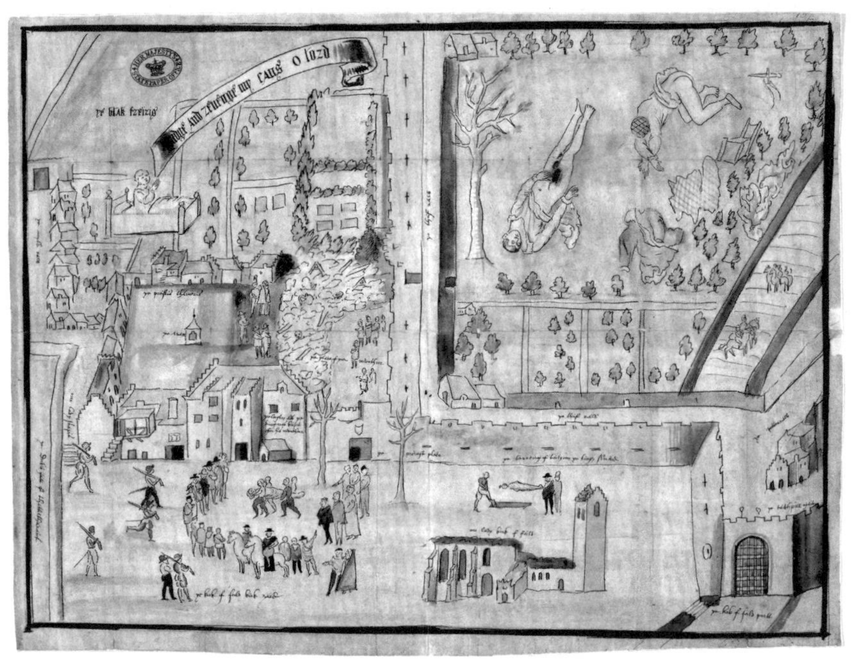

커크 오 필드 살인 사건 현장을 그린 그림

우상단에는 살인의 현장이, 왼편에는 폭발 사고가, 하단에는 단리 경이 실려 가는 모습이 그려져 있다.

제13장
신은 파멸시키고자 하는 자를 먼저 미치게 만든다
1567/02-04

정열은 많은 것을 가능케한다. 말로 다할 수 없는, 때로는 인간을 초월한 에너지를 불러일으킬 수 있다. 그 저항할 수 없는 힘은 고요한 영혼에서조차도 거대한 힘을 끌어내어 모든 규범과 형식을 깨뜨리고 결국 범죄에까지 이르게 한다. 그러나 정열의 본성은 그 격렬한 폭발이 일단 터지고 나면 탈진하여 스스로 무너진다는 데 있다. 이른바 '정열의 범죄자'는 대개 범죄를 저지를 힘은 있어도 그 결과를 감당할 준비는 되어 있지 않다. 타오르는 충동에 사로잡혀 단 하나의 목표만을 응시한 채, 자신의 모든 에너지를 그 순간에 쏟아붓기 때문이다. 하지만 일단 일이 벌어지고 나면, 결단력은 무너지고 이성은 기능을 멈춘다. 바로 그때, 냉정하고 계산적인 범죄자는 유연하게 고발자와 재판관들을 상대한다. 범행 그 자체가 아니라 그 이후를 위한 방어에 온 신경을 집중한다.

메리 스튜어트는 (이것은 그녀의 품격을 깎는 것이 아니라 오히려 높이는 일이다) 보스웰에 대한 맹목적인 복종 때문에 스스로 빠져든 이 범죄적인 상황을 감당할 능력이 없었다. 그녀는 비극을 미리 막을 만한 힘도 없었고, 일이 벌어진 뒤에는 완전히 의지를 잃고 말았다. 이제 그녀가 선택할 수 있는 길은 두 가지다. 하나는 단호하게 보스웰과 결별하는 것이다. 그는 그녀가 내심 바라던 것보다 훨씬 더 끔찍한 일을 저질렀고, 그 행위에서 자신을 분리해내는 것이 마땅했다. 또 다른 하나는 범죄의 은폐에 협력하는 길이다. 그렇게 하려면 그녀는 거짓된 슬픔을 연기하고, 자신과 보스웰을 향한 의심을 교묘히 피해가야 한다.

하지만 메리 스튜어트는 이 모든 의혹이 집중되는 결정적인 순간에 가장 어리석고 이해할 수 없는 선택을 한다. 아무것도 하지 않은 것이다. 그녀는 얼어붙은 듯 침묵했고 그 당혹스러운 침묵 때문에 오히려 자신을 고스란히 드러내고 말았다. 마치 태엽 감긴 장난감처럼, 정해진 동작만을 기계적으로 반복하다가 멈춰서는 인형처럼 그녀는 복종의 황홀한 착란 속에서 보스웰이 요구한 모든 것을 의지 없이 따라 했다. 글래스고로 가서 단리를 달래고, 감언이설로 데려왔다. 하지만 이제 태엽은 풀려버렸다. 힘이 다한 것이다. 세상을 설득하기 위해 연기를 했어야 할 바로 이 순간에 그녀는 지쳐버린 듯 가면을 벗어 던졌다. 굳어버린 표정, 잔혹할 정도로 얼어붙은 영혼, 이해할 수 없는 무관심이 그녀를 잠식했다. 그녀는 그저 무기력하게, 불길한 의심이 날카로운 칼날처럼 덮쳐오는 것을 고스란히 받아들였다. 이처럼 기이한 영혼의 경직은 사실 그리 드문 일이 아니다. 그것은 과도한 긴장이 낳는 필연적인 반동이며, 한계를 넘은 이들에게 자연이 가하는 교묘한 보복과도 같다.

268

워털루 전투가 끝난 저녁, 나폴레옹 역시 그러한 상태에 빠져 있었다. 재앙이 닥친 그 순간, 가장 절실했던 결단도 명령도 내리지 못한 채, 그저 말없이 멍하니 앉아 있을 뿐이었다. 구멍 난 술통에서 포도주가 순식간에 흘러나가듯, 그의 악마적인 의지력은 순식간에 빠져나가버렸다. 오스카 와일드 역시 체포 직전 똑같은 경직 상태에 사로잡혔다. 친구들은 이미 그에게 경고했고, 아직 도망칠 시간도 있었고 돈도 있었으며, 기차를 타고 해협을 건널 수도 있었다. 그럼에도 그는 호텔 방에 앉아 그저 기다리고 또 기다릴 뿐이었다. 그가 기다린 것이 과연 기적이었는지, 혹은 파멸이었는지는 알 수 없다. 이처럼 역사 속에 수없이 반복된 사례들을 통해서 우리는 메리 스튜어트의 이해할 수 없는 행동을 어느 정도 설명할 수 있다.

바로 그 몇 주 동안의 태도 때문에 그녀는 의심의 대상이 된다. 왜냐하면 살인이 일어나기 전까지만 해도 아무도 그녀가 보스웰과 공모하고 있다고 확신할 수 없었고, 단리를 찾아간 것 역시 화해의 의도에서 비롯된 것일 수도 있었기 때문이다. 그러나 살인이 벌어진 후, 피살자의 아내는 세상의 날카로운 시선 한가운데 놓인다. 그런데 이 불행한 여인에게는 어느 순간부터 거짓과 위선을 견딜 수 없는 깊은 혐오감이 밀려든 듯하다. 그녀는 종말만을, 오직 무(無)와 몰락만을 갈망하면서 눈을 감고 더 이상 아무것도 보려 하지 않았다. 신은 파멸시키고자 하는 자를 먼저 미치게 만든다.

한밤중에 사자가 찾아와 남편이 정체불명의 자들에 의해 살해되었다는 끔찍한 소식을 전한다면, 남편을 사랑했던 여인은 과연 어떻게 행동해야 마땅할까? 그녀는 마치 불길에 휩싸인 듯 격렬히 반응했어야 했다. 광기처럼 울부짖고, 조금이라도 의심이 드는 자가 있다면 누구든 감옥에 가두라고 외쳤어야 했다. 외국의 군주들에게는 도주자를 국경에서 붙잡아 달라고 간청했어야 했다. 프랑수아 2세가 죽었을 때처럼 며칠이고 몇 주고 자신의 방에 틀어박혀야 했고, 사교적인 환락 따위는 단 한순간도 떠올리지 말았어야 했다. 역설적이지만 논리적으로 말하자면, 만약 여인이 범행에 연루되어 있었다면 적어도 이런 감정을 연기했어야 마땅하다. 하지만 메리 스튜어트는 리치오가 살해당했을 때의 격분도, 프랑수아 2세의 죽음 뒤에 보여줬던 슬픔의 기색도 전혀 보이지 않았다. 첫 번째 남편을 위해 감동적인 애가를 썼던 그녀는 단리의 죽음을 들은 지 몇 시간도 채 지나지 않아 외국의 여러 궁정에 돌릴 공식 서한에 서명했다. 그 서한은 다만 자신에게 향할 수 있는 의심을 피하려는 데 급급한 내용이었다. 사건을 기묘하게 왜곡하여 마치 이 살인의 주된 표적이 왕이 아니라 그녀 자신이었던 것처럼 꾸몄다. 범인은 왕과 여왕이 모두 커크 오 필드에서 함께 잠들어 있을 것이라 예상했고, 그녀가 그날 저녁 결혼 축하연에 참석하기 위해 먼저 자리를 뜬 덕분에 폭발에서 목숨을 건질 수 있었다는 것이다. 그녀는 거짓된 문구를 쓰면서도 손 하나 떨지 않고 서명했다. "나는 범인이 누구인지 알지 못하지만, 이를 밝혀내려는 각료들의 노력와 열의를 믿고 있으며 반드시 그들에게 본보기가 될 만한 처벌을 내릴 생각입니다."

하지만 사실을 왜곡하려는 시도는 대중의 시선을 속이기엔 역부족이었다. 에든버러 시민 전체가 목격했듯이 왕비는 밤 11시경 이미 커크 오 필드의 외딴 집을 떠난 상태였기 때문이다. 따라서 어둠 속에 숨어 있던 암살자들이 그녀가 떠난 뒤 무려 세 시간이나 지나 그 집을 폭파했다는 점을 고려하면, 그들의 표적이 왕비였다고 보기는 어렵다. 게다가 화약 폭발 자체가 일종의 눈속임이자 범죄를 은폐하기 위한 연막이었다. 단리는 그보다 먼저 침입자들에 의해 목졸려 살해당했을 가능성이 크다. 이처럼 허술한 발표는 오히려 그녀의 공모 혐의를 더욱 뚜렷하게 만들어 주었다.

그러나 이상하게도 스코틀랜드는 침묵을 지켰다. 세상을 놀라게 한 것은 메리 스튜어트의 무관심만이 아니었다. 그 며칠 동안 나라 전체가 보여준 섬뜩한 침묵이야말로 더욱 경악스러웠다. 생각해 보라. 피로 점철된 스코틀랜드 역사 속에서도 전례가 없던 일이 벌어졌다. 국왕이 자신이 다스리는 나라의 수도 한복판에서 살해당하고, 그가 머물던 집은 통째로 폭파되었다. 그런데 어떤 일이 벌어졌는가? 도시는 분노와 격분으로 뒤흔들렸는가? 귀족들과 영주들이 위협받는 여왕을 보호하기 위해 성을 박차고 나섰는가? 사제들이 강단에서 이 끔찍한 범죄를 규탄했는가? 재판소가 범인을 색출하기 위한 조치를 취했는가? 도시의 성문이 닫히고, 수백 명의 용의자가 체포되어 고문을 받았는가? 국경이 봉쇄되고, 살해된 왕의 시신이 귀족들의 장송 행렬에 실려 거리로 운구되었는가? 광장에 장례단이 세워지고, 촛불과 등불이 밝혀졌는가? 의회가 소집되어 이 끔찍한 사건의 진상을 밝히고 단죄하려 했는가?

아니, 그 무엇도 일어나지 않았다. 천둥 같은 사건에 뒤따른 것은 도무지 이해할 수 없는 침묵뿐이었다. 여왕은 입을 굳게 닫고 귀족들은 아무 말도 하지 않았다. 모레이도, 메이틀랜드도, 왕 앞에서 무릎 꿇었던 그 누구도 나서지 않았다. 그들은 범죄를 비난하지도, 찬미하지도 않고 어둠 속에서 다음 전개를 기다렸다. 시민들 또한 조심스레 문을 잠그고 속삭이는 목소리로 추측만을 주고받았다. 평범한 사람들이 귀족들의 일에 섣불리 끼어드는 건 언제나 위험한 일이다. 그렇게 살인자들이 바라던 일이 그대로 이루어졌다. 모두가 이 살인을 그저 하나의 성가신 사건으로 받아들이게 된 것이다. 유럽 역사 전체를 통틀어 보더라도 한 도시와 궁정, 귀족 사회 전체가 왕의 피살 앞에서 이처럼 조용하고 비겁하게 눈을 돌린 사례는 좀처럼 찾아보기 어렵다. 심지어 가장 기본적인 수사 절차조차 의도적으로 생략되었다. 살인 현장에 대한 조사도, 서면 기록도, 명확한 보고서도 없었고 사건의 전모를 밝히는 공문 한 장조차 세상에 발표되지 않았다. 철저히 이 사건은 어둠 속에 묻혔다. 시신에 대한 의학적이거나 행정적인 검시도 이루어지지 않아 오늘날까지도 단리가 목이 졸려 죽었는지, 칼에 찔렸는지, 혹은 (정원에서 시커멓게 변한 얼굴로 나체 상태로 발견된 정황상) 독살된 것인지조차 알 수 없다. 이후 살인자들은 대량의 화약으로 집을 날려버렸지만 그것은 어디까지나 사후의 일이었다. 그리고 보스웰은 장례를 믿기 어려울 만큼 성급하게 치러버렸다. 헨리 단리를 땅속에 빨리 묻어버리자! 이 악취 나는 사건도 함께 파묻어버리자!

그리하여 아주 이상한 일이 일어났다. 이 살인에 고위층의 손길이 개입되어 있음을 누구도 부인할 수 없게 만드는 가장 분명한 징후였다. 그것은 바로, 스코틀랜드의 국왕 헨리 단리에게 합당한 국장조차 치러지지 않았다는 점이다. 그의 관은 한밤중에 아무도 모르게, 소리

없이 예배당으로 옮겨졌다. 그리고 아무런 예우도 없이 헨리 단리, 스코틀랜드의 국왕은 서둘러 땅속에 묻혔다. 미사가 올려졌고, 그걸로 끝이었다. "이제 이 고통받은 영혼이 더는 스코틀랜드의 평화를 어지럽히지 않기를."

메리 스튜어트와 보스웰, 그리고 귀족들은 관 뚜껑이 닫히는 순간 어두운 사건도 함께 묻히기를 바랐다. 그래서 호기심 많은 이들이 캐묻거나, 혹여 엘리자베스가 "어째서 아무런 수사를 하지 않았느냐"고 항의하는 사태를 미리 막기 위해 그들은 가짜 수사를 지시했다. '알 수 없는 살인자들'을 얼마나 열심히 추적하고 있는지 보여주려는 것이었다. 하지만 도시 전체는 이미 범인의 이름을 알고 있었다. 누가 그 집을 포위했고, 누가 대량의 화약을 사들여 자루에 담아 나른 것인지 모든 이의 눈에 뚜렷이 남아 있었다. 폭발이 있던 그 밤, 에든버러의 성문을 누가 드나들었는지도 문지기들의 기억 속에 불쾌할 만큼 생생히 새겨져 있었다. 그러나 여왕의 추밀원은 이제 사실상 단 두 사람이었다. 공범인 보스웰과 그 모든 것을 알고 있는 메이틀랜드. 이들은 거울을 들여다보기만 해도 범인이 누구인지 알 수 있는 인물들이었다. 그럼에도 두 사람은 끝까지 '정체불명의 범인들'이라는 입장을 고수했고 누구든 범인의 이름을 밝혀내는 자에게는 2,000파운드를 주겠노라고 선언했다. 2,000파운드는 결코 적은 돈이 아니었지만, 그 돈을 손에 넣기 전에 먼저 갈비뼈에 칼이 꽂힐 것이라는 사실을 누구나 알고 있었다. 보스웰은 이미 일종의 군사 독재 체제를 세우고 있었고 그의 추종자들인 무사들이 거리를 누비고 있었다.

그러나 진실은 폭력으로 억누른다고 해서 사라지지 않는다. 낮 동안 침묵을 강요당했다면 진실은 더 고요한 밤의 입을 빌려 말하기 시작한다. 곧 시장 광장과 홀리루드 궁전 정문에까지 이름이 적힌 벽보들이 붙기 시작했다. 익명의 전단지에는 보스웰과 그의 공범 제임스 발포어, 그리고 여왕의 시종인 바스티안과 조세프 리치오까지 살인자로 지목되어 있었다. 어떤 벽보에는 다른 이름도 추가로 적혀 있다. 그러나 모든 전단에서 반복해서 등장하는 두 이름이 있었다. '보스웰과 발포어. 발포어와 보스웰.'

만일 메리 스튜어트가 제정신이었다면, 광기 어린 정욕에 휩쓸리지 않았다면, 그녀는 보스웰과 거리를 두어야 했다. 그의 결백이 '공식적으로' 입증되기 전까지는 어떤 교류도 삼갔어야 한다. 하지만 그녀는 거리에서조차 '국왕의 살인자'라 불리는 이 남자를 궁에 머무르게 하고 '알 수 없는 범죄자'들에 대한 수사를 그에게 맡겼다. 메리 스튜어트는 용의자들을 법정에 넘겨야 했으나 (이 어리석음은 거의 자백에 가까운 광기였다) 그들을 조용히 해고하고 여권을 내주며 서둘러 국경 너머로 빼돌려버렸다. 이러한 은폐 행위로 인해 메리 스튜어트는 피고인의 자리에 오르게 된다. 그녀는 다비드 리치오가 살해당했을 때 '백색 애도복'을 입고 무려 40일 동안 방 안에 틀어박혀 애도를 표했던 사람이다. 하지만 이번에는 일주일도 지나지 않아 홀리루드를 떠나 세턴 백작의 성으로 가버렸다. 최소한의 예를 갖춘 궁정의 애도조차 생략한 것이다. 그리고 마지막 도발처럼, 그녀는 그곳에서 뜻밖의 손님을 맞는다. 그가 누구인가? 제임스 보스웰, 거리마다 "이 자가 국왕의 살인자다"라는 문구와 함께 초상이 나붙은 바로 그 인물이었다.

그러나 스코틀랜드가 세상의 전부는 아니다. 죄책감에 사로잡힌 귀족들과 겁에 질린 시민들이 침묵하고, 마치 국왕의 시신과 함께 그의 죽음에 대한 모든 관심도 함께 땅에 묻혀 사라진 듯 행동하고 있을지라도 런던과 파리, 마드리드의 궁정들은 이 끔찍한 사건을 결코 그렇게 무심히 넘기지 않았다. 스코틀랜드에 있어 단리는 그저 불편한 이방인에 불과했다. 귀찮아지면 통상적인 방식으로 제거해버리면 그만이었다. 그러나 유럽 궁정의 입장에서 보면 그 역시 신성한 기름으로 축복받은 군주로서, 그들과 같은 왕족의 일원이었다. 그러니 그에게 일어난 일은 곧 자신들의 일이기도 했다. 유럽 전역은 처음부터 보스웰이 살인의 주모자이며 메리 스튜어트는 그의 공모자임을 확신했다. 심지어 교황과 그의 특사조차 이 어리석은 여인을 두고 격한 어조로 개탄했다.

그러나 외국 군주들이 분노한 것은 살인 그 자체가 아니었다. 그 시대는 오늘날처럼 도덕적으로 엄격한 세기가 아니었다. 한 사람의 목숨쯤은 정치적 목적을 위해 희생될 수 있다고 여겼다. 마키아벨리 이래로 정치적 암살은 거의 모든 나라에서 정당화되었으며, 유럽의 왕가 대부분은 역사 속에 비슷한 사례들을 간직하고 있었다. 헨리 8세는 아내들을 제거하는 데 거리낌이 없었고, 필리프 2세는 아들 돈 카를로스의 죽음에 대해 묻는 것을 매우 불쾌하게 여겼을 것이다. 교황의 친척인 보르자 가문은 독살을 통해 어두운 명성을 얻었다. 그러나 이 사건과는 결정적인 차이가 하나 있었다. 범죄는 항상 남에게 시키고, 자신은 언제나 결백한 모습을 유지한다는 것. 자신의 손에는 피를 묻히지 않는 것, 이것이 바로 궁정이 지켜온 오랜 법칙이었다.

그러므로 외국의 군주들이 메리 스튜어트에게 기대한 것은 그리 대단한 일이 아니었다. 그저 자신의 결백을 증명하기 위한 최소한의 노력이라도 보여달라는 것이었다. 그들이 분노한 까닭은 오직 그녀의 어리석고도 무신경한 태도에 있었다. 처음에는 당혹스러움으로, 이내는 노골적인 분노의 시선으로 그녀를 바라보았다. 그녀는 자신에게 쏟아지는 의혹을 걷어내기 위한 최소한의 조치조차 취하지 않았다. 보통 이런 상황이라면 하급자 몇 명을 희생양으로 내세워 교수형에 처하거나 사지를 찢는 시늉이라도 하는 것이 관례였지만, 그녀는 그런 제스처조차 보이지 않았다. 대신 아무 일도 없다는 듯 구기를 즐기고, 살인의 용의자를 오락과 유희의 동반자로 삼았다.

파리에 머물던 메리 스튜어트의 충직한 사절은 그녀의 대응이 얼마나 끔찍한 인상을 주고 있는지 분노에 찬 마음으로 전했다. "폐하께서는 이 범죄의 주범이며, 살인을 지시한 인물이라는 비난을 받고 계십니다." 그리고 이 정직한 성직자는, 영원히 기억될 만한 용기로 자신의 여왕에게 이렇게 일갈한다. "지금 이 살인을 가장 단호하고도 가차 없는 방식으로 속죄하지 않으신다면, 차라리 폐하께서는 이 생과 모든 것을 잃는 편이 나으실 겁니다."

이것은 친구로서 전하는 분명한 경고였다. 제정신을 잃은 여인에게 아직 이성의 불씨가 조금이라도 남아 있다면, 만약 그녀의 내면에 자율적인 의지가 한 줌이라도 살아 있다면, 이제야말로 그녀는 자신을 다잡아야 했다. 그보다 더욱 절실한 목소리는 엘리자베스 여왕의 애도 편지에서 들려온다. 이 끔찍한 위기 속에서 메리 스튜어트를 이해할 수 있는 존재는, 바로 평생 그녀의 가장 완강한 적수였던 엘리자베스였기 때문이다. 엘리자베스는 이번 사건을 거울처럼 들여다보고 있었을 것이다. 과거, 그녀 역시 열정의 정점에서 똑같은 상황, 똑같은 혐의에 휘말린 적이 있었다. 메리 스튜어트의 곁에 '남편'이 있었듯, 엘리자베스의 곁에도 성가신 '아내'가 있었고, 그 아내가 제거되어야만 결혼의 길이 열릴 수 있었다. 엘리자베스가 이 사실을 알았는지 몰랐는지는 끝내 밝혀지지 않았지만, 어느 날 아침 로버트 더들리의 아내 에이미 롭사트가 정체불명의 자들에 의해 살해된 채 발견되었다. 정확히 단리의 경우처럼 말이다. 그때에도 세상의 모든 시선은 의심의 칼날이 되어 엘리자베스를 향했다. 실제로 당시 프랑스의 여왕이었던 메리 스튜어트는 사촌 여왕을 조롱하며 말했었다. "자기 아내를 죽인 마굿간지기와 결혼하려나 보군." 그때도 세상은 지금의 보스웰처럼 더들리를 살인범으로, 엘리자베스를 그 공범으로 여겼다.

그러나 엘리자베스는 현명함과 탁월한 정신적 절제력으로 자신의 명예를 구했다. 곧바로 조사에 착수했고, 무엇보다 자신의 가장 은밀한 욕망이었던 더들리와의 결혼을 단념함으로써 세간의 의혹을 잠재웠다. 그리하여 세상은 그 사건에서 엘리자베스를 지워버렸다. 엘리자베스는 지금 메리 스튜어트에게도 같은 대응을 바라며, 같은 결단을 요구한 것이다. 1567년 2월 24일에 쓴 엘리자베스의 편지는 한 여인, 한 인간으로서 쓴 편지이기에 더 특별하다.

마담, 나는 지금 너무나 충격을 받고 소식을 듣고도 아직 정신이 멍하고 공포에 휩싸여 있어, 이 끔찍한 사건에 대한 편지를 쓸 힘조차 없습니다. 피붙은 친척을 잃은 슬픔에 내 마음이 사무치지만, 솔직히 고백하자면 그보다도 오히려 당신을 위해 더 깊은 슬픔을 느끼고 있습니다. 오, 마담! 내가 당신의 진실한 자매이자 참된 친구로서 행동하고자 한다면, 그저 듣기 좋은 말로만 위로하기보다는 당신의 명예를 지키려 노력해야 마땅할 것입니다. 그러므로 많은 사람들이 말하는 것을 당신께 숨길 수 없습니다. 사람들은 이렇게 말합니다. 당신은 이 죄악의 대가를 묻는 일을 눈감아 넘기려 하며, 이 일을 '도와준' 자들을 붙잡는 일을 회피할 것이라고 말입니다. 그래서 결국 이 끔찍한 살인이 당신의 암묵적 동의 아래 자행된 것처럼 보인다고들 합니다. 온 세상의 금을 다 준다고 해도 나 자신은 그런 생각을 마음에 품고 있지 않다는 것을 믿어주시기 바랍니다. 그러니 당신에게 간청하고, 충고하며, 진심으로 권합니다. 이 일을 가슴 깊이 새기시기 바랍니다. 설령 범인이 가장 가까운 사람일지라도, 그가 죄인이라면 단호히 처벌하십시오. 어떤 설득에도 흔들리지 마시고, 세상 앞에 분명히 보여주십시오. 당신이 고귀한 군주일 뿐 아니라, 정의로운 여인이라는 사실을 말입니다.

줄곧 이중적인 태도를 보였던 엘리자베스가 이보다 더 인간적이고 진정성 있게 편지를 쓴 적은 없었을 것이다. 하지만 그 시기의 메리 스튜어트의 상태는 (거듭 강조하지 않을 수 없다) 완전히 자유를 상실한 상태였다. 그녀는 보스웰과 '수치스러운 내연 관계'에 빠져 있었다. 엘리자베스 측의 첩자 하나가 런던으로 보낸 보고에 따르면, "모든 걸 버리고 속옷 차림으로라도 그와 함께 세상의 끝까지 따라가겠다"고 말하는 것을 들었다고 한다. 어떠한 충고도 그녀의 귀에 닿지 않았고, 이성은 더 이상 그녀의 끓어오르는 혈기를 억누를 힘이 없었다. 그녀는 스스로 자기 자신을 잊었기에, 세상 또한 자신과 자신의 죄를 잊어줄 것이라 착각하고 있었다.

그러던 중 마침내 한 사람이 침묵을 깨고 나섰다. 바로 피살된 단리의 아버지, 레녹스 백작이었다. 스코틀랜드에서 손꼽히는 명문 귀족인 그는 몇 주가 지나도록 아들의 살해 사건에 대해 아무런 조치도 취해지지 않는 이유가 무엇이냐고 강력히 항의했다. 그녀는 얼버무리듯 답변을 내놓았다. 최선을 다하고 있으며, 이 문제를 의회에 회부할 것이라고 말했다. 그러나 레녹스는 그녀의 말이 무엇을 의미하는지 너무도 잘 알고 있었다. 그는 다시 한번 단호히 요구했다. 에든버러 거리 곳곳에 붙은 벽보에 지목된 자들부터 체포하라는 것이었다. 메리 스튜어트는 다시금 애매한 말로 둘러댔다. 기꺼이 그렇게 하고 싶지만, 거론된 이름들이 너무 많고 서로 무관한 이들까지 뒤섞여 있어 누구부터 체포해야 할지 판단하기 어렵다는 것이다. 그러니 차라리 그에게 직접 혐의를 두고 있는 자들을 지목해 달라고 말했다. 그녀는 틀림없이 당시 전권을 쥐고 있던 군사 독재자 보스웰이 퍼뜨리는 공포 때문에 레녹스가 그 위험한 이름을 감히 입에 올리지 못하리라 기대했을 것이다. 하지만 레녹스는 이미 대비책을 마련해 두고 있었다. 그는 엘리자베스 여왕과 접촉해 사실상 그녀의 보호를 받고 있었다. 그는 주저하지 않고 조사를 요구하는 이들의 이름을 또렷이 써 내려갔다. 첫 번째 이름은 바로 보스웰이었다. 그 다음으로는 발포어, 데이비드 챠머스, 그리고 메리 스튜어트와 보스웰의 하인들 가운데 몇 명이 거론되었다. 물론 이들은 이미 주인들에 의해 국외로 밀반출된 상태였다. 고문을 받다가 자칫 입을 열게 될까 우려했기 때문이다.

메리 스튜어트는 '모른 척 넘기는 희극'을 더 이상 유지할 수 없다는 것을 깨닫고 크게 동요했다. 레녹스의 집요한 요구 뒤에 있는 엘리자베스 여왕의 강한 의지와 권위를 똑똑히 보게 된 것이다. 설상가상으로 카트린 드 메디시스 역시 단호한 입장을 전달해왔다. 프랑스는 이미 메리 스튜어트를 '명예를 잃은 여인'으로 간주하고 있으며, 이 사건이 제대로 된 성실한 재판을 통해 속죄되지 않는 한 스코틀랜드는 프랑스로부터 어떤 우호도 기대할 수 없을 것이라는 통보였다. 이제 그녀는 더 늦기 전에 서둘러 입장을 바꿔야 했다. 그리하여 앞서 보여준 '헛된 수사'라는 희극을 접고, 이번에는 '공정한 재판'이라는 또 다른 희극을 무대에 올릴 수밖에 없게 된다. 결국 메리 스튜어트는 마지못해 보스웰을 귀족 재판에 회부했고, 하인들의 문제는 나중으로 미루기로 했다. 3월 28일, 레녹스 백작에게 에든버러로 출두하라는 통지가 내려졌고, 그는 4월 12일 보스웰을 상대로 공식적인 고소장을 제출하라는 명령을 받았다.

보스웰은 죄인의 옷을 입고 겸손한 모습으로 재판관 앞에 나설 인물이 아니었다. 그가 소환에 응하겠다고 나선 것도 오직 한 가지 이유 때문이었다. 모든 수단을 동원해서 무죄 선언을 쟁취하겠다는 결심에 서였다. 그는 치밀하게 준비에 착수했다. 먼저 여왕으로부터 스코틀랜드 전역의 모든 요새에 대한 지휘권을 이양받았다. 이로써 그는 나라의 모든 무기와 탄약을 손에 넣는다. 그는 '힘이 곧 권리'라는 것을 잘 알고 있었고, 여기에 더해 국경지대의 부하들을 에든버러로 불러들여 무장시켰다. 그리고 거리낌 없이, 부끄러움도 없이, 자신의 비도덕적인 대담함을 바탕으로 에든버러에 사실상 공포정치를 펼치기 시작했다. "누가 그 고소 벽보들을 붙였는지 알아낼 수만 있다면, 나는 그 자들의 피에 손을 씻어버릴 것이다." 이것은 레녹스에 대한 노골적인 협박이었다. 그와 그의 부하들은 모두 단검을 차고 다녔다. "우리는 우리 부족의 우두머리를 범죄자처럼 심문받게 두지 않을 생각이다. 어디 한번 재판관들이 스코틀랜드의 독재자인 그를 판결해 보라지!"

보스웰의 노골적인 태도를 지켜본 레녹스는 자신에게 어떤 일이 닥칠지 의심할 여지조차 없었다. 에든버러에 가서 보스웰을 고소할 수는 있을지 몰라도, 살아서 돌아오지는 못하리라는 것을 분명히 알고 있었다. 다시 한번 그는 엘리자베스에게 의지했고, 엘리자베스는 곧바로 메리 스튜어트에게 서신을 보내 명백한 불법 행위를 용납함으로써 공범이라는 의심을 사게 되지 않도록 마지막 순간에라도 경고하려 했다.

마담, 내가 이처럼 무례하게까지 편지를 보내는 것은 불행한 자들의 간절한 요청이 나를 그렇게 하지 않을 수 없게 만들었기 때문입니다. 내가 들은 바로는, 마담께서 당신의 남편이자 내 사촌인 고인을 살해한 자들에 대한 재판을 이달 12일에 열기로 했다고 합니다. 하지만 이처럼 중대한 사건은 은밀함이나 술책으로 흐려져서는 안 됩니다. 그런 일이 실제로 벌어질 수 있다는 것을 나는 잘 알고 있습니다. 고인의 아버지와 친우들이 나에게 간절히 요청하였습니다. 파렴치한 자들이 정당한 방법으로는 얻지 못할 결과를 폭력으로 얻으려 하고 있다고 합니다. 그래서 나는 이 일에 가장 깊이 관련된 사람이 마담이라는 점에서, 그리고 무고한 이들의 평화를 위해서라도, 가만히 있을 수 없습니다. 만약 마담께서 결백하지 않으시다면 그 사실만으로도 마담은 군주의 존엄을 잃고 민중의 조롱과 경멸을 받게 될 것입니다. 그런 일이 닥치는 것을 나는 바라지 않습니다. 마담께서 그런 치욕 속에 살아가시느니 차라리 명예로운 죽음을 맞이하시는 것이 더 낫다고, 감히 말씀드립니다.

양심을 정면으로 겨누는 경고의 총성이 울렸건만, 무감각해진 감정을 깨우기엔 이미 늦었는지도 모른다. 사실 이 마지막 충고가 메리 스튜어트에게 제때 전달되었는지조차 확실치 않다. 보스웰의 경계심은 극도로 날카로워져 있었고, 그는 죽음도 악마도 두려워하지 않았다. 잉글랜드 여왕 따위는 더더욱 두려워하지 않았다. 이 편지를 전달하러 온 잉글랜드의 특사마저도 그의 부하들에게 궁전 앞에서 제지당했다. 여왕은 아직 잠들어 있으니 만날 수 없다는 것이었다. 여왕에게 보내는 서한을 손에 쥔 채, 특사는 절망하며 거리를 헤매고 다녔다. 그리고 마침내 그는 보스웰을 찾아냈다. 보스웰은 뻔뻔스럽게도 메리 스튜어트 앞으로 온 편지를 그 자리에서 뜯어 읽더니, 무심히 자신의 주머니 속에 넣어버렸다. 그 편지를 나중에 여왕에게 전했는지는 알려진 바 없으며, 사실 전했는지 여부는 더 이상 중요하지 않다. 이미 그녀는 그의 뜻에 거슬러 어떤 것도 감히 하지 못하는 처지였기 때문이다. 심지어 사람들은 메리 스튜어트가 창가에 서서 톨부스로 향하는 보스웰을 향해 손을 흔들었다고 전한다. 그 모습은 마치 살인자에게 '재판극'에서의 성공을 빌어주는 듯 보였다.

설령 메리 스튜어트가 엘리자베스 여왕의 마지막 경고를 받지 못했더라도, 그녀가 아무런 경고를 받지 못한 것은 아니다. 사흘 전, 그녀의 이복 오빠 모레이가 작별 인사를 하기 위해 찾아왔다. 그는 갑작스레 프랑스와 이탈리아로 여행을 떠나고 싶다고 했다. '베네치아와 밀라노를 보기 위한' 유람길에 오르고 싶다는 생각이 들었다고 했다. 하지만 메리 스튜어트는 이미 여러 차례 경험을 통해 알고 있었을 것이다. 모레이가 그렇게 갑작스럽게 정치 무대에서 자취를 감출 때마다 그것은 언제나 폭풍 전야의 징조였으며, 이번에도 그는 그런 방식으로 이 치욕적인 '재판극'에 대해 분명한 반대 의사를 표현하고자 한 것이다. 게다가 모레이는 자신의 출국 사유를 조금도 숨기지 않았다. 그는 누구에게든 거리낌 없이, 자신이 살인에 깊이 관여한 제임스 발포어를 체포하려 했으나 보스웰이 공범을 감싸며 방해했다고 말했다. 그리고 8일 뒤 런던에 도착한 그는 스페인 대사 데 실바에게 솔직하게 이렇게 말한다. "그토록 기괴하고 끔찍한 범죄가 아무런 단죄 없이 남아 있는 나라에선, 더는 명예롭게 머무를 수 없었습니다." 이렇게 공공연히 말하고 다닌 그가 여동생에게는 얼마나 더 분명한 언어로 경고를 했겠는가. 메리 스튜어트가 그를 떠나보낼 때, 눈가에 눈물이 고여 있었다는 점은 의미심장하다. 하지만 그녀는 그를 붙잡을 힘조차 없었다. 보스웰에게 예속된 이후, 그녀는 더 이상 어떤 일에도 저항할 수 없었다. 이제 그녀는 단지 그 압도적인 의지에 끌려가는 존재일 뿐이었다. 여왕으로서의 위엄은 사라지고, 타오르는 욕망에 굴복한 한 여인의 모습만이 남아 있었다.

4월 12일, 마침내 이 '사법 희극'이 도전적으로 막을 올리고, 도전적으로 막을 내린다. 보스웰은 마치 적의 요새를 점령하러 가는 듯 당당히 톨부스를 향해 말을 몰았다. 허리에는 칼을 차고, 벨트에는 단검을 꽂은 채, 수많은 추종자들에 둘러싸여 있었다. 그 수는 아마 과장된 것이겠지만, 4,000명에 달했다고 전해진다. 반면 레녹스는 오래된 칙령을 근거로 오직 여섯 명의 수행원만 데리고 입성하는 것이 허용되었다. 이 차별적인 조치 하나만으로도 여왕의 편파적이고 불공정한 태도가 드러난다. '칼날 아래 놓인 재판'에 기꺼이 응할 리 없는 레녹스는 엘리자베스 여왕이 메리 스튜어트에게 재판 연기를 요청하는 서한을 보냈고, 자신은 그 도덕적 권위를 등에 업고 있다는 사실을 잘 알고 있었다. 그래서 그는 직접 출두하지 않고 자신을 대신해 봉신 한 사람을 톨부스로 보내어 항의문을 낭독하게 했다. 그러자 위축된 채로, 혹은 토지, 은화, 영예라는 보상으로 매수된 판사들은 '피해자의 부재'라는 구실을 찾아냈고, 재판에서 무거운 짐을 던져버릴 절호의 핑곗거리를 얻게 되었다. 겉으로는 복잡한 논의를 거친 것처럼 보였지만, 실상 모든 것은 이미 짜인 각본대로였다. 판사들은 만장일치로 보스웰에게 "왕의 살해에 어떤 방식으로든 가담한 바가 없다"며 무죄를 선고했다. 그리고 그 치졸한 근거로 든 것이 "고소장이 공식적으로 접수되지 않았다"는 것이었다. 명예로운 사람이라면 도저히 수긍할 수 없는 이 어처구니없는 판결을 보스웰은 즉각 장엄한 승리로 바꿔버린다. 무장을 한 채 말을 타고 거리를 질주하며, 칼을 뽑아 허공에 휘두르고, 공개적으로 외쳤다. 지금이라도 감히 자신을 공범이라 주장하는 자가 있다면 누구든 나서라고, 결투로 진실을 가리자고 말이다.

이제 운명의 수레바퀴는 광란하듯 파멸을 향해 내달린다. 시민들은 법을 이렇게까지 조롱하는 일이 있을 수 있느냐며 중얼거렸고, 메리 스튜어트의 친구들은 혼란에 휩싸인 채 무거운 마음을 감추지 못했다.

광기에 휩쓸린 여인을 말릴 수 없다는 사실이 그들을 더욱 아프게 했다. 그녀의 가장 충직한 친구 멜빌은 이렇게 썼다. "이 선량한 군주가 스스로 파멸을 향해 질주하는 모습을 지켜보면서도, 누구 하나 위험을 경고해주지 못했다는 건 참으로 가슴 아픈 일이었다." 하지만 메리 스튜어트는 아무것도 들으려 하지 않았다. 어떤 경고도 받아들이려 하지 않았다. 어두운 충동이 그녀를 사로잡았다. 가장 불합리한 일을 감행하려는 불길한 욕망이 그녀를 몰아붙였다. 감정의 광란 속에서 미친 여신처럼, 그녀는 오직 파멸을 향해 질주했다.

보스웰이 거리에서 공개적으로 도전장을 내민 바로 다음 날, 메리 스튜어트는 스코틀랜드 전역을 모욕하는 행동을 저지른다. 그 악명 높은 범죄자에게 스코틀랜드가 줄 수 있는 최고의 영예를 안겨준 것이다. 의회 개회식에서 그녀는 보스웰에게 왕국의 신성한 상징인 왕관과 왕홀을 들고 앞장서도록 명령했다. 이제 누가 의심할 수 있겠는가. 그가 오늘 손에 들고 있는 왕관을, 내일 자신의 머리에 쓰려 한다는 것을 말이다. 보스웰은 숨기려 하지 않았다. 뻔뻔하고 단호하며 노골적으로, 이제 자신의 보상을 요구하기 시작했다. 그는 조금도 부끄러워하지 않았다. 그는 의회로부터 '그의 훌륭하고도 다양한 공로들'을 이유로 스코틀랜드에서 가장 강력한 요새인 던바 성을 하사받았다. 그리고 자기 뜻대로 움직이는 귀족들을 한데 불러 모은 그는, 마침내 마지막 요구를 밀어붙였다. 바로 메리 스튜어트와의 결혼이었다.

의회가 폐회된 저녁, 보스웰은 이제 대귀족이자 군사 독재자의 자격으로 모든 귀족들을 에인슬리의 주점으로 초대했다. 술이 오가고 모두가 취기에 휩싸일 무렵 (자연스레 발렌슈타인의 유명한 장면이 떠오른다) 그는 귀족들 앞에 한 장의 '서약서'를 내밀었다. 이 문서에는 앞으로 보스웰을 비방하는 이들에게 맞서 그를 옹호할 것이며, 이 고귀하고 강력한 군주를 여왕의 정당한 남편으로 추천한다는 내용이 담겨 있었다. '에인슬리 서약서'라 불리는 이 기묘한 문건에는 이렇게 적혀 있다. "보스웰 경은 귀족들의 판단에 따라 무죄이며, 여왕 폐하께서도 현재 배우자가 없는 만큼, 국익을 위해 신민 중 한 사람과 혼인하시기를 청하는 바입니다. 다름 아닌, 앞서 언급한 바로 그 분과 말입니다." 그리고 귀족들은 "하느님 앞에 책임지는 마음으로" 이 결혼을 방해하려는 그 어떤 자에게라도 맞서 싸울 것이며, 필요하다면 자신의 재산과 피를 바쳐서라도 그를 지지하겠노라고 맹세했다.

이 서류를 읽고 난 후, 오직 한 사람만이 혼란을 틈타 주점을 조용히 빠져나갔다. 보스웰의 무장한 패거리들이 주점을 둘러싸고 있었기 때문인지, 아니면 이 강요된 맹세를 적당한 때에 깨뜨려 버리겠다는 내밀한 각오 때문이었는지는 알 수 없지만, 어쨌든 다른 사람들은 아무 저항 없이 고분고분 문서에 서명했다. 그들은 잉크로 쓰인 맹세는 피로써 지워낼 수 있다는 것을 알고 있었다. 누구 하나 깊이 고민하지 않았다. 이 자들에게 펜 한 번 놀리는 일이 무슨 대수랴. 곧이어 주점은 다시 왁자지껄 술을 마시고 떠드는 소리로 가득 찼다. 그중 가장 즐거워한 사람은 당연히 보스웰 자신이었을 것이다. 마침내 그토록 원하던 것을 손에 넣었기 때문이다. 이제 몇 주만 지나면, 『햄릿』에서는 시적인 과장이자 허구로 느껴지던 일이 이곳에서는 냉혹한 현실이 된다. 곧 한 여왕이, "남편의 장례를 따라가며 신었던 신발이 다 닳기도 전에" 자신의 남편을 죽인 자와 함께 결혼식장으로 나아가게 되는 것이다. 신은 파멸시키고자 하는 자를 먼저 미치게 만든다…….

제14장

보스웰의 납치극

1567/04-06

보스웰 비극이 절정을 향해 치달을수록 자꾸만 셰익스피어를 떠올리게 된다. 외형적인 정황만 보더라도 『햄릿』의 비극과 너무나 닮아 있다. 『햄릿』에서도 한 왕이 그의 아내의 연인에 의해 비열하게 제거 당하고, 과부는 남편의 살인자와 부적절할 만큼 성급히 결혼식을 치른다. 『햄릿』에서도 끔찍한 살인은 완결되지 않은 채 음울하게 지속되며, 진실을 감추고 부정하는 데 드는 에너지는 애초에 그 일을 저지르는 데 들었던 것보다 크다. 이러한 외적인 상황의 유사성만으로도 충분히 놀라움을 자아낸다.

그러나 더욱 마음을 사로잡는 것은 셰익스피어의 또 다른 스코틀랜드 비극에 등장하는 몇몇 장면들과 실제 역사 사이에 놓인 놀라운 평행선이다. 『맥베스』는 (의식적이었든 무의식적이었든) 메리 스튜어트의 비극에서 그 분위기를 끌어온 것이다. 셰익스피어가 던시네인 성에서 시적으로 꾸며낸 장면들은 과거 홀리루드 궁전에서 실제로 벌어진 사건을 떠올리게 한다. 두 공간 모두에서 살인이 벌어진 뒤에는 똑같은 고독이 밀려오고, 짓누르는 듯한 영혼의 어둠이 드리운다. 기쁨은 사라지고, 화려한 연회 자리에서도 누구 하나 제대로 웃지 못한 채 하나둘씩 슬그머니 자리를 뜨기 시작한다. 불길한 까마귀 떼가 성 주위를 맴돌며 서서히 그들을 에워싸고 있었다.

때로는 구분조차 하기 어렵다. 그 밤, 잠 못 이루고 방안을 서성이며 양심의 가책에 시달리고 죽음을 갈망하는 이는 메리 스튜어트인가, 아니면 손에 묻은 보이지 않는 피를 필사적으로 씻어내려 하는 레이디 맥베스인가? 범죄 이후 점점 더 단호하고 거칠어지며 온 나라의 적의를 정면으로 맞서는 이는 보스웰인가, 맥베스인가? 그러나 아무리 용기를 낸다 해도 그것은 헛된 몸부림일 뿐이며, 유령은 언제나 살아 있는 인간보다 강하다는 사실을 그는 알고 있다. 여기에서도 저기에서도, 여인의 격정이 모든 것을 움직이는 동력이 되고 남자는 그 실행자가 된다. 그리고 그 무엇보다도 섬뜩한 것은 바로 분위기다. 혼란과 고통에 휩싸인 영혼들 위에 드리운 압박감. 같은 죄로 얽혀 서로를 동일한 심연으로 끌어내리는 남자와 여자. 세계사와 세계 문학 그 어디에서도 범죄의 심리와 죽은 자가 산 자에게 끊임없이 가하는 신비로운 영향력이 이토록 장엄하게 형상화된 적은 없었다.

이 기이한 평행은 정말 단순한 우연일까? 셰익스피어의 작품 속에서 메리 스튜어트의 삶의 비극이 어느 정도 응축되고 승화된 것이라고 보아야 하지 않을까. 어린 시절의 인상은 언제나 시인의 영혼 위에 지워지지 않는 힘을 남긴다. 그리고 천재는 신비롭게도 그러한 초기의 자극을 훗날 시간을 초월하는 현실로 바꾸어낸다. 분명한 것은 셰익스피어가 홀리루드 궁에서 벌어진 모든 사건들을 알고 있었으리라는 점이다. 유년 시절 내내 그는 나라와 왕관을 허무한 열정 때문에 잃고, 그 죄의 대가로 성에서 성으로 끌려 다닌 낭만적인 여왕에 대한 전설을 들으며 자랐을 것이다. 그리고 그가 런던에 머물던 시기, 막 청년에서 어른으로 또 시인으로 성장하던 그 무렵, 엘리자베스의 위대한 적수의 목이 마침내 떨어졌다. 단리가 그의 부정한 아내를 무덤까지 끌고 갔다는 이야기가 도시에 울려 퍼졌다. 훗날 셰익스피어가 『홀린셰드 연대기』에서 스코틀랜드의 음울한 왕에 대한 이야기를 읽었을 때, 그의 무의식 깊은 곳에서 메리 스튜어트의 비극적인 몰락에 대한 기억이 시적인 화학작용을 일으켜 두 이야기가 은밀히 결합된 것은 아닐까? 그 누구도 단정할 수는 없지만, 마찬가지로 부정할 수도 없다. 셰익스피어의 비극이 메리 스튜어트의 삶에서 어떠한 영향을 받았을 가능성은 분명 존재한다. 『맥베스』를 읽고 그 깊이를 온전히 느껴본 사람만이 홀리루드 궁에서 메리 스튜어트가 겪었던 내면의 나락과도 같은 고통을 제대로 이해할 수 있을 것이다.

두 비극에서 가장 깊은 울림을 주는 것은 무엇보다도 두 여인이 겪는 '변모'의 유사성이다. 범죄를 저지른 뒤 메리 스튜어트와 맥베스 부인이 겪는 내면의 변화는 놀라울 만큼 닮아 있다. 맥베스 부인은 이전까지만 해도 뜨겁고 열정적인 여인이었으며, 강한 의지와 야망으로 가득 차 있었다. 그녀는 오직 사랑하는 남편이 위대해지는 것을 목표로 삼았고 그녀의 입에서 메리 스튜어트의 소네트 한 구절이 흘러나왔어도 이상하지 않았을 것이다. "그를 위해서라면, 나는 위대함을 추구하리라⋯."

맥베스 부인은 야망에서 모든 행동의 동력을 끌어낸다. 아직 범죄가 단지 의지이고 계획일 뿐일 때, 그녀의 손과 영혼이 피로 물들기 전까지는 교묘하고 단호하게 움직인다. 마치 메리 스튜어트가 단리를 커크 오 필드로 유인했듯이, 맥베스 부인도 던컨 왕을 그의 운명이 기다리는 침실로 부드럽게 이끈다. 그러나 그 일이 실제로 벌어지는 순간, 그녀는 완전히 다른 사람이 된다. 힘은 부서지고 용기는 꺾인다. 살아 있는 몸속에서 양심이 불처럼 타오르기 시작하고, 얼어붙은 시선으로 방 안을 떠돌며 광기에 사로잡힌다. 친구들에게는 소름 끼치는 존재가 되고, 자기 자신에게조차 공포의 대상이 된다. 지친 정신 속에 침투한 단 하나의 집요한 욕망. 망각하고 싶다는 욕망, 더 이상 아무것도 알지 않아도 되는 상태, 모든 것을 깨끗이 잊고 사라져 버리고 싶다는 병적인 갈망뿐이다.

메리 스튜어트도 단리의 죽음 이후 정확히 그렇게 변한다. 한순간에 그녀는 다른 사람이 되었고, 그 변화는 겉모습에서도 드러났다. 엘리자베스 여왕의 첩자 드루리는 런던으로 이렇게 보고했다. "심각한 병도 없이 이렇게 짧은 시간 안에 외모가 이토록 달라진 사람은 여왕 외에는 본 적이 없습니다." 그녀는 더 이상 명랑하고 신중하며, 말이 많고 자신감에 넘치던 여인이 아니었다. 그녀는 사람들 앞에서 모습을 감추고 마음의 문을 닫았다. 어쩌면 맥베스와 맥베스 부인처럼 침묵하고 아무 말도 하지 않으면 세상도 조용히 지나가줄 것이라 기대한 것일지도 모른다. 하지만 시간이 흐를수록, 그녀를 향한 질문과 비난의 목소리는 점점 커져만 갔다. 밤이면 에든버러의 거리에서 누군가 살인자의 이름을 부르짖으며 그녀의 창문을 향해 소리치는 것이 들려왔다. 단리의 아버지 레녹스, 적수인 엘리자베스, 친구인 비튼, 그리고 전 세계가 그녀에게 해명을 요구했다. 무언가를 해야 한다는 사실을 그녀는 어렴풋이 알고 있었다. 사건을 덮고 변명할 수 있는 말, 책임을 회피할 수 있는 행동을 찾아야 했다. 하지만 그녀는 설득력 있는 언어도, 능청스러운 연기도 하지 못했다. 마치 깊은 최면에 빠진 사람처럼 런던과 파리, 마드리드, 로마에서 들려오는 목소리들을 들었지만 아무것도 할 수 없었다. 마치 산 채로 땅속에 묻힌 자가 지상에서 오가는 발소리를 듣듯, 그녀는 무력하고 절망적으로 그 목소리들을 받아들일 뿐이었다.

메리 스튜어트가 단리의 살해 이후 몇 주 동안 취한 행동은 이성적으로는 도저히 설명할 길이 없다. 원래는 총명하고 비교적 신중했던 여인이 보인 이해할 수 없는 행동에 대해, 단 하나의 해석만이 가능하다. 메리 스튜어트는 어떠한 '강박'에 사로잡혀 있었다. 그녀는 더 이상 기다릴 수 없었다. 조금이라도 지체하거나 망설인다면 아직 세상에 알려지지 않은 비밀이 필연적으로 드러날 것이었기 때문이다. 그녀가 보스웰과의 결혼으로 무모하리만큼 돌진한 이유를, 이 밖에 달리 설명하기 어렵다. 뒤이어 벌어진 사건들은 이 가설을 더욱 뒷받침한다. 이 불행한 여인은 자신이 임신했다는 사실을 알고 있었던 것이다. 그러나 그녀의 뱃속에 있던 아이는 단리 왕의 유복자가 아니라, 금지된 정열의 산물이었다. 스코틀랜드의 여왕은 혼외 자식을 낳을 수 없다. 하물며 그녀의 죄나 공모에 대한 의혹이 걷잡을 수 없이 번지던 바로 이 상황에서라면 더더욱 그럴 수 없었다. 만일 그 사실이 알려진다면 그녀가 애도의 기간을 애인과 함께 보냈다는 추문이 드러날 것이었고,

누구라도 손쉽게 날짜를 헤아려 메리 스튜어트가 (어느 쪽이든 치욕스러운 일이지만) 단리의 죽음 이전에 이미 보스웰과 관계를 맺었는지, 아니면 이후에 그랬는지를 밝혀낼 수 있었을 것이다.

정말 끔찍하고도 비극적인 상황이었다. 어떤 악마도 이보다 더 잔인한 고통을 상상하지 못했을 것이다. 스코틀랜드의 여왕으로서, 체면과 명예를 지닌 여성으로서, 그리고 온 도시와 온 나라, 나아가 유럽 전체의 시선이 집중된 인물로서, 메리 스튜어트는 보스웰처럼 악명 높고 의심스러운 사내를 남편으로 맞을 수 없는 처지였다. 그러나 동시에 한 인간으로서, 절망 속에 빠진 무력한 여인으로서는 그 외에 의지할 구원자가 없었다. 결혼할 수 없는 사람, 그러나 반드시 결혼해야만 하는 사람이 바로 그 남자였다.

그녀는 세상이 자신의 내면에 숨겨진 절박함을 눈치채지 않기를 간절히 바랐다. 그래서 이 불합리하고 도덕에 어긋나는 행위를 그럴듯하게 보이게 할 다른 명분을 만들어야만 했다. 그녀가 광기 어린 속도로 이 결혼을 향해 돌진하는 것이 외부의 압력이나 불가피한 상황 때문인 것처럼 보여야 했다. 하지만 어떻게 해야 여왕이 신분이 한참 낮은 남자와의 결혼을 강요받았다는 인상을 줄 수 있을까? 그 시대의 관념에 따르면, 단 하나의 경우만이 그런 결혼을 정당화할 수 있었다. 여인이 폭력으로 인해 명예를 잃었을 경우, 가해자가 결혼을 통해 그 명예를 회복시켜야 한다는 논리였다. 즉, 메리 스튜어트가 보스웰에게 강제로 당했다는 전제가 성립되어야만 그녀가 그를 남편으로 맞는 일이 납득될 수 있었다. 그래야 그녀는 어쩔 수 없이, 강요된 결혼을 한 것처럼 보일 수 있었다. 또한 아이가 태어날 즈음에 그녀가 이미 보스웰과 혼인한 상태라면 속도 위반도 어느 정도 용서받을 수 있을 것이며, 그 아이에게도 이름과 권리를 부여할 아버지가 있게 된다. 보스웰과의 결혼이 단 일주일, 한 달이라도 늦춰진다면 그녀에게는 그것이 돌이킬 수 없는 일이 되는 것이다. 그리고 어쩌면 그녀에게는 (끔찍한 선택이지만) 자신의 남편을 죽인 자와 결혼하는 일이 아버지 없는 아이를 낳아 자신의 비행을 세상에 드러내는 일보다 덜 수치스럽게 느껴졌을지도 모른다.

이와 같은 압박이 실제로 존재했다고 가정하지 않고서는, 이 시기 메리 스튜어트가 보인 부자연스럽고 조급한 행동을 도저히 설명할 길이 없다. 다른 어떤 해석도 억지스럽게 보일 뿐이며, 오히려 그녀의 내면을 흐릿하게 만들 뿐이다. 바로 그 두려움, 수많은 시대에 수백만의 여성들이 겪어왔고 심지어 가장 순결하고 용기 있는 이들조차 광기어린 혹은 범죄에 가까운 선택으로 내몰았던 그 고통스러운 공포가, 원치 않는 임신을 통해 비밀이 드러날까 두려워한 불안감만이 그녀의 조급함을 이해할 수 있게 해준다. 오직 이 한가지 가정만이 그녀 내면의 절망적인 고통과 절절한 비극을 들여다보게 만든다.

이처럼 기이한 계획은 오직 절박한 절망에서만 나올 수 있다. 광기만이 또 다른 광기를 낳는다. 평소라면 결정적인 순간마다 용기 있고 단호했던 메리 스튜어트조차 보스웰이 이 비극적인 희극을 제안했을 때는 몸서리쳤다. 그녀는 괴로움 속에서 이렇게 썼다. "차라리 죽고 싶다. 모든 일이 파국으로 치닫는 것이 보인다."

하지만 보스웰은 거침없고 호화로운 무법자다웠다. 그는 전 유럽이 지켜보는 앞에서 여왕을 능욕한 자라는 오명을 뒤집어쓰는 일에도, 법과 도덕을 노골적으로 조롱하는 거리의 악당이 되는 일에도 눈 하나 깜짝하지 않았다. 자기 앞에 지옥 길이 열려 있다 해도 왕관을 향한 길이라면 도중에 그만둘 사람이 아니었다. 그 모습은 마치 모차르트의 『돈 조반니』를 떠올리게 한다. 죽은 기사를 조롱하듯 죽음의 만찬에 초대하던 그의 건방지고 무모한 몸짓이 생각난다. 그 곁에서 시종 레포렐로처럼 떨고 있는 이는 보스웰의 처남 헌틀리다. 그는 겨우 몇 개의 성직록을 얻기 위해 여동생과 보스웰의 이혼에 동의했다. 이 말도 안 되는 연극 앞에서 두려워진 그는 황급히 여왕에게 달려가 그만두라고 간했다. 하지만 보스웰은 아랑곳하지 않았다. 온 세상에 뻔뻔하게 도전장을 내밀었는데 누구 한 명 더 반대하는 게 대수랴. 이 납치 계획이 이미 새나갔다는 사실 (엘리자베스 여왕의 첩자가 실행 하루 전에 런던에 알린 사실) 조차 그를 주춤하게 만들지 않았다. 이것이 실제 납치로 보이든, 치밀하게 꾸며진 연극으로 보이든, 사람들의 해석은 중요하지 않았다. 오직 목표에 한 걸음 더 다가갈 수 있다면, 그는 어떤 수단도 가리지 않았다.

상자 속의 편지를 통해 우리는 메리 스튜어트의 영혼 깊숙한 곳에 숨겨진 본성이 얼마나 절박하게 저항하고 있었는지 볼 수 있다. 이번에도 그녀는 이 새로운 기만이 결국 세상이 아니라 자기 자신을 속이게 될 뿐이라는 예감을 또렷이 느꼈다. 하지만 언제나 그렇듯 자신이 의지를 내맡긴 그 남자에게는 순종했다. 글래스고에서 단리를 납치하는 데 협조했을 때처럼, 이번에도 그녀는 마지못해 자신이 '납치'되는 일을 받아들일 준비가 되어 있었다. 그리고 짜여진 계획에 따라 암묵적 동의가 깃든 납치극이라는 희극이 펼쳐졌다.

4월 21일, 보스웰이 귀족 재판에서 강제로 무죄 판결을 받고 의회에 서는 '보상'까지 얻어낸 직후였다. 바로 이틀 전 그는 에인슬리 주점에서 귀족들로부터 결혼 승낙을 받아냈다. 그리고 이날은 그녀가 어린 시절 프랑스의 도팽과 혼인한 지 정확히 9년이 되는 날이기도 했다. 바로 그날 메리 스튜어트는 (지금껏 아들에 대해 큰 관심을 보인 적 없던 그녀가) 불현듯 스털링에 있는 어린 아들을 만나러 가야겠다는 강한 충동을 느꼈다. 왕세자를 보호하는 마르 백작은 그녀를 매우 경계하며 맞이했다. 이미 온갖 소문들이 퍼진 탓이었다. 메리 스튜어트는 다른 여인들이 동행하지 않으면 아들을 만날 수도 없었다. 귀족들은 그녀가 아이를 납치해 보스웰에게 넘길까 두려워했다. 그녀가 범죄적인 명령에도 순순히 따르고 있다는 사실은 이미 명백했기 때문이다. 여왕은 극소수의 기병만을 대동한 채 다시 스털링을 떠났다. 그 중에는 메이틀랜드와 헌틀리도 끼어 있었다. (그들도 분명히 이 계획을 알고 있었다.) 그런데 에든버러를 6마일 남겨둔 곳에서 갑자기 기마병 무리가 나타났다. 선두에는 보스웰이 있었다. 그리고 그는 여왕의 행렬을 '기습'했다. 물론 어떤 전투도 벌어지지 않았다. 메리 스튜어트는 '피를 흘리지 않기 위해' 충복들에게 저항을 금지했기 때문이다. 보스웰이 그녀의 말고삐를 붙잡자, 그녀는 순순히 '포로'가 되어 달콤하고 감각적인 감금의 장소인 던바 성으로 향했다. 한편 그녀를 구출하겠다며 병력을 이끌고 오려 했던 지나치게 열성적인 장교는 곧바로 저지되었다. 헌틀리와 메이틀랜드 역시 가장 친절한 방식으로 석방되었다. 그 누구도 불쾌한 일을 겪어서는 안 되었다. 오직 여왕만이 사랑하는 폭력범의 '감금' 속에 남겨져야 했다.

그리고 그 '강간당한' 여인은 자신의 명예를 짓밟은 남자의 침대에서 일주일 넘게 밤을 보냈다. 그와 동시에 에든버러의 교회 재판소에서는 번개 같은 속도로 아낌없는 뇌물과 함께 보스웰이 정식 아내와 이혼하는 절차가 진행되었다. 개신교 재판소에서는 보스웰이 하녀와 간통했다는 하찮은 구실을 내세웠고 가톨릭 재판소에서는 이제 와서야 갑자기 드러난 그의 아내 제

>--•-- 보스웰 백작의 납치를 묘사한 그림

인 고든과의 '4촌 관계'를 구실로 삼았다. 마침내 이 어두운 거래까지도 완료되었다. 이제 세상에 이렇게 발표할 수 있게 되었다. 보스웰이 건방진 산적처럼 아무것도 모르는 여왕을 습격했고, 그의 야만적인 욕망으로 그녀를 더럽혔으며, 바로 그 가해자와의 결혼만이 스코틀랜드 여왕의 명예를 회복할 수 있는 유일한 길이라고 말이다.

이 '납치극'은 너무나 조악하게 연출되어 있었기에 스코틀랜드의 여왕이 정말로 '폭행당했다'고 진지하게 믿은 사람은 아무도 없었다. 심지어 여왕에게 가장 우호적이었던 스페인 대사마저도 마드리드로 보내는 보고서에서 이 모든 일이 짜고 친 각본이라고 전했다. 그런데 이상하게도 속임수를 누구보다 뻔히 꿰뚫어 본 이들일수록 이 사건을

진짜 '폭력 사건'으로 믿는 척 연극을 벌이기 시작했다. 바로 보스웰을 제거하기 위해 또 하나의 '서약'을 맺은 귀족들이다. 그들은 이 어설픈 납치극을 마치 엄숙한 비극인 양 진지한 태도로 받아들였다. 그들은 분노에 찬 목소리로 외쳤다. "여왕 폐하께서 본인의 의사에 반해 억류되고 있으며, 이로 인해 스코틀랜드의 명예가 심각하게 위협받고 있습니다." 그들은 다시금 한마음이 되어 충직한 신하를 자처하고 보스웰이라는 사나운 늑대의 손아귀에서 어린 양, 즉 여왕을 구출하려 나섰다. 그들에게는 마침내 오랫동안 찾아 헤매던 완벽한 명분이 생긴 것이다. '애국심'이라는 가면을 쓰고 군사 독재자의 등에 칼을 꽂을 수 있는 절호의 기회가 찾아온 것이다. 그렇게 그들은 서둘러 연합군을 결성해 메리 스튜어트를 보스웰의 손아귀에서 구출하고, 불과 일주일 전만 해도 자신들이 직접 성사시키려 했던 그 결혼을 막기 위해 나섰다.

메리 스튜어트에게 가장 곤혹스러운 일은 갑작스럽게 들이닥친 귀족들의 과잉된 '보호' 의지였다. 그들의 행동은 그녀가 교묘히 꾸며놓은 계획을 모조리 무력화시켰다. 왜냐하면 그녀는 진심으로 보스웰에게서 '구출'되길 원하지 않았고, 오히려 영원히 그와 맺어지길 바라고 있었기 때문이다. 그래서 보스웰이 자신을 강제로 취했다는 거짓말은 이제 서둘러 걷어내야 했다. 어제까지만 해도 그녀는 그를 고소하려는 듯했지만, 이제는 그를 변호하고 감싸야 했다. 그녀는 보스웰이 쫓기거나 기소당하지 않도록 황급히 그의 가장 열렬한 변호인이 되었다. "처음엔 다소 이상하게 다뤄졌지만," 그녀는 말했다. "그 후론 무척 친절하게 대해주었기 때문에 아무런 불만도 없습니다. 아무도 도와주는 이가 없었기 때문에 처음엔 거절했지만, 그의 제안을 다시 생각해보게 되었습니다.” 그녀의 처지는 점점 더 참담해졌다. 욕망이라는 가시 덤불에 휘감겨 마지막 자존심의 옷자락마저 그 속에 걸려 찢겨나갔다. 마침내 몸부림치며 거기서 빠져나오는 순간, 세상의 조롱 앞에 아무런 방어도 없이 발가벗겨진 채 내던져졌다.

5월 초, 메리 스튜어트가 에든버러로 돌아왔을 때 지금껏 그녀를 깊이 존경해 오던 이들은 큰 충격에 빠졌다. 메리 스튜어트와 스코틀랜드를 진심으로 위했던 몇몇 사람들은 그녀의 눈이 멀어 있음을 깨닫고 애써 경고하려 했다. 프랑스 대사 뒤 크록은 그녀에게 “보스웰과 결혼한다면 프랑스와의 우정은 끝날 것”이라 말했고, 충직한 신하 헤리스 경은 그녀 앞에 무릎을 꿇고 호소했다. 늘 믿음직했던 멜빌은 마지막 순간까지 이 불행한 결혼을 막아보려 했으나, 보스웰의 보복을 피해 가까스로 몸을 피해야 했다. 그녀처럼 강인하고 자유로웠던 여인이 이제 야만적인 모험가에게 자신을 내맡긴 채 휘둘리고 있다는 사실에 모두가 마음 아파했다. 사람들은 그녀가 남편을 살해한 자와의 결혼을 이토록 무모하게 서두르다가는 결국 왕관도 명예도 모두 잃게 될 것이라고 예감했다. 한편 그녀의 적들에게는 절호의 기회가 찾아왔다. 존 녹스가 오래전 예언했던 암울한 경고들이 무섭도록 현실이 되어 있었다. 그의 후임자인 존 크레이그는 처음에는 이 죄악된 혼인을 교회에서 공표하는 것을 완강히 거부했다. 그는 조금도 주저하지 않고 이 결혼을 “세상 앞에서 혐오스럽고 수치스러운 일”이라 했다. 보스웰이 그를 교수형에 처하겠다고 협박하자, 결국 그는 마지못해 협상에 나섰다.

하지만 메리 스튜어트는 그 대가로 점점 더 깊은 굴욕의 멍에 아래 무릎 꿇어야 했다. 그녀가 이 결혼을 얼마나 간절히 원하고 있는지를 모두가 알게 되자 귀족들은 앞다퉈 뻔뻔한 조건을 내걸고 결혼에 동의하는 대가를 요구했다. 헌틀리는 누이의 이혼을 성사시킨 대가로 몰수당했던 재산 전부를 돌려받았다. 가톨릭 주교는 관직과 작위를 받고 만족했다. 그러나 가장 가혹한 조건은 개신교 성직자들이 제안했다. 그들은 신하라기보다는 마치 재판관처럼 여왕과 보스웰 앞에 서서 공개적인 굴욕을 요구했다. 가톨릭 군주이자 기즈 가문의 조카인 메리 스튜어트는 결국 개신교(즉, 가톨릭의 관점에서는 이단)의 의식에 따라 결혼식을 올리겠다고 동의할 수밖에 없었다. 이 치욕적인 타협으로 인해 그녀는 마지막까지 쥐고 있던 유일한 패, 즉 가톨릭 세계의 지지를 스스로 포기하고 말았다. 교황의 총애도, 스페인의 동정도, 프랑스의 호의도 모두 잃었다. 이제 그녀는 완전히 고립된 채 누구의 도움도 기대할 수 없는 처지가 되었다. 그 순간, 그녀가 과거에 썼던 소네트의 한 구절이 참담한 현실로 되살아났다.

그를 위해 나는 명예를 버렸네.
삶에서 오직 참된 행복을 준다 믿던 그것을
그를 위해 양심과 권위를 걸었고
혈육과 친구도 저버렸네.

그러나 스스로를 포기한 자를 구할 방법은 없다. 신들은 무의미한 희생에 귀를 기울이지 않는다. 수백 년의 역사를 통틀어 보아도, 1567

년 5월 15일에 치러진 이 결혼만큼 비극적인 장면은 좀처럼 찾기 어렵다. 그날의 광경에는 메리 스튜어트가 겪은 모든 굴욕이 응축되어 있었다.

첫 번째 결혼, 프랑스 도팽과의 혼인은 한낮의 찬란한 햇살 아래 거행되었다. 그것은 영광과 찬란함의 절정이었다. 수만 명이 젊은 여왕을 향해 환호했고 프랑스의 귀족들과 세계 각국의 사절들이 파리로 몰려들었다. 왕실 가족이 그녀를 에워쌌고 기사단이 노트르담 성당으로 향하는 그녀를 호위했다. 거리는 환호로 들끓었고, 백성들은 경탄과 기쁨으로 그녀를 우러러보았다. 두 번째 결혼은 훨씬 조용했다. 대낮이 아닌 새벽 여섯 시, 사제가 그녀를 헨리 7세의 증손과 맺어주었다. 그래도 귀족들과 외교 사절들은 자리를 지켰고 며칠간 에든버러는 축제 분위기로 떠들썩했다. 하지만 세 번째 결혼, 보스웰과의 혼례는 (그녀가 마지막 순간 그를 오크니 공작으로 승격시키며 체면을 갖추려 했음에도) 은밀하고 수치스럽게 치러졌다. 새벽 네 시, 도시는 아직 잠들어 있을 시각 몇몇 인물들이 조심스럽게 예배당으로 숨어들었다. 아직 단리의 시신을 위해 기도를 바친 지 석 달도 지나지 않았고, 메리 스튜어트는 여전히 상복을 입고 있었다.

예배당은 텅 비어 있었다. 많은 이들에게 초대장을 보냈으나 굴욕적일 만큼 적은 사람들만 모습을 드러냈다. 스코틀랜드의 여왕이 남편을 살해한 그 손에 스스로 반지를 끼우는 장면을 기꺼이 보고자 하는 사람은 아무도 없었다. 왕국의 귀족 대부분이 아무런 변명도 없이 참석을 거부했고, 모레이와 레녹스는 아예 국외로 떠나버렸다. 그나마 가까웠던 메이틀랜드와 헌틀리조차 자취를 감췄다. 그녀와 가장 깊은 속내를 나누던 고해 신부는 이미 떠나고 없었다. 그녀의 영혼을 지켜온 그는 이제 그녀를 잃어버린 존재처럼 여긴다며 슬픈 어조로 고백했다. 단리의 살인범이 단리의 아내와 결혼하고, 그 불경한 결합이 하나님의 이름으로 성스러운 서약이 되는 것을 어느 누구도 지켜보려 하지 않았다. 메리 스튜어트는 최소한 외교적 체면이라도 유지할 수 있도록 자리를 지켜달라고 프랑스 대사에게 간청했다. 그러나 평소 온화한 성격이던 그는 단호히 거절했다. "제가 참석한다면, 프랑스 국왕이 이 일에 관여한 것처럼 보일 것입니다." 그는 보스웰을 여왕의 남편으로 인정할 수 없었다. 미사는 올려지지 않았고, 오르간 소리도 울리지 않았다. 의식은 급하게 끝났으며 저녁 무도회도 연회도 없었다. 단리와의 혼인식 때처럼 환호와 함께 군중에게 동전을 뿌리는 일도 없었다. 그 기이한 혼례를 지켜본 증인들은 장례식장의 조문객처럼 침통하게 서 있었다. 결혼을 마친 두 사람은 싸늘한 예배당의 공기 속에 서둘러 몸을 돌려 조용히, 그리고 서글프게 문을 걸어 잠근 방 안으로 사라졌다.

바로 그때, 눈이 멀어 고삐를 풀어쥐고 미친 듯이 달려 마침내 목표에 도달했을 때, 메리 스튜어트는 정신적으로 완전히 무너졌다. 그녀의 가장 격렬한 소망은 이루어졌다. 보스웰을 손에 넣었고, 그를 붙잡았다. 그의 곁에 있으면, 그의 사랑이면 모든 것을 물리칠 수 있을 것이라는 망상 속에서 그녀는 불타는 눈으로 이 결혼의 순간을 기다려 왔다. 그러나 열병처럼 매달릴 목표가 사라지자, 그녀의 눈은 도리어 또렷해졌다. 주위를 둘러본 그녀 앞에 드러난 것은 공허, 텅 빈 허무였다. 결혼 직후부터 이미 그녀와, 그렇게 광적으로 사랑했던 그 남자 사이에는 불화의 기미가 보이기 시작했다. 서로를 파멸로 밀어 넣은 두 사람 사이에서는, 결국 어느 한쪽이 다른 쪽에게 책임을 돌리기 마련이다. 이 비극적인 혼례가 끝난 오후, 프랑스 대사는 절망에 빠진 여인을 마주했다. 아직 저녁도 되기 전이었지만 두 사람 사이에는 벌써 차가운 그림자가 드리워져 있었다. 뒤 크록은 파리로 이렇게 보고했다. "후회는 이미 시작되었습니다. 목요일에 폐하께서 저를 부르셨을 때, 저는 폐하와 그 남편 사이에서 매우 기이한 분위기를 느꼈습니다. 폐하께서는 변명하며 말씀하셨습니다. 자신이 슬퍼 보였다면 그것은 이제 더는 어떤 기쁨도 바라지 않고, 오직 죽음만을 원하기 때문이라고 말입니다. 어제 백작 보스웰과 한 방에 함께 있었을 때 그녀가 큰 소리로 칼을 달라고, 목숨을 끊고 싶다고 외치는 소리가 들렸다고 합니다. 사람들은 신께서 그녀를 도와주시지 않는다면 이 절망 속에서 스스로 해를 가할까 두려워하고 있습니다."

곧이어 부부 사이의 심각한 불화에 대한 보고들이 이어졌다. 보스웰은 젊고 아름다운 전처와의 이혼을 사실상 무효로 여기며, 메리 스튜어트가 아니라 그녀와 함께 밤을 보낸다는 말까지 돌았다. 대사는 다시 파리에 보고했다. "결혼식 날부터 메리 스튜어트의 눈물과 탄식은 그칠 줄을 모릅니다." 그토록 열정적으로 갈망하던 모든 것을 손에 넣은 이 눈먼 여인은, 바로 그 순간 모든 것을 잃었음을 깨달았다. 그리고 이 스스로 초래한 고통에서 벗어나는 유일한 구원은 어쩌면 죽음뿐이라는 생각까지 품게 되었다.

메리 스튜어트와 보스웰의 쓰디쓴 '허니문'은 고작 3주밖에 이어지지 않았다. 보스웰은 대중 앞에서 여왕에게 일부러 공손하고 다정한 태도를 보이며 사랑과 겸손을 연기했다. 그러나 그토록 끔찍한 일을 저지른 뒤에는 아무리 말과 몸짓을 보탠다 한들 더는 의미가 없었다. 도시는 침묵한 채 죄 많은 두 사람을 바라볼 뿐이었다. 귀족들이 등을 돌리자 보스웰은 이제 민심을 얻고자 했다. 그는 '자유주의자', '온화한 통치자', '신앙심 깊은 개혁가'인 척했고 개신교 설교에도 얼굴을 비쳤다. 하지만 개신교 성직자들 역시 가톨릭 못지않게 냉담했고 아무도 그에게 호의를 보이지 않았다. 보스웰은 엘리자베스 여왕에게 겸손한 편지를 썼지만 답장은 오지 않았다. 파리로도 편지를 보냈지만 아무런 응답이 없었다. 메리 스튜어트는 스털링에 있는 귀족들을 소집했지만 그들은 움직이지 않았다. 그녀는 아이를 돌려달라고 요청했지만 냉정하게 거절당했다.

세상은 침묵했다. 누구도, 어떤 세력도 이 두 사람에게 더 이상 말을 걸지 않았다. 공포와 냉소 속에서 모두가 조용히 그들을 외면했다. 그 침묵을 깨기라도 하듯, 보스웰은 서둘러 가면극과 물싸움 같은 연회를 마련했다. 그는 무술 대회에 직접 출전했고 여왕은 창백한 얼굴로 관람석에 기댄 채 그를 향해 미소 지었다. 광장에는 호기심에 몰려든 사람들로 인파가 가득했지만 아무도 환호하지 않았다. 얼어붙은 듯한 침묵과 공포가 나라를 뒤덮었다. 건드리기만 하면 분노와 증오로 폭발할 것만 같은 잔혹한 긴장감만이 감돌았다.

보스웰은 감상적인 환상에 빠질 사람이 아니었다. 노련한 항해자답게 정적 속에서 다가오는 폭풍의 기운을 이미 감지하고 있었다. 그는 언제나처럼 단호하게 준비에 나섰다. 사람들은 이제 자신의 목숨을 노리고 있고, 머지않아 마지막 말은 결국 무기가 대신하게 되리라는 것을 그는 잘 알고 있었다. 그래서 그는 서둘러 사방에서 기병과 보병을 끌어모아 다가올 공격에 대비하고자 했다. 메리 스튜어트는 그를 위해 자신에게 남아있는 마지막 것들까지 기꺼이 내놓았다. 그녀는 보스웰의 용병들에게 지불할 돈을 마련하기 위해 보석을 팔았고, 빚을 얻었으며, 심지어는 엘리자베스가 대모로서 보낸 선물인 금으로 된 세례 대야까지도 녹여서 겨우 몇 닢의 금화를 마련했다. 그렇게 해서라도 그녀는 권력이 뿌리째 무너지는 시간을 조금이라도 늦추고 싶었던 것이다. 보스웰은 옛 동료들의 교활함을 익히 알고 있었고, 그들이 어둠 속에서 기습을 준비하고 있다는 것도 눈치채고 있었다. 그는 성벽도 제대로 갖추지 못한 홀리루드를 피해 결혼식을 올린 지 불과 3주 만인 6월 7일, 자신의 병력이 가까이에 있는 요새 보스윅 성으로 몸을 피했다. 그곳에서 메리 스튜어트는 마치 마지막 수단을 꺼내듯, 6월 12일을 기한으로 모든 신민(귀족, 기사, 시종, 평민과 농민들까지)에게 무장을 갖추고 6일치 식량을 준비해 집결하라는 소집령을 내렸다. 보스웰은 적들이 전열을 정비하기 전에 전광석화처럼 선제공격을 감행해 그들을 일거에 궤멸시킬 생각이었다.

그러나 보스웰의 홀리루드 탈출은 오히려 귀족들에게 용기를 북돋아 주었다. 그들은 재빠르게 에든버러로 진군했고 도시는 아무런 저항 없이 점령되었다. 단리 살인 사건의 공범이자 보스웰의 동료였던 제임스 발포어는 재빨리 등을 돌려 그 난공불락의 성을 보스웰의 적들에게 넘겨주었다. 이제 귀족들은 안심하고 기병 천여 명, 어쩌면 이천 명을 보내 보스윅 성으로 돌진할 수 있게 되었고 보스웰이 병력을 정비하기도 전에 그를 잡아들일 기회를 잡게 되었다. 하지만 보스웰은 그리 쉽게 잡힐 인물이 아니었다. 그는 재빨리 창문으로 몸을 던져 말을 타고 달아났다. 성 안에는 여왕만 남았다. 귀족들은 처음에는 군대를 동원해 군주에게 무력을 행사하는 일을 주저했다. 대신 그녀를 설득하려 했다. 그녀가 파멸의 사내, 보스웰과 결별하도록 타이르려 한 것이다. 그러나 불행한 여인은 여전히 자신의 파멸자에게 사로잡혀 있었다. 그날 밤 그녀는 서둘러 남자 옷으로 갈아입고, 단 한 명의 수행원도 없이 용감하게 안장에 올라 던바로 말을 달렸다. 보스웰의 곁에서 함께 살든 죽든, 오직 그와 함께 있기 위해서였다.

여왕은 자신의 상황이 이미 돌이킬 수 없을 만큼 악화되었음을 직감했어야 했다. 보스윅 성으로 도망치던 날, 그녀의 마지막 조언자였던 레딩턴의 메이틀랜드가 아무 말도 남기지 않은 채, 홀연히 모습을 감춘 것이다. 그는 이 어지러운 시기에도 유일하게 일말의 호의를 품고 곁을 지키던 인물이었다. 메이틀랜드는 오랜 시간 그녀와 함께 험난한 길을 걸어왔고, 어쩌면 단리의 암살을 위한 음모의 그물을 누구보다 열심히 짜왔던 자였다. 하지만 이제 그는 여왕에게 다가오는 거센 역풍을 감지했다. 그리고 언제나 권력 있는 쪽으로 돛을 돌리는 노련한 정치가답게 더 이상 패배자의 편에 머물 생각이 없었다. 그는 어수선한 틈을 타 슬며시 대열을 벗어나 가라앉는 배에서 마지막으로 빠져나간 쥐처럼 귀족들의 편으로 넘어갔다.

그러나 메리 스튜어트는 더는 어떤 위협이나 경고에도 겁먹지 않았고 물러서지도 않았다. 이 여인에게 위기란 언제나 광적인 용기를 북돋는 자극이 되었다. 그리고 그 용기는 그녀의 가장 무모한 선택들에조차 낭만적인 아름다움을 부여하곤 했다. 그녀는 남자 옷차림을 하고 던바 성에 도착했지만, 거기엔 더 이상 입을 왕복도, 갑옷도, 전쟁터의 무장도 없었다. 그러나 상관없었다. 궁정의 격식도, 외교의 연극도 끝났다. 이제 남은 건 전쟁뿐이었다. 메리 스튜어트는 농가의 한 아낙네에게서 평범한 스코틀랜드 복장을 빌려 입었다. 짧은 킬트에 붉은색 저고리, 벨벳 모자 하나. 왕답지도, 여자답지도 않았지만 상관없었다. 지금 그녀에게 중요한 건 단 하나. 그 남자와 함께, 그의 옆에서 말을 타고 달릴 수 있다는 사실뿐이었다. 그녀는 모든 것을 잃었고, 그로 인해 이제 그는 그녀에게 세상의 전부가 되어 있었다.

보스웰은 즉흥적으로 병력을 긁어모았다. 그녀의 소집령을 받은 기사도, 귀족도, 영주도 아무도 오지 않았다. 이제 이 나라는 여왕의 명령에 귀 기울이지 않았다. 오직 보스웰이 고용한 이백 명의 용병들만이 에든버러를 향해 행군했고, 그 뒤를 제대로 무장도 하지 않은 농민들과 변경 지대의 남자들이 따랐다. 전부 합쳐도 고작 천이백 명 남짓한 병력. 오직 보스웰의 의지와 결단만이 그들을 억지로 앞으로 밀어붙였다. 그는 더 이상 이성적인 방법으로 빠져나갈 길이 없다는 것을 알고 있었다. 때로는 어리석을 정도로 대담한 용기만이 절망 속에서 마지막 길을 만들어낼 수 있다고 믿었다.

에든버러에서 약 여섯 마일 떨어진 카베리 언덕에서 두 무리가 마주 섰다. 아직 '군대'라 부르기에는 어딘가 어색한 집단들이었다. 수적으로는 메리 스튜어트를 따르는 쪽이 우세했지만, 스코틀랜드의 귀족들과 뛰어난 기병들 중 누구도 왕실의 사자 문장이 펼쳐진 깃발 아래 서려 하지 않았다. 보스웰의 곁에 남은 것은 고작 돈을 받고 고용된 용병들과, 무장도 제대로 갖추지 못하고 싸울 의지도 부족한 자기 씨족의 병사들뿐이었다. 그들 맞은편에는 (메리 스튜어트가 그 얼굴을 하나하나 알아볼 수 있을 만큼 가까운 곳에) 귀족들이 도열해 있었다. 그들은 화려하게 치장한 말을 타고 번쩍거리는 광채를 내며 마주 서 있었다. 전쟁에 익숙했으며 전쟁을 좋아하는 작자들이었다. 그리고 그들이 당당히 내건 깃발은 기이하고도 섬뜩했다. 흰 바탕 위에는 나무 아래에서 피살된 남자가 그려져 있고, 그 곁에는 어린아이가 무릎 꿇고 울부짖으며 하늘을 향해 손을 뻗고 있었다. 깃발에는 이런 문구가 적혀 있었다. "오 하나님, 나의 억울함을 심판하고 복수해 주소서!" 단리의 죽음을 함께 모의했던 바로 그 귀족들이, 이제는 단리를 위한 복수자 행세를 하며 나타난 것이다. 그리고 그들이 무기를 든 것은 여왕을 향한 반란이 아니라, 단리의 살인범을 심판하기 위해서라고 주장하는 듯했다.

두 깃발은 밝고 선명하게 바람에 펄럭였지만, 전장 양편을 채운 병사들의 가슴 속에 용기란 없었다. 어느 쪽도 좁은 개울을 건너 먼저 공격하려 들지 않았다. 양측 모두 조용히 대치한 채 상대를 주시하며 시간을 끌었다. 보스웰이 급히 긁어모은 변경 지대의 농민들은 자신들이 잘 알지도 이해하지도 못하는 일에 목숨을 바칠 의지가 전혀 없었다. 반대편에 선 귀족들 역시 여전히 꺼림칙한 기분을 떨치지 못했다. 아무리 상황이 그렇다 해도, 창과 칼을 들고 합법적인 여왕에게 돌진한다는 것은 그들조차 선뜻 받아들이기 어려운 일이었다. 왕을 음모로 몰아내는 것쯤은 괜찮았다. 몇 명의 불쌍한 졸개들을 교수형에 처한 뒤, 자신들은 결백을 주장하면 그만이었다. 그런 식의 은밀한 공모는 이 나라 귀족들의 양심에 그다지 큰 짐이 되지 않았다. 하지만 대낮에, 투구의 얼굴 가리개를 올린 채, 당당히 말을 타고 여왕에게 돌진하는 일은 아직까지 이 시대를 지배하던 봉건적 충성의 이상과 너무나도 명백히 충돌하는 행위였다.

중립적인 관찰자로 전장에 모습을 드러낸 프랑스 대사 뒤 크록은 양측 모두 전투 의욕이 없다는 것을 재빨리 알아차렸다. 그는 곧바로 중재자로 나설 뜻을 밝혔고, 협상을 위한 깃발이 펼쳐졌다. 따사로운 여름날을 틈타 양측 병력은 평화롭게 각자의 진영에 진을 쳤다. 기병들은 말에서 내렸고, 보병들은 무거운 무기를 내려놓은 채 식사를 하며 한가롭게 시간을 보냈다. 그 사이 뒤 크록은 몇 명의 수행원을 대동하고 개울을 건너 여왕이 머물고 있는 언덕 쪽으로 말을 몰았다.

기이한 알현이었다. 늘 화려한 예복을 입고 왕실 천막 아래에서 대사를 맞이하던 여왕은 이번엔 돌 위에 앉아 있었다. 그녀는 울긋불긋한 농부의 옷차림이었다. 짧은 킬트는 무릎조차 가리지 못했다. 그럼에도 그녀가 가진 존엄과 거칠고도 고귀한 자존심은 궁정의 예복을 입고 있을 때와 조금도 다르지 않았다. 격앙되고 창백한, 밤새 한숨도 자지 못한 얼굴이었지만 그녀는 아직도 자신이 상황을 장악하고 있다는 듯 귀족들에게 당장 복종할 것을 요구했다. 처음에는 보스웰이 무죄라 선언해놓고, 이제 와선 그를 살인자로 고발하고 있다며 따졌다. 처음에는 그를 자신의 남편으로 직접 추천해놓고, 이제 와선 그 결혼을 죄악이라 부른다는 것이었다. 그녀의 격분은 분명 정당했다. 하지만 정의가 설 자리는, 한 번 무기가 들려진 순간 이미 사라지고 없었다. 그녀가 뒤 크록과 말을 나누고 있는 동안 보스웰이 말을 타고 도착했다. 대사는 그를 향해 인사하긴 했지만, 악수는 거부했다. 그러자 보스웰이 입을 열었다. 그는 거침없고 분명하게 말했다. 그의 눈빛에는 두려움이 전혀 없었고, 대담하고 자유로웠다. 그 모습을 본 뒤 크록은 이 위험한 사내의 당당한 태도에 감탄했다. 그는 훗날 보고서에 이렇게 적었다. "그는 자신감 넘치는 어투로 말했고, 부하들을 과감하고 능숙하게 지휘할 줄 아는 훌륭한 군인이었습니다. 병력의 절반도 건사하지 못한 상황이었지만 그는 전혀 흔들리지 않았습니다. 나도 모르게 그를 경탄할 수밖에 없었습니다." 보스웰은 자신과 같은 지위의 귀족이라면 누구와도 결투를 벌이겠다며 그 승부로 모든 문제를 매듭짓자고 제안했다. 자신의 입장이 너무나 정당하니, 신께서 반드시 자신 편에 서시리라는 확신도 덧붙였다. 절망적인 상황 속에서도 그는 여유 있게 웃으며 뒤 크록에게 이렇게 말했다. "근처 언덕에서 결투를 지켜보십시오. 꽤 재미있을 겁니다."

그러나 여왕은 결투 따위엔 관심이 없었다. 그녀는 여전히 상대가 무릎 꿇기를 기대하고 있었고, 언제나 그렇듯 현실을 직시하는 감각은 그 낭만적인 영혼 속에 없었다. 뒤 크록은 곧 자신이 헛걸음을 했음을 알아차렸다. 그는 눈물로 눈시울이 붉어진 여왕을 돕고 싶어 했지만, 그녀가 보스웰을 놓지 않는 한 그 누구도 그녀를 구할 수 없었다. 그리고 그녀는 그를 놓을 생각이 없었다. 그리하여, "안녕히." 귀족적 예의를 잃지 않은 채 그는 고개를 숙여 인사했고, 말에 올라 천천히 귀족들의 진영으로 되돌아갔다.

이제 전투가 시작될 시간이었다. 하지만 병사들은 지휘관들보다 더 현명했다. 그들은 귀족들이 서로 우호적으로 협상하는 모습을 지켜봐왔다. 그렇다면 도대체 왜 가난하고 보잘것없는 우리가, 이 더운 여름날에 서로를 죽여야 한단 말인가? 병사들은 일부러 느릿느릿 움직였다. 메리 스튜어트는 마지막 희망이 사라져가는 것을 지켜보며 안간힘을 다해 공격을 명령했지만 더는 아무도 따르지 않았다. 여섯 시간, 어쩌면 일곱 시간 동안 이리저리 어슬렁거리기만 하던 병력은 서서히 흩어지기 시작했고 이 틈을 놓치지 않은 귀족들은 곧바로 기병 이백 명을 전진시켜 보스웰과 여왕의 퇴로를 차단했다. 그제서야 메리 스튜어트는 비로소 사태의 심각함을 깨달았다. 그리고 진정으로 누군가를 사랑하는 이만이 할 수 있는 방식으로, 그녀는 자신보다 먼저 그 사람, 보스웰을 떠올렸다. 그녀는 알고 있었다. 아무리 상황이 나빠도 백성들이 감히 여왕에게 손을 대지는 않을 것이다. 하지만 보스웰은 달랐다. 그가 붙잡히는 순간, 결코 목숨을 부지하지 못할 것이다. 무엇보다 그가 알고 있는, 입 밖에 내지 말아야 할 진실들은, 단리의 복수를 내세운 자들에게 불편한 진실일 수밖에 없다. 그리고 그 순간, 메리 스튜어트는 수년 동안 단 한 번도 꺾은 적 없던 자존심을 내려놓았다. 처음으로 진심에서 우러난 굴복의 몸짓을 보인 것이다. 그녀는 사절기를 든 전령을 귀족 진영으로 보냈다. 그리고 지휘관 커콜디에게 홀로 자신을 찾아와 줄 것을 정중히 요청했다.

아직까지는 여왕의 명령이라는 신성한 권위에 대한 경외심이 힘을 발휘했다. 커콜디는 즉시 기병들을 멈춰 세웠고 메리 스튜어트에게로 다가갔다. 그리고 아무 말 없이 먼저 무릎을 꿇어 예를 갖췄다. 그는 단 하나의 조건을 제시했다. 여왕이 보스웰을 포기하고 자신들과 함께 에든버러로 돌아갈 것. 그렇게만 한다면 보스웰은 원하는 곳으로 자유롭게 떠날 수 있게 해주고 추격하지 않겠다는 것이었다. 보스웰은 참으로 장엄하게도 말없이 그 자리에 서 있었다. 그는 여왕의 결정에 영향을 주지 않기 위해 커콜디에게도, 여왕에게도 아무 말 하지 않았다. 그는 혼자서라도 당장 저 언덕 아래 대기 중인 이백 명의 기병에게 돌격할 준비가 되어 있었다. 여왕이 커콜디의 제안을 받아들였다는 말을 들은 뒤에야 보스웰은 그녀에게 다가와 포옹을 했다. 그것이 그들의 마지막 포옹이었지만, 두 사람 모두 그 사실을 알지 못했다. 그는 말 위로 뛰어올라 몇몇 시종만을 데리고 전속력으로 달려 사라졌다.

어두운 꿈은 끝났다. 이제 꿈에서 완전히 깨어날 잔인한 현실만이 남아 있었다. 눈을 뜨니 너무나 두렵고도 고통스러울 뿐이었다. 귀족들은 메리 스튜어트를 명예롭게 에든버러로 모시고 가겠다고 약속했고, 그것은 진심이었다. 그러나 기가 죽은 여인이 더럽고 보잘것없는 옷을 걸친 채 용병부대 쪽으로 다가오자 비웃는 소리가 터져 나왔다. 보스웰의 쇠주먹이 여왕을 보호하고 있는 동안 민중의 증오는 억눌려 있었다. 이제 아무도 그녀를 보호하지 않게 되자 그 증오가 한꺼번에 터져 나온 것이다. 항복한 여왕은 폭동을 일으킨 병사들에게 더 이상 군주가 아니었다. 처음에는 호기심 어린 시선이었지만, 곧 도전적인 적개심으로 바뀌었다. "남편을 죽인 살인마를 불태워라!" 비명이 사방에서 울려 퍼졌다. 커콜디가 가볍게 칼을 휘둘러댔지만 아무 소용이 없었다. 마침내 살해된 남편과 그 곁에서 복수를 호소하는 아이의 그림이 그려진 깃발이 앞세워졌다. 그것은 마치 승리의 상징처럼 여왕 앞에 내걸렸다. 오후 여섯 시부터 밤 열 시까지, 랭사이드에서 에든버러까지 이어진 이 지옥 같은 행진은 끝없이 계속되었다. 마을마다, 집집마다 사람들이 쏟아져 나와 붙잡힌 여왕이라는 전례 없는 구경거리를 보기 위해 길가를 메웠다. 때로는 인파가 너무 몰려 병사들의 대열이 무너질 정도였다. 여왕은 좁은 길을 행진하며 겨우 앞으로 나아가야 했다. 메리 스튜어트는 바로 이 날 그 어떤 날보다 더 참담한 치욕을 맛보았다.

그러나 이 자존심 강한 여인을 짓밟을 수는 있어도 굴복시킬 수는 없었다. 상처가 덧날 때 비로소 고통이 시작되듯 메리 스튜어트도 조롱이라는 독이 뿌려지고 나서야 패배의 고통을 진정으로 느끼기 시작했다. 그녀의 혈관 속에는 스튜어트 가문과 기즈 가문의 피가 뜨겁게 끓어올랐다. 그녀는 군중의 모욕을 귀족들의 책임으로 돌리며 격렬하게 몰아붙였다. 마치 성난 암사자처럼 그녀는 귀족들을 향해 소리쳤다. "너희를 교수대에 세우고, 십자가에 매달아 버리겠다!" 그러고는 갑자기 옆에서 말을 달리던 린제이 경의 손을 콱 움켜쥐며 말했다. "이 손을 걸고 맹세하오, 그대의 목은 반드시 내가 거두리라." 위기의 순간마다 늘 그랬듯, 그녀의 지나친 용기는 곧 이성을 넘어선 격정으로 치달았다. 자신의 운명이 그들 손에 달려 있다는 것을 알면서도 메리 스튜어트는 아첨하거나 회유할 생각이 없었다. 오히려 대놓고 증오와 멸시를 쏟아냈다. 아마 그녀의 강경한 태도가 귀족들의 냉혹함을 더욱 부추겼는지도 모른다. 그녀에게서 용서를 기대할 수 없다는 사실을 깨닫자, 그들은 이 통제할 수 없는 여자에게 더욱 쓰라린 맛을 보여주기로 결심했다.

여왕은 홀리루드 궁으로 돌아가는 대신 커크 오 필드의 살해 현장을 지나 구경꾼들로 가득한 도시 중심가로 끌려갔다. 그리고 중심가에 있는 시장 관저로 범죄자처럼 끌려갔다. 입구는 철저히 봉쇄되었고 그녀를 따르던 시종들 누구도 함께할 수 없었다. 며칠째 옷도 갈아입지 못하고 아침부터 아무것도 먹지 못한 그녀는 해가 떠서 질 때까지 참을 수 없는 일들을 다 겪었다. 나라를 잃고, 사랑하는 사람까지 잃은 날이었다. 창밖에서는 더러운 군중이 몰려들어 짐승을 우리에 가둬놓고 구경하듯 여왕을 조롱했다. 격앙된 폭도들의 욕설이 창문 너머로 날아들었고, 그제야 귀족들은 그녀가 얌전해졌으리라 판단하고 협상을 시도했다. 그들의 요구는 단 하나였다. 보스웰과의 완전한 단절을 선언하라는 것. 하지만 메리 스튜어트는 언제나 승산 있는 싸움보다 패배가 예정된 싸움에서 더욱 대담해지는 인물이었다. 그녀는 그 제안을 냉소적으로 거절했다. 훗날 그 자리에 있던 한 귀족조차 이렇게 고백했다. "그 순간, 여왕만큼 용감하고 대담한 여인을 나는 평생 단 한 번도 본 적이 없다."

메리 스튜어트에게 위협이 통하지 않자, 가장 노련한 귀족이 다른 수를 꺼내 들었다. 그녀의 오랜 조언자이자 한때는 충직했던 메이틀랜드가 교묘한 수법으로 설득하기 시작한 것이다. 그는 여왕의 자존심과 질투심을 자극하려 했다. 그가 전한 말이 사실인지, 거짓인지, 외교관의 입에서 나온 말이라면 더더욱 확신할 수 없지만, 어쨌든 그는 보스웰이 그녀의 사랑을 배신했다고 말했다. 보스웰은 결혼한 그 주간에도 전처와 애정 행각을 이어갔으며, 전처에게 진정한 아내는 그녀뿐이고, 여왕은 그저 첩일 뿐이라고 맹세했다는 것이었다. 하지만 메리 스튜어트는 이 거짓말쟁이들의 말을 믿지 않았다. 그런 보고는 오히려 그녀의 분노만 더욱 자극했을 뿐이었다. 에든버러 시민들은 무시무시한 광경을 목격하게 된다. 스코틀랜드의 여왕이 쇠창살이 긴 창문 너머로, 마치 미쳐버린 사람처럼 갑자기 모습을 드러낸 것이다. 가슴이 드러나도록 찢어진 옷을 입고 머리칼은 흐트러진 채 그녀는 울부짖으며 시민들을 향해 절규했다. 백성들에게 감금당했다며, 제발 자신을 구해 달라고 외쳤다.

상황은 걷잡을 수 없이 변해 있었다. 귀족들도 이제 그만 수습하고 싶었지만 이미 너무 멀리 와버렸다는 것을 알고 있었다. 지금 와서 메리 스튜어트를 다시 여왕으로 대우하며 홀리루드 궁으로 돌려보내는 일은 불가능했다. 그렇다고 흥분한 군중 한복판에 있는 시장 관저에 계속 머무르게 하자니 그 책임이 너무 컸고, 엘리자베스 여왕을 비롯한 외국 군주들의 분노를 불러올 게 뻔했다. 결정권을 가진 유일한 인물인 모레이 백작은 나라 밖에 있었고, 귀족들은 그가 없이는 어떤 결단도 내리지 못했다. 결국 그들은 우선 여왕을 '안전한 장소'로 옮기기로 하고, 가장 적절한 곳으로 로클레븐성을 선택했다. 그 성은 육지와 완전히 단절된 호수 한가운데에 있었으며 성의 주인은 모레이의 어머니 마거릿 어스킨이었다. 그녀는 일찍이 제임스 5세에게 버림받았던 터라 마리 드 기즈의 딸인 메리 스튜어트에게 호의적일 리 없었다. 귀족들은 '감금'이라는 민감한 표현을 조심스럽게 피했다. 대신 이렇게 적었다.

"전하의 신변을 보스웰 백작으로부터 차단하고, 그를 숨겨 범죄에 대한 정당한 처벌을 피하게 하려는 자들과의 연락을 막기 위한 임시 조치일 뿐입니다." 이 결정은 불안과 죄책감 속에서 태어난, 어정쩡한 임시 조치였다. 귀족들은 아직 스스로를 반란자라 부를 용기를 내지 못했고 모든 죄를 도망친 보스웰에게 떠넘겼으며, 메리 스튜어트를 왕위에서 영원히 끌어내리려는 숨은 의도는 미사여구 뒤에 감추었다.

백성들을 속이기 위해 귀족들은 6월 17일 저녁, 삼백 명의 호위병을 붙여 여왕을 홀리루드 궁으로 다시 데려가는 듯한 모습을 연출했다. 하지만 시민들이 모두 잠든 뒤, 조용히 그녀를 데리고 나와 로클레븐 성으로 향했다. 이 고요하고 슬픈 행군은 새벽녘까지 계속되었다. 이른 아침, 메리 스튜어트의 눈앞에 은빛으로 빛나는 작은 호수와 그 한가운데 고립된 채 견고하게 서 있는 로클레븐성이 모습을 드러냈다. 그곳은 얼마나 오랫동안일지는 알 수 없지만 이제 그녀가 머물게 될 감금의 장소였다. 그녀는 배를 타고 섬으로 건너갔고, 이내 철로 덧댄 성문이 무겁고도 냉정하게 닫혔다.

에든버러, 1567년 6월 16일

로클레븐성으로 향하기 위해 에든버러를 떠나는 메리의 모습

제15장

폐위

1567/여름

1567년 6월 17일, 귀족들이 여왕을 로클레븐성에 가두던 바로 그날부터 메리 스튜어트는 유럽 전체를 불안하게 만드는 존재가 되었다. 그녀의 운명은 그 시대에 한 번도 정면으로 제기된 적 없던, 전례 없는 문제를 세상 앞에 던지고 있었다. 자격이 없는 군주, 백성과 등을 돌린 군주를 어떻게 다루어야 하는가? 이 혁명적인 물음은 그녀를 통해 처음으로 제기된 것이다. 이번 사건에서 책임은 명백히 군주 자신에게 있었다. 메리 스튜어트는 격정적이고 경솔한 선택으로, 더 이상 지속될 수 없는 위태로운 상황을 자초하고 말았다. 귀족과 백성, 성직자들 모두가 반대했음에도 불구하고 그녀는 유부남이자 스코틀랜드 국왕의 살인자라 여겨지는 인물을 남편으로 맞았다. 법과 관습을 무시했고, 지금 이 순간에도 그 무모한 결혼을 무효로 돌리기를 거부하고 있다. 그 살인자가 곁에 있는 한 그녀는 더 이상 스코틀랜드의 여왕으로 남을 수 없다는 것을, 이제는 그녀를 두둔하던 이들마저도 인정하

3 1 7

게 되었다.

하지만 여왕에게 보스웰을 버리도록 강요하거나, 아들을 위해 왕위에서 물러나도록 강제할 수 있는 방법이 있는가? 그에 대한 대답은 냉혹하다. 없다. 그 시대에는 군주에게 법적으로 강제력을 행사할 수 있는 어떠한 수단도 존재하지 않았다. 민의(民意)는 아직 군주를 심판하거나 질책할 권리를 부여받지 못했다. 모든 사법권은 왕좌의 계단 앞에서 멈춘다. 군주는 아직 시민법의 테두리 안에 존재하지 않았다. 그 너머, 그 위에 존재했다. 사제처럼 신에게 봉헌된 자로 여겨진 왕은 자신의 권위를 누구에게도 양도하거나 내려놓을 수 없었다. 그 어떤 이도 기름 부음 받은 자의 존엄을 박탈할 수 없었다. 절대주의적 세계관 속에서 통치자의 생명은 빼앗을 수 있을지언정, 그 왕관만은 빼앗을 수 없었다. 왕을 죽일 수는 있어도 폐위시킬 수는 없었던 시대. 군주에게 강제력을 행사한다는 것은 곧 우주적 질서의 위계 자체를 뒤흔드는 일이었기 때문이다.

메리 스튜어트는 범죄와 결부된 결혼을 강행함으로써 이 전례 없는 문제를 세계 앞에 던졌다. 그녀의 운명은 단지 한 개인의 파국에 그치지 않고 하나의 세계관, 하나의 정신 원칙을 시험하는 장이 된다. 이러한 이유로 성품이 유순하다고는 할 수 없는 귀족들조차 여왕을 가둔 혁명적인 행동 앞에서 불편함을 느끼며 가능한 한 평화로운 해결책을 찾으려 했다. 실제로 처음에는 메리 스튜어트가 복위할 가능성도 있었다. 보스웰과의 결혼이 불법이었음을 선언하고 그 결정을 실수라고 인정하기만 했다면 비록 권위와 인기는 크게 실추되겠지만, 어느 정도의 명예는 회복할 수 있었을 것이다. 그리고 홀리루드로 돌아가 더 나은 신랑감을 선택할 수도 있었다.

　그러나 메리 스튜어트는 여전히 현실을 받아들이지 못하고 있었다. 여전히 군주는 절대로 오류를 범하지 않는다는 관념에 사로잡혀 있었다. 샤스텔라르, 리치오, 단리, 보스웰에 이르기까지 스캔들이 잇따라 터졌음에도 불구하고 자신이 잘못을 저질렀다는 것을 깨닫지 못했다. 오히려 온 유럽을 상대로 살인자 보스웰을 옹호하며 그와는 절대로 헤어질 수 없다고 주장했다. 왜냐하면 그의 자식이 사생아로 태어날 판이었기 때문이다. 그녀는 여전히 몽상 속에 살고 있었다. 이 낭만주의자는 현실을 받아들이려 하지 않았다.

　그러나 어리석다고도, 또 어떤 의미에서는 위대하다고도 할 수 있는 이런 고집이 결국 폭력을 자초하게 되었고 나아가 수 세기에 걸쳐 이어질 중대한 결단의 선례를 남기게 된다. 이 일은 그녀 한 사람으로 끝나지 않는다. 그녀의 핏줄인 손자, 찰스 1세마저도 무제한의 권력을 주장하다 끝내 그 대가를 피로 치르게 된다. 그러나 아직까지 메리 스튜어트는 어느 정도의 도움을 기대할 수 있었다. 유럽 전역에 드러난 군주와 백성 사이의 갈등은, 같은 신분 질서에 속한 유럽의 다른 군주들에게 결코 무심히 받아들여질 수 없는 일이었다.

　무엇보다도 엘리자베스는 적대하던 메리 스튜어트의 편에 섰다. 갑작스럽게 경쟁자를 옹호하는 모습을 두고, 많은 사람들은 엘리자베스를 변덕스럽고 신뢰할 수 없는 인물로 보기도 했다. 하지만 실제로 그녀의 행동은 일관되고 논리적이며 명확했다. 이 점은 분명히 짚고 넘어가야 한다. 엘리자베스가 메리 스튜어트를 지지한다고 해서, 그녀가 개인으로서의 메리나 그녀의 의심스러운 행위를 옹호한다는 뜻은 아니었다. 엘리자베스는 여왕으로서 다른 여왕을, 곧 침해될 수 없는 군주의 권위라는 보이지 않는 이상을 수호하는 입장에 선 것이다. 이는 결국 자기 자신의 지위를 지키기 위한 계산이기도 했다. 엘리자베스는 귀족들의 충성심에 대한 충분한 확신이 없었기에 이웃나라에서 감히 여왕에게 무기를 들이대고 구금하는 일이 벌어지는 것을 결코 좌시할 수 없었다. 그녀의 고문 세실은 스코틀랜드의 개신교 귀족들에게 훨씬 더 우호적이었지만, 엘리자베스는 국왕의 권위에 반기를 든 이들을 신속히 다시 복종시키려 했다. 메리 스튜어트의 운명이 곧 자신의 운명이 될 수도 있다는 사실을 그녀는 누구보다도 분명히 알고 있었기 때문이다. 따라서 이번만큼은 그녀가 메리의 처지에 진심으로 마음을 쓰고 있다고 말할 때, 그 말을 믿어도 될 것이다.

엘리자베스는 왕위에서 쫓겨난 메리에게 자매로서의 지지를 약속하는 한편, 그녀의 잘못에 대해서는 날카롭게 지적했다. 그녀는 자신의 개인적인 생각과 국가 지도자로서의 입장을 명확히 구분했다.

마담, 행운은 친구를 만들어주지만 불운은 진짜 친구를 시험한다고들 하지요. 지금이야말로 나의 우정을 행동으로 보여줄 수 있는 순간이라 생각되어, 또 당신을 위해서라도 이 짧은 글로나마 그 마음을 전하는 것이 옳다고 여겼습니다. 마담, 솔직히 말하자면 당신이 그 결혼에 있어 너무나 성급하고 신중하지 못했다는 점, 그리고 세상 어디에도 당신의 행동을 지지하는 벗을 찾기 어렵다는 것은 큰 슬픔이었습니다. 당신의 명예를 이보다 더 심하게 훼손할 일이 또 어디 있겠습니까? 세간에 좋지 않은 평판을 가진 사람, 더구나 당신의 남편을 살해했다는 의심을 한몸에 받은 사람과 그토록 서둘러 결혼하다니요. 그로 말미암아 당신까지 공모자로 의심받고 있습니다. 물론 나는 그것이 사실이 아니길 바랍니다.

그뿐인가요. 그의 아내가 아직 살아 있는 상황에서 그와 혼인한 것은, 신의 법으로도 인간의 법으로도 정당한 결혼이라 볼 수 없습니다. 그렇다면 당신의 자녀 또한 정통성을 인정받지 못할 것입니다. 이제 내 생각이 분명히 전해졌을 거라 믿습니다. 당신의 사절이 아무리 많은 근거를 들어 설명한다 해도 나의 판단을 바꾸기에는 충분하지 않습니다. 매우 유감스럽습니다. 나는 당신의 남편이 세상을 떠난 직후 가장 먼저 했어야 할 일이 그 살인자를 찾아내어 벌하는 것이었다고 생각합니다. 사건이 워낙 명백했기에 그것은 어려운 일이 아니었을 것입니다. 그렇게 했더라면 결혼도 지금처럼 가혹하게 비난받지는 않았을 겁니다. 그러니 나는 당신과의 우정, 그리고 당신의 고인이 된 남편과 우리 사이의 혈연을 생각하여, 범인이 누구이든, 또 그가 당신에게 얼마나 가까운 인물이든, 반드시 합당한 벌을 받도록 할 수 있는 모든 노력을 다할 것입니다.

이 편지의 내용은 분명했다. 엘리자베스는 수세기 뒤에야 메리 스튜어트를 두둔하려 애쓴 열혈 옹호자들보다 훨씬 일찍, 훨씬 더 명확하게 진실을 알고 있었다. 그녀는 첩자들의 보고와 모레이로부터 받은 정보 덕분에 메리의 공모 사실을 확신했고 이 편지는 그 믿음을 여실히 보여준다. 그녀는 망설임 없이 보스웰을 살인자로 지목하며, 외교 문서임에도 불구하고 단지 '메리가 그 범죄에 공모하지 않았기를 바란다'는 정중한 표현만을 남겼다. 그러나 바란다는 말은 이토록 중대한 범죄를 언급하기엔 너무 미온적인 단어다. 메리 스튜어트의 결백을 믿는다기보다는, 단지 같은 군주로서 이 스캔들을 조속히 끝내주길 바라고 있을 뿐이라는 냉정한 심중이 엿보인다. 개인적으로는 메리의 행동에 강한 반감을 품으면서도 엘리자베스는 그녀의 왕위에 대한 존엄만큼은 완강하게 지켜주려 했다. 엘리자베스는 이 의미심장한 편지에서 이렇게 덧붙인다.

당신의 불행한 상황을 전해 듣고 마음 깊이 안타까움을 느끼며, 당신의 명예와 안전을 지키기 위해 우리가 할 수 있는 모든 일, 그리고 적절하다고 판단되는 모든 수단을 다하겠다는 점을 분명히 말씀드립니다.

그리고 엘리자베스는 정말로 약속을 지켰다. 그녀는 사절에게 명령을 내려 메리 스튜어트를 향한 반란 귀족들의 모든 조치에 단호히 항의하게 하고, 만약 폭력이 동반될 경우 전쟁도 불사하겠다는 뜻을 분명히 했다. 그녀는 날카롭고 단호한 어조의 서한을 보내, 감히 여왕을 재판하려는 그들의 월권을 신랄하게 비판했다.

성경 어디에 신민이 군주를 폐위할 수 있다고 쓰여 있단 말인가? 어떤 기독교 나라에 그런 법이 존재하는가? 신민이 군주의 몸에 손을 대거나, 구금하고 법정에 세울 수 있다고 허락한 규정이 어디에 있는가? … 우리 역시 귀족들처럼 우리의 사촌인 왕의 살해를 규탄하며, 여왕이 보스웰과 결혼한 사실에도 그들 이상으로 분노했다. 그러나 그렇다하여, 그들이 이후에 취한 조처를 받아들일 수는 없다. 하느님의 명에 따라 그들은 신민이고, 메리 여왕은 그들의 군주다. 그러므로 그들이 여왕에게 자신의 행동을 해명하라고 강요하는 것은 옳지 않다. 머리가 발에 종속되는 일은 자연의 이치에 어긋나는 일이기 때문이다.

하지만 이번만큼은 엘리자베스도 귀족들의 노골적인 반발에 부딪힌다. 그들 대부분은 수년 전부터 그녀에게서 비밀리에 금전을 받아 왔으나, 그럼에도 불구하고 반기를 들었다. 리치오를 죽였던 그때부터 이미 그들은 알고 있었다. 만약 메리 스튜어트가 다시 권력을 되찾는다면 어떤 보복이 따를지를 말이다. 에든버러로 호송되던 날, 수치심에 몸부림치며 퍼부은 그녀의 저주가 귓가에 섬뜩하게 울려 퍼지고 있었다. 그들은 리치오를 죽였고, 단리를 제거했으며, 끝내 보스웰마저 내쫓았다. 이 모든 일이 다시 그 격정적인 여인의 의지에 굴복하기 위한 것이었을 리는 없다. 그들에게는 훨씬 단순한 해결책이 있었다. 바로 아직 한 살에 지나지 않은 그녀의 아들을 왕위에 올리는 것이다. 어린아이는 명령을 내릴 수 없으니, 그가 자랄 때까지 거의 스무 해에 이르는 세월 동안 나라의 실권은 다시 귀족들의 손에 들어가게 될 것이었다.

하지만 그 모든 상황에도 불구하고 귀족들은 자신들의 후원자인 엘리자베스에게 대놓고 반기를 들 용기를 내지 못했다. 그런 그들에게 하늘이 내린 듯한 기회가 나타났다. 카베리 힐 전투가 끝난 지 엿새 뒤, 치명적인 무기가 그들의 손에 떨어진 것이다. 단리 살해 당시 보스웰의 공범이었던 제임스 발포어는 정세가 뒤바뀌자 불안에 휩싸였다.

그리고 스스로를 구할 수 있는 길은 오직 또 한 번의 배신뿐이라는 결론에 도달했다. 그는 권력을 쥔 귀족들의 환심을 사기 위해 추방당한 옛 동료를 밀고했다. 보스웰이 하인 한 명을 에든버러로 보내 성 안에 남겨둔 작은 궤짝을 은밀히 가져오라 명했다는 것이다. 귀족들은 즉시 그 하인, 달글리시를 붙잡아 심문했고 혹독한 고문 끝에 그는 마침내 숨겨진 장소를 자백했다. 그의 말대로 침대 밑 깊숙한 곳에서 값비싼 은제 궤짝 하나가 발견되었다. 이 상자는 원래 프랑스 왕 프랑수아 2세가 메리 스튜어트에게 선물한 것이었고 그녀는 그것을 다시 보스웰에게 내어주었다. 정교한 열쇠 없이는 열 수 없는 견고한 상자 안에는 보스웰의 사적인 문서들이 들어 있었다. 여왕의 편지들, 결혼 서약서, 그리고 귀족들을 위태롭게 만들 수 있는 각종 서류들이 함께 있었을 가능성이 크다. 이런 문서들을 도주 중에 들고 다니는 것은 너무도 위험했기에 그는 차라리 성 안에 숨겨두었다가 적절한 때에 신뢰할 수 있는 하인을 시켜 다시 가져오려 했던 것이다. 여왕과의 서약서나 사적인 편지들은 위기의 순간 그가 무기로 쓸 수 있는 강력한 무기였다. 만일 여왕이 마음을 바꾸어 그를 저버리려 하면 그는 친필로 된 증거로 그녀를 붙잡을 수 있었고 귀족들이 자신을 단리 살해의 공범으로 몰아세운다면 그들 역시 연루되어 있음을 폭로할 수 있었을 것이다.

따라서 도망자 보스웰에게 무엇보다 급한 일은 이 문서들을 되찾는 일이었을 것이다. 그런데 바로 그 순간, 귀족들이 그 상자를 손에 넣은 것이다. 그들에게는 더할 나위 없는 행운이었다. 이제 그들은 자신들의 공모를 드러낼 수 있는 문서들은 은밀히 없애고, 여왕을 곤경에 빠뜨릴 수 있는 것들만 선별해 무기로 삼을 수 있게 되었기 때문이다.

반란의 우두머리인 모턴 백작이 하룻밤 동안 이 은제 궤짝을 자신의 거처에 보관했다. 그리고 다음 날, 귀족들이 다시 모였다. (이 자리에는 메리 스튜어트의 지지자였던 가톨릭 귀족들도 있었다.) 모두가 보는 앞에서 궤짝이 열렸고 그 안에서 '보석함 편지'로 알려진 서신들과 여왕이 직접 쓴 소네트들이 나왔다. 인쇄된 사본과 원본이 완전히 일치하는지 여부는 차치하더라도, 단 한 가지는 분명했다. 바로 그 서신들의 내용이 메리 스튜어트에게 치명적인 것이었다는 점이다. 그 때부터 귀족들의 태도는 눈에 띄게 달라졌다. 그들은 훨씬 더 대담하고 자신만만하게 고개를 빳빳이 들고 행동하기 시작했다. 흥분에 휩싸인 그들은 이 놀라운 발견을 곧장 세상에 퍼뜨렸다. 그 문서들을 필사하거나 (하물며 위조할) 시간도 없던 그날, 그들은 편지의 대략적인 내용을 프랑스의 모레이에게 전하기 위해 특사까지 보냈다. 동시에 그들은 프랑스 대사에게도 보고했고, 보스웰의 하인들을 심문하며 그들의 진술을 문서로 기록했다. 이처럼 신속하고 단호한 대응은 그 문서들이 보스웰과 메리 스튜어트 사이의 위험한 결탁을 법적으로도 설득력 있게 입증해줄 만큼 강력한 증거였음을 시사한다. 단번에 여왕의 입지는 흔들렸고 그녀를 둘러싼 정세는 급격히 어두워졌다.

위기의 순간에 이런 편지들이 발견된 것은 모반자들의 입지를 공고히 해주었다. 마침내 그들은 자신들의 불복종 행위를 정당화해 줄 도덕적 명분을 손에 쥐게 된 것이다. 지금까지 그들은 보스웰만을 살인 사건의 책임자로 지목했을 뿐, 정작 그를 추격한 적은 없었다. 그가 도주하다가 자신들의 공모 사실을 폭로할까 두려웠기 때문이다. 여왕에 대해서도 지금껏 그들이 내세울 수 있었던 유일한 비난은 '살인자를 남편으로 삼았다'는 것뿐이었다. 그런데 이제는 아무것도 몰랐던 순진한 피해자인 양 여왕이 이 사건에 공모했다는 사실을 '알아냈다'고 주장할 수 있게 되었다. 마침내 여왕이 '자발적으로' 왕위를 아들에게 넘기도록 강제할 지렛대를 손에 넣은 것이다. 만약 그녀가 이를 거부한다면, 그들은 주저 없이 여왕을 간통과 살인 공모 혐의로 공개 재판에 회부할 작정이었다.

그러나 귀족들은 메리 스튜어트를 직접 기소하려 들지는 않았다. 엘리자베스가 결코 그들에게 여왕을 재판할 권한을 인정하지 않을 것임을 잘 알고 있었기 때문이다. 그래서 그들은 앞에 나서기보다는 신중히 물러서 있었고, 여왕을 공개 재판에 세워야 한다는 주장은 제3자의 입을 통해 흘러나오도록 했다. 이 역할을 기꺼이 떠맡은 사람은 증오심을 거침없이 드러내던 존 녹스였다. 리치오가 살해된 뒤, 이 광신적인 선동가는 잠시 외국으로 몸을 피하고 있었다. 하지만 그가 예언했던 '피의 이사벨'과 재앙들이 놀랍도록 현실이 되자, 그는 다시 예언자의 외투를 걸친 채 에든버러로 돌아왔다. 강단 위에서 그는 죄 많은 가톨릭 여왕을 공개 재판에 세우라고 목소리를 높였다. 성서의 예언자처럼 간통한 여왕에 대한 심판을 요구했다. 장로교 목사들의 설교는 갈수록 격해졌고, 그들은 군중을 향해 외쳤다. "여왕이라고 해서 평범한 여자들과 다를 게 무엇인가? 간통과 살인은 누구에게나 죄다. 눈감아서는 안 된다!"

지속적인 선동은 곧 영향력을 발휘하기 시작했다. 증오심은 교회에서 거리로 번졌다. 오랫동안 여왕을 두려움 섞인 경외의 눈으로 바라보던 민중은, 이제 그녀가 죄인의 옷을 입고 단두대에 오르는 장면을 상상하기 시작했다. 한 번도 정치적 목소리를 가져본 적 없던 스코틀랜드의 민중은 처음으로 입을 열어 여왕의 공개 재판을 요구했고, 그 중에서도 특히 여성들의 분노는 격렬했다. "그녀를 가장 맹렬하고 뻔뻔스럽게 공격한 건 여자들이었고, 남자들 역시 그에 못지않았다." 그럴 수밖에 없는 일이었다. 만약 자신이 여왕처럼 간통의 욕망을 따랐다면, 그 대가는 분명 단두대나 화형장이었을 거라는 사실을 스코틀랜드의 가난한 여성이라면 누구나 알고 있었다. 그런데 이 여인은 단지 왕이라는 이유로 벌을 받지 않고도 죄를 저지른 채 살아남을 수 있단 말인가? 격분한 외침이 점점 더 거세졌다. "그 창녀를 불태워라!" 잉글랜드 대사는 불안에 가득 찬 보고서를 런던으로 보냈다. "이 비극은, 여왕이 이탈리아인과 남편을 잃은 그 방식 그대로 끝날지도 모릅니다."

귀족들은 더 이상 바랄 것이 없었다. 이제 메리 스튜어트가 자발적으로 퇴위하려는 마지막 저항마저 꺾기 위한 대포가 포문을 연 셈이었다. 또한 여왕을 고소하라는 존 녹스의 요구를 실행할 준비가 되어 있었다. 혐의는 '법률 위반'과 (조심스럽게 완곡한 표현을 골라) '보스웰 및 기타 인물들과의 부적절한 관계'였다. 만일 여왕이 퇴위를 거부한다면, 귀족들은 보석함에서 나온 편지들을 법정에서 낭독해 그녀의 치욕을 만천하에 드러낼 계획이었다. 간통과 살인 공모의 증거를 자신의 글씨로 남긴 여인이라면, 엘리자베스를 비롯한 유럽의 어느 군주도 더 이상 나서서 그녀를 변호할 수는 없을 것이라고 여겼다.

공개 재판을 하겠다는 위협으로 무장을 하고서 멜빌과 린제이는 7월 25일 로클레븐으로 향했다. 그들은 세 통의 양피지 문서를 지니고 있었다. 만약 그녀가 공개 재판이라는 치욕을 피하고 싶다면, 이 문서들에 서명하는 길밖에 없었다. 첫 번째 문서에는 메리가 통치에 염증을 느끼고 있으며 더는 왕관을 짊어질 힘도 의지도 없기에 기꺼이 그것을 내려놓는다는 내용이 담겨 있었다. 두 번째 문서는 아들의 즉위에 대한 동의서였고, 세 번째는 섭정의 권한을 이복 오빠인 모레이 백작 또는 다른 적임자에게 넘긴다는 내용을 담고 있었다.

>-•→ 멜빌 경이 로클레븐성에 감금되어 있던 메리에게 스코틀랜드 왕위를 어린 아들에게 양위할 것을 설득하는 모습을 묘사한 그림

말을 꺼낸 이는 멜빌이었다. 귀족들 가운데서도 메리 스튜어트와 인간적으로 가장 가까운 이였다. 그는 이전에도 두 차례나 찾아와 보스웰과 결별하라고 설득했으나, 메리는 그때마다 거절했다. 그러나 이번에는 상황이 달랐다. 서신이 발견된 뒤로는 모든 것이 벼랑 끝으로 치닫고 있었다. 처음에 메리는 격렬히 반발했다. 울음을 터뜨리며, 차라리 죽을지언정 왕관만은 포기하지 않겠다고 맹세했다. 그리고 그 맹세는 훗날 그녀의 운명을 통해 실제로 실현된다. 하지만 멜빌은 단호하게, 가장 적나라한 방식으로 그녀를 기다리는 현실을 설명했다. 편지의 공

> ➤─● 퇴위 문서에 서명을 강요당하는 메리

개 낭독, 보스웰의 하인들에 대한 심문, 법정 심리와 판결. 메리는 점차 자신이 얼마나 무모했는지, 그리고 얼마나 깊은 치욕 속에 빠져 있는지를 뼈저리게 실감했다. 결국 공개적인 굴욕에 대한 두려움이 그녀의 마지막 저항을 꺾었다. 격분과 모욕, 절망이 뒤엉킨 채로 오랜 시간을 끌던 끝에, 메리는 마침내 세 문서에 서명했다.

합의는 이루어졌다. 그러나 언제나 그렇듯, 스코틀랜드식 '계약'이란 맹세나 약속에 구속될 의사가 전혀 없는 양측 간의 형식적인 절차에 불과했다. 귀족들은 메리 스튜어트의 편지를 의회에서 공개 낭독하며, 그녀의 공모 혐의를 세상에 퍼뜨려 다시는 돌아오지 못하게 만들 작정이었다. 한편 메리 스튜어트 역시 죽은 양피지 위에 펜으로 몇 줄 서명했다고 해서 자신이 폐위되었다고는 여기지 않았다. 세상 사람들이 중요하게 여기는 명예나 맹세, 서약 따위는 그녀에게 아무 의미가 없었다. 그녀가 느끼는 왕권의 실체는 그것이 자신의 삶과 떼려야 뗄 수 없는 것이라는 내면의 확신에서 비롯된 것이었고, 핏줄을 타고 흐르는 따뜻한 피처럼 생생하고도 본질적인 것이었다.

며칠 뒤 어린 왕이 즉위했다. 백성들은 광장 한복판의 처형 장면 대신, 훨씬 재미없는 구경거리에 만족해야 했다. 대관식은 스털링에서 열렸고 애솔 경이 왕관을, 모턴 경이 왕홀을, 글렌케언 경이 검을 들었다. 마르 경은 아직 젖먹이인 어린 왕을 품에 안았다. 이 순간부터 그는 정식으로 스코틀랜드의 제임스 6세로 불리게 되었다. 축복식은 존 녹스가 집전했다. 이는 새 국왕이 로마 가톨릭의 영향에서 영원히 벗어났다는 것을 선언하는 상징이었다. 성문 밖에서는 백성들이 환호했고, 축제의 종소리가 울려 퍼졌다. 그 순간만큼은, 언제나 그렇듯 단지 그 순간만큼은, 스코틀랜드에 다시금 기쁨과 평화가 돌아온 듯 보였다.

이제 껄끄러운 일들이 다른 이들의 손에 맡겨졌으니, 세련된 정치술의 소유자 모레이는 승리자의 자격으로 당당히 귀국할 수 있게 되었다. 그는 다시 한 번, 결정적인 순간마다 뒤로 물러서 있던 자신의 교묘한 전략이 효과적이었음을 입증했다. 리치오가 암살될 때도, 단리가 살해될 때도, 여왕에 맞선 반란이 일어날 때도 그는 늘 자리를 비우고 있었다. 그의 충성심에는 흠잡을 데가 없었고, 손에는 피 한 방울 묻지 않았다. 그는 무엇보다도 기다릴 줄 아는 자였다. 결국 시간은 그의 편이었고 그는 아무런 희생 없이도 오랫동안 염원해 온 권력을 가장 품위 있는 방식으로 손에 넣었다. 귀족들은 이구동성으로 그에게 섭정이 되어달라고 청했다.

모레이는 스스로를 다스릴 줄 알기에 통치자로 타고난 인물이다. 그는 결코 조급히 권력을 움켜쥐지 않았다. 언젠가 자신이 다스리게 될 이들로부터 은혜를 입은 듯한 모습으로 권좌에 오르는 일을 결코 허락하지 않았다. 또한 다정하고 충성스러운 형제인 자신이 마치 폭력적으로 누이의 권리를 빼앗은 것처럼 보이는 일도 피하고자 했다. 정교하게 계산된 심리적 연출 속에서 그는 이 섭정직이 여왕 본인의 뜻에 따라 '맡겨지는' 것처럼 보이기를 원했다. 반란을 일으킨 귀족들과 퇴위한 여왕, 양측의 요청이 동시에 있어야만 자신의 권한이 온전히 정당화될 수 있다고 판단했던 것이다. 그가 로클레븐을 방문한 장면은 위대한 극작가의 희곡에나 어울릴 법한 장면이다. 그가 모습을 드러내자마자 메리 스튜어트는 오열하며 그의 품에 안겼다. 그녀는 마침내 위로와 지지, 우정, 그리고 무엇보다 오래도록 갈망해 온 진심 어린 충고를 기대했다. 하지만 모레이는 철저히 감정을 숨긴 채 냉담하게 그녀를 바라보았다. 그는 그녀가 저지른 일들을 냉정한 말투로 비난했고, 어떤 자비로운 말도 건네지 않았다. 그의 싸늘한 태도에 완전히 얼어붙은 메리는 다시 눈물을 흘리며 변명하고 해명을 했다. 그러나 모레이는 한 마디도 하지 않았다. 어두운 얼굴로 침묵할 뿐이었다. 그는 오히려 침묵으로 그녀 안에 더 깊은 두려움을 불러일으켰다. 마치 침묵 너머에 더 끔찍한 소식이 도사리고 있는 것처럼 말이다.

모레이는 밤새 여동생을 불안과 공포의 불구덩이 속에 그대로 내버려두었다. 그가 주입한 불확실성의 독이 그녀의 내면 깊숙이까지 번져 타오르길 바란 것이다. 외부 세계의 소식을 전혀 알지 못하는 메리 스튜어트는 (외국 사절의 접견조차 철저히 금지된 상황에서) 자신에게 닥쳐올 일이 고발인지 재판인지, 치욕인지 죽음인지 전혀 가늠할 수 없었다. 그녀는 임신한 몸으로 뜬눈으로 밤을 지새웠다. 다음 날 아침이 되자, 저항의 힘은 완전히 꺾여 있었다. 그제야 모레이는 부드러운 말투로 태도를 바꾸었다. 만약 그녀가 탈출을 시도하지 않고, 외세와 접촉하지 않으며, 특히 보스웰과의 관계를 완전히 끊는다면 (그는 일부러 조심스럽고 애매한 어조로 말했다) 그녀의 명예를 세상 앞에서 구할 수도 있을지 모른다고 넌지시 암시했다. 그 희미한 가능성 하나만으로도, 절망에 빠져 있던 메리는 다시 불같은 생기를 되찾았다. 그녀는 간청했다. 섭정직을 맡아 달라고, 그래야만 아들을 지킬 수 있고 나라가 안정되며, 자신 또한 안전해질 수 있다고 말이다. 모레이는 여러 증인들 앞에서 한참을 망설이는 듯하다가 마침내 너그럽게 받아들였다. 물론 그는 애초에 이것을 얻기 위해 온 것이었다. 이제 모레이는 만족스럽게 자리를 뜰 수 있었고, 메리 스튜어트는 위로받은 마음으로 그를 배웅했다. 권력이 그의 손에 들어갔으니 이제 편지가 세상에 공개되지 않을 것이며, 자신의 명예도 끝내 지킬 수 있으리라는 희망을 품게 된 것이다.

그러나 권력을 잃은 이에게 세상은 연민조차 허락하지 않는다. 모레이는 권력을 손에 쥐자마자 가장 먼저 여동생의 귀환을 영원히 차단하려 했다. 섭정의 자리에 오른 이상, 그는 이 불편한 왕위 계승자를 철저히 무너뜨려야 했다. 메리 스튜어트의 석방은 더 이상 고려 대상이 아니었고, 오히려 그녀를 영구히 가두기 위한 조치들이 하나둘씩 실행에 옮겨졌다. 그는 엘리자베스와 여동생 모두에게 그녀의 명예를 지켜주겠다고 약속했지만, 12월 15일 스코틀랜드 의회에서 그녀가 보스웰에게 보낸 편지와 소네트들을 상자에서 꺼내 낭독했다. 네 명의 주교, 열네 명의 수도원장, 열두 명의 백작, 열다섯 명의 귀족, 그리고 서른 명이 넘는 하급 귀족들. 그중에는 메리의 측근들도 있었다. 이 모든 이들이 명예를 걸고 그 편지들과 시가 진본임을 확인했다. 중요한 점은 그녀의 지지자들조차 단 한 사람도 진위 여부를 의심하지 않았다는 사실이다. 그 자리는 사실상 하나의 재판정으로 변모했고, 여왕은 눈에 보이지 않는 피고인으로 그들 앞에 서게 되었다. 반란과 감금을 포함하여 최근 몇 달간 벌어진 모든 불법적인 행위들은 이제 낭독을 통해 법적으로 정당화되었다. 의회는 명확히 선언했다. 메리 스튜어트는 자신의 운명을 자초했으며, 사악한 공모의 공범으로서 남편이자 정당한 국왕인 단리의 살해에 직접 가담했다고 말이다. 그 근거는 그녀가 보스웰에게 보낸 자필 편지와 살해 직후 체결된 부도덕한 결혼에 있다는 것이다. 그리고 메리 스튜어트의 죄를 유럽 전역에 알리기 위해 외국 궁정에도 편지들의 사본이 발송되었다. 그렇게 그녀의 이마에는 공공연히 추방자의 낙인이 찍혔다. 모레이와 귀족들은 이제 그녀가 다시는 죄 많은 머리로 왕관을 요구하지 못할 것이라고 기대했다.

메리 스튜어트는 자신의 왕권에 대한 확신이 너무 강했기 때문에 모욕이나 치욕으로는 결코 꺾이지 않았다. 그녀는 어떤 낙인도 결코 신의 부름을 받은 이마를 더럽힐 수 없다고 생각했다. 어떤 판결에도, 어떤 명령에도 머리를 숙이지 않을 것이다. 자신을 비천하고 무력한 운명 속에 가두려는 손길이 거세질수록, 그녀는 그만큼 더 단호하게

맞서 일어섰다. 이러한 의지는 오래 가두어 둘 수 있는 성질의 것이
아니다. 그것은 언젠가 벽을 무너뜨리고, 둑을 허물어뜨린다. 설령 쇠
사슬에 묶인다 하더라도 그 의지는 끝내 그것을 거칠게 뒤흔들며 사
람들의 가슴마저 뒤흔들고야 말 것이다.

제16장

자유와의 이별

1567/여름-1568/여름

보스웰 사건의 어둡고 비극적인 장면들은 셰익스피어 같은 거장이었기에 온전한 문학으로 승화시킬 수 있었을 것이다. 그 뒤를 잇는 보다 더 낭만적이고 감상적인 로클레븐성에서의 이야기는 셰익스피어에는 미치지 못하나, 또 다른 시인 월터 스콧이 시로 남겼다. 그러나 우리가 어린 시절 이 이야기를 읽으며 간직했던 기억 속에서는, 전설이 역사적 진실보다 더 또렷하게 살아 있다. 때로는 아름다운 전설이 진실을 이기는 법이기 때문이다. 젊고 열정 가득했던 시절, 우리는 이 장면들을 얼마나 사랑했던가. 그 모습은 얼마나 선명하게 마음속에 각인되었던가. 얼마나 깊은 연민으로 영혼을 뒤흔들었는가. 낭만의 모든 요소가 이 이야기 속에는 이미 완벽히 갖추어져 있다. 무고한 공주를 감시하는 잔인한 간수들, 그녀의 명예를 더럽힌 자들, 그리고 차가운 적대 속에서도 남자들의 마음을 흔드는 여왕. 젊고, 친절하고, 아름다운 그녀.

로클레븐성 유적

이야기의 무대 역시 그에 못지않게 낭만적이다. 아름다운 호수 한가운데 떠 있는 음울한 성. 그 발코니에서 그녀는 스코틀랜드의 산과 숲, 평화로운 풍경 너머로 출렁이는 북해를 바라본다. 이 순간 스코틀랜드 민중의 마음 깊은 곳에 잠재돼 있던 모든 시적 감각이, 이 여왕의 운명적인 장면을 중심으로 하나의 결정체처럼 맺힌다. 이렇게 완벽하게 빚어진 전설은 한 번 세상에 태어나면 민족의 피와 정신 속에 깊이 스며들어 쉽게 사라지지 않는다. 세대가 바뀔 때마다 새로운 이야기로 다시 태어나고, 해마다 새로운 꽃을 피우는 나무처럼 영원히 살아 숨 쉰다. 이 숭고한 전설 앞에서 종이에 적힌 사실의 기록들은 그저 초라한 파편에 지나지 않는다. 왜냐하면 아름답게 창조된 것은, 그 아름다움만으로도 존재의 이유를 증명하기 때문이다. 그리고 훗날 우리가 보다 성숙해지고 세상일에 회의적이 되어 이 감상적인 전설 너머의 진실을 파헤치려 할 때, 그 작업은 마치 한 편의 시를 건조한 산문으로 옮겨 적는 것처럼 어딘지 모르게 불경하게 느껴진다.

그러나 모든 전설이 지니는 위험은 진정한 비극을 감상적인 이야기로 덮어버린다는 점이다. 마찬가지로 메리 스튜어트의 로클레븐 감금 생활을 그린 낭만적인 서사 또한 그녀의 진짜 고통, 가장 깊고도 인간

336

적인 절망을 감추고 만다. 월터 스콧이 끝내 말하지 않은 사실이 하나 있다. 바로 그 낭만적인 공주가, 남편의 살해자로 지목된 보스웰의 아이를 임신하고 있었다는 점이다. 어쩌면 이것이야말로 그녀가 감내해야 했던 가장 참혹한 내면의 시련이었을지 모른다. 뱃속에 있는 아이가 예상보다 이르게 세상에 나온다면, 자연이라는 달력은 그녀가 언제 육체적으로 자신을 내어준 것인지 무정하게 계산해 낼 것이기 때문이다. 그날이 정확히 언제였는지는 아무도 모른다. 다만 그 관계가 도덕과 관습이 허락하지 않는 시기에 이루어졌다는 사실만은 분명하다. 남편의 장례 기간 중이었을지도 모르고, 세튼에 머물던 때였을지도 모른다. 혹은 여러 성을 오가던 여정 중이었을 수도 있다. 어쩌면 남편이 살아 있는 동안이었을지도 모른다. 어느 쪽이든 치욕스럽지 않은 경우는 없다. 이 점을 떠올려야만 그녀가 느낀 절망의 깊이를 가늠할 수 있다. 보스웰의 아이가 세상에 모습을 드러내는 순간, 그녀의 금지된 열정이 시작된 시점 또한 세상의 달력 위에 분명히 기록될 터였기 때문이다. 그러나 이 비밀의 장막은 끝내 완전히 걷히지 않는다. 로클레븐으로 이송될 당시 그녀의 임신이 어느 정도였는지, 언제 그 고통에서 벗어났는지, 아이가 살아서 태어났는지 아니면 사산되었는지, 그 모든 것은 확실히 밝혀지지 않았다. 증언은 서로 충돌하고 사실은 추측과 어둠 속에 묻혀 있다.

단 하나 분명한 사실이 있다면, 메리 스튜어트에게는 임신의 시기를 감추어야 할 충분한 이유가 있었다는 것이다. 그녀는 보스웰의 아이에 대해 단 한 번도, 단 한 줄도 언급한 적이 없다. 메리 스튜어트의 비서가 작성하고 그녀 본인이 직접 검토한 보고서에 따르면 그녀는 생존 불가능한 쌍둥이를 조산했다고 한다. 이 또한 우연이 아닐지도 모른다. 그녀는 자신의 약제를 담당하던 약사를 감옥에까지 데려갔기 때문이다. 또 다른, 마찬가지로 확실치 않은 전승에 따르면 그 아이는 딸로 태어나 살아 있었으며 몰래 프랑스로 보내져 어느 수녀원에서 자신의 혈통조차 알지 못한 채 생을 마감했다고 한다. 하지만 마지막 비밀을 둘러싼 진실은 영원히 미궁 속에 남는다. 그 진실의 열쇠는 로클레븐 호수의 깊은 물속에 가라앉고 말았다.

그러나 메리 스튜어트의 출산, 혹은 조산이라는 치명적인 비밀을 그녀를 지키던 이들이 함께 감추어 주었다는 사실 하나만으로도 그들이 낭만적인 전설 속에서 묘사된 것처럼 잔혹한 감시자들이 아니었음을 알 수 있다. 메리를 돌보았던 로클레븐의 더글러스 부인(마거릿 어스킨)은 30년 전 메리의 아버지 제임스 5세의 연인이었고, 그와의 사이에서 여섯 자녀를 낳았다. 그중 장남이 바로 모레이 백작이다. 이후 그녀는 로클레븐의 더글러스 백작과 정식으로 혼인해 다시 일곱 명의 아이를 낳았다. 총 열세 번의 출산을 겪었고, 혼외 자녀를 인정받지 못한 아픔을 직접 겪었던 이 여인은 메리를 누구보다도 잘 이해할 수 있는 인물이었다. 그녀가 냉정하고 가혹했다는 이야기는 대부분 꾸며낸 전설이었을 가능성이 크다. 오히려 그녀는 메리를 귀빈처럼 대했을 것이다. 메리는 성 안에서 여러 개의 방을 쓰고, 자신의 요리사와 약제사, 네다섯 명의 시녀들을 곁에 둘 수 있었으며 성 내에서의 자유로운 활동이 어느 정도 허용되었다. 아마 사냥까지도 허용된 것 같다. 낭만적 감상에서 벗어나 공정한 시선에서 들여다본다면, 그녀가 받은 처우는 상당히 관대한 편이었다고 할 수 있다.

남편이 암살된 지 불과 석 달 만에 그 살인범과 혼인한 이상, 그녀는 최소한 중대한 과실에 대한 책임에서는 자유로울 수 없게 되었다. 현대적인 기준으로 재판이 이루어졌다면 심신 미약 혹은 의지의 예속 상태였다는 사정을 참작하여 가까스로 공범 혐의에서 벗어났을 것이다. 충동적이고 불명예스러운 선택으로 나라를 혼란에 빠뜨리고 유럽 전체의 분노를 자아낸 그녀를 한동안 강제로 격리한 조치는 단지 국가를 위한 것이 아니라 오히려 그녀 자신을 위한 일이기도 했다. 왜냐하면 로클레븐성의 고립된 시간 속에서 무너졌던 메리는 마침내 흥분을 가라앉히고, 보스웰로 인해 흔들렸던 내면의 의지를 되찾을 수 있었기 때문이다. 결국 이 감금은 조급함과 불안으로부터 그녀를 보호한 셈이었다.

그 수많은 경솔함에 비하면, 이 낭만적인 감금은 오히려 관대한 형벌이라 불러야 마땅하다. 특히 그녀의 공범이자 연인이 맞닥뜨린 운명과 비교해 보면 더욱 그러하다. 보스웰에게 닥쳐온 운명은 얼마나 달랐던가! 한때 보장받았던 안전은 헛된 약속이 되었고, 그는 육지와 바다를 가리지 않고 추적당했다. 그의 머리에는 천 스코틀랜드 파운드의 현상금이 걸렸다. 보스웰은 어떤 친구라도 자신을 배신하고 팔아넘길 수 있다는 사실을 알고 있었다. 하지만 이 대담한 사내는 좀처럼 붙잡히지 않았다. 그는 먼저 국경 지대의 무리를 규합해 마지막 저항을 시도한 뒤, 오크니 제도로 몸을 피하고 그곳에서 귀족들에 맞선 반란을 꾀했다. 이에 모레이는 네 척의 배를 이끌고 추격해왔다. 보스웰은 가까스로 허름한 작은 배에 올라 바다로 도망쳤다. 그러나 그는 그 바다에서 폭풍을 만난다. 연안을 항해하기 위한 배에 불과한 조각배는 찢긴 돛을 단 채 노르웨이 쪽으로 밀려갔고, 마침내 덴마크 군함에 의해 나포되었다. 보스웰은 정체를 숨기려 애썼다. 자신이 그토록 쫓기는 스코틀랜드의 왕이라는 사실이 드러나면 당장 송환될 것을 알고 있었기 때문이다. 그는 선원에게서 평복을 빌려 입고 차라리 해적으로 몰리는 편을 택했다. 하지만 결국 그는 발각되어 이곳저곳으로 끌려 다녔다.

한동안 덴마크에서는 석방되어 자유를 누리기도 했다. 그러나 그 난봉꾼에게는 뜻밖의 네메시스가 찾아왔다. 과거에 결혼을 약속하고 유혹했던 덴마크 여인이 그를 고소하면서 상황은 급격히 나빠졌다. 때마침 코펜하겐 궁정에도 그가 어떤 죄를 저질렀는지 구체적인 정보가 들어왔다. 모레이는 그의 송환을 요구했고, 엘리자베스는 더욱 강경하게 요구했다. 메리를 고발할 수 있는 증인을 얻고자 한 것이다. 그러나 메리 스튜어트의 프랑스 측 친족들은 이 위험한 증인이 송환되지 않도록 덴마크 국왕을 은밀히 설득했다. 아이러니하게도 감옥만이 그에게 남은 마지막 피신처였다. 쇠사슬에 묶인 채 본국으로 압송되어 고문 끝에 처형될지 모른다는 공포가 그를 짓눌렀다. 감옥에서 감옥으로 옮겨지며, 그는 죽음만이 자신을 구원하리라는 사실을 깨닫는다. 수많은 전장에서 적을 마주했고, 수많은 여인의 사랑을 받았던, 생기 넘치던 인물이 이제는 싸울 수도, 달릴 수도, 사랑할 수도 없이 차가운 벽과 침묵뿐인 고립 속에서 서서히 무너져 갔다. 그것은 고문보다, 죽음보다 더한 고통이었다. 시간이라는 공허가 그의 삶을 짓눌렀다. 전해지는 보고에 따르면 그는 쇠창살에 미친 듯이 날뛰며 결국 광기 속에 비참하게 죽음을 맞이했다고 한다. 메리를 위해 목숨을 바친 수많은 이들 가운데, 그녀가 가장 사랑했던 이 남자야말로 가장 오랜기간, 그리고 가장 끔찍하게 대가를 치렀다.

메리는 여전히 보스웰을 생각하고 있었을까? 멀리 떨어진 뒤에도 그의 지배력 아래 있었던 걸까, 아니면 그 강렬했던 속박이 서서히 풀려 가고 있었던 걸까? 이 또한 끝내 밝혀지지 않은 비밀로 남았다. 다만 놀라운 한 가지는, 출산의 고통에서 회복한 지 얼마 되지 않았고 모성의 짐을 갓 내려놓았을 뿐인데도, 그녀는 다시금 여인으로서 마력을 발휘했다는 것이다. 또다시 그녀로부터 어떤 불안한 기운이 퍼져나가기 시작했다. 그리고 또다시 (이번이 세 번째다) 한 젊은이가 그녀의 운명 속으로 끌려 들어간다.

같은 말을 몇 번이고 되풀이하면서 탄식하는 수밖에 없다. 전해지는 메리 스튜어트의 초상들은 대개 그저 평범한 화가들의 손에서 그려졌고, 그녀의 진면목을 온전히 담아내지 못한다. 그림들 속의 메리는 단정하고 온화하며, 부드럽고 매력적인 얼굴로 우리를 바라보지만, 정작 그녀만의 강렬한 관능적 매력은 전혀 암시되지 않는다. 그러나 분명 이 특별한

《스코틀랜드 여왕 메리》

여인에게는 남다른 매력이 있었던 것이 틀림없다. 그녀는 늘 주변인들

의 마음을 사로잡았다. 심지어 적들 속에서도 친구를 얻었다. 약혼 기간이든, 과부의 시절이든, 왕좌 위에서든, 감옥 속에서든 그녀는 언제나 자신을 둘러싼 분위기를 따뜻하게, 호의적으로 만들었다. 로클레븐 성에 수감된 지 얼마 되지 않아 그녀는 감시자 중 한 명이던 젊은 루스번 경을 휘어잡았다. 그가 그녀에게 지나치게 호의적이라는 이유로 결국 귀족들은 그를 해임시켰다. 그런데 그가 떠나기가 무섭게, 메리는 또 다른 젊은이를 사로잡았다. 바로 로클레븐의 부인이자 감시인의 아들인 조지 더글러스 경이다. 몇 주가 지나자 그는 메리를 위해 모든 것을 바칠 준비가 되어 있었다. 그는 실제로 그녀의 탈출을 위한 가장 헌신적인 조력자가 된다.

그가 단지 조력자에 지나지 않았을까? 감금된 그 몇 달 동안, 젊은 더글러스는 그녀에게 그 이상의 존재가 아니었을까? 그의 애정은 정말로 기사도적이고 플라토닉한 것이었을까? 우리는 결코 알 수 없다. 하지만 분명한 것은 메리 스튜어트는 그 젊은이의 열정을 매우 실용적으로 활용했고, 기만과 계략도 서슴지 않았다는 사실이다. 그녀는 개인적인 매력 외에도 여왕으로서 지닌 또 다른 유혹의 수단을 지니고 있었다. 자신의 손을 얻는 자가 왕권의 일부를 함께 얻을지도 모른다는 기대, 그것이 그녀를 둘러싼 이들에게 강한 자력처럼 작용했다. 짐작건대 메리는 젊은 더글러스의 어머니에게 아들을 여왕과 혼인시키는 것이 가능할지도 모른다는 암시를 흘려 그녀의 태도를 누그러뜨리려 했을 것이다. 물론 이는 어디까지나 추측일 뿐, 단정할 수는 없다. 하지만 시간이 지날수록 감시는 점점 느슨해졌고, 마침내 메리 스튜어트는 온 마음을 쏟아온 그 일, 즉 탈출이라는 목표를 본격적으로 착수할 수 있게 되었다.

3월 25일, 첫 번째 탈출 시도는 치밀하게 계획되었음에도 실패로 끝난다. 매주 한 차례, 빨래하는 여인과 다른 하녀들이 함께 배를 타고 호수를 건너갔다가 돌아오곤 했다. 더글러스는 이들 가운데 한 명을 설득하는 데 성공했고 그 여인은 기꺼이 여왕과 옷을 바꾸기로 했다. 하녀 복장을 입고 얼굴은 짙은 베일로 가린 메리 스튜어트는 까다로운 감시를 뚫고 성문을 무사히 빠져나왔다. 배는 호수를 가로지르기 시작했고, 건너편에는 조지 더글러스가 말과 함께 그녀를 기다리고 있을 터였다. 그런데 그 순간, 노를 젓던 선원 중 한 명이 가볍게 장난을 걸어왔다. 베일로 얼굴을 가린 이 가냘픈 소녀의 얼굴이 궁금했던 그는, 그녀의 베일을 들추려 했다. 메리 스튜어트는 가느다랗고 흰 손으로 재빨리 베일을 움켜쥐며 막아섰다. 그러나 세탁부에게는 어울리지 않는 섬세하고 고운 손이 그녀의 정체를 드러내고 말았다. 뱃사람들은 금세 경보를 울렸다. 여왕이 분노에 찬 목소리로 반대편까지 계속 노를 저으라 명령했지만, 배는 다시 성으로 되돌아갔다. 그리고 메리 스튜어트는 또다시 감옥으로 끌려갔다.

이 사건은 즉시 보고되었고, 이후 감시는 한층 더 삼엄해졌다. 조지 더글러스는 성에 출입할 수 없게 되었지만 그럼에도 여왕과의 연락을 끊지 않았다. 그는 충직한 전령으로서 여왕의 지지자들에게 소식을 전달했다. 놀랍게도 살인자로 낙인찍혀 추방당한 메리 스튜어트에게 모레이가 섭정을 맡은 지 1년 만에 다시 동조자들이 생기기 시작한 것이다. 헌틀리 가문과 세턴 가문은 물론 모레이에 대한 정치적 반감 때문이기도 했겠지만, 여전히 여왕에게 충성을 표하고 있었다. 더 흥미로운 것은 과거 그녀에게 가장 적대적이었던 해밀턴 가문이 지금은 오히려 그녀의 가장 든든한 우군으로 나섰다는 점이다. 원래 해밀턴과 스튜어트 가문 사이에는 오래된 원한이 있었다. 해밀턴 가문은 스코틀랜드에서 스튜어트 다음으로 강력한 세력으로, 왕위 계승을 늘 갈망해왔다. 그런데 지금, 메리 스튜어트와의 결혼을 통해 그 꿈이 실현될 가능성이 열린 것이다. 정치에서 도덕은 중요하지 않기에 몇 달 전까지만 해도 그녀의 처형을 주장하던 사람들이 이제는 그녀의 편에 서게 되었다. 물론 메리 스튜어트가 정말로 해밀턴 가문의 인물과 결혼할 생각이 있었는지는 의문이다. (보스웰은 벌써 잊힌 걸까?) 아마도 자유를 얻기 위한 계산된 동의였을 것이다. 그녀는 이미 조지 더글러스에게 또 다른 약속을 한 상태였고 조지는 바로 그 계획의 전달자 역할을 맡아 결정적인 행동을 준비했다. 그리고 마침내 5월 2일, 모든 준비가 끝났다. 결단이 요구되는 순간마다, 메리 스튜어트는 물러선 적이 없었다.

이 탈출은 낭만적인 여왕에게 어울리듯, 마치 한 편의 이야기처럼 전개되었다. 메리 스튜어트와 조지 더글러스는 로클레븐성에 시동(侍童)으로 머물고 있던 소년 윌리엄 더글러스를 끌어들였다. 날쌔고 영리한 이 소년은 자신의 역할을 기막히게 해냈다. 성의 엄격한 규율에 따르면, 저녁 식사 시간에는 모든 출입문의 열쇠를 성 관리인의 자리 옆 식탁 위에 놓아두어야 했다. 식사가 끝나면 관리인이 그 열쇠들을 가져가 베개 밑에 두고 잠을 자는 것이 규칙이었다. 관리인은 식사 중에도 열쇠들을 눈앞에 둬야 마음이 놓였기에, 그날도 묵직한 열쇠들은 그의 앞에 놓여 있었다. 그때, 영리한 소년이 성큼 다가와 순식간에 열쇠 위에 냅킨을 던졌다. 모두가 와인에 취해 떠들고 있을 때, 그는 접시를 치우는 척하며 냅킨과 함께 열쇠까지 조용히 가지고 나갔다. 그 뒤는 일사천리였다. 메리는 시녀의 옷으로 갈아입었다. 소년은 먼저 나가 문들을 바깥에서 잠가 추격을 막았다. 열쇠는 곧바로 호수에 던져버렸다. 성에 있던 배들을 모두 끌어모아 미리 호수 한가운데로 옮겨놓았기에, 추격은 불가능했다. 소년은 재빨리 노를 저어 따뜻한 5월 밤의 호수를 건넜다. 맞은편에는 조지 더글러스와 세턴 경이 50명의 기병과 함께 기다리고 있었다. 메리는 한 치의 망설임도 없이 말에 올라타 밤새 내달려, 마침내 해밀턴 가문의 성에 이르렀다.

이것이 바로 메리 스튜어트가 파도에 둘러싸인 성에서 탈출한 유명한 이야기다. 한 젊은이의 뜨거운 헌신과 소년의 희생 덕분에 이루어진 탈출이었다. 이 낭만적인 일화를 좀 더 풍부하게 읽고 싶다면 월터 스콧의 작품을 참고해보라. 하지만 연대기 작가들의 시선은 조금 더 냉정하다. 그들은 성의 엄격한 감시자였던 더글러스 부인이 이 일을 눈치채지 못했을 리 없다고 주장한다. 오히려 훗날 이 아름다운 탈출담이 꾸며져, 감시자들이 의도적으로 눈을 감아 주었다는 사실을 덮으려 한 것이라는 주장도 있다. 하지만 전설이 아름답다면 굳이 허물 필요가 있을까. 왜 메리 스튜어트 생애의 마지막 황혼을 굳이 어둡게 만들어야 하는가. 그녀의 모험은 이제 끝을 향해 달려가고 있었다. 이 젊고 대담한 여인이 사랑을 누린 것도, 이때가 마지막이었다.

일주일 만에 메리 스튜어트는 육천 명의 군대를 규합했다. 한순간

로클레븐성을 탈출하는 메리 스튜어트

먹구름이 걷히는 듯했고, 그녀의 머리 위로 다시금 행운의 별이 빛나는 듯 보였다. 이전부터 함께했던 헌틀리 가문과 세턴 가문뿐 아니라 해밀턴 가문까지도 가세했다. 뿐만 아니라 스코틀랜드 수많은 귀족들이 (여덟 명의 백작과 아홉 명의 주교, 열여덟 명의 영주, 백 명이 넘는 남작들이) 그녀의 편에 섰다. 놀라운 일처럼 보이지만, 어쩌면 당연한 일이기도 하다. 스코틀랜드에서는 누구든 진정한 지배자가 되려 하면 언제나 귀족들의 반발이 뒤따랐다. 모레이의 강압적인 태도는 귀족들의 반발을 불러왔다. 그들은 설령 메리가 무수한 혐의를 안고 있다 해도, 엄격한 섭정보다는 한없이 낮아진 여왕을 택하고 싶어 했다. 외국에서도 메리의 복권을 지원해 주었다. 프랑스 사절은 정당한 여왕인 그녀에게 경의를 표하기 위해 직접 찾아왔고, 엘리자베스 역시 '그녀가 탈출했다는 기쁜 소식'을 듣자마자 특사를 파견했다. 1년간의 감금 끝에, 메리의 입지는 오히려 더 단단해진 듯 보였다. 운명의 수레바퀴는 놀라울 만큼 그녀에게 유리하게 돌아갔다.

그런데 놀랍게도 언제나 용감하고 전투를 두려워하지 않던 메리는 이 결전의 순간 칼을 드는 대신 모레이와의 조용한 화해를 원했다. 만약 그가 최소한의 체면만이라도 인정해준다면 기꺼이 실권을 넘기고 물러설 생각이었다. 이후의 날들이 증명하겠지만, 보스웰이라는 강철 같은 의지가 그녀 곁을 떠나자 한때 메리 안에 살아 있던 기세는 꺾인 듯했다. 수많은 고난과 시련, 끊임없는 적대 속에서 그녀가 진정으로 바라는 것은 단 하나. 자유와 평화, 그리고 안식이었다. 그러나 모레이는 권력을 나눌 생각이 없었다. 그의 야망 또한 메리 못지않게 컸다. 게다가 그의 결심을 부추기는 이들도 많았다. 엘리자베스가 메리의 탈출 소식에 축하 사절을 보내던 바로 그 시각, 잉글랜드 국무대신 세실은 모레이에게 단호하게 충고했다. "이제는 메리와, 그녀를 중심으로 한 스코틀랜드 가톨릭 세력과 완전히 결별할 때입니다." 모레이는 주저하지 않았다. 이 완강한 여인을 자유롭게 두었다가는 스코틀랜드에 진정한 평화는 없을 것이라고 판단했다. 반란 귀족들을 완전히 짓누르고, 다시는 도전할 수 없도록 본보기를 세우고자 했다. 그날 밤, 그는 특유의 결단력으로 병력을 모았다. 숫자상으론 메리의 군대보다 열세였지만, 지휘와 훈련 면에서는 훨씬 정비된 군대였다. 그는 곧바로 글래스고에서 진군을 시작했다. 5월 13일, 랭사이드에서 마침내 결전의 날이 밝는다. 여왕과 섭정, 여동생과 오빠, 스튜어트와 스튜어트. 운명을 건 대결이 시작되었다.

랭사이드 전투는 짧지만 결정적이었다. 카베리 힐에서처럼 대화나 협상으로 머뭇거리지도 않았다. 메리 스튜어트의 기병대는 단숨에 돌격을 감행했지만, 모레이는 유리한 위치를 선점하고 있었다. 여왕 측 기병은 언덕을 오르기도 전에 집중 포화를 맞고 흩어졌고 이어진 반격에 대열 전체가 무너졌다. 전투는 고작 45분 만에 끝났다. 여왕의 마지막 군대는 대포와 300구의 시신을 남기고 공포에 질린 채 흩어지고 말았다. 메리는 언덕 위에서 전황을 지켜보다가 패배를 직감한 순간 말을 타고 언덕을 내려왔다. 몇몇 기병과 함께 필사적으로 달아났다. 더는 저항을 생각할 겨를도 없었다. 그녀는 완전히 공황 상태에 빠져 있었다. 들판과 늪지, 숲과 벌판을 가로지르며 무작정 달렸다. 그녀를 몰아세운 것은 오직 하나, 살아남아야 한다는 본능이었다. 훗날 메리는 로렌의 추기경에게 이렇게 썼다.

　모욕과 비방, 감금과 굶주림, 추위와 더위를 겪었습니다. 어디로 가야 할지도 모른 채 도망쳤고, 하루 동안 92마일을 쉬지 않고 달렸습니다. 식사도, 휴식도 없이 벌판에서 잠을 잤고, 신맛 나는 우유를 마시고, 빵도 없이 귀리죽을 먹었습니다. 사흘 밤을 올빼미처럼, 도와주는 여인도 없이 숨어 지냈습니다.

➤━●━● 메리 스튜어트의 피난

　이 마지막 도주의 기억 속에서, 메리는 스코틀랜드 민중의 기억 속에 용감한 여전사이자 낭만적이고 비극적인 여왕으로 남게 되었다. 그녀의 약점과 경솔함은 잊히고, 열정이 빚어낸 과오마저 용서받는다. 사람들의 기억에 남은 것은 단 두 장면뿐이다. 고요한 성에 홀로 갇혀 침착하게 앉아 있는 우아한 여왕, 그리고 자유를 되찾기 위해 한밤중 거센 말을 타고 광야를 내달리는 여인. 죽음을 무릅쓰고서라도, 두려움도 비굴함도 없이 적에게 굴복하지 않으려 했던 메리의 모습이다.

메리는 벌써 세 차례나 그렇게 밤을 뚫고 탈출한 바 있다. 첫 번째는 단리와 함께 홀리루드에서, 두 번째는 남장을 하고 보스웰과 만나기 위해 보스윅 성에서, 세 번째는 더글러스의 도움을 받아 록리번 성에서였다. 세 번의 과감한 도주 속에서 그녀는 자유와 왕관을 되찾았다. 그러나 이제 목숨밖에는 더 건질 것도 없었다.

랭사이드 전투가 있은 지 사흘 만에 메리 스튜어트는 바다 근처에 있는 던드레넌 수도원에 이르렀다. 여기서 그녀의 왕국은 끝난다. 그녀는 영토 맨 끝까지 짐승처럼 쫓기며 도망쳐왔다. 이제 스코틀랜드 어디에도 안전한 곳은 없다. 되돌아갈 곳도 없다. 에든버러에는 냉혹한 존 녹스가 기다리고 있고, 군중의 조롱과 성직자들의 증오, 어쩌면 형틀과 화형이 기다리고 있을지도 모른다. 그녀의 마지막 군대는 패배했고, 마지막 희망도 무너졌다. 이제 선택의 시간이 왔다. 뒤편에는 되돌아갈 수 없는 잃어버린 땅이 있고, 앞에는 모든 나라로 이어지는 끝없는 바다가 펼쳐져 있다. 그녀는 프랑스로, 잉글랜드로, 혹은 스페인으로 건너갈 수 있다. 프랑스는 그녀가 자라난 곳이다. 친구들과 친척들, 그녀를 사랑했던 이들, 그녀를 노래했던 시인들과 곁을 지켰던 귀족들이 여전히 그곳에 남아 있다. 한때 그녀를 환대하며, 세상의 모든 영광을 안긴 나라. 그러나 그 땅에서 온갖 찬란함으로 군림했던 여왕이 누더기를 걸치고 명예를 잃은 채 돌아가 구걸을 할 수는 없다. 메디치 가문의 냉소 어린 여인, 카트린 드 메디시스의 조롱 섞인 미소를 마주할 수 없고, 자선을 받거나 수도원에 갇히는 삶 또한 그녀가 원하는 것이 아니다. 차가운 필리프 2세가 다스리는 스페인으로의 망명 역시 모욕일 뿐이다. 독실한 가톨릭 궁정은 그녀가 보스웰과 결혼하며 개신교 목사의 축복을 받았다는 사실을 결코 용서하지 않을 것이다.

결국 선택지는 하나뿐이다. 선택이라기보다는 피할 수 없는 귀결에 가까웠다. 바로 잉글랜드로 건너가는 것이다. 가장 암담했던 날들, 감금의 시기에도 엘리자베스는 그녀에게 격려의 말을 보냈다. "언제든 잉글랜드 여왕을 믿을 수 있는 친구로 여겨도 좋다"라고 말이다. 여왕의 자리를 다시 찾아주겠노라 장엄히 약속하지 않았던가. 자매의 징표로 반지까지 보낸 그녀가 언젠가 그 반지를 내밀면 따뜻하게 응답하겠다고 하지 않았던가.

불행의 손길이 닿은 사람은 언제나 잘못된 주사위를 집기 마련이다. 늘 그랬듯이 메리 스튜어트는 이번에도 가장 중요한 순간에 성급한 판단을 내린다. 그녀는 아무런 보장도 받지 않은 채, 던드레넌 수도원에서 엘리자베스에게 다음과 같은 편지를 썼다.

사랑하는 자매여, 당신께서는 나의 불행한 사정을 이미 알고 있을 것입니다. 하지만 오늘 내가 당신께 이 글을 쓰게 된 사정은 너무 최근에 벌어진 일이라, 아직 당신 귀에 닿지 못했으리라 생각합니다. 그래서 간략히 전하자면, 내가 가장 신뢰했던 몇몇 신하들, 내 손으로 최고의 지위까지 올려주었던 자들이 무기를 들고 배반하였고 가장 수치스럽고 모욕적인 방식으로 나를 대했습니다. 그러나 전지전능하신 신께서 예기치 않게 나를 그 끔찍한 감금 상태에서 풀어주셨고, 탈출할 수 있었습니다. 하지만 이후 벌어진 전투에서 패배했고 내게 충성을 다하던 이들이 눈앞에서 목숨을 잃었습니다. 나는 지금 왕국에서 쫓겨나 극심한 곤경에 처해 있습니다. 이제 하나님 외에는, 당신의 자비 외에는 어떤 희망도 남아 있지 않습니다. 그러니 사랑하는 자매여, 내가 당신 앞으로 나아가 모든 사정을 솔직히 털어놓을 수 있도록 허락해 주기를 간절히 청합니다. 하나님께 당신께는 하늘의 모든 축복을, 나에게는 인내와 위안을 내려 주시기를 간절히 기도합니다. 그리고 그 위안은 무엇보다 당신을 통해 얻어지기를 바라고 간청합니다. 또한 내가 왜 잉글랜드를 믿고 있는지, 어떤 약속을 믿고 있는지 알려주고자 당신이 우정과 지원의 징표로 주었던 보석을 함께 보냅니다.

　당신을 사랑하는 자매,

　M. R.

메리 스튜어트는 이 편지를 마치 스스로를 격려하듯 급하게 써내려갔다. 그리고 그 안에 반지를 봉인한 채 한 전령에게 맡겼다. 그러나 편지 속에 담긴 것은 단지 보석이 아니었다. 그녀의 미래였다.

이제 주사위는 던져졌다. 5월 16일, 메리 스튜어트는 작은 어선에 올라 솔웨이 만을 건너 칼라일이라는 작은 항구 도시 인근의 잉글랜드 땅에 내렸다. 그녀의 운명을 결정지은 이 날, 아직 스물다섯 살도 채 되지 않았건만 그녀의 진정한 삶은 이미 끝나가고 있었다. 세상이 줄 수 있는 온갖 환희와 고통을 그녀는 모두 맛보았다. 지상의 가장 높은 자리에도 올라봤고, 가장 깊은 나락에도 떨어져 보았다. 짧은 시간 안에, 극도의 정신적 긴장을 견디며 인생의 양극을 오갔다. 두 명의 남편을 잃었고, 두 개의 왕국을 잃었으며, 감옥과 범죄의 어둠 속을 지나왔다. 그리고 다시 한 번, 자부심을 안고 왕좌와 제단을 향해 올랐다.

그녀의 삶은 불꽃과 같았다. 몇 주, 몇 년 동안이나 맹렬히 타오른 불꽃이었다. 그 불꽃은 수백 년이 지난 지금까지도 여전히 빛날 만큼 치열하고 광적이었다. 그러나 이제 그 불은 꺼졌고, 그녀 안의 빛나던 것들은 모두 그 불길 속에 타버렸다. 남은 것은 잿더미와 빈껍데기일 뿐이다. 이제 메리 스튜어트는 빛을 잃은 그림자가 되어 운명의 땅거미 속으로 걸어 들어간다.

제17장

그물은 짜이고 있다

1568/05/16-06/28

엘리자베스는 메리 스튜어트가 잉글랜드 땅에 도착했다는 소식에 진심으로 당황했다. 이 예상치 못한 방문은 그녀를 깊은 곤경에 빠뜨렸다. 물론 지난 1년간 엘리자베스는 군주로서의 연대감을 내세워 반란을 일으킨 메리의 신민들로부터 그녀를 보호하려 애썼다. 종이는 싸고, 외교적인 수사야 얼마든지 흘러나올 수 있으니 감상적인 문장들로 자신의 공감과 우정, 애정을 보장하기도 했다. 지나칠 만큼, 실로 과도할 정도로 열정적으로 메리에게 말했던 것이다. 어떤 상황에서도 자신을 믿을 수 있는 자매로 여겨도 좋다고 말이다.

그러나 엘리자베스는 결코 메리에게 잉글랜드로 오라고 한 적이 없다. 오히려 수년 동안 직접적인 만남을 피하며 기회를 번번이 차단해 왔다. 그런데 이제 그 불청객이 (게다가 얼마 전까지만 해도 자신이 진정한 잉글랜드 여왕이라며 거만하게 떠들던 바로 그 여인이) 느닷없이 이 땅에 발을 디딘 것이다. 아무런 사전 통보도, 초청도, 간청도 없이 말이다. 그리고 그녀는 그저 수사적인 표현에 불과했던 우정의 약속을 마치 당연한 권리인 양 당당히 요구하고 있었다. 메리 스튜어트는 두 번째 편지에서 엘리자베스가 자신을 맞이하고 싶어 하는지는 묻지도 않았다. 오히려 그것을 당연한 권리처럼 요구했다.

가능한 한 빨리 나를 데려가 주시길 부탁드립니다. 지금 내 처지는 여왕으로서도, 한낱 귀부인으로서도 차마 견디기 어려울 만큼 비참합니다. 내게 남은 것이라곤 목숨뿐이고, 그것조차 육십 마일의 들판을 달려서야 간신히 지켜낼 수 있었습니다. 내 모습을 직접 보게 된다면 당신께서 내 불행에 연민을 느낄 것이라 믿습니다.

연민. 그것이야말로 엘리자베스가 처음으로 느낀 감정이었다. 한때 자신을 왕위에서 끌어내리려 했던 여인이 스스로 몰락한 지금, 엘리자베스는 그녀의 무릎을 일으켜 세우고 위에서 내려다보며 품어줄 수 있게 된 것이다. 그래서 그녀의 가장 솔직한 본능에서 우러나온 첫 반응은 몰락한 여인을 너그러이 맞이하는 것이었다. 프랑스 대사는 이렇게 보고했다. "여왕 폐하께서는 국무회의에서 온 힘을 다해 스코틀랜드 여왕의 편을 들었으며, 현재의 처지가 아니라 과거의 품위와 위엄에 걸맞은 방식으로 맞이하고 예우하겠다는 뜻을 밝히셨습니다." 역사적 책임에 대한 깊은 자의식을 지녔던 엘리자베스는 자신의 말에 책임을 지려 했다. 그리고 만약 그녀가 첫 충동을 따랐다면, 메리 스튜어트의 생명을 구했을 것이고 명예로운 명분이 남았을 것이다.

그러나 엘리자베스는 혼자가 아니었다. 그녀 곁에는 세실이 있었다.

강철처럼 차가운 푸른 눈을 가진 남자, 그는 아무런 감정도 없이 정치라는 체스판 위에 한 수 한 수를 두는 사람이었다. 감정 기복이 심하고 주변의 변화에도 쉽게 흔들리는 성향을 지닌 엘리자베스는 그런 결점을 보완해 줄 이 냉철하고 끈질긴 계산가를 곁에 두었다. 음악도 낭만도 전혀 이해하지 못하는 이 남자는 내면 깊은 곳에 자리한 청교도적 기질로 인해 메리 스튜어트의 격정과 방종을 본능적으로 혐오했다. 엄격한 개신교도였던 그는 메리가 가톨릭 신자라는 사실만으로도 혐오감을 느꼈고, 그의 사적인 기록이 보여주듯 단리 살해에 그녀가 공모하고 협력했다는 것을 전적으로 확신하고 있었다. 그는 곧바로 메리 스튜어트를 도우려는 엘리자베스의 팔을 붙잡고 말렸다. 정치가로서 세실은 요구가 많고 문제적 인물인 메리 스튜어트를 받아들이는 순간 잉글랜드가 떠안게 될 책임들을 꿰뚫고 있었다. 수년간 그녀가 나타나는 곳마다 혼란이 뒤따랐다. 그런 인물과 손을 잡는다는 것은 곧 새로운 정치적 소란을 자초하는 일이었다. 메리 스튜어트를 런던에서 왕족에 준하는 예우로 맞이한다는 것은 그녀의 왕위 요구를 사실상 인정하는 셈이며, 그렇게 되면 잉글랜드는 무력과 자금을 들여 모레이와 스코틀랜드 귀족들에 맞서야 할 처지에 놓이게 된다. 세실은 그런 상황을 원치 않았다. 애초에 귀족들을 부추겨 반란을 일으키게 한 장본인이 바로 자신이었기 때문이다. 세실에게 메리 스튜어트는 여전히, 그리고 앞으로도 개신교의 숙적이자 잉글랜드에 위협이 될 존재였다. 그는 엘리자베스를 끊임없이 설득했다.

한편 엘리자베스는 스코틀랜드 여왕이 잉글랜드에 들어오자 자국 귀족들이 극진히 예우하며 맞이했다는 보고를 듣고 매우 못마땅해했다. 가톨릭 귀족 중 가장 유력한 노섬벌랜드는 그녀를 자신의 성으로 초대했고, 개신교 진영의 최고 실력자인 노퍽도 직접 찾아가 인사를 건넸다. 마치 모두가 홀린 듯 그녀에게 매료되는 분위기였다. 엘리자베스는 천성적으로 의심이 많고 어리석을 정도로 허영심이 많은 여성이었다. 그래서 끝내 처음의 관대한 생각을 거두어들인다. 자신을 무색하게 만들고, 불만 세력에게는 새로운 대안으로 비칠 수 있는 여왕을 궁정에 들이는 일을 더 이상 받아들일 수 없게 된 것이다.

불과 며칠 만에 엘리자베스는 인간적인 연민에서 돌아서, 메리 스튜어트를 궁정에 들이지도, 다시 돌려보내지도 않겠다고 다짐했다. 하지만 그녀는 어떤 경우에도 입장을 분명히 밝히거나 단호하게 행동하는 법이 없었다. 인간적으로도, 정치적으로도 이중적인 행동을 하는 것은 아주 불행한 일이다. 그것은 사람들을 혼란스럽게 하고 세상을 불안하게 만들기 때문이다. 그리고 바로 이 지점에서 엘리자베스가 메리 스튜어트에게 범한 크고도 명백한 과오가 시작된다. 운명은 손바닥 위에 그녀가 수년간 그토록 갈망해온 승리를 올려놓았다. 기사도적 정신의 화신으로 불리던 엘리자베스의 경쟁자는 손 하나 까딱하지 않고도 스스로 치욕 속에 무너졌고, 그녀의 왕관을 탐했던 여왕은 오히려 자신의 것을 잃어버렸다. 정통성에 대한 자부심으로 거만하게 맞섰던 여인은 이제 도움을 청하며 그녀 앞에 서게 되었다.

엘리자베스에게는 선택권이 있었다. 언제나 잉글랜드가 난민에게 베풀던 관대한 망명권을 내어주어 메리 스튜어트를 무릎 꿇게 만들 수도 있었으며 정치적 판단에 따라 그녀의 체류 자체를 정중히 거절할 수도 있었다. 두 선택 모두 정당함이라는 왕관을 쓸 수 있었다. 그러나 단 하나, 하늘과 땅의 모든 정의에 어긋나는 행동이 있었으니 그것은 도움을 청해 온 이를 불러들여 놓고는 그의 뜻에 반해 강제로 붙잡아두는 것이다. 이처럼 비열한 술책은 그 어떤 핑계로도, 그 어떤 명분으로도 정당화될 수 없다. 메리 스튜어트가 분명히 귀국 의사를 밝혔음에도 엘리자베스는 그녀가 잉글랜드를 떠나는 것을 허락하지 않았다. 오히려 교묘한 거짓말과 기만적인 약속, 은밀한 강압으로 그녀를 억류했다. 그렇게 해서 엘리자베스는 이미 패배한 여인을 그녀 자신조차 바라지 않았던 길로, 절망과 파멸의 어둠 속으로 밀어 넣은 것이다.

이처럼 명백하게, 그것도 가장 비열하고 기만적인 방식으로 자행된 일은 엘리자베스의 생애에서 영원히 지워지지 않는 오점으로 남는다. 이는 훗날 그녀가 내린 사형 선고나 단두대 처형보다도 훨씬 더 변명의 여지가 없는 일이다. 왜냐하면 메리 스튜어트를 억류할 만한 최소한의 명분조차 존재하지 않았기 때문이다. 흔히 반례로 나폴레옹의 사례가 언급된다. 그가 벨레로폰 호에 몸을 실어 잉글랜드에 망명을 요청했을 때 잉글랜드는 이런 요구를 웃기는 일로 치부하고 거절해버렸다. 그 대신 그를 세인트헬레나 섬으로 유배 보냈다. 당시 프랑스와 잉글랜드는 명백한 전쟁 상태에 있었고, 나폴레옹은 적국의 총사령관으로서 25년 가까이 줄곧 잉글랜드의 급소를 노려온 인물이었기 때문이다.

그러나 메리 스튜어트의 경우는 전혀 달랐다. 스코틀랜드와 잉글랜드 사이에는 전쟁이 아니라 평화가 지속되어 왔고, 두 여왕은 오랫동안 서로를 친구이자 자매로 불러왔다. 게다가 엘리자베스는 지금껏 리치오와 단리의 살해자인 모레이와 모턴 같은 이들에게조차 망명을 허용해왔다. 무엇보다도 메리 스튜어트는 잉글랜드 왕위에 대한 권리를 주장하러 온 것이 아니었다. 단지 조용히 머물 수 있도록 해달라거나, 그것이 허락되지 않는다면 프랑스로 떠나게 해달라고 정중히 요청했을 뿐이다. 그런데도 엘리자베스는 그 요청을 받아들이기는커녕 속이고 억류한 것이다. 물론 엘리자베스도 메리 스튜어트를 잡아둘 권한이 없다는 것을 잘 알고 있었다. 심지어 세실조차도 그 점을 인정했다. 그의 메모『스코틀랜드 여왕에 관하여』에는 이렇게 적혀 있다. "그녀는 스스로, 그리고 여왕에 대한 신뢰를 품고 이 땅에 들어왔다. 그러므로 우리는 그녀를 도와야 한다." 두 사람 모두 마음속 깊은 곳에서는 메리 스튜어트를 억류할 법적 명분이 전혀 없다는 것을 알고 있었다. 단하나의 실오라기조차 찾을 수 없는데, 그로부터 죄의 올가미를 짜낸다는 것은 명백한 권모술수일 뿐이다.

하지만 정치란 본래 그런 것이다. 위태로운 상황에서 구실과 명분을 만들어내고, 무(無)로부터 유(有)를 꾸며내며, 아무것도 아닌 것을 무언가 있는 것처럼 보이게 해야 하는 것이다. 이제는 억류의 사유를 '만들어내야' 했다. 그녀가 어떤 잘못도 저지르지 않았으니 이제는 그녀를 '죄인'으로 만들어야 했다. 하지만 이 모든 과정은 조용히, 눈에 띄지 않게 진행돼야 했다. 바깥 세상이 지켜보고 있었기 때문이다. 아주 은밀하고 교묘하게, 저항조차 할 수 없는 상대에게 덫을 씌워야 했다. 그렇게 그녀가 알아채기도 전에, 그물은 점점 조여왔다. 그리고 메리 스튜어트가 마침내, 너무 늦게 그물에서 빠져나오려 몸부림쳤을 때 그격한 저항은 오히려 그녀 스스로를 옥죄는 결과가 되고 만다.

이 치밀한 포획 작전은 공손한 예절과 궁정의 의례로 시작된다. 가장 고귀한 귀족 가운데 두 명, 스크루프 경과 놀리스 경이 명예로운 수행원 자격으로 메리 스튜어트를 만나기 위해 급히 칼라일로 파견되었다. 하지만 이들의 진짜 임무는 겉으로 드러난 역할보다 훨씬 더 복잡하고 은밀했다. 그들은 엘리자베스를 대신해 몰락한 여왕에게 불운에 대한 애도의 뜻을 전하고, 극도로 불안해하는 그녀를 진정시키며 시간을 끌어야 했다. 그녀가 너무 일찍 모든 계획을 알아차리고 다른 나라 궁정에 도움을 요청하는 일이 없도록 막아야 했다. 그러나 가장 중요한 임무는 비밀리에 내려진 지시였다. 그것은 사실상 포로인 메리 스튜어트를 철저히 감시하고, 외부인의 면회를 전면 차단하며, 그녀가 주고받는 모든 편지를 압수하라는 것이었다. 그날 창도끼로 무장한 병사 50명이 칼라일에 배치된 것도 우연이 아니었다. 또한 스크루프와 놀리스는 메리 스튜어트가 입 밖에 낸 모든 말들을 지체 없이 런던에 보고해야 했다. 런던에서는 메리 스튜어트가 무심코 실수를 저지르기만을 학수고대하고 있었다. 그래야 이미 현실이 된 구금에 뒤늦게나마 그럴듯한 명분을 덧붙일 수 있었기 때문이다.

정찰 임무는 놀리스 경이 훌륭히 수행했다. 그의 노련한 필력 덕분에 우리는 메리 스튜어트의 성격을 가장 생생하고 입체적으로 그려낸 기록을 얻을 수 있게 되었다. 이 여인이 드물게 자신의 강렬한 에너지를 집중시킬 때마다, 가장 지혜로운 남성들조차 그녀에게 존경과 감탄을 금하지 못했다. 놀리스 경은 세실에게 이렇게 썼다. "그녀는 틀림없이 비범한 여인입니다. 어떤 아첨도 그녀를 속이지 못하고, 믿을 만한 사람의 말이라면 아무리 직설적일지라도 그녀를 불쾌하게 만들지 않는 듯합니다." 그는 그녀가 답변할 때마다 달변과 총명함을 드러낸다고 평했고, 그녀의 굳센 용기와 관대한 마음씨, 그리고 사근사근한 성품을 칭찬하였다. 하지만 동시에 그는 그녀의 영혼을 태워가는 거센 자존심 또한 간파하였다. "그녀가 가장 갈망하는 것은 승리이며, 그 앞에서는 재물이나 세상의 다른 모든 것들이 하찮고 무가치해 보이는 듯합니다." 이러한 묘사를 엘리자베스가 어떤 심정으로 읽었을지, 그리고 그것이 그녀의 마음을 얼마나 냉혹하게 만들었을지 짐작하는 것은 어렵지 않다.

그러나 메리 스튜어트도 예민한 감각을 가지고 있었다. 그녀는 이 대사들의 친절한 위로와 존경의 표시가 모두 겉치레에 불과하며, 두 사람 모두 무엇인가를 감추기 위해서 노력한다는 사실을 알아차렸다. 마침내 그녀는 그들의 진의를 전해 들었다. 마치 쓴 약을 한 방울씩, 칭찬으로 달래가며 천천히 들이붓듯 조심스레 전해진 말이었다. 엘리자베스는 메리가 모든 혐의를 완전히 벗기 전까지는 그녀를 만날 생각이 없다는 것이었다. 이런 건조한 구실은 런던에서 교묘히 꾸며낸 것으로, 메리 스튜어트를 따로 격리하고 감금하려는 의도에 도덕적인 외양을 씌우기 위한 핑계에 불과했다. 메리 스튜어트가 그 함정을 정말로 눈치채지 못한 것인지, 아니면 애써 모르는 척한 것인지는 알 수 없다. 다만 그녀는 열정적인 태도로 결백을 밝힐 뜻을 분명히 했다. "물론입니다. 하지만 단 한 사람 앞에서만입니다. 내가 동등한 존재로 인정하는 잉글랜드 여왕 앞에서만요." 그녀는 가능한 한 빨리, 아니 당장이라도 가고 싶다며 "온전히 신뢰하는 마음으로 여왕의 품에 안기고자 한다"고 말했다. 그녀는 거듭 요청했다. "형식도 절차도 필요 없습니다. 제발 속히 런던으로 들게 해주십시오. 직접 억울함을 밝히고,

내 명예를 뻔뻔하게 짓밟은 그 중상모략을 반박할 기회를 주십시오."

메리가 자신의 결백을 밝히겠다고 밝힌 순간, 엘리자베스는 이미 첫 번째 갈고리를 손에 넣은 셈이었다. 그녀는 손님으로 이 땅에 들어온 여인을 이제 천천히 하나의 '재판 절차' 속으로 끌어들일 수 있게 된 것이다. 물론 그 과정이 거칠고 노골적이어서는 안 되었다. 이미 불안을 감지한 메리가 섣불리 외국에 지원을 요청하지 않도록 아주 조심스럽고 교묘하게 이루어져야 했다. 메리 스튜어트의 명예를 단칼에 절단하는 결정적인 '수술'에 앞서, 그녀는 먼저 온갖 약속으로 마취되어야만 했다. 그래야 아무 저항 없이 조용히 칼 아래 눕게 될 테니까 말이다. 그리하여 엘리자베스는 한 통의 편지를 써 보낸다. 겉으로는 따뜻하고 감동적인 어조였지만, 실상은 국무회의에서 메리의 억류를 최종적으로 결정한 상태였다. 엘리자베스는 메리를 직접 만나주는 것을 거절하면서도 그 거절을 솜처럼 부드럽게 감싸 숨겼다. 교활한 여왕은 이렇게 썼다.

당신께서 나와 대면하여 자신을 변호하고자 한다는 뜻을 로드 해리스에게 들었습니다. 아, 마담, 이 세상 누구보다도 나는 당신의 해명을 듣고 싶습니다. 당신의 명예를 회복시킬 수 있는 모든 답변에 기꺼이 귀를 기울일 이는 바로 나일 것입니다. 그러나 내 체면을 걸고 당신의 편을 들 수는 없습니다. 솔직히 말씀드리자면, 사람들은 이미 내가 당신의 사정에 동조적이며, 당신의 신하들이 제기한 혐의를 묵인하려 한다고 믿고 있습니다.

편지는 갈수록 더 간절하고, 더 설득력 있게 이어졌다. 엘리자베스
는 엄숙히 약속했다. (이 대목은 강조해서 읽어야 한다.)

나는 여왕으로서의 명예를 걸고 맹세합니다. 당신의 신하든 내 조언
자든, 당신을 해칠 수 있는 어떤 요구도 나에게 하지는 못할 것입니다.
또한 나는 당신의 명예를 훼손하는 어떤 일도 결코 요구하지 않을 것
입니다. 내가 당신을 만날 수 없다는 것이 이상하게 느껴진다면, 입장
을 바꾸어 생각해보길 바랍니다. 만약 당신께서 이 모든 혐의에서 벗
어난다면, 나는 가장 큰 영예를 다해 당신을 맞이할 것입니다. 그러나
그 전에는 그럴 수 없습니다. 하느님을 걸고 맹세하건대, 훗날 세상 누
구보다 진심으로 당신을 대할 것이며, 내게 주어질 수 있는 이 세상의
모든 기쁨 가운데 그것이야말로 가장 큰 기쁨이 될 것입니다.

그 말들은 위로처럼 다정하고 부드러웠으며, 영혼을 어루만지는 듯
했다. 하지만 그 아래에는 차갑고 메마른 진실이 숨어 있었다. 편지를
전달한 사자는 또 하나의 메시지를 함께 전하라는 지시를 받았다. 그
것은 메리 스튜어트가 엘리자베스 앞에서 개인적인 소명을 하는 것은
절대로 기대하지 말 것, 그밖에도 스코틀랜드에서 있었던 일들에 대해
서 공식적인 조사가 이루어져야 한다는 것이었다. 물론 이 모든 절차
는 아직까지는 '회의'라는 체면 있는 이름 아래 숨겨져 있었다. 그러나
'재판', '조사', '심판'이라는 말이 나오자, 메리 스튜어트의 자존심은
마치 달군 쇠에 닿기라도 한 듯 격렬하게 타올랐다. 그녀는 분노에 북
받쳐 울부짖었다.

내게 재판관이 될 수 있는 이는 오직 하느님뿐입니다. 누구도 감히 나를 심판할 수 없습니다. 나는 내가 누구인지 알고 있고 내 지위가 지닌 권리를 잘 알고 있습니다. 내가 잉글랜드 여왕, 내 자매에게 두고 있는 전적인 신뢰에서 우러나와 그녀를 내 일의 심판자로 세우겠다고 제안한 것은 맞습니다. 하지만 그녀가 나를 만나주지 않겠다고 한다면 어찌 그것이 가능하겠습니까?

그녀는 엘리자베스가 자신을 이 나라에 붙잡아 두는 한, 그로부터 얻을 수 있는 것은 아무것도 없을 것이라고 단호하게 경고했다. 그리고 그 말은 훗날 그대로 현실이 된다. 그녀는 곧장 펜을 들고 편지를 썼다. 그녀는 격한 감정을 억누르며 써 내려갔다.

언제, 어디에서 어떤 군주가 부당한 고발을 당했다는 호소를 직접 들었다는 이유로 비난받은 적이 있습니까? 제발, 마담, 내가 목숨을 구걸하러 이곳에 왔다고는 생각하지 마십시오. 세상도, 스코틀랜드도 나를 버리지 않았습니다. 나는 명예를 되찾고 거짓 고발자들을 처벌하기 위한 도움을 구하려 온 것이지, 그들과 같은 자리에 서서 변명하려는 것이 아닙니다. 여러 군주들 가운데 내가 당신을 가장 가까운 혈족이자 '참된 친구'로 여긴 것은, 바로 당신 앞에서 그들을 고발하고 싶었기 때문입니다. 나는 당신이 여왕의 명예 회복을 위해 나선다는 사실을 오히려 영예로 받아들일 것이라 믿었습니다.

감옥을 탈출해 이곳까지 왔건만 그녀는 이제는 또 다른 형태의 감금 상태에 놓여 있었다. 이름만 달라졌을 뿐 그것 역시 하나의 감옥이었다. 엘리자베스 앞에서라면 그녀는 기꺼이 자신을 변호할 뜻이 있었다. 그러나 자신을 고발한 신하들과 재판의 형식으로 마주 서는 일만은 단호히 거부했다. 하느님의 은총으로 주어진 지위를 누구보다도 또렷이 자각하고 있던 그녀는 자신을 신하들과 같은 자리에 놓는 일을 결코 받아들이지 않았다. 차라리 죽음을 택하겠다고 했다.

메리 스튜어트의 이러한 입장은 법적으로는 어떤 반론의 여지도 없는 것이었다. 잉글랜드 여왕은 스코틀랜드 여왕에 대해 어떠한 상위 권한도 갖고 있지 않았으며, 외국 땅에서 벌어진 살인 사건에 대해 조사할 권리도, 외국 군주와 그녀의 신하들 사이의 갈등에 개입할 자격도 없었다. 엘리자베스는 이 사실을 누구보다도 잘 알고 있었다. 그래서 그녀는 메리 스튜어트를 위험한 재판의 장으로 끌어들이기 위해 아첨과 감언이설을 퍼부었다. 재판관이 아니라, 친구이자 자매로서 해명을 듣고 싶다고 말했다. 아, 그것은 오로지 간절한 마음에서 비롯된 것이며 하루빨리 사랑하는 사촌을 만나 다시 여왕의 자리에 올려주고 싶다는 간절한 마음에서 비롯된 것이라고 했다.

엘리자베스는 중요한 약속을 하나둘 던졌다. 그녀는 한 번도 메리의 무죄를 의심해본 적 없다는 듯 행동했고, 이번 '조사'는 어디까지나 모레이와 반역자들을 상대로 한 절차일 뿐 메리 본인과는 아무런 관련이 없는 것이라고 했다. 거짓말이 꼬리에 꼬리를 물었다. 그녀는 이번 조사에서는 결코 메리 스튜어트의 명예를 훼손할 만한 사안은 다뤄지지 않을 것이라고 약속했다. 하지만 이 약속이 훗날 어떻게 지켜졌는지는 두고 보면 알 일이다. 한편 국무장관 세실은 전혀 다른 궤도로 움직이고 있었다. 그는 물밑에서 모레이를 다시 설득하고 있었다. 누이의 복위는 고려 대상이 전혀 아니니 조사를 받아들이라는 것이었다. 이렇듯 이중으로 덧댄 속임수의 기법은 결코 오늘날의 정치인들이 처음으로 발명해낸 것이 아니다.

그러나 엘리자베스가 그녀에게 쉽게 속지 않듯, 메리 또한 이러한 속셈을 모를 리 없었다. 그녀는 저항했고 때로는 다정한 말투로, 때로는 날 선 어조로 편지를 써 보내며 맞섰다. 하지만 런던은 더 이상 올가미를 풀어줄 생각이 없었다. 오히려 더 바짝 조여오기 시작했다. 심리적 압박을 키우기 위해 조치들이 하나둘 취해졌다. 필요하다면 무력을 동원할 수 있다는 뜻을 은근히 내비치듯, 그녀의 일상은 조금씩 제약되었다. 스코틀랜드에서 온 방문객은 더 이상 만날 수 없었고 외출할 때마다 백 명이 넘는 기병이 그녀를 뒤따랐다.

그러던 어느 날, 새로운 명령이 내려졌다. 탁 트인 바다가 내려다보이고 어쩌면 구원의 배가 한 척쯤 다가올지도 모를 칼라일을 떠나, 요크셔에 있는 견고한 볼턴 성으로 이동하라는 지시였다. 그곳은 "매우 견고하고, 아름답고, 위엄 있는 저택"이라는 설명이 덧붙여졌다. 물론 이 명령도 달콤한 말로 포장되어 있었다. 엘리자베스는 메리를 더 가까이서 돌보고 서신 교환을 원활히 하기 위한 배려라고 통보했다. 볼턴에서는 더 많은 안락과 자유를 누리게 될 것이며, 적들로부터도 안전할 것이라고 덧붙였다. 메리는 그토록 지극한 배려를 곧이곧대로 믿지 않았다. 최대한 버티며 이동을 거부했다. 하지만 이미 모든 걸 잃었다는 것도 알고 있었다. 스코틀랜드로 돌아갈 수는 없었고, 프랑스로 건너가는 것도 허락되지 않았다. 그녀의 처지는 점점 더 비참해지고 있었다. 음식조차 스스로 마련할 수 없었고, 입고 있는 옷은 엘리자베스에게서 빌린 것이었다. 진정한 친구들과 완전히 단절된 채 오직 적국 여왕의 신하들에게 둘러싸여 메리 스튜어트는 저항의 힘을 잃어갔다. 그녀는 혼자였고, 점점 흔들리고 있었다.

마침내 (바로 그것이 세실이 노린 순간이었다) 메리 스튜어트는 엘리자베스가 그토록 간절히 기다려온 결정적인 실수를 저지르고 만다. 방심한 순간, 그녀는 조사를 받아들이겠다고 동의하고 말았다. 그것은 그녀가 지금껏 저질렀던 모든 실수 가운데 가장 치명적이고 가장 용서받을 수 없는 판단이었다. 여왕으로서, 그리고 타국의 손님으로서 엘리자베스는 본래 그녀를 심판할 권한도, 자유를 박탈할 자격도 없었다. 다른 나라의 재판에 복종하지 않는다는 군주의 원칙을 그녀는 스스로 허물어 버린 셈이었다. 메리 스튜어트에게는 언제나 뜨겁고 격정적인 용기가 있었지만, 군주에게 꼭 필요한 끈질기고 묵묵한 인내력은 없었다. 발 아래의 지반이 무너지고 있다는 걸 느끼면서도 그녀는 허둥지둥 뒤늦게 조건을 붙이려 했고, 입 밖에 낸 약속을 되돌릴 수 없게 된 뒤에야 자신을 나락으로 떠미는 그 손에 매달리려 했다.

6월 28일, 그녀는 이렇게 적었다. "당신의 말이라면 나는 무엇이든 따를 것입니다. 나는 당신의 명예와 왕실의 신의를 단 한 번도 의심해본 적이 없습니다." 하지만 자신의 운명을 타인의 손에 맡긴 이상, 그 어떤 말도, 그 어떤 간청도 더는 힘을 발휘하지 못한다. 승리는 늘 권리라는 이름으로 행사되고 패자에게는 불의가 되어 돌아온다. 패자에게 화가 있으리!

메리 스튜어트와 엘리자베스 1세(상상화)

제18장

조여드는 그물

1568/07-1569/01

메리 스튜어트가 경솔하게 '공정한 재판'에 동의한 순간, 잉글랜드 정부는 즉시 모든 수단을 동원해 그 절차를 편파적으로 바꾸기 시작했다. 반역 귀족들은 온갖 증거를 지닌 채 직접 참석할 수 있었던 반면, 메리는 단 두 명의 신임 인사를 통해서만 자신을 대리할 수 있었고 반박 역시 간접적인 경로를 통해서만 가능했다. 귀족들은 공개적으로 비난을 쏟아붓고, 동시에 그 뒤에선 자유롭게 밀약을 맺을 수 있었다. 이렇게 교묘하고도 악의적인 구도로 인해 메리는 재판이 시작되기도 전에 이미 공격수에서 수비수로 밀려났다. 그녀에게 주어졌던 달콤한 약속들은 소리 없이 하나씩 협상 테이블 아래로 사라졌다. 재판이 끝나기 전까지 메리를 직접 만나는 것이 자신의 '명예'에 어긋난다던 엘리자베스는, 정작 반란의 주모자인 모레이와는 아무렇지 않게 대면했다. '명예'라는 단어는 더 이상 언급되지 않았다.

물론 메리를 피고 자리에 앉히려는 의도는 여전히 교묘하게 감춰져 있었다. 외교적 체면상 그렇게 할 수는 없었다. 겉으로 내세운 명분은 반역 귀족들이 자신들의 행위를 해명하는 절차라는 것이었다. 하지만 엘리자베스가 위선적으로 요구한 이 '해명'이란 결국, 왜 그들이 여왕에게 무기를 들었는지를 납득시켜야 한다는 뜻이었고 이는 자연스럽게 모든 것을 드러내는 방향으로 흐를 수밖에 없었다. 귀족들이 메리에게 제기하는 의혹과 고발이 충분히 쌓이기만 한다면, 런던은 그녀의 감금을 정당화할 수 있는 법적 근거를 얻을 수 있게 된다. 그러면 애초에 부당했던 그녀의 구금조차도 세계 앞에서는 그럴듯한 명분을 갖춘 일이 되어버리는 것이다.

그러나 처음부터 기만적인 연극으로 기획되었던 이 '회의'는 엘리자베스와 세실이 의도했던 것과는 전혀 다른 방향으로, 뜻밖의 희극으로 전개된다. 양측 당사자들을 한자리에 불러 서로를 고발하게 만들자 누구도 자신이 쥔 결정적인 증거를 선뜻 내놓으려 하지 않았다. 그 이유는 양측 모두가 잘 알고 있었다. 고발자와 피고가 실은 같은 범죄의 공범이었기 때문이다. 양쪽 모두 헨리 단리 살해 사건에 직간접적으로 연루되어 있었고, 모두가 그 민감한 문제를 가능한 한 조용히 넘기고 싶어 했다. 만약 모턴과 메이틀랜드, 모레이가 문제의 편지 상자를 열고 메리 스튜어트가 공모자라 주장한다면 그들은 확실한 명분을 쥐게 될 것이다. 하지만 그와 동시에 메리 역시 그들을 고발할 수 있다. 그녀는 이 귀족들이 범행을 사전에 알고 있었으며, 최소한 침묵을 통해 묵인했음을 알고 있었기 때문이다. 귀족들이 편지를 공개하는 순간, 메리 스튜어트는 '충성스러운 국왕의 수호자들'의 가면을 단번에 벗겨낼 수 있었다. 그러니 서로를 몰아붙이는 데 모두가 머뭇거리는 것은 어찌 보면 너무도 자연스러운 일이었다. 그들은 이 난처한 문제를 적당히 처리하고, 가엾은 헨리 단리만은 조용히 묻어두자는 데 은근히 뜻을 같이하고 있었다. "편히 잠드소서." 그것이 양측의 바람이었다.

그리하여 놀라운 일이 벌어졌다. 엘리자베스로서는 전혀 예상치 못한 전개였다. 재판 절차가 개시되자, 모레이는 단지 보스웰만을 고발했을 뿐이었다. 그는 잘 알고 있었다. 그 위험한 사내는 천 리 밖에 있고, 결코 공범자들의 이름을 밝히지 않을 것이라는 사실을 말이다. 더기이한 점은 모레이가 어떠한 방식으로든 자신의 누이를 비난하는 일을 철저히 피했다는 점이다. 불과 1년 전, 그녀가 공개적으로 열린 의회에서 살인 공모 죄로 유죄 판결을 받았었다는 사실은 이제 완전히 잊힌 듯했다. 세실의 예상과는 달리 반역 귀족들은 격렬하게 뛰쳐나가 증거를 탁자 위에 내던지지 않았다. 잉글랜드 측 위원들 역시 침묵을 지켰다. 그들 또한 조심스러웠고, 날카로운 질문은 하지 않았다. 가톨릭 신자인 노섬벌랜드 경은 어쩌면 엘리자베스보다 메리 스튜어트에게 더 호감을 가지고 있었고, 노퍽 공작은 개인적인 이유로 (그 동기는 차차 드러나게 되겠지만) 조용한 타협을 원하고 있었다.

이미 밑그림은 그려지고 있었다. 메리 스튜어트에게는 다시 여왕의 칭호와 자유를 돌려주되, 모레이는 자신이 원했던 실질적인 권력을 그대로 유지한다는 조건이었다. 엘리자베스는 천둥 번개가 몰아치길 바랐다. 도덕적으로 자신의 적수를 완전히 짓밟는 정면 돌파를 기대했던 것이다. 하지만 방 안에서는 허심탄회한 대화가 오갔다. 분위기는 갈수록 따뜻해졌고, 심지어 우호적으로까지 흘렀다. 며칠이 지나자 그 기묘한 재판은 이제 더 이상 재판이 아니게 되었다. 고발자와 피고, 위원과 판관이 한데 어울려 협력하고 있었다. 엘리자베스가 국가적 정치 행위처럼 기획했던 이 회의는 단정하고 명예롭게 모든 것을 조용히 묻어버리는, 최고의 장례식을 치르는 방식으로 마무리되어 가고 있었다.

양측을 오가며 복잡한 협상의 중재자 역할을 맡게 된 인물은 스코틀랜드 재상 레딩턴의 메이틀랜드였다. 그는 살인 사건이라는 어두운 국면 속에서도 가장 어두운 역할을 떠맡았고, 타고난 외교관답게 언제나 두 얼굴을 지닌 인물이었다. 귀족들이 메리 스튜어트를 찾아가 이혼이든 그 밖의 어떤 수단이든 간에 단리를 제거하자고 제안했을 때, 대표로 말을 꺼낸것도 바로 메이틀랜드였다. 그는 그 자리에서 모레이가 '눈감아줄 것'이라는 모호하고도 음침한 약속을 내걸었다. 한편으로는 보스웰과의 결혼을 부추겼고, 마침 그녀가 납치당하는 순간에도 '우연히' 그 자리에 함께 있었으며, 결국 사건이 끝나기 불과 스물네 시간 전에 다시 귀족 측으로 돌아섰다. 여왕과 귀족들 사이에 격렬한 충돌이 벌어질 경우, 그는 정중앙에 서서 양쪽의 탄환을 동시에 맞게 될 처지였다. 그러니 그는 어떠한 대가를 치르더라도 타협을 성사시키려 했다. 먼저 그는 메리 스튜어트를 위협했다. 만약 끝까지 완강하게 버틴다면, 귀족들은 자신들의 방어에 도움이 되는 모든 것을 동원할 작정이며 그 과정에서 그녀의 명예가 훼손되더라도 개의치 않을 것이라는 경고였다.

그들이 어떤 치명적인 무기를 쥐고 있는지를 보여주기 위해 메이틀랜드는 고발의 핵심 증거인 연애 편지와 서정시들을 몰래 베껴 보냈다. 그 임무는 그의 아내 메리 플레밍이 맡았고, 그녀가 필사한 복사본은 메리 스튜어트의 손에 전해졌다. 아직 본 적도 없는 핵심 증거가 몰래 메리 스튜어트에게 전달된 이 사건은, 메이틀랜드가 동료 귀족들을 상대로 벌인 하나의 노림수였고 동시에 어떤 정상적인 재판 절차에서도 용납될 수 없는 일이었다. 그러나 귀족들도 똑같이 부당한 행동을 했기 때문에 어차피 소송 질서는 엉망이 되었다. 그들 역시 연애편지를 노퍽 공작과 다른 잉글랜드 측 위원들에게 몰래 넘겼다. 그 결과는 메리 스튜어트에게 치명적이었다. 원래는 중재자였어야 할 위원들이, 재판이 시작되기도 전에 이미 편파적으로 바뀐 것이다. 특히 노퍽 공작은 그 편지를 접하고 나서 큰 충격을 받았다. 그가 마주한 것은 판도라의 상자에서 뿜어져 나온, 지독한 악취였다. 그는 즉시 런던으로 보고를 올렸다. 물론 그 또한 원칙적으로 해서는 안 되는 일이었지만, 이 이상한 소송에서는 옳은 일만 빼고 무엇이든지 다 등장하였다. 그는 이렇게 썼다. "보스웰과 여왕 사이의 방탕하고 추악한 관계, 그녀가 살해된 남편에게 품었던 혐오, 그리고 그의 생명을 빼앗기 위한 음모가 너무도 명백하여 양심 있고 선한 이들이라면 너무 놀라 뒤로 물러설 지경입니다."

메리 스튜어트에게는 참담한 소식이었지만, 엘리자베스에게는 반가운 소식이었다. 노퍽 공작이 문제의 편지를 본 뒤 드러낸 적대감과 진심 어린 분노. 그 모든 것이 메리 스튜어트에게 불리하게 기울어버린 이 싸움의 끝을 예고하고 있었다.

그러나 도박판에서든 정치에서든, 손에 단 한장의 카드라도 남아 있는 한 승부를 미리 포기해서는 안 된다. 바로 그 순간, 메이틀랜드가 뜻밖의 반전을 만들어낸다. 그는 노퍽 공작을 찾아가 오랜 시간 비밀스럽고 깊은 대화를 나눴다. 그리고 믿기 어려운 일이 하룻밤 사이에 벌어졌다. 분노와 적의로 가득 차 있던 재판관 노픽이, 어느새 그녀의 가장 열성적인 조력자로 돌아선 것이다. 공개 재판을 원하던 여왕의 의도와는 달리 그는 갑자기 스코틀랜드 쪽의 이해를 위해 움직이기 시작했다. 메리 스튜어트에게는 스코틀랜드 왕위는 물론 잉글랜드 왕위 계승권도 결코 포기하지 말라고 권했고, 그녀의 기개를 북돋우며 다시금 결단력을 불어넣었다. 동시에 그는 모레이에게도 편지들을 제출하지 말라고 강하게 만류했다. 그리고 놀랍게도, 노픽과의 비밀 회담을 가진 뒤 모레이 역시 급격히 태도를 바꿔버린다. 모레이는 한결 부드럽고 화해적인 자세로 돌아서 노픽의 견해에 전적으로 동의했다. 책임은 오직 보스웰에게만 물어야 하며, 메리 스튜어트에게까지 확대할 필요는 없다는 것이다. 마치 밤사이 따뜻한 바람이 지붕 위를 스쳐 간 듯, 얼어붙어 있던 분위기는 순식간에 풀려버렸다. 며칠만 지나면 이 기묘한 집 안에 봄기운과 우정이 함께 찾아올 것만 같았다.

도대체 무엇이 노픽 공작을 이처럼 극적으로 변화시킨 것일까? 불과 어제까지만 해도 엘리자베스의 뜻을 충실히 따르던 재판관이 하루아침에 여왕을 거스르는 배신자가 되고, 메리 스튜어트의 가장 열렬한 지지자로 돌변한 이유는 무엇이었을까? 가장 먼저 떠오르는 생각은 메이틀랜드가 노픽을 매수했을 것이라는 의혹이다. 하지만 한 번 더 생각해보면, 이 가설은 그리 설득력 있어 보이지 않는다. 노픽은 잉글랜드에서 가장 부유한 귀족이었으며 튜더 왕가 바로 다음가는 위세를 자랑했다. 메이틀랜드는 물론, 가난한 스코틀랜드 전체를 동원하더라도 그에게 충분한 돈을 쥐여줄 수는 없었을 것이다.

그렇지만 결국 처음의 직감이 옳았다. 메이틀랜드는 실제로 노퍽을 '매수'하는 데 성공했다. 그가 노퍽 공작에게 내민 것은 누구라도 탐낼 수밖에 없는 단 하나의 유혹, 더 큰 권력이었다. 그는 공작에게 메리 스튜어트의 손을, 나아가 잉글랜드 왕위 계승권을 제안한 것이다. 왕 관이라는 상징이 지닌 마력은 실로 강력하다. 그것은 가장 비겁한 자 를 담대하게 만들고, 무관심한 자를 야망으로 불태우며, 신중한 자조 차 어리석은 선택으로 이끌 수 있다. 어제까지만 해도 메리 스튜어트 에게 왕위 계승권을 포기하라며 강하게 압박하던 노퍽이, 오늘은 왜 그녀에게 그것을 지키라며 열정적으로 조언하고 있는지를 이제야 이 해할 수 있다. 그는 메리 스튜어트를 사랑해서가 아니라, 그녀의 왕위 계승권이 필요해서 결혼하려는 것이다. 그 권리만 손에 넣으면, 그는 곧바로 튜더 가문의 자리를 넘볼 수 있게 된다. 튜더야말로 그의 아버 지와 할아버지를 반역자로 몰아 단두대에 세운 원수의 가문이었다. 그 렇다면 그 집안의 아들이자 손자인 그가 정치적 복수를 택한다고 해 서 누구도 그를 선뜻 비난할 수는 없을 것이다.

어쨌든 오늘날 우리의 상식으로는 이해하기 어렵다. 어제까지만 해 도 메리 스튜어트가 살인자이며 간통한 여자라는 사실에 그렇게 놀라 던 사람이 갑자기 이 여자를 아내로 맞아들이기로 결심한 것은 정말 로 이해하기가 어렵다. 물론 메리 스튜어트 옹호자들은 이 사실을 다 음과 같이 해석한다. 메이틀랜드가 노퍽과의 비밀스런 대화에서 그에 게 메리 스튜어트가 무죄라고 설득하고 상자 속의 편지들이 위조품이 라는 것을 입증해 보였다는 것이다. 하지만 이런 추측을 뒷받침하는 문서는 전혀 남아 있지 않으며, 실제로 노퍽은 그 대화가 있은 지 몇 주가 지난 후에도 여전히 메리 스튜어트를 살인자로 간주하고, 엘리자베스에게도 그렇게 보고했다.

오늘날의 도덕적인 기준을 400여 년 전의 일에 끼워 맞추려 하는 것은 대단히 부적절한 일이다. 인간 생명의 가치란 시대와 지역에 따라 결코 절대적인 것이 아니며, 윤리는 언제나 상대적인 법이다. 오늘날 우리는 정치적 암살에 대해 19세기 사람들보다 훨씬 더 관대하지만, 16세기는 그런 도덕적 거리낌 자체가 존재하지 않았다. 당시 사람들의 도덕률은 성경이 아니라 마키아벨리에게서 비롯되었고, 왕위에 오르고자 하는 이들은 감상적인 고민 따위에는 얽매이지 않았다. 계단 위에 핏자국이 선연히 남아 있어도, 그 위를 주저 없이 밟고 올라섰다. 『리처드 3세』에서 여왕이 남편을 살해한 자에게 손을 내미는 장면 역시, 당시 사람들의 눈에는 비현실적으로 보이지 않았다. 왕이 되기 위해 아버지나 형제를 암살하거나 독살하는 일은 흔했으며, 수천 명의 무고한 이들이 전쟁터로 내몰렸다. 정당성이나 법 따위는 개의치 않고 사람들을 제거해 버렸다. 16세기 유럽에서 그런 범죄가 공공연히 일어나지 않은 왕실을 찾아보기 어려울 정도였다. 왕관을 얻기 위해 열네 살 소년이 쉰 살의 귀부인과 혼인하고, 어린 소녀가 백발의 노인을 남편으로 맞는 일도 있었으며, 누구도 그들의 미덕이나 외모, 품위나 도덕을 문제 삼지 않았다.

그렇다면 허영심 많은 노퍽 공작이 젊고 아름답고 정열적인 여인이 자신을 남편으로 맞아주겠다고 하는데 특별히 더 큰 윤리적 갈등을 느낄 이유가 있었을까? 노퍽이 메리 스튜어트를 원하는 것은 사랑해서가 아니었다. 그가 원하는 것은 오직 그녀가 가진 왕위 계승권이었

다. 이미 노퍽은 마음속으로 메리 스튜어
트를 아내로 맞이한 채 엘리자베스를 대
신해 웨스트민스터의 왕좌에 앉아 있는
자신의 모습을 꿈꾸고 있었다. 재능도 용
기도 없는, 야망에 눈먼 사내에게 그녀가
과거에 어떤 짓을 했는지 따위는 더 이상
중요하지 않았다. 하룻밤 만에 국면은 완
전히 뒤집혔다. 메이틀랜드의 능란한 손
길이 메리 스튜어트를 옭아매기 위해 짜
였던 그물망을 느슨히 풀어버렸고, 그녀
는 혹독한 재판관을 마주해야 할 자리에
서 뜻밖에도 구혼자이자 조력자를 마주
하게 된 것이다.

➤•••➤ 토머스 하워드(제4대 노퍽 공작)
(1536-1572)

잉글랜드 왕국에서 가장 부유한 귀족이자
엘리자베스 1세의 6촌

　하지만 엘리자베스는 뛰어난 정보력을 갖춘 데다 예리하고 의심이
많은 인물이었다. 어느 날 그녀는 프랑스 특사에게 이렇게 자랑하듯
말했다. "왕이란 멀리 있는 소리도 들을 수 있는 커다란 귀를 가지고
있는 법이지요." 그녀는 작은 신호들만으로도 요크에 뭔가 수상쩍은
음모가 있다는 사실을 감지해냈다. 그것은 결코 자신에게 유익하지 않
을 조짐이었다. 엘리자베스는 먼저 노퍽을 불러들여 조롱하듯 대놓고
물었다. "자네, 요즘 누군가에게 구애하고 있다지?" 노퍽은 결단력 있
는 인물이라기보다는 상황에 휩쓸리는 나약한 인물이었다. 베드로가
예수를 세 번이나 모른다고 했을 때 울던 수탉처럼, 그는 불과 어제까
지만 해도 구혼했던 메리 스튜어트를 오늘에 와서는 망설임 없이 부

정해 버렸다. "모두 거짓이고 중상입니다. 제가 그런 살인자와 결혼할 리가 있겠습니까?" 그리고는 이렇게 말하며, 능청스럽게 위기를 모면하려 들었다. "저는 아무 걱정 없이 베개에 머리를 누여야만 잠이 잘 오는 성격이랍니다."

그러나 엘리자베스가 모를 리 없었다. 그녀는 훗날 이렇게 당당히 말했다. "그들은 내가 그 정도도 눈치 못 챌 줄 알았던 거죠." 이 여인은 본래 막강한 기세를 가진 인물이었다. 그녀가 한 번 몰아붙이면, 숨겨둔 비밀들이 소매 밖으로 줄줄 흘러나왔다. 엘리자베스는 곧바로 결단을 내렸다. 11월 25일, 그녀의 명령에 따라 재판은 요크에서 웨스트민스터로 옮겨졌다. 이제 재판은 그녀의 문턱에서 불과 몇 걸음 떨어진 곳, 그녀의 날카로운 눈길 아래에서 진행되게 되었다. 메이틀랜드는 요크셔처럼 자유롭게 움직일 수 없었다. 그곳은 왕궁에서 멀리 떨어져 있어 감시의 손길이 미치지 않았지만, 여기서는 사정이 달랐다. 게다가 엘리자베스는 더 이상 기존의 인물들을 신뢰하지 않았다. 그녀는 전적으로 믿을 수 있는 이들을 새롭게 배치했다. 특히 그녀가 총애하는 레스터 백작도 그중 한 명이었다.

고삐를 직접 틀어쥔 순간부터, 재판은 거침없이 그녀가 의도한 방향대로 흘러갔다. 엘리자베스는 모레이에게 분명히 지시를 내렸다. "혐오스럽고 극단적인 고발일지라도 마다하지 말고 그대는 방어에 나서시오." 보스웰과의 간통을 증명할 수 있는 '보석함 편지'를 공개하라는 의미였다. 한때 메리 스튜어트에게 약속했던 "그녀의 명예를 해치는 일은 없을 것"이라는 엄숙한 맹세는 이제 자취도 없이 사라져버렸다. 그럼에도 불구하고 제후들은 여전히 불편해하며, 결정을 망설였다. 그들은 편지를 공개하는 대신 막연한 의심만 흘리며 시간을 끌었다. 엘리자베스가 그들에게 노골적으로 명령을 내릴 수는 없었다. 편지를 내놓으라 말한다면, 그녀가 어느 쪽 편인지가 너무도 명백해질 것이기 때문이다. 그래서 그녀는 더욱 치밀한 위선을 연출했다. 마치 자신은 여전히 메리 스튜어트의 무죄를 믿고 있으며, 그녀의 명예를 회복할 수 있는 유일한 방법은 오히려 이 모든 '비방'에 대해 완벽한 해명을 내놓는 것뿐이라고 주장했다. 엘리자베스는 자매와 같은 조바심을 가장하며 진실을 밝히라고 재촉했고, 비난에 대한 확실한 증거를 제출하라고 요구했다. 엘리자베스가 바라는 것은 단 하나였다. 바로 그 편지들, 메리 스튜어트가 보스웰에게 보냈다는 사랑의 소네트가 재판정 위에 펼쳐지는 것. 이제 메리 스튜어트는 철저히 제거되어야 했다.

압박이 거세지자 마침내 귀족들은 굴복했다. 마지막 순간까지도 저항하는 시늉은 이어졌다. 모레이는 직접 서신을 테이블 위에 올려놓는 대신, 잠깐 내보이는 척하다가 비서에게 '억지로' 빼앗겼다. 엘리자베스에게는 결정적인 승리의 순간이 도래하게 되었다. 문제의 편지들이 마침내 테이블 위에 놓였고, 공개적으로 낭독되었다. 첫날 한 번, 다음 날엔 더욱 늘어난 위원들이 지켜보는 가운데 다시 한 번. 귀족들은 이미 오래전부터 이 편지들의 진본임을 확언해왔지만, 그것만으로는 부족했다. 엘리자베스는 훗날 메리 스튜어트를 옹호하며 이 편지들을 위조라 주장할 모든 반론을 미리 내다보기라도 한 듯, 편지의 필체를 면밀히 비교하라고 지시했다. 그녀가 직접 받은 메리 스튜어트의 친필 편지와 테이블에 놓인 서신들을 대조해보라는 명령을 내렸다. 조사 도중에 메리 스튜어트 측 대표들은 회의장을 떠나버렸다. 그리고 엘리자베스가 '그녀의 명예를 훼손하지 않겠다'는 약속을 저버렸다고 항의했다. 그러나 이런 행동이야말로 편지가 진본임을 뒷받침하는 또 하나의 강력한 증거처럼 보였다.

하지만 이토록 불공정한 재판에서 과연 어디에 '정의'가 존재한단 말인가? 가장 중요한 피고인은 출석조차 허락되지 않았고, 레녹스를 비롯한 그녀의 적들은 아무런 제약 없이 비난을 퍼붓고 있었다. 메리 스튜어트 측 대표단이 회의장을 떠나자마자, 위원들은 곧장 만장일치로 '잠정 결의'를 내렸다. 메리가 모든 혐의를 완전히 해명하기 전까지는 엘리자베스가 그녀를 접견할 수 없다는 것이었다. 마침내 엘리자베스는 원하던 목적지에 도달했다. 망명해 온 메리를 냉정히 거절할 명분이 만들어졌고, 그녀를 계속 '명예로운 구금 상태'에 묶어둘 핑계도 손에 넣었다. 물론 이는 그럴듯하게 포장된 '감금'을 뜻할 뿐이었다. 그 순간, 엘리자베스의 충신 파커 대주교는 승리를 확신하며 외쳤다. "이제 우리 훌륭하신 여왕께서 저 늑대의 귀를 꽉 쥐고 계십니다!"

이 '잠정적 판단'으로 메리 스튜어트는 이미 세상 앞에 무릎을 꿇은 셈이 되었고, 그녀의 목덜미는 그대로 드러나 있었다. 이제 도끼 같은 판결만 내려지면 끝이었다. 그녀를 살인자로 단정해 스코틀랜드로 넘긴다면, 그곳에서 존 녹스가 자비를 베풀 리는 없었다. 하지만 그 순간, 엘리자베스는 손을 들어올린다. 단죄의 도끼는 끝내 내려오지 않았다. 이 신비로운 여인은 선이든 악이든 결단이 필요한 마지막 순간마다 늘 용기를 내지 못했다. 인간적인 연민 때문이었을까? 아니면 "메리 스튜어트의 명예를 해치지 않겠다"는 군주의 약속을 저버린 데 대한 부끄러움이었을까? 외교적 계산이었을까, 아니면 언제나 그녀 안에서 엇갈리던 감정들이 빚어낸 모순이었을까? 어찌 됐든, 엘리자베스는 또 한 번 결정적인 순간을 외면하고 만다. 적을 완전히 제거할 수 있는 기회를 앞에 두고서도 물러선 것이다. 그녀는 즉각적인 단죄를 선택하는 대신, 메리 스튜어트와의 협상을 명분으로 최종 판결을 미루었다. 속내는 분명했다. 고집스럽고 당당하며, 위협으로는 굴복하지 않는 이 여인에게서 이제 벗어나고 싶은 것이다. 그녀를 잠재우고, 조용히 만들고, 더는 위협이 되지 않게 하려는 마음뿐이었다. 그래서 엘리자베스는 판결에 앞서 이의를 제기하라는 신호를 보냈다. 동시에 은밀히 전갈을 보내, 자발적으로 왕위를 포기한다면 무죄를 선고하고 잉글랜드에서 연금을 받으며 자유롭게 지내게 해주겠다고 제안했다. 그러나 또 한편으로는 공개 재판을 거론하며 공포를 불어넣었다. 유혹과 협박을 동시에 내미는, 익숙한 수법이었다. 궁정의 신임을 받던 놀리스는 보고서에 이렇게 썼다. "제가 할 수 있는 한 그녀를 위협하여 두려움을 심으려 했습니다."

엘리자베스는 다시 한 번 그녀의 두 가지 무기, 협박과 유혹을 동시에 꺼내 든 것이다. 그러나 메리 스튜어트는 이제 더 이상 위협에도, 유혹에도 흔들리지 않았다. 그녀는 언제나 위험이 피부에 와닿을 때에야 비로소 자신을 가다듬는다. 하지만 일단 결심하고 나면, 그녀의 용기와 태도는 그 어느 때보다 굳건해진다. 메리는 문서 대조를 단호히 거부했다. 자신이 걸려든 함정을 너무 늦게야 깨달은 것이다. 그녀는 다시 예전의 입장으로 돌아갔다. "나는 여왕이며, 신하들의 재판을 받을 수 없습니다." 그 모든 문서와 비난은 조작이며, 그에 대한 반박은 자신이 직접 말하는 이 한마디면 충분하다고 주장했다. 그리고 제안받은 타협도 단호히 거절했다. 자신이 인정하지 않는 법정에서 무죄를 받기 위해 왕위를 내려놓는 것은 결코 명예로운 선택이 아니었다. 마침내 그녀는 중재자들에게 다음과 같이 말했다. 그녀의 삶과 죽음을 관통하는 결연한 선언이었다. "내 왕관을 포기하라는 말은 더 이상 하지 마십시오! 그런 제안에 동의하느니, 차라리 죽겠습니다. 내 삶의 마지막 말은 스코틀랜드 여왕으로서 한 말이 될 것입니다."

위협은 실패로 돌아갔다. 엘리자베스가 내민 반쪽짜리 용기 앞에, 메리는 단단한 결심으로 맞섰다. 그러자 또다시 엘리자베스는 망설였다. 메리가 완강히 버티고 있음에도, 그녀는 끝내 공개적인 유죄 판결을 내리지 못했다. 언제나 그랬듯 자신의 의지가 마지막 결단을 요구받는 순간이 오면 엘리자베스는 늘 한 걸음 물러서고 말았다. 결국 내려진 판결은 그녀가 처음 계획했던 것처럼 결정적이지는 않았지만, 그 못지않게 교묘하고 비열했다. 1월 10일 공식적으로 발표된, 이 어정쩡하고 기형적인 판결의 핵심은 이렇다. "모레이와 그 일당에게서 명예나 의무에 반하는 행위는 발견되지 않았다." 이는 귀족들의 반란을 사실상 승인한 셈이었다. "귀족들은 여왕에게 제기한 의혹을 입증할 만큼 충분한 증거를 제시하지 못했으므로, 엘리자베스가 자매에 대해 나쁜 인상을 가질 정도는 아니었다." 얼핏 보면 메리의 명예를 지켜준 것처럼 보이지만, 이 문장에는 '충분한'이라는 독이 숨어 있었다. 메리에 대한 혐의가 완전히 근거 없었던 것은 아니며, 다만 '좋은 여왕'인 엘리자베스를 설득하기엔 조금 부족했을 뿐이라는 의미였다. 세실에게는 그 정도로 충분했다. 이제 메리 스튜어트를 둘러싼 의심은 계속해서 그녀를 따라다니게 되었고, 그녀를 계속 구금할 수 있는 '충분한 명분' 또한 확보된 셈이었다. 이로써 엘리자베스는 원하던 결과를 손에 넣게 되었다.

그러나 이 승리는 결국 피로 얻은 승리였다. 메리 스튜어트를 가둔 이상, 잉글랜드 안에는 두 명의 여왕이 존재하게 되었고 두 여왕이 공존하는 한, 나라는 결코 평온할 수 없다. 불의는 불안을 낳고, 교활한 술책은 어설픈 결과를 빚는다. 엘리자베스가 메리 스튜어트의 자유를 빼앗은 바로 그날, 그녀는 자신의 자유 또한 스스로 거두어버린 것이다. 메리를 적으로 대함으로써 메리에게도 적대할 권리를 부여해 주었고, 먼저 약속을 저버림으로써 메리에게도 약속을 어길 명분을 주었으며, 거짓을 택함으로써 상대의 거짓 또한 정당화한 셈이 되었다. 엘리자베스는 처음 느꼈던 솔직한 본능을 외면한 대가를 오랜 세월 지불해야 했다. 관대함을 택하는 것이 결국 가장 현명한 길이었다. 만약 그녀가 메리를 조용히 돌려보냈다면 메리의 삶은 얼마나 초라하게 마무리되었을까? 스캔들로 오명을 뒤집어쓴 채 엘리자베스의 관용 앞에 무릎 꿇고 쫓겨난 여왕에게 더는 기댈 곳이 없었을 것이다. 스코틀랜드에서는 모레이가 귀국을 가로막았을 테고, 프랑스도 스페인도 이 불편한 망명자를 달갑게 맞아주지는 않았을 것이다. 어쩌면 그녀는 타고난 기질대로 또 다른 연애에 휘말렸을지도 모른다. 혹은 보스웰을 따라 덴마크로 떠났을 수도 있다. 그렇게 흘러갔다면 그녀의 이름은 역사 속에 조용히 묻혔을 것이다. 아니면 남편의 살인자를 새로운 남편으로 맞이한 여왕이라는 불명예와 함께, 비루하게 기록되었을지도 모른다.

하지만 메리 스튜어트를 어둡고 비천한 운명에서 건져낸 것은 다름 아닌 엘리자베스의 부당함이었다. 바로 그 불의가 메리에게 다시 한 번 세계사적 의미를 부여했고, 그녀를 짓누르려던 엘리자베스의 손길은 도리어 그녀를 높이 들어 올렸다. 몰락한 여왕의 머리 위에는 순교자의 후광이 비추기 시작했다. 메리 스튜어트를 전설적인 인물로 만든 것은 그녀 자신의 행위가 아니라, 애초에 감당하지 않아도 되었을 억울한 시련이었다. 그리고 엘리자베스의 도덕적 권위를 무너뜨린 것도 결정적인 순간에 용기를 내지 못한 그녀 자신이었다.

제19장
그늘 속의 세월
1569-1584

공허를 묘사하는 일만큼 절망적인 것도 없고, 단조로움을 형상화하는 일만큼 어려운 것도 없다. 메리 스튜어트의 감금은 바로 그런 '아무 일도 일어나지 않는' 상태, 별빛조차 없는 황량한 밤과 같았다. 판결이 내려진 순간, 그녀 삶의 뜨겁고도 격렬했던 리듬은 완전히 꺾여버렸다. 세월은 흘러갔다. 바다의 물결처럼 때로는 격정적으로, 때로는 느슨하고 고요하게. 그러나 다시는 그 깊은 심연이 요동치지 않았다. 충만한 기쁨도, 견딜 수 없는 고통도 그녀에게 닿지 않았다. 사건이라 부를 만한 일은 일어나지 않았고, 그래서 더더욱 메말라 갔다. 한때 열정으로 타올랐던 그녀의 운명은 그렇게 점점 희미해져 갔다.

한때 생기 넘치던 젊은 여인은 스물여덟, 스물아홉, 서른의 나이를 무기력한 정체 속에서 흘려보냈다. 그 뒤를 잇는 또 다른 10년 역시 다르지 않았다. 서른하나, 서른둘, 서른셋, 서른넷, 서른다섯, 서른여섯, 서른일곱, 서른여덟, 서른아홉… 그 숫자들을 줄줄이 적어 내려

포더링헤이성에서의 메리 스튜어트

가는 것만으로도 숨이 턱 막힐 지경이다. 그럼에도 하나하나 다 불러야만 한다. 그래야만 그녀가 겪은 이 영혼의 고통이 얼마나 질기고 소모적이었는지 조금이나마 짐작할 수 있기 때문이다. 해마다 수백 개의 날들이, 날마다 셀 수 없이 많은 시간들이 흘러갔지만 어느 한 순간도 진정 살아 있거나 기쁨으로 빛난 적이 없었다. 그런 시간들을 보내고 마흔 살이 되었다. 그녀는 더 이상 젊은 여인이 아니었다. 지친 몸과 병든 마음을 지닌 여인이 되었을 뿐이다. 그렇게 서서히 마흔하나, 마흔둘, 마흔셋이 다가오고 마침내 사람들이 베풀지 못한 자비를 죽음이 대신 내밀었다. 지친 영혼은 그제야 감옥에서 풀려난다.

어떤 날은 몸이 성했지만 병으로 괴로워하는 날이 더 많았다. 그녀를 대하는 태도도 날마다 달랐다. 때로는 거칠었고, 때로는 조금 더 정중했다. 엘리자베스에게 날 선 분노를 담아 편지를 쓰기도 했고, 다정한 말투로 애원하기도 했지만 결국 모든 것은 무기력하게 반복될 뿐이었다. 무채색의 시간이 무심히 흘러갔다. 감옥도 바뀌었다. 볼턴 성에서 채츠워스, 셰필드, 터트버리, 윙필드, 그리고 포더링헤이로 옮겨졌지만 달라진 것은 이름과 벽돌뿐이었다. 모든 벽은 그녀의 자유를

386

가두는 경계일 뿐이었다. 그녀의 좁은 세계 위로 별과 태양과 달은 무심하게 돌고 또 돌았다. 밤이 오고 낮은 가고, 달이 차고 기울고, 해가 거듭 바뀌었다. 세상은 끊임없이 움직였다. 나라들은 흥망을 거듭했고, 왕들은 나타났다가 사라졌다. 저 멀리 해안과 산 너머의 세계가 쉼 없이 변해가는 동안에도, 이 삶만은 달라지지 않았다. 뿌리도 줄기도 끊겨버린 이 생명은 꽃을 피울 수도, 열매를 맺을 수도 없이 서서히 시들어갔다. 메리 스튜어트의 청춘은 무력한 갈망 속에서 조금씩 말라가고, 그녀의 삶은 그렇게 소리 없이 스러져갔다.

이 끝없는 감금 생활에서 가장 잔혹한 점은 역설적이게도 그 겉모습이 결코 잔혹하지 않았다는 사실이다. 거친 폭력에는 자존심 강한 영혼이 맞서 싸울 수 있고, 모욕은 분노로 되받을 수 있으며, 저항 속에서 영혼은 오히려 강인해진다. 그러나 텅 빈 공허함 앞에서는 어떤 정신도 무기력하게 무너지고 피폐해진다. 무릎 꿇은 신하들의 형식적인 존대 속에 자유가 짓밟히는 일, 바로 그 위선이야말로 오만한 마음을 가장 깊이 불태웠다. 아무리 거친 욕설과 채찍이라도, 정중함을 가장한 채 존엄을 앗아가는 교활한 폭력보다는 덜 아픈 법이다. 메리 스튜어트가 받은 배려는 결코 그녀를 위한 것이 아니었다. 그들이 존중한 것은 그녀의 인격이 아니라 '신분'이었다. 온갖 '예우'를 빙자한 감시 속에서 그녀는 늘 존경받는 척하는 포로로 남았다. '명예로운 억류'라는 허울 아래 공손히 모자를 벗고 눈길을 내리깐 시종들이 그림자처럼 따라붙었다.

긴 세월 동안 단 한 순간도 그녀가 '여왕'임은 잊히지 않았다. 쓸모없는 편의와 하찮은 자유들은 허락되었지만, 인생에서 가장 근본적이고 고귀한 가치, 바로 '자유'만은 끝내 주어지지 않았다. 엘리자베스는 자애로운 군주로 보이기를 원했기에, 분노에 찬 방식으로 적수를 다루지는 않았다. 오히려 배려하는 척하며 '자매'에게 관심을 쏟았다. 메리가 아플 때에는 런던에서 곧장 조심스럽게 안부를 묻는 전갈이 날아왔고, 엘리자베스는 자신의 어의를 보내겠다고 제안했다. 식사는 반드시 메리 측 하인들이 준비하도록 직접 당부하기도 했다.

사람들이 수군거릴 빌미를 주지 않기 위해서였다. 불편한 경쟁자를 독살하려 한다는 소문이 떠돌아서도, 기름부음 받은 여왕을 감옥에 가두었다는 비난이 일어서도 안 되었다. 그래서 엘리자베스는 스코틀랜드의 여왕에게 잉글랜드의 '아름다운 저택들'을 평생의 거처로 삼아달라고 절박하면서도 단호하게 요청했다. 물론 탑에 가두는 편이 훨씬 간편하고 안전했을 것이다. 그러나 신하들이 거듭 권하는 그 거친 방식은 세상사를 꿰뚫고 있던 엘리자베스의 계산에는 오히려 불리했다. 그녀는 자신이 비열한 군주로 보이길 원치 않았다. 그래서 그녀는 끝까지 한 가지 원칙을 고집했다. 메리 스튜어트는 어디까지나 여왕으로서 대우받아야 하며, 존경의 예복 속에 숨긴 황금 사슬로 묶여 있어야 한다는 것이었다. 검약에 집착하던 엘리자베스도 이 경우만큼은 마지못해 지출을 감수했다. 스무 해 동안 이 '환대'에 일주일에 52파운드씩 꼬박꼬박 지출했다. 더구나 메리는 프랑스로부터 해마다 1,200파운드라는 넉넉한 연금까지 받고 있었으니, 궁핍과는 거리가 먼 삶이었다.

그녀는 실제로 여느 공주와 다름없는 생활을 했다. 응접실에는 왕관 휘장이 걸려 있었고, 찾아온 누구나 비록 포로의 몸일지라도 여왕은 여왕이라는 사실을 한눈에 알아볼 수 있었다. 식탁에는 언제나 은식기만 올랐고, 방 안은 은촛대에 꽂힌 값비싼 밀랍초로 밝혀졌다. 당시로서는 최고급 사치품인 터키산 융단이 바닥을 덮고 있었다. 이처럼 호화로운 살림살이 탓에 한 성에서 다른 성으로 거처를 옮길 때마다 수십 대의 마차가 필요했다. 그녀를 시중드는 사람들 또한 여왕에 걸맞을 만큼 화려했다. 시녀와 궁녀는 물론이고 가정교사와 사제, 주치의, 비서, 회계사, 의복을 맡은 하인과 재단사, 실내 장식사, 주방장에 이르기까지 작은 궁정이라 부를 만한 수행단이 늘 뒤따랐다. 많을 때는 50명에 가까운 인원이 함께했다. 검소한 엘리자베스는 이 호화로운 수행단을 줄이려 애썼으나, 메리는 완강하고 끈질기게 지켜냈다.

몰락한 여왕을 위해 잔혹하면서도 낭만적인 감옥 같은 곳은 애초부터 마련되지 않았다는 사실은 그녀를 맡길 감시자를 누구로 선택했는지만 봐도 알 수 있다. 엘리자베스가 1569년 6월 감시 임무를 맡긴 이는 조지 탤벗, 슈루즈베리 백작이었다. 그는 진정한 신사이자 귀족이었고, 그때까지는 누구나 '행복한 사내'라 부를 만한 삶을 살아왔다. 북부와 중부 지방에 걸쳐 광대한 토지를 소유했고, 성도 아홉 채나 지니고 있었다. 그는 마치 작은 제후처럼, 권세와는 거리를 둔 채 조용히 살아가고 있었다. 정치적 야망이라곤 없이 성실하고 만족스러운 일상을 꾸려온 그였다. 수염이 희끗해진 지금, 그는 마땅히 평온한 노년을 기대할 수 있었다.

그러나 엘리자베스는 느닷없이 그에게 이 불쾌한 임무를 맡겼다. 불의와 굴욕 속에 야심을 갈고닦아 온 숙적, 메리 스튜어트를 감시하라는 임무였다. 전임자 놀리스는 이 임무에서 벗어나자마자 한숨을 내쉬며 말했다. "하나님 맙소사, 차라리 어떤 형벌이든 받는 게 낫겠습니다. 이 일은 정말 견디기 어렵습니다." '명예로운 억류'라는 임무는 말뿐인 영예일 뿐, 누구에게도 환영받지 못했다. 권한은 애매하고 경계는 흐릿했으며, 그 이중적 성격은 감당할 수 없을 만큼 고도의 분별력을 요구했다. 메리 스튜어트는 겉으로는 여왕이지만, 실질적으로는 여왕이 아니었다. 말로는 손님이지만, 본질적으로는 죄수였다.

슈루즈베리는 신사로서 집주인의 예우를 갖춰야 했고, 동시에 엘리자베스를 대신해 모든 자유를 제한해야 했다. 그는 감시자였지만 여왕 앞에선 무릎 꿇어야 했고, 단호해야 했지만 겉으론 공손해야 했다. 손님을 정중하게 접대하는 척하면서도, 끊임없이 감시해야 했다. 이 복잡한 역할을 더욱 어렵게 만든 건 그의 아내였다. 이미 세 명의 남편을 잃고 네 번째 남편인 슈루즈베리를 맞이한 그녀는, 끊임없이 참견하고 밀고하며 남편을 괴롭혔다. 어느 날은 엘리자베스를 위해, 어느 날은 메리 스튜어트를 위해 음모를 꾸몄다. 세 여인의 소용돌이 한가운데 선 슈루즈베리는 평온할 틈이 없었다. 하나는 자신이 충성을 바쳐야 할 군주, 하나는 자신의 아내, 그리고 하나는 누구보다 강하게 운명에 얽힌 죄수였다. 열다섯 해에 걸친 세월 동안 슈루즈베리는 메리 스튜어트의 감시자였다기보다는 동반 수감자였던 셈이다. 그녀가 지나가는 자리마다 불행이 따라온다는 저주스러운 숙명은 그에게도 예외가 아니었다.

메리 스튜어트는 그 모든 공허하고 무의미한 세월을 어떻게 보냈을까? 겉으로 보기엔 지극히 조용하고 단조로운 삶이었다. 그녀의 하루는 지방 영지에서 해마다 똑같은 나날을 보내는 어느 귀족 부인의 일상과 다를 바 없어 보였다. 몸이 괜찮을 때는 그녀가 사랑하는 사냥을 나가기도 했고, 물론 항상 따라붙는 '예우 차원의 호위'에 둘러싸인 채였지만, 가끔은 공놀이와 운동으로 지친 육체에 생기를 불어넣기도 했다. 사교의 기회도 적지 않았다. 인근 성들에서 귀빈들이 찾아와 이 흥미로운 포로를 방문하고 경의를 표했다. 왜냐하면 (이 사실은 절대 간과해서는 안 된다) 메리 스튜어트는 지금은 무력한 몸이지만, 법적으로는 여전히 잉글랜드 왕위 계승 서열 1순위였고, 만일 엘리자베스에게 무슨 일이 닥치기라도 한다면 그녀는 곧바로 왕좌에 오를 수 있는 사람이었기 때문이다. 그래서 멀리 앞을 내다보는 영리한 사람들, 특히 감시를 맡은 슈루즈베리 백작은 그녀와 좋은 관계를 유지하기 위해 애를 썼다. 심지어 엘리자베스의 총애를 받던 측근 해턴과 레스터조차 여왕 몰래 메리에게 편지와 안부를 전했다. 언젠가 그녀 앞에 무릎 꿇고 은혜를 구해야 할 날이 올지도 모른다는 계산에서였다. 덕분에 메리 스튜어트는 지방의 외진 곳에 갇혀 있으면서도 궁정과 외부세계의 소식을 세세히 파악할 수 있었다. 슈루즈베리 백작 부인은 엘리자베스의 사적인 이야기까지 들려주었고, 감옥 같은 삶의 틈새마다 예상치 못한 격려와 위로의 말들이 흘러들어왔다.

그러니 메리 스튜어트의 망명지를 음침한 지하 감옥이나 완전한 고립 상태로 상상해서는 안 된다. 겨울밤이면 음악이 울려 퍼졌다. 물론 샤스텔라르 시절처럼 젊은 시인들이 사랑의 마드리갈을 읊조리지는 않았지만 말이다. 홀리루드 궁전에서의 화려한 가면무도회도 더는 존재하지 않았고 사랑과 열정은 그녀의 조급한 가슴 속에서 자취를 감추었다. 모험의 시절은 젊음과 함께 조용히 저물어갔다. 그녀 곁에 남은 옛 친구라고는 로클레븐 탈출을 도왔던 윌리엄 더글러스뿐이었다.

보스웰이나 리치오 같은 존재는 더 이상 없었고, 그녀가 가장 자주 만나는 사람은 의사가 되어 있었다. 메리 스튜어트는 자주 병을 앓았고, 류머티즘과 옆구리의 알 수 없는 통증에 시달렸다. 다리가 붓는 날에는 몸을 움직일 수조차 없었고, 뜨거운 물로 통증을 달래야 했다. 움직임이 줄고 운동이 부족해지자 한때 가늘고 우아하던 몸은 점차 탄력을 잃고 살이 붙었다. 스코틀랜드 들판을 열두 시간이나 달리던 기세도 남아 있지 않았다.

>--••• 메리 스튜어트의 자수(Oxburgh Hangings)

감금 생활이 길어질수록 그녀는 소박한 일상 속에서 위안을 찾았다. 수녀처럼 검은 옷을 입고, 고요히 앉아 자수를 놓으며, 여전히 우아한 그녀의 흰 손으로 황금실이 섞인 섬세한 천을 짰다. 그 작품들 가운데 일부는 오늘날까지도 남아 사람들의 감탄을 자아낸다. 때로는 고요히 앉아 그녀가 사랑한 책을 읽었고, 그렇게 하루하루를 보냈다. 20년에 가까운 그 긴 세월 동안, 어떤 모험도 그녀를 찾아오지 않았다. 이제 그녀의 깊은 애정은 보스웰이나 그 어떤 남성에게도 닿지 않았고 절대로 실망시키지 않는 존재들, 동물들에게 향했다. 그녀는 프랑스에서 가장 온순하고 영리한 개들, 스패니얼과 사냥개를 데려오게 했고 울새와 비둘기를 곁에 두었다. 정원에서는 꽃을 직접 돌보았고, 하녀들의 삶에도 따뜻한 관심을 기울였다. 잠시 들른 사람들은 한때 세계를 뒤흔들었던 그녀의 야망이 이제

392

완전히 사라졌다고 여겼을지도 모른다. 속세의 욕망은 완전히 사라진 듯 보였다. 그녀는 검은 베일을 쓰고 미사에 참석하곤 했으며, 무릎을 꿇은 채로 조용히 기도를 올렸다. 아주 가끔, 정말 드물게, 그녀는 기도서의 여백이나 빈 종이에 시를 적었다. 하지만 이제 그 시는 더 이상 불타는 소네트가 아니라 신앙 어린 순종이나 쓸쓸한 체념의 구절이었다.

아, 나는 무엇이며 내 삶은 무슨 의미가 있는가?
나는 심장을 잃은 육신,
허망한 그림자, 불행의 표상일 뿐.
더는 삶 속에 남은 것이 없어, 다만 죽음만이 있을 뿐……

이제 그녀는 모든 세속적 야망을 마침내 떨쳐낸 듯 보였다. 수많은 시련을 겪은 끝에, 그녀는 고요하고도 경건한 마음으로 단지 평화를 가져올 존재, 죽음을 기다리고 있는 듯했다.

그러나 속지 말아야 한다. 이 모든 것은 겉모습일 뿐, 하나의 연극이고 가면극에 지나지 않는다. 실제로 이 자존심 강한 여인, 이 불꽃 같은 군주는 오직 하나의 생각에 사로잡혀 살았고 단 하나의 목적을 위해 숨 쉬고 있었다. 바로 자유를 되찾고, 자신의 권력을 회복하는 일이다. 메리 스튜어트는 단 한순간도 비겁하게 자신의 운명을 받아들일 생각을 품은 적이 없다. 자수틀 앞에 앉아 있는 모습도, 책을 읽고 담소를 나누며 한가롭게 시간을 보내는 모습도 모두, 그녀의 진짜 삶을 감추기 위한 위장이었다. 그 실체는 바로 끊임없는 음모였다. 감금의 첫날부터 마지막 날까지, 메리 스튜어트는 쉬지 않고 모의했고 외교전을 벌였다. 그녀가 머무는 방은 곧잘 비밀스러운 작전실로 바뀌었고, 그 안에서는 밤낮없이 열을 내며 분주한 작업이 이어졌다. 닫힌 문 뒤에서 메리는 두 명의 비서와 함께 프랑스, 스페인, 교황청의 사절들, 스코틀랜드의 지지자들, 그리고 네덜란드로 보내는 비밀 지시문을 직접 작성했다. 동시에 그녀는 엘리자베스에게 간청하거나 회유하는 편지를 때로는 비굴하게, 때로는 반항적으로 써서 보냈지만 엘리자베스는 더 이상 그런 편지들에 일절 응답하지 않았다.

사자들은 변장을 한 채로 파리와 마드리드를 오갔고, 암호문을 사용했다. 정교하게 짜인 암호 체계는 매달 바뀌었다. 엘리자베스의 모든 적들과 연결된 비밀 통신망은 매일같이 가동되고 있었다. 온 집안은 하나의 참모본부처럼 움직였고, 쉼 없는 탈출 작전을 위한 조직처럼 돌아갔다. 오십 명에 이르는 하인들은 인근 마을을 드나들며 소식을 모으고 전달했으며 주민들은 자선을 가장한 뇌물을 받았다. 이 치밀한 조직 덕분에 연락망은 마드리드와 로마까지 뻗어 있었다. 편지들은 세탁물 속에, 책 속에, 속을 파낸 지팡이 안이나 장신구 상자의 뚜껑 아래에 숨겨졌다. 거울의 수은막 뒤에 감추어진 경우도 있었다. 슈루즈베리를 속이기 위한 계략은 끝없이 고안되었다. 신발 밑창을 갈라 그 안에 보이지 않는 잉크로 쓴 쪽지를 숨기거나, 종이를 돌돌 말아 넣을 수 있는 가발이 만들어지기도 했다. 파리나 런던에서 보내온 책에는 특정한 규칙에 따라 밑줄을 그은 글자들이 있었고, 그 글자들을 모으면 하나의 의미 있는 문장이 완성되었다. 가장 중요한 문서들은 그녀의 고해신부가 자신의 스톨 안쪽에 꿰매 숨겼다.

어린 시절부터 암호를 쓰고 해독하는 법을 익힌 메리 스튜어트는 이 모든 정치 작전을 직접 지휘했다. 엘리자베스의 명령을 무력화하는 이 도발적인 게임은 그녀의 정신을 일깨웠다. 운동이나 다른 자극을 대신할 만한 것이었다. 그녀는 특유의 불같은 기질과 무모한 열정으로 외교와 음모의 세계에 전력을 다해 뛰어들었다. 파리와 로마, 마드리드로부터 온 약속과 메시지가 끊임없이 밀실로 스며들 때마다, 치욕 속에 갇힌 그녀는 자신이 여전히 실질적인 권력의 한 축이며 유럽 전체가 주시하는 중심에 서 있음을 실감했다. 엘리자베스가 그녀의 위험성을 인지하면서도 결국 꺾지 못했다는 사실, 수많은 감시와 제약 속에서도 이 작은 방에서 작전을 지휘하며 세계의 운명에 관여하고 있다는 자각. 어쩌면 바로 그것이야말로 길고 공허했던 그 세월 동안 메리 스튜어트의 영혼을 고결하게 떠받쳐준 유일한 기쁨이었는지도 모른다.

쇠사슬에 묶인 채로도 꺾이지 않는 굳건한 에너지, 그 힘은 실로 경이롭다. 그러나 동시에 비극적이기도 하다. 메리 스튜어트가 어떤 계략을 꾸미고 무슨 일을 도모하든, 그녀의 모든 시도는 실패로 끝날 수밖에 없었기 때문이다. 그녀가 이끈 수많은 음모와 공모는 처음부터 승산 없는 싸움이었다. 상대는 너무 강력했고, 권력 앞에서 개인은 늘 약자의 위치에 머무를 수밖에 없다. 메리 스튜어트는 철저히 혼자였지만, 엘리자베스의 뒤에는 한 나라 전체가 버티고 있었다. 수상, 고문, 경찰, 병사, 첩자들이 국가라는 체계 속에서 유기적으로 움직였다. 당연히 감옥보다는 국무 회의실에서 싸우는 쪽이 훨씬 더 유리했다. 세실은 무제한의 자금과 권한을 손에 쥔 채, 수많은 감시의 눈으로 이 젊고 경험 없는 여인을 집요하게 주시할 수 있었다.

당시 잉글랜드의 인구는 약 3백만 명에 달했으며, 경찰은 개인 한 사람 한 사람의 사정까지도 모두 꿰고 있었다. 외국인이 해안에 발을 들이는 순간 곧바로 조사와 감시가 시작되었고 여관이나 감옥, 선박에는 정탐꾼들이 파견되었으며, 수상한 인물에게는 첩자가 그림자처럼 따라붙었다. 이러한 수단들로 부족하다 싶으면 언제든 고문이라는 가장 잔혹한 방식이 동원되었다. 결국 권력 집단의 우위는 명확했다. 메리 스튜어트를 위해 목숨까지 바친 충신들은 시간이 흐를수록 하나둘씩 음침한 감옥으로 끌려갔고, 고문대 위에서 다른 공모자들의 이름을 실토할 수밖에 없었다. 그렇게 하나의 음모가 무너지고 나면, 또 다른 음모가 시작되었고, 다시금 무자비한 고문 속에서 산산조각났다.

어쩌다가 대사들을 통해 메리 스튜어트의 편지나 제안들이 외국에 전달되어도 로마나 마드리드까지 가는 데는 여러 주일이 걸렸다. 답신을 받기까지도 다시 몇 주가 필요했다. 그리고 막상 받게 되는 도움이란 보잘 것 없었다. 군대와 스페인의 함대가 당장이라도 편성되어 자신을 구출하러 올 것이라는 그 뜨겁고 초조한 기대는, 현실에 비하면 너무나 미미하고 덧없는 것이었다. 감옥에 갇혀 하루 온종일 자신의 운명만을 곱씹는 사람은, 바깥세상 역시 오직 자신만을 중심으로 돌아가고 있으리라 믿기 쉽다. 그래서 메리 스튜어트는 거듭해서 자신의 석방이야말로 가톨릭 반종교개혁의 핵심 과제이며, 교회를 위한 가장 시급한 구원임을 강조했다. 그러나 바깥의 현실은 전혀 달랐다. 사람들은 이해득실을 따졌고, 인색했으며, 서로 마음이 맞지도 않았다.

무적함대는 끝내 출항하지 않았고 그녀의 가장 든든한 후원자였던 스페인의 펠리페 2세는 기도는 많이 했지만 정작 결단은 내리지 못했다. 그는 감금된 여인을 위해 불확실한 전쟁을 일으킬 생각이 없었다. 가끔 펠리프 2세나 교황이 약간의 자금을 보내 모험가들을 매수하고 반란이나 암살을 기획하기도 했지만, 그런 모의는 늘 엉성하기 짝이 없게 조직되어 얼마 지나지 않아 잉글랜드 경찰 총수 월싱엄의 날카로운 감시망에 걸려들고 말았다. 그렇게 희생된 자들은 런던 탑의 단두대에서 잘려나간 불구의 육신으로 남았다. 사람들은 그것을 보며 성에 갇힌 어떤 여인이 아직도 자신을 잉글랜드 여왕이라고 주장하고 있고, 그녀를 위해서 목숨을 버리는 바보 같은 영웅들이 아직도 있다는 사실을 기억하곤 했다.

끊임없이 이어지는 음모가 결국 메리 스튜어트를 파멸로 이끌 것이라는 사실, 그리고 감옥이라는 절대적으로 불리한 처지에서 세계 최강의 여왕에게 정면으로 도전하는 이 대담한 여인이 결국 패배할 운명이라는 것은 이미 모든 이가 예감하고 있던 일이었다. 노퍽 사건이 일단락되자 그녀의 형부였던 프랑스 국왕 샤를 9세는 짜증스럽게 이렇게 말했다.

"저 불쌍한 여자는, 머리가 떨어지기 전까진 절대 잠잠해지지 않을 거야. 결국 그들이 정말로 그녀를 처형할 걸세. 하지만 그건 전적으로 자기 잘못이고 어리석은 선택 탓이지, 내가 도와줄 방법은 없네."

하지만 이런 말을 한 이가 누구인가. 그는 성 바르톨로메오 학살 당시, 안전한 창 너머에서 무고한 사람들을 향해 방아쇠를 당기던, 진정한 용기란 무엇인지조차 몰랐던 자가 아니던가.

물론 냉정한 관점에서 보자면 메리 스튜어트는 확실히 어리석은 선택을 했다. 더 쉽고 비굴한 길, 곧 항복이라는 선택지가 있었음에도 그녀는 그것을 거부하고 오히려 가능성이 거의 없는 싸움에 모든 것을 걸었다. 제때 왕위 계승권을 포기했다면 자유를 얻을 수 있었을지도 모른다. 사실 지난 수년 동안 감옥의 자물쇠를 쥐고 있었던 건 그녀 자신이었다. 그녀가 해야 할 일은 고개를 숙이고, 스코틀랜드와 잉글랜드 양국의 왕위 계승권을 공식적으로 포기하는 것뿐이었다. 그렇게만 했다면 잉글랜드는 안도의 숨을 쉬며 그녀를 풀어주었을 것이다. 엘리자베스는 결코 자비로웠던 것이 아니다. 오히려 두려웠다. 이 위험한 수감자가 주는 양심의 가책이 악몽처럼 그녀를 짓눌렀기 때문이다. 그래서 엘리자베스는 여러 차례 '황금다리'를 놓고 타협을 제안했다. 협상은 반복되었고, 조건도 한결 너그러워졌다. 하지만 메리 스튜어트는 왕관 없는 자유인이 되느니, 왕관을 쓴 죄수로 남기를 택했다.

그녀를 처음 접견했던 놀리스는 단번에 그녀의 본질을 꿰뚫고는 이렇게 말했다. "그 여인은, 단 한 치의 희망만 남아 있어도 끝까지 그것을 붙들고 견뎌낼 수 있는 용기를 지닌 사람입니다." 메리 스튜어트는 알고 있었다. 왕좌에서 물러난 군주가 얻게 될 '자유'란 얼마나 보잘것없고 수치스러운 것인지 말이다. 그녀는 오직 철저한 굴욕만이 자신을 역사 속에서 다시 위대한 존재로 세울 수 있다는 사실을 꿰뚫어 보고 있었다. 그녀를 가두고 있었던 것은 감옥의 벽이 아니라 바로 자기 자신의 맹세였다. 절대 물러나지 않겠다는 다짐, 그리고 삶의 마지막 말은 스코틀랜드 여왕으로서 한 말이 될 것이라는 다짐이었다.

용맹과 무모함을 가르는 경계는 언제나 모호하고도 가혹하다. 영웅적인 행동은 늘 어리석음과 맞닿아 있기 때문이다. 산초 판사는 언제나 사리 분별에 있어 돈키호테보다 뛰어나고, 테르시테스는 이성적으로 보자면 아킬레우스보다 신중하다. 그러나 명예를 위해서라면 한 줌의 지푸라기라도 붙들고 싸워야 한다는 햄릿의 말은 언제나 진정한 영웅적 기질을 가늠하는 척도가 된다. 메리 스튜어트의 저항은 분명 가능성 없는 싸움이었고, 상대는 압도적이었다. 그러나 그 싸움이 실패로 끝났다고 해서 무의미하다고 말한다면, 그것은 오산이다.

수년 동안, 어쩌면 해가 거듭될수록 이 외롭고 무력해 보이는 여인은 오히려 단호한 저항을 통해 막대한 힘의 상징으로 떠올랐다. 그녀가 자신의 족쇄를 흔들면 잉글랜드 전체가 흔들렸고, 엘리자베스의 마음도 떨려왔다. 우리는 흔히 역사를 되돌아보며 결과를 알고 있다는 이유만으로 패자의 용기를 어리석음으로 치부하곤 한다. 그러나 20년에 걸친 두 여인 사이의 권력 투쟁은 언제나 칼날 위를 걷는 듯 위태로웠다. 메리 스튜어트를 왕위에 올리려는 여러 음모들 가운데 일부는 조금만 더 운이 따르고 조금만 더 치밀했더라면 엘리자베스에게 치명적인 위협이 되었을 것이다. 두세 차례는 정말로 턱밑까지 다가온 적도 있었다.

처음에는 노섬벌랜드가 가톨릭 귀족들과 함께 반란을 일으켰고, 잉글랜드 북부 전역이 들끓었다. 간신히 상황을 수습한 엘리자베스는 곧이어 더 큰 위협과 마주하게 되었다. 바로 노퍽 공작의 음모였다. 엘리자베스의 최측근인 레스터를 비롯해 최고위 귀족들까지 노퍽과 메리 스튜어트의 결혼을 지지했고, 메리는 그를 고무하기 위해 (자신의 승리를 위해 그녀가 마다할 일이 있었을까) 한없이 다정한 연서를 보내기도 했다. 피렌체 출신 은행가 리돌피의 중개로 스페인과 프랑스 군대는 상륙을 준비하고 있었다. 만약 노펙이 비겁하게 겁에 질려 음모를 인정하지 않았더라면, 그리고 적의를 품은 우연과 바람과 날씨, 배신이 모두 그들의 계획을 가로막지 않았다면, 이 역사의 이야기는 전혀 다른 방향으로 흘러갔을지도 모른다. 메리 스튜어트가 웨스트민스터에서 잉글랜드를 다스리고, 엘리자베스는 타워의 감옥이나 관 속에 있었을 것이다.

그러나 노펙이 흘린 피, 노섬벌랜드의 운명, 그리고 메리 스튜어트를 위해 목숨을 내던진 수많은 이들의 희생조차 마지막 구혼자의 등장을 막지는 못했다. 이 모든 것을 보고도 또 한 명의 구혼자가 그녀 앞에 나타난 것이다. 그는 돈 후안 데 아우스트리아, 카를 5세의 사생아이자 펠리페 2세의 이복동생, 레판토 해전의 영웅이며 기사도의 표본, 그리스도교 세계 최고의 전사였다. 스페인 왕위 계승에서 제외된 그는 한때 튀니지에서 자신의 왕국을 세우려 했고 바로 그때 스코틀랜드의 또 다른 왕관이 감옥에 갇힌 여인의 손을 통해 그를 부르고 있었다. 그는 네덜란드에서 군대를 조직해 그녀를 구출할 준비까지 마쳤다. 모든 계획은 완벽히 갖춰져 있었다. 그러나 메리 스튜어트와 그녀의 편에 섰던 이들 모두가 겪었던 반복되는 불운처럼 그는 갑작스러운 병에 쓰러져 젊은 나이에 생을 마감한다. 메리 스튜어트를 사랑했거나 그녀를 위해 싸운 사람들 가운데, 끝내 행운을 거머쥔 이는 아무도 없었다.

결국 이것이야말로 엘리자베스와 메리 스튜어트 사이의 결정적인 차이였다. 그 오랜 세월 동안 행운은 엘리자베스의 편에, 불운은 메리 스튜어트의 편에 있었다. 힘으로 보나 인물로 보나 두 사람은 거의 대등했지만, 그들을 둘러싼 별의 배열은 너무도 달랐다. 한 번 행운에게서 버림받은 뒤 감옥에 갇힌 메리 스튜어트가 시도한 일들은 번번이 실패했다. 잉글랜드를 향해 보내진 함대는 폭풍 속에 산산이 부서졌고, 전령은 길을 잃었으며, 구혼자들은 죽음을 맞이하고, 친구들은 결정적인 순간에 용기를 잃었다. 그녀를 돕고자 했던 이들은 결국 모두 그 몰락을 앞당기는 역할을 하고 말았다.

단두대에서 남긴 노퍽의 말은 섬뜩할 정도로 진실에 가까웠다. "그녀가 시작한 일이든, 그녀를 위해 시작된 일이든, 어느 것 하나 순조롭게 끝나는 법이 없다." 그녀가 보스웰을 만난 날 이후, 음울한 달빛이 그녀의 모든 걸음을 비췄다. 그녀를 사랑하는 이는 파멸했고, 그녀가 사랑하는 이는 쓰디쓴 대가를 치러야 했다. 그녀에게 선의를 품은 이는 되레 해를 입고, 그녀를 섬기려던 이는 결국 목숨을 바쳐야 했다. 마치 동화 속 검은 자석산이 지나가는 모든 배를 끌어당기듯, 그녀는 파멸의 운명을 끌어안았다. 그녀의 이름에는 점점 '죽음을 부르는 마법'이라는 어두운 전설이 드리워졌다. 하지만 그럴수록, 절망이 깊을수록 그녀의 열정은 더욱 불타올랐다. 긴 수감 생활은 그녀의 의지를 꺾지 못했고 오히려 더 단단하고 치열한 저항으로 그녀의 정신을 단련시켰다. 그리고 마침내, 그것이 헛된 싸움임을 알면서도 그녀는 기어코 최후의 결말을 맞이하려 한다.

제20장

메리 스튜어트와 엘리자베스

1584-1585

많은 날들이 흘러가고 또 흘러갔다. 한 주, 한 달, 한 해가 이 고독한 삶 위로 구름처럼 스쳐 지나갔다. 겉보기에 그녀의 일상은 전혀 달라지지 않은 듯했다. 그러나 알아채기 어려울 만큼 서서히, 시간은 사람을 바꾸고 주변을 둘러싼 세계 또한 변모시킨다. 마침내 마흔. 그녀의 삶에도 이제 전환점이 찾아오고 있었다. 그러나 메리 스튜어트는 여전히 감금된 몸이었고, 자유는 아직 허락되지 않았다. 세월은 조용히 그녀의 몸과 마음에 흔적을 남겼다. 머리가 희끗희끗해지고 몸은 전보다 풍만해졌으며, 얼굴의 선은 한층 차분하고 중후해졌다. 그녀의 성정에는 서서히 우울이 깃들었고, 그 감정은 마치 안식처를 찾듯 신앙의 품으로 스며들었다.

그녀는 사랑의 시간도, 삶의 시간도 되돌릴 수 없이 저물고 있다는 것을 마음 깊은 곳에서 느끼고 있었다. 지금 이루어지지 않는 것들은 앞으로도 끝내 이루어지지 않을 것이다. 저녁은 이미 찾아왔고, 어둠은 서서히 짙어지고 있었다. 그녀를 찾아온 구혼자는 더 이상 없었다. 아마 앞으로도 다시는 없을 것이다. 머지않아 그녀는 삶이란 것이 되돌릴 수 없이 기울었다는 사실을 받아들이게 될 것이다. 그렇다면 과연 계속해서 기다리는 일은 무슨 의미가 있을까. 느리고도 미적지근한 세상의 구원, 그 무망한 기적을 말이다. 그 후 몇 해 동안 점점 또렷해진 인상은 이러했다. 수많은 시련을 겪어온 이 여인은 내면 깊은 곳에서 싸움에 지쳐 있었고, 서서히 타협과 포기를 받아들일 준비를 하고 있었다. '이토록 의미 없이 그늘진 곳에서 시들어가는 꽃처럼 사라지는 것은 어리석은 일이 아닐까? 차라리 이 머리에 얹힌 왕관을 스스로 내려놓고 자유를 찾을 수는 없을까?' 하는 생각이 점점 더 자주 스쳐 지나갔다. 마흔이 된 메리 스튜어트는 이 무겁고도 공허한 삶에 점차 지쳐가고 있었다. 한때 불타오르던 의지는 서서히 사라져갔고 그 자리를 부드럽고도 신비로운 죽음에 대한 동경이 메우기 시작했다. 아마도 그런 순간에 반쯤은 탄식하고 반쯤은 기도하는 마음으로 이 두려운 라틴어 시구를 써내려 갔을 것이다.

오 주 하느님, 저는 당신을 믿었나이다.
오 사랑하는 예수님, 이제 저를 구원하소서.
가혹한 속박과 비참한 고통 가운데 저는 당신을 그리워하나이다.
지쳐 흐느끼며, 무릎 꿇고 떨리는 마음으로
당신을 경배하고, 간청하오니
저를 해방시켜 주소서.

구원자들이 머뭇거리며 주저하는 사이, 그녀는 시선을 구세주에게로 돌렸다. 이 공허함과 불확실함, 끝없이 이어지는 기다림과 또 다른 기다림, 희망과 갈망, 그리고 번번이 되풀이되는 실망을 더는 견딜 수 없었다. 차라리 죽음을 택할지언정 이런 상태로는 더 이상 살아갈 수 없다. 선이든 악이든, 승리든 포기든, 무엇이든 좋으니 이제는 끝이 필요했다. 싸움의 종말은 다가오고 있었다. 무엇보다도 메리 스튜어트 자신이, 영혼의 모든 힘을 다해 그 끝을 원하고 있었기 때문이다.

끔찍하고 교활한 싸움이 길어질수록 두 숙적, 메리 스튜어트와 엘리자베스는 더욱 날카롭게 맞섰다. 엘리자베스는 정치적으로 연이어 승리를 거두고 있었다. 프랑스와는 화해했고, 스페인은 여전히 전쟁을 감행하지 못했으며, 국내 세력들까지 제압해 우위를 굳히고 있었다. 이제 그녀 앞에 남은 적은 단 한 사람, 패배했지만 끝내 굴복하지 않은 여인. 치명적으로 위험한 이 인물뿐이었다. 이 마지막 상대를 제거해야만 엘리자베스는 진정한 승자가 될 수 있었다. 그리고 메리 스튜어트에게도 이제 증오의 대상은 오직 엘리자베스 한 사람뿐이었다. 절망이 몰아친 격렬한 어느 순간, 그녀는 다시금 자신의 친척이자 운명을 함께 짊어진 여인에게 편지를 썼고 깊은 열정을 담아 그녀의 인간성과 자비에 호소했다.

이제 더는 견딜 수 없습니다. 그리고 죽기 전에 내 몰락의 책임이 누구에게 있는지를 밝혀야 하겠습니다. 감옥에 갇힌 가장 비천한 범죄자들도 자신을 변호할 권리를 갖고, 자신을 고발한 자의 이름도 들을 수 있습니다. 그런데 어째서 나만, 당신의 가장 가까운 친척이자 정당한 후계자인 나만 그런 권리를 거부당해야 합니까? 바로 이 마지막 권리가 내 적들이 끝까지 나를 괴롭힌 진짜 이유였을 것입니다. 명예를 걸고 맹세합니다. 더는 어떤 왕국도 바라지 않습니다. 오직 하나, 하나님의 왕국만을 바랍니다. 나는 그 왕국에 들어갈 준비가 되어 있습니다. 그것이야말로 내가 겪어온 모든 고통과 괴로움의 가장 좋은 맺음이 될 것이기 때문입니다.

구세주이자 주님의 고귀한 이름과 고난을 걸고, 다시 한번 청하오니 이 왕국을 떠나 어딘가 조용한 곳에서 지친 육신을 쉴 수 있도록 허락해 주십시오. 끊임없는 근심에 완전히 지쳐버린 몸을 쉬게 하고, 날마다 나를 부르시는 하나님 앞에 영혼을 준비할 수 있도록 허락해 주십시오. 제발 죽기 전에 이 은혜를 내려 주시기를. 그래야 내 영혼이 육신을 떠난 뒤, 우리가 겪은 모든 다툼이 끝난 뒤에는, 더는 당신을 고발하기 위해 하늘의 법정에 호소하지 않아도 되지 않겠습니까. 내가 당신 때문에 이 땅에서 겪은 고통을 말입니다.

그러나 이 절절한 호소에도 엘리자베스는 끝내 침묵했다. 위로의 말한마디조차 건네지 않았다. 그러자 메리 스튜어트 역시 입술을 굳게 다물었고, 두 주먹을 불끈 쥐었다. 이제 그녀 안에 남아 있는 유일한 감정은 증오였다. 차갑고도 뜨거우며 끈질긴 증오. 오직 한 여인을 향한 감정은 점점 더 날카롭게 엘리자베스를 향해 조여들었다. 다른 모든 적들은 이미 사라졌기 때문이다.

메리 스튜어트에게서 뿜어져 나오는 죽음의 기운은 그녀를 사랑하든 미워하든 가리지 않고 모두를 덮치는 듯했다. 그녀를 따랐든, 맞섰든, 그녀를 위해 싸웠든, 공격했든, 그 누구도 예외 없이 그녀보다 먼저 세상을 떠났다. 요크에서 그녀를 고발했던 모레이와 메이틀랜드는 모두 폭력적인 죽음을 맞았고 그녀를 심판해야 했던 요크의 재판관들, 노섬벌랜드와 노퍽은 단두대에서 생을 마쳤다. 단리를 해치려 음모를 꾸몄다가 보스웰에게 돌아섰던 이들은 서로를 제거했고, 커크 오 필드와 카버리, 랭사이드에서 그녀를 배신했던 자들 역시 스스로를 무너뜨렸다. 권력에 굶주린 스코틀랜드의 귀족들도 서로를 죽이며 결국 몰락했다. 전장의 평원은 이제 텅 비었다. 메리가 이 세상에서 증오할 수 있는 존재는 오직 한 사람, 엘리자베스뿐이었다. 20년에 걸친 거대한 민족 간의 투쟁은 마침내 두 여인의 결투로 압축되었다. 그리고 그 결투에는 더는 타협이나 협상의 여지가 없었다. 이제 남은 것은 죽느냐 사느냐 둘 중 하나뿐이었다.

이 마지막 싸움을 위해 메리 스튜어트에게는 한 줄기 힘이 필요했다. 그러기 위해서는 남아 있던 마지막 희망마저 사라져야만 했다. 메리 스튜어트는 언제나 모든 것이 무너졌을 때, 모든 것을 잃었거나 잃었다고 느끼는 순간에야 위대한 용기와 불굴의 결의를 되찾는 사람이었다. 절망이 완전히 그녀를 덮쳤을 때에야, 그녀는 비로소 진정한 영웅이 된다.

메리 스튜어트가 마지막으로 꺾어야 할 희망은 아들에 대한 기대였다. 그녀는 지루하고 공허한 세월 속에서 마치 무너지는 성벽에서 흘러내리는 모래처럼 무심히 흐르는 시간을 견뎠다. 그렇게 지치고 늙어가던 긴 시간 동안, 그녀의 핏줄을 이은 아이가 자라고 있었다. 그녀가 스털링을 떠나 말을 달렸을 때, 보스웰이 에든버러 성문 앞에서 기병대를 이끌고 그녀를 포위해 파멸로 이끌었을 때, 그녀는 아직 갓난아기였던 제임스 6세를 뒤에 두고 떠났다. 그리고 그로부터 10년, 15년, 17년. 그 아이는 어느덧 소년으로, 청년으로, 이제는 성인이 되어 있었다. 제임스 6세는 부모 양쪽의 기질을 물려받았지만, 그것은 흐릿하게 뒤섞여 있었다. 그는 어딘가 낯설고 어색한 아이였다. 말은 더듬었고, 몸은 무겁고 둔했으며, 성격은 내성적이고 겁이 많았다. 처음 마주한 사람들은 종종 그가 어딘가 이상하다고 느꼈다. 그는 사람들과 어울리길 꺼렸고 칼날을 보면 화들짝 놀랐으며 개도 무서워했다. 예절은 서툴렀고, 몸가짐은 거칠고 투박했다. 그의 어머니에게서 기대할 수 있는 섬세함이나 자연스러운 품위는 보이지 않았고 음악이나 춤, 대화에도 소질이 없었다. 다만 언어는 빠르게 습득했고 기억력도 좋았으며 자기 이익이 걸린 문제라면 제법 영리하고 끈질기게 집요한 면도 보였다. 그의 성격에 결정적인 장애물로 작용한 것은 아버지에게서 물려받은 천박한 본성이었다. 그는 단리로부터 나약함과 기만, 상황에 따라 쉽게 말을 바꾸는 이중적인 성향까지 고스란히 물려받았다. "그처럼 이중적인 녀석에게 뭘 기대하겠소?"라며 엘리자베스가 한탄할 정도였다.

제임스는 단리처럼 강한 의지 앞에서 쉽게 무너졌고, 그의 판단 기준은 언제나 차갑고 이기적인 야망뿐이었다. 어머니에게 보인 냉담한 태도 역시 감정이나 효심과는 거리가 먼 것이었다. 오직 철저히 계산된 것이었다. 그는 메리 스튜어트를 가장 증오하던 이들의 손에서 자랐다. 라틴어를 가르친 이조차도 어머니를 비방하기로 악명 높은 『디텍티오』의 저자, 조지 뷰캐넌이었다. 뷰캐넌에게 포로로 잡혀 있는 옆

나라의 여인은 남편을 죽이는 데 가담했고, 왕관을 빼앗으려는 위협적인 존재로 각인되어 있었을 것이다. 처음부터 제임스는 어머니를 낯선 외부인, 자신의 권력을 가로막는 방해물로 여기도록 철저히 길들여졌다.

설령 제임스의 마음 한구석에 어렴풋이 아들의 감정이 남아 있어, 자신에게 생명을 준 여인을 한 번쯤 만나보고 싶어 했더라도 잉글랜드와 스코틀랜드의 철저한 감시망은 그 어떤 접촉도 허락하지 않았다. 메리는 엘리자베스의 포로였고, 제임스는 귀족들과 섭정들의 통제 아래 놓인 또 다른 포로나 다름없었다. 긴 세월 동안 간간이, 그것도 극히 드물게 서신이 오갔지만 그마저도 쉽지 않았다. 메리는 선물과 장난감을 보냈고, 한 번은 작은 원숭이를 보내기도 했다. 하지만 그녀가 아들의 왕위를 인정하지 않겠다는 고집을 꺾지 않았기 때문에 대부분의 편지와 전갈은 거절당했다. 그녀는 제임스를 '왕자'라 불렀고, 귀족들은 그런 호칭을 모욕이라 여기며 편지를 돌려보냈다. 결국 모자 관계는 형식적이고 차가운 수준에 머물렀다. 서로의 핏줄보다 권력욕이 앞섰던 것이다. 메리는 자신이 스코틀랜드의 유일한 여왕임을 주장했으며, 제임스 역시 자신이 정통 국왕임을 내세웠다. 두 사람 모두 상대를 인정하지 않는 한, 화해란 애초에 불가능한 일이었다.

모자 간의 화해가 비로소 가능해지기 시작한 것은 메리 스튜어트가 더 이상 귀족들에 의해 이루어진 아들의 대관식을 무효로 여기지 않고, 그에게 일정 부분 왕위 계승권을 인정할 준비가 되었을 때부터였다. 물론 그녀가 여왕의 칭호를 내려놓거나 완전히 물러날 생각을 했던 것은 아니다. 그녀는 여전히 머리에 왕관을 이고 살고, 또 그렇게 죽고자 했다. 그러나 자유를 얻을 수 있다면 이제는 아들과 왕위를 나누는 것도 기꺼이 받아들일 수 있었다. 처음으로 그녀는 '타협'이라는 것을 생각했다. "그가 나라를 통치하고 왕이라 불려도 괜찮다. 다만 나역시 여전히 여왕이라 불릴 수 있다면, 내 퇴위에 한 줄기 명예의 빛을 덧씌울 수 있는 방식만 마련해 준다면…."

비밀 협상이 서서히 움직이기 시작했다. 그러나 귀족들에게 끊임없이 자유를 위협받고 있던 제임스 6세는 이 협상을 철저히 계산적인 것으로 받아들였다. 그는 아무런 양심의 가책도 없이 동시에 여러 방향으로 협상을 벌였다. 메리 스튜어트를 엘리자베스를 견제하는 데 이용하고, 엘리자베스를 다시 메리 스튜어트를 견제하는 데 활용했으며, 가톨릭과 개신교라는 두 종교까지 맞세우며 자신의 호의를 가장 높은 값을 부르는 쪽에 아무렇지 않게 팔아넘겼다. 그에게 중요한 것은 명예가 아니었다. 오직 하나, 스코틀랜드의 왕좌를 지켜내면서 동시에 잉글랜드의 계승권까지 손에 넣는 일이었다. 그는 두 여인 중 한 명의 후계자가 되는 것에 만족하지 않았고, 두 사람 모두의 유산을 차지하려 했다. 개신교도로 남아 있는 것도 유리하다면 기꺼이 택했고, 반대로 더 좋은 대가를 받을 수 있다면 가톨릭으로 개종할 뜻도 있었다.

열일곱 살의 제임스는 하루라도 더 빨리 잉글랜드 국왕이 될 수 있다면 혐오스러운 계획조차 서슴지 않았다. 메리보다 아홉 살이나 많고 어머니의 숙적인, 노쇠한 엘리자베스와의 결혼마저도 진지하게 고려했다. 이처럼 제임스 6세, 단리의 아들에게 이 모든 협상은 차가운 셈법에 불과했다. 하지만 메리 스튜어트는 달랐다. 그녀는 여전히 현실과 단절된 채, 환상의 세계에 머물러 있었다. 아들과의 화해를 통해 자유를 되찾고 동시에 여왕으로 남을 수 있으리라는 마지막 희망 속에서, 그녀는 다시금 불꽃처럼 타오르고 있었다.

1585년 무렵의 엘리자베스 1세 초상화

하지만 엘리자베스는 모자 간의 화해가 자신에게 어떤 위협이 될지를 빠르게 간파했다. 그런 일은 결코 일어나선 안 되는 일이었다. 그녀는 가느다랗게 이어지던 협상의 실타래를 거칠게 끊어냈다. 냉소적이면서도 날카로운 통찰력을 지닌 그녀는, 이 변덕스러운 청년을 어떻게 붙잡아야 할지 곧바로 꿰뚫어보았다. 그의 인간적인 약점을 이용하는 것이었다. 사냥에 몰두해 있던 젊은 왕에게 엘리자베스는 최고의 말과 사냥개를 보내고, 그의 측근들을 매수했다. 또한 만성적인 재정난에 시달리던 스코틀랜드 궁정을 흔들 유혹으로 연간 5,000파운드의 연금을 제안했다. 언제나 강력한 미끼였던 잉글랜드 왕위 계승권도 함께 내밀었다. 그리고 늘 그렇듯, 마지막 선택을 결정지은 것은 결국 돈이었다.

한편 메리 스튜어트는 그 사실을 전혀 알지 못한 채 여전히 허공을 향한 외교전을 이어가고 있었다. 그녀는 교황 그리고 스페인과 함께 가톨릭 국가로서의 스코틀랜드를 꿈꾸며 새로운 계획을 구상하고 있

었다. 바로 그 무렵, 제임스 6세는 아무 소리 없이 엘리자베스와의 동
맹 조약에 서명했다. 그 조약에는 그가 얻을 금전적 보상과 정치적 이
익이 낱낱이 명시되어 있었지만, 어머니의 석방에 관한 조항은 어디에
도 없었다. 그녀의 이름은 단 한 줄조차 언급되지 않았다. 어머니는 그
의 관심 밖이었다. 더 이상 얻을 것이 없다고 판단된 순간, 그는 그녀
를 완전히 외면했다. 마치 그녀가 이 세상에 존재하지 않는 사람인 것
처럼, 그는 어머니의 원수와 손을 맞잡았다. 그는 이렇게 말하는 듯했
다. "내게 생명을 준 여인일지라도, 이제 더는 내게 줄 것이 없다면 내
삶에서 멀리 떨어져라!"

조약에 서명하고 약속된 돈과 개, 말들이 그의 손에 들어오자 제임
스 6세는 미련 없이 메리 스튜어트와의 모든 협상을 단칼에 끊어버렸
다. 무력한 여인에게 예의를 지킬 이유는 없었다. 곧바로 왕의 이름으
로 공식 서한이 작성되었다. 그 내용은 분명했고, 가차 없었다. 메리
스튜어트에게는 더 이상 스코틀랜드의 여왕이라는 칭호도, 그에 따르
는 어떤 권리도 없다는 최종 통보였다. 이렇게 해서 메리는 왕국도, 왕관
도, 권력도, 자유도 잃은 데 이어 끝내 마지막으로 남아 있던 자신의 아들
까지 빼앗겼다. 엘리자베스는 마침내 완전히 복수를 이룬 셈이었다.

실망만큼이나 크고 격렬했던 것은 분노였다. 더 이상 그 누구에게도
자비는 없다. 자식에게조차 더는 어떤 배려도 남아 있지 않았다. 그녀
는 제임스 6세를 '타락했고 배은망덕하며 불순하고 제대로 교육받지
못한 자'라며 저주했고 유언장을 통해 그에게서 스코틀랜드 왕위는
물론, 잉글랜드 왕위 계승권까지 박탈하겠다고 선언했다. 아들이 왕권
을 팔아넘겼다면, 그녀 역시 그의 왕위를 인정할 이유가 없다는 것이

었다. 이런 이단적이고 배신자 같은 아들에게 왕관을 물려주느니 차라리 외국 군주의 손에 넘기는 편이 낫다고 결론지었다. 그녀는 단호하게 필리프 2세에게 스코틀랜드와 잉글랜드의 계승권을 제안하며, 자신을 위해 싸워줄 것을 요청했다. 그녀의 모든 희망을 짓밟은 자, 엘리자베스를 끝내 굴복시키기 위해서였다. 이제 조국도, 아들도 더는 아무런 의미가 없었다. 오직 하나, 살아남아 자유를 되찾고 승리하는 것. 그것만이 그녀의 전부였다. 이제 그녀는 아무것도 두렵지 않았다. 아무리 무모한 일이라도, 그녀에겐 더 이상 무모하지 않았다. 모든 것을 잃은 사람에게 더는 잃을 것이란 존재하지 않기 때문이다.

수년 동안, 아니 수십 년 동안 메리 스튜어트의 내면에는 분노와 원한이 쌓이고 또 쌓였다. 수많은 날을 기다리고, 협상하고, 음모를 꾸미며 타협할 길을 모색했다. 하지만 그 모든 인내는 마침내 무너졌다. 짓눌려 있던 증오가 불꽃처럼 솟구쳐 그녀를 괴롭힌 자, 왕좌를 찬탈한 여인, 감옥의 감시자인 엘리자베스를 향해 폭발했다. 도화선이 된 것은 사소한 사건이었다. 음험하고 악의에 찬 모함꾼인 슈루즈베리 백작 부인이 히스테리 발작 중에 메리 스튜어트가 자신의 남편과 은밀한 사이에 있다는 말을 퍼뜨린 것이다. 물론 그것은 저급한 뒷방 소문에 지나지 않았고, 백작 부인 자신도조차 진심으로 믿고 한 말이 아니었다. 그러나 엘리자베스는 언제나처럼 라이벌의 도덕성을 흠집내기 위해 이 스캔들을 교묘하게 활용했다. 뷰캐넌의 비방 팸플릿과 '보석함 편지'를 외국 군주들에게 퍼뜨렸던 것처럼 이 헛소문도 외국 궁정에 널리 퍼뜨렸다.

412

　권력도, 자유도, 자식에 대한 마지막 희망까지 빼앗은 것으로도 모자랐던가. 이제는 명예까지, 그녀의 정조까지 더럽히려 드는가. 욕망도 사랑도 없이 수도자처럼 살아온 나를 세상이 간통녀로 몰아가게 내버려 두다니. 메리는 명예의 회복을 요구했고, 결국 슈루즈베리 백작 부인은 무릎을 꿇고 비열한 거짓말을 철회해야 했다. 그러나 메리는 너무도 잘 알고 있었다. 이 모욕을 교묘히 이용해 자신을 짓밟으려 한 자가 누구인지, 이 음습한 공격의 배후에 엘리자베스의 조롱 섞인 손길이 있음을 그녀는 똑똑히 느끼고 있었다. 그래서 이제 그녀는 어둠 속에서 날아온 이 타격에 정면으로 응수하기로 했다. 오랫동안 그녀의 영혼은 참을 수 없는 조바심으로 타들어 가고 있었다. '정절의 거울'을 자처하며 스스로를 '처녀 여왕'이라 내세우는 그 여인에게, 언젠가는 반드시 진실을 말해주고 싶었다. 메리는 엘리자베스에게 편지를 썼다. 겉보기에는 슈루즈베리 백작 부인이 엘리자베스에 대해 퍼뜨린 험담을 '우정 어린 충고'처럼 전하려는 의도였지만, 실상은 전혀 달랐다. 그 편지는 '사랑하는 자매'에게 진실을 폭로하기 위한 것이었고, 누구보다 도덕을 말하는 이 여인이야말로 도덕과는 가장 거리가 먼 인물임을 정면으로 지적하려는 것이었다. 절망 속에서 쏟아낸 그 편지에서, 메리는 마치 채찍을 휘두르듯 조목조목 엘리자베스를 내리쳤다. 여자로서 할 수 있는 가장 잔인한 말들이 줄줄이 쏟아졌고, 엘리자베스의 모든 악덕을 조롱했으며, 끝내는 감추고 있던 비밀까지 무참히 폭로되었다. 메리는 오직 우정에서 이 편지를 쓰는 것이며, 슈루즈베리 부인이 엘리자베스에 대해 이렇게 말했다고 적었다.

그녀는 자신의 미모에 도취되어 마치 하늘의 여왕이라도 되는 듯이 행동하며, 아첨에는 질릴 줄 모르고, 신하들에게 끊임없이 과장된 찬사를 강요한다. 화가 나면 하녀들을 학대하고, 어떤 하녀의 손가락을 부러뜨렸으며, 또 다른 하녀에게는 식사 예절이 서툴다는 이유로 칼로 손등을 내리쳤다….

하지만 이 모든 비난은 진짜 폭로에 비하면 약한 편이었다. 편지는 점점 더 끔찍한 진실의 심연을 향해 다가갔다. 슈루즈베리 백작 부인의 말에 따르면, 엘리자베스는 다리에 곪아터진 종기를 지니고 있는데 (이는 아버지 헨리 8세에게서 물려받은 매독의 징후를 암시하는 것이었다) 이미 젊음은 사라졌으나 여전히 남자들과의 쾌락을 탐하고 있다고 했다. 그녀는 레스터 백작과 무수히 많은 밤을 함께 보냈고, 늘 새로운 남자들을 찾아 쾌락을 좇았으며 언제나 사랑을 나누고, 늘 새로운 연인들과 함께 즐기기를 원한다고까지 했다. 메리는 엘리자베스가 속옷 차림에 겉옷 하나만 걸친 채 밤마다 남자들의 방으로 숨어들었다는 이야기와 그 쾌락을 위해 얼마나 많은 돈을 탕진했는지를 이름과 구체적인 정황까지 들어 낱낱이 적어 내려갔다.

그리고 엘리자베스의 가장 치명적인 비밀 마저 조롱하듯 들추어냈다. "당신이 다른 여자들과 같지 않다는 것, 그러니 앙주 공작과의 결혼을 바랐던 자들 모두가 어리석었다는 사실은 두말할 나위도 없습니다." 이는 곧 엘리자베스가 여성으로서 온전한 기능을 갖추지 못했으며, 진정한 쾌락도, 아이도, 결혼도 가질 수 없다는 사실을 세상에 폭로하는 말이었다. 이것은 단지 한 통의 편지가 아니었다. 스무 해 동안 얼어붙어 있던 증오와 삼켜야 했던 분노, 억눌려 있던 감정이 한꺼번에 폭발하여 그녀를 짓눌러온 여인의 심장을 향해 날아간 일격이었다.

이 격렬한 분노의 편지가 쓰여진 뒤, 더 이상 화해란 불가능해졌다. 이 편지를 쓴 여자와 이 편지를 받은 여자는 더 이상 같은 공기를 마시며, 같은 땅 위에 존재할 수 없었다. 스페인 사람들이 말하듯, 피를 보기 전에는 멈추지 않는 싸움, 목숨을 건 결투. 그것만이 남은 길이었다. 25년에 걸친 집요한 적대의 끝에서 마침내 메리 스튜어트와 엘리자베스 사이의 세계사적 대결은 극한으로 치달았다. 반종교개혁 진영은 이미 외교적 수단을 모두 소진했고, 군사적으로는 충분히 무장하지 못했다. 스페인은 무적함대를 결성하고 있었지만, 속도는 더뎠고 자금 또한 모자랐다. 인도에서 들어오는 막대한 금은보화에도 불구하고 불운한 궁정에는 언제나 돈이 부족했고, 결단력은 더욱 부족했다. 스페인의 '신실한 필리프'는 생각에 잠겼다. 존 녹스처럼 그는 불신자를 제거하는 일을 하늘이 기뻐할 의로운 행동이라 믿었다. 그렇다면 왜 더 값싼 길을 택하지 않는가? 이단의 수호자인 엘리자베스를 자객 몇으로 조용히 제거하는 편이 낫지 않은가? 마키아벨리와 그의 제자들이 활개를 치던 시대였다. 권력이 걸린 문제 앞에서 도덕적 망설임은 사치에 불과했다. 지금 벌어지는 이 싸움은 그런 윤리적 판단을 넘어선 영역에 있었다. 신앙 대 신앙, 남부 대 북부, 가톨릭과 개신교. 엘리자베스의 심장에 단도 하나만 꽂으면, 그것으로 이단으로부터 세상을 해방시킬 수 있다면?

정치가 욕망의 포로가 되는 순간, 도덕과 정의는 힘을 잃는다. 기품과 명예에 대한 마지막 고려마저 사라지고 암살조차도 숭고한 희생으로 미화된다.

1570년에는 엘리자베스가, 1580년에는 오라녜 공이 파문을 통해 가톨릭의 주된 적으로 지목되었다. 그리고 누구나 이들을 사냥해도 된다는 '공공의 적'으로 선언되었다. 게다가 교황이 6천 명이 학살된 성 바르톨로메오의 밤을 '칭송할 만한 일'로 찬양한 이후로 모든 가톨릭 신자들은 한 가지 사실을 확실히 알게 되었다. 신앙의 숙적을 암살로 제거하는 일은 하느님께서도 기뻐하시는 행위라는 것이다. 용감하고 단호한 한 번의 공격, 총 한 발이면 메리 스튜어트는 포로의 처지에서 벗어나 왕좌로 향하는 계단을 오르게 된다. 그러면 잉글랜드와 스코틀랜드는 '올바른 신앙' 아래 통합될 것이다. 이처럼 판돈이 막대한 싸움 앞에서는 망설임이 설 자리가 없었다. 스페인 정부는 엘리자베스 암살을 조금의 부끄러움도 없이 국가의 핵심 정치 전략이자 국책 과제로 간주했다. 스페인 대사 멘도사는 수많은 외교 보고서에서 '여왕을 죽이는 일'을 바람직한 사업으로 반복해 언급했고, 네덜란드 총사령관 알바 공작도 이에 분명하게 찬성했다. 그리고 두 세계의 군주, 필리프 2세는 이 암살 계획에 대해 친필로 이렇게 적었다. "하느님께서 이 일을 은총으로 보살펴주시길 바랍니다."

이제 결말은 외교의 술수로도, 정면 승부로도 나지 않는다. 선택된 수단은 암살자의 단검뿐이었다. 방법에 관해서는 이미 양측 모두가 뜻을 모았다. 마드리드에서는 엘리자베스의 암살이 비밀 각료 회의에서 논의되었고, 국왕의 재가까지 받았다. 런던에서는 세실과 월싱엄, 레스터가 메리 스튜어트와의 관계를 더 이상 끌지 말고 폭력으로 마무

416

리해야 한다는 데 의견을 같이했다. 더 이상 돌아설 길도, 피할 구석도 없었다. 오래전 끝났어야 할 이 싸움에 마지막 줄을 긋는 방법은 오직 하나, 피다. 누가 더 빨리 움직이느냐. 종교개혁인가, 반종교개혁인가. 런던인가, 마드리드인가. 메리 스튜어트가 먼저 제거될 것인가, 아니면 엘리자베스가 먼저 쓰러질 것인가.

제21장
이제는 결단을 내려야 한다
1585/09-1586/08

"이제는 결단을 내려야 한다(The matter must come to an end)." 엘리자베스의 한 장관은 나라 전체에 번지는 조바심을 한마디로 정리했다. 1584년 6월, 개신교의 또 다른 선봉장이었던 오라녜 공이 한 가톨릭 광신자의 칼에 암살되었을 때, 잉글랜드는 그다음 칼끝이 누구를 겨누게 될지 똑똑히 깨달았다. 그 이후로 음모는 끊임없이 이어졌고, 나라는 갈수록 불안에 휩싸였다. 모든 혼란의 근원인 저 포로를 처리해야 할 때가 온 것이다. 이제야말로 악의 뿌리를 뽑아야 할 때다.

1584년 9월, 개신교 귀족들과 고위 관리들이 참석한 가운데 '협회(Association)'가 결성되었다. 그들은 영원하신 하느님 앞에서 명예와 맹세로 다짐했다. 엘리자베스를 해치려는 어떤 음모라도 가담한 자는 누구든 죽음에 처하고, 그런 음모자들이 옹립하려 한 왕권의 요구자 또한 책임을 지게 하겠다는 서약이었다. 이 결의는 곧바로 《여왕의 안전 등에 관한 법률》(Safety of the Queen, etc. Act 1584)이라는 이름으로 성문화되었다. 이 법에 따라 이제부터는 여왕에 대한 암살 음모에 가담한 경우는 물론, (이 구절이 중요하다) 그 음모에 동의만 해도 사형에 처해질 수 있게 되었다. 또한 여왕 암살과 관련된 혐의를 받는 자는 국왕이 임명한 24인의 배심원으로 구성된 특별 법정에서 재판을 받도록 했다.

이로써 메리 스튜어트는 두 가지 사실을 명확히 통보받게 되었다. 첫째, 이제 더 이상 왕위라는 신분이 자신을 공적 기소로부터 지켜주는 방패가 될 수 없다는 것. 둘째, 설령 엘리자베스 암살이 성공한다 해도 그것이 자신에게 유리하게 작용하기는커녕 오히려 가차 없이 단두대로 끌려가게 되리라는 사실이었다. 이것은 저항하는 요새에 절대적인 복종을 요구하는 마지막 나팔소리 같았다.

궁정에서 오가는 편지와 외교적 위선의 시대는 막을 내렸고, 수십 년에 걸친 이 싸움은 마침내 마지막 라운드에 접어들었다. 더 이상 자비란 없다. 연이은 암살 기도 이후, 잉글랜드 조정은 메리를 더욱 엄격히 다루기로 결정했다. 그녀가 다시는 음모를 꾸미거나 계략을 펼칠 수 없도록 모든 가능성을 원천 차단하기로 한 것이다. 그동안 감시를 맡았던 슈루즈베리 백작은 품위 있고 관대한 인물로서, 지나치게 너그러운 감옥지기였다. 그는 마침내 직무에서 '해임'되는데, 여기서 'released'라는 표현은 말 그대로 '풀려난다'는 의미에 더 가깝다. 실제로 그는 자신을 15년간 괴롭혔던 이 임무에서 벗어나게 해준 엘리자베스 앞에 무릎을 꿇고 감사를 표했다. 그의 자리는 열성적인 개신교 신자 아미아스 폴레가 대신했다. 이제 메리 스튜어트는 자신이 진정한 의미의 'servitude' 즉 굴욕적인 억류 상태에 처해졌음을 실감하게 된다. 더 이상 너그럽고 온화한 감시자는 없다. 그녀 곁에는 오직 냉혹하고 단호한 간수만이 남았다.

아미아스 폴레(1532-1588)

아미아스 폴레는 단단하고 완고한 성정을 지닌 청교도였다. 성경이 명령하는 도덕을 철저히 따랐지만, 그의 마음에는 사랑도 연민도 존재하지 않았다. 그는 지나칠 정도로 의롭기만 한 사람이었다. 메리 스튜어트의 삶을 고통스럽고 불쾌하게 만들겠다는 자신의 의도를 전혀 숨기지 않았다. 오히려 그 임무를 기꺼이, 자부심을 품고 받아들였다. 그녀의 모든 권리와 혜택을 하나하나 박탈하는 일을 자신의 신성한 사명으로 여겼던 것이다. "그녀가 어떤 배신이나 교활한 수로 내 손아귀에서 벗어난다 해도, 나는 결코 관용을 바라지 않을 것입니다. 그런 일이 벌어진다면, 그것은 전적으로 저의 중대한 과실 때문일 테니까요." 폴레는 차갑고 이성적인 원칙주의자로, 메리 스튜어트를 감시하고 무력화하는 일을 신이 자신에게 내린 천직이라 믿었다. 유혹이나 연민은커녕, 따뜻한 감정의 미세한 흔들림조차 그를 움직이지 못했다. 그의 눈에 비친 메리 스튜어트는 더 이상 불행한 여왕이 아니었다. 그녀는 자신의 여왕을 위협하는 적, 참된 신앙의 적, 반드시 제거되어야 할 '적그리스도'일 뿐이었다.

류머티즘으로 제대로 걷지도 못하는 그녀의 상태를 두고도 그는 냉소적으로 이렇게 말했다. "도망칠 걱정 없는 수감자라니, 간수 입장에서는 이보다 좋을 수 없지요." 폴레는 하나하나 조치를 취할 때마다 자신의 철저함과 성실함에 묘한 쾌감을 느끼며, 감시 내용을 꼼꼼히 장부에 기록해 나갔다. 인류의 역사에서 이보다 더 잔혹하고 폭력적인 감옥지기들은 있었겠지만, 자신이 맡은 임무 수행에서 이토록 관능적인 만족감을 느낀 인물은 드물 것이다. 그가 가장 먼저 단행한 것은 메리 스튜어트가 외부와 비밀리에 연락을 주고받던 모든 통로를 철저히 차단하는 일이었다. 성 안팎의 모든 출입구는 50명의 병사들이 밤낮없이 감시했고, 이전까지 자유롭게 인근 마을을 오가며 구두나 서면으로 소식을 전할 수 있던 시종들도 더 이상 마음대로 움직일 수 없게 되었다. 이제 그녀의 수행원 중 누구든 성 밖으로 나가기 위해서는 반드시 허가를 받아야 했고, 병사의 동행 없이는 한 걸음도 허락되지 않았다. 또한 메리 스튜어트가 정기적으로 행하던 자선 활동도 중단되었다. 폴레는 이 행사가 단순한 선행이 아니라, 외부인을 유인해 밀서를 전달하게 만드는 교묘한 수단임을 정확히 간파하고 있었던 것이다.

 이제 그 뒤를 이어, 더 날카롭고 가차 없는 통제가 시작되었다. 세탁물과 책을 비롯한 모든 물품을 세관처럼 샅샅이 검사하고, 편지에 대한 검열은 갈수록 촘촘해졌다. 메리 스튜어트의 두 비서, 노와 커를은 더 이상 할 일이 없게 되었다. 암호를 해독할 편지도, 써야 할 답장도 더는 존재하지 않았다. 이제는 런던에서도, 스코틀랜드에서도, 로마에서도, 마드리드에서도 그 어떤 소식도, 단 한 방울의 희망조차 그녀의 고립된 방에 스며들지 않게 되었다. 그리고 그녀에게 남아 있던 마지막 기쁨마저 빼앗겼다. 그녀가 아끼던 열여섯 마리 말이 셰필드에 묶이면서 사냥과 승마도 완전히 금지되었다. 폴레의 지휘 아래 그녀의 감금은 점점 더 노골적인 감옥으로 변해갔고, 어쩌면 서서히 닫혀가는 관이 되어갔다.

자존심을 조금이라도 생각했다면 엘리자베스는 좀 더 너그러운 감시자를 붙여주었을지도 모른다. 그러나 그녀 자신의 안위를 생각하면 이 차가운 칼뱅주의자보다 더 믿을 만한 인물은 없었다. 아미아스 폴레는 자신에게 주어진 임무, 곧 메리 스튜어트를 세상으로부터 단절시키는 일을 모범적으로 수행해냈다. 불과 몇 달 만에 메리 스튜어트는 마치 유리 덮개 속에 놓인 물건처럼 세상으로부터 완전히 격리되었다. 엘리자베스는 폴레에게 열렬한 어조로 감사를 표했다.

"경애하는 아미아스, 당신이 보여준 흠잡을 데 없는 노력과 완벽한 실행, 신중한 명령과 확실한 조치에 대해 내가 얼마나 깊이 감사하고 높이 평가하는지 알게 된다면, 아마 그것만으로도 당신의 근심은 덜어지고 마음은 기쁨으로 가득할 것입니다."

그런데 아이러니하게도 엘리자베스의 측근인 세실과 월싱엄은 아미아스 폴레가 보여준 지나친 철저함에 별로 고마워하지 않았다. 폴레가 감옥처럼 완전히 차단해버린 상황이 실은 이들이 은밀히 바랐던 것과는 정반대의 결과였기 때문이다. 그들은 메리 스튜어트가 어떤 음모도 꾸밀 수 없게 되는 상황을 원하지 않았다. 오히려 폴레의 과도한 단속 덕분에 그녀가 실수를 드러낼 기회를 막아버린 것이 못마땅했다. 세실과 월싱엄은 무고한 메리 스튜어트가 아니라, 명백히 유죄인 메리 스튜어트를 원했다. 그들은 메리야말로 잉글랜드 내 끊임없는 소요와 음모의 근원이라고 보았고, 그녀가 계속해서 모종의 음모를 꾸미다 끝내 스스로 덫에 걸려들기를 바랐다. 그리고 이를 위해 그들 또한 폴레 못지않게 집요하게 움직였다. 그들이 진정으로 필요로 했던 것은 엘리자베스를 겨냥한 음모, 그리고 거기에 메리 스튜어트가 명백히 연루되어 있다는 확실한 증거였다.

엘리자베스를 겨냥한 음모는 이제 더 이상 개별적인 사건이 아니었다. 그런 일은 늘상 일어나고 있었다. 필리프 2세는 대륙에 아예 반(反)잉글랜드 음모의 본거지를 세웠으며, 파리에는 메리 스튜어트의 최측근 비밀 요원인 모건이 자리잡고 있었다. 그는 스페인의 자금을 바탕으로 끊임없이 잉글랜드와 엘리자베스를 겨냥한 위험천만한 계획들을 조직하고 있었다. 또한 스페인과 프랑스 대사들을 통해 잉글랜드 내에 불만을 품은 가톨릭 귀족들과 대륙의 반종교개혁 진영 간에 은밀한 연락망이 구축되었다. 하지만 모건이 알지 못한 결정적인 사실이 하나 있었다. 바로 그 사무실 안에, 당대 최고의 정보원이자 어떤 수단도 마다하지 않는 월싱엄이 '열성적인 가톨릭 신자'로 위장한 첩자들을 침투시켜 두었다는 점이다. 심지어 모건이 가장 신뢰하던 연락책들조차 실은 월싱엄의 지시를 받는 사람들이었다. 메리 스튜어트를 위한 음모라면 실행에 옮겨지기도 전에 런던의 권력자들에게 낱낱이 보고되었다.

1585년 말, 마지막 음모자들의 피가 단두대에서 채 마르기도 전에 또다시 엘리자베스의 생명을 노리는 새로운 계획이 짜여지고 있었다. 그리고 월싱엄은 그 명단을 손바닥 보듯 꿰고 있었다. 모건이 메리 스튜어트를 옹립하려고 설득해 끌어들인 가톨릭 귀족들의 이름 하나하나까지 모두 알고 있었다. 마음만 먹는다면 족쇄를 꺼내 드는 것만으로도 모든 음모가 단숨에 드러날 수 있었다. 하지만 그는 노련한 사람이었다. 몇몇 귀족이나 모험가를 처단하는 일은 정치적으로 별다른 의미가 없었다. 이 끝없는 음모의 히드라에게서 머리 다섯이나 여섯을 잘라낸들, 밤이 지나면 또 다른 머리들이 돋아날 뿐이다. "카르타고는 반드시 무너져야 한다." 이것이 세실과 월싱엄의 신념이었다. 그래서 월싱엄은 이른바 '배빙턴 음모'를 섣불리 막지 않았다. 오히려 그가 직접 나서서 그것이 자라나도록 부추겼다. 호의라는 이름의 거름을 주고, 자금을 대며, 감시를 일부러 느슨하게 해 음모가 스스로 확대되도록 방치했다. 그의 능란한 조작과 도발 덕분에 어설프기 짝이 없던 지방 귀족 몇몇의 계획은 점차 '월싱엄 음모'라는 이름의 정교한 덫으로 변해갔다. 그리고 마침내, 메리 스튜어트를 단죄할 완벽한 명분이 그 안에서 자라났다.

이 합법적인 메리 스튜어트 제거 작전은 세 단계로 이루어져야 했다. 첫째, 음모자들이 엘리자베스를 암살하려는 계획을 세우고 있다는 점이 명백히 드러나야 했다. 둘째, 그 계획을 메리 스튜어트에게 분명히 통보하도록 유도해야 했다. 그리고 셋째, 가장 까다로운 단계로, 메리 스튜어트 본인이 그 암살 계획을 명시적으로, 그것도 서면으로 승인하도록 유인해야 했다. 아무 이유 없이 결백한 사람을 죽일 수는 없었다. 그건 전 세계 앞에서 엘리자베스의 명예를 심각하게 훼손하는 일이 될 것이기 때문이다. 메리 스튜어트의 손에 몰래 단검을 쥐여주고, 그 칼로 자기 자신을 찌르도록 만드는 편이 나았다.

잉글랜드 비밀 경찰이 꾸민 이 음모는 참으로 뻔뻔한 계략으로 시작된다. 감금된 그녀에게 느닷없이 '배려'라는 이름의 작은 자유를 허용한 것이다. 경건한 청교도 아미아스 폴레를 설득하는 데 별다른 어려움은 없었다. 메리를 모든 유혹에서 차단하기보다는 오히려 그녀가 스스로 음모에 빠지게 하는 편이 낫다는 논리에 폴레는 곧 수긍했다. 그리하여 폴레는 돌연 태도를 바꾸어, 어느 날 메리를 찾아와 다정하게 알렸다. 그녀가 머물 곳을 튜트버리 성에서 차틀리로 옮기게 되었다는 것이다. 숨은 속셈을 눈치채지 못한 메리는 마음 깊이 기뻐했다. 튜트버리는 음침하고 냉랭한 감옥 같은 성이었지만, 차틀리는 한결 밝고 탁 트인 곳이었다. 게다가 그녀가 신뢰하던 가톨릭 귀족 가문들이 근처에 살고 있었고 그들로부터 어떤 식으로든 도움을 기대할 수 있으리라 생각했다. 그곳에서는 오랜만에 말을 타고 사냥도 할 수 있을 것이다. 그리고 언젠가는, 바다 건너 친지들에게 소식이 닿을 수도 있지 않을까. 그녀는 조심스레 희망을 품었다.

그러던 어느 날 아침, 메리 스튜어트는 놀라움에 눈을 떴다. 믿기 어려운 일이 벌어졌다. 마치 마법처럼, 아미아스 폴레가 둘러친 지독한 고립의 장벽이 뚫린 것이다. 몇 달간 계속된 완전한 단절 속에서 마침내 한 통의 편지가 그녀에게 도착했다. 암호화된, 철저히 비밀스러운 서신이었다. 현명하고 신중한 친구들이 마침내 그 악명 높은 감시자 폴레를 따돌릴 방법을 찾아낸 것이다. 이 얼마나 뜻밖의 은총이란 말인가! 이제 그녀는 더 이상 세상으로부터 완전히 고립된 존재가 아니다. 다시금 우정과 관심, 연대의 기운을 느낄 수 있게 되었고 자신의 구출을 위한 계획과 준비들이 진행되고 있다는 사실을 알게 되었다. 하지만 동시에 메리는 설명할 수 없는 본능적인 경계심을 품었다. 그녀는 파리에 있는 비밀 요원 모건에게 보내는 답장에서 이렇게 경고했다. "당신을 곤경에 빠뜨릴지도 모를 일에 휘말리지 마십시오. 이곳에서는 당신에 대한 의심이 점점 커지고 있습니다."

그러나 그 경계심은 곧 누그러졌다. 그녀의 친구들(실은 그녀를 파멸로 이끄는 자들이었지만)이 편지를 전하기 위해 얼마나 '기발한' 방법을 고안해냈는지를 알게 되었기 때문이다. 궁전 근처의 양조장에서는 매주 한 차례, 여왕의 시종들을 위한 맥주 한 통을 성으로 배달했다. 그리고 그 맥주 통 속에는 눈에 띄지 않게 속을 파낸 나무병 하나가 함께 담겨 있었다. 비어 있는 나무 속에는 그녀에게 보내는 비밀 서신이 숨겨져 있었다. 이 비밀 통신은 마치 정규 우편처럼 규칙적이고 막힘없이 이루어졌다. 양조장의 마차꾼은 (보고서에서는 그를 '정직한 사내'라 부른다) 맥주 통과 함께 귀중한 편지를 성으로 들여왔고, 메리의 지하실 관리인은 통 속에서 나무병을 건져 올려 그녀에게 전달한 뒤 새 편지를 담아 다시 빈 통에 넣었다. 이 '정직한 사내' 역시 손해를 보는 장사는 아니었다. 대륙의 후원자들에게서 후한 보수를 받았을 뿐 아니라, 성의 회계 담당자에게는 맥주 값을 두 배로 청구하고 있었기 때문이다.

하지만 메리 스튜어트는 그 '정직한 사내'가 이 어두운 거래에서 세 번째 수익까지 챙기고 있다는 사실은 전혀 알지 못했다. 그는 사실 잉글랜드 국왕 비밀 경찰에게도 돈을 받고 있었고, 아미아스 폴레 역시 이 모든 거래를 처음부터 알고 있었다. 맥주 통 편지는 메리의 친구들이 고안한 것이 아니었다. 그것은 월싱엄의 첩자 기퍼드가 꾸며낸 덫이었다. 기퍼드는 파리의 비밀요원 모건과 프랑스 대사에게 자신이 메리 스튜어트의 신뢰를 받는 인물인 양 연기했으며, 그 결과 메리 스튜어트의 모든 비밀 서신은 그녀의 정적들 손아귀에 떨어졌다. 메리 스튜어트에게 보내는 모든 편지와 그녀가 보낸 모든 답장은 맥주 통에 들어가기 전에 반드시 기퍼드를 거쳤고, 모건은 그를 가장 믿을 만한 인물이라 생각하고 있었다. 편지는 곧장 월싱엄의 비서 토머스 펠립스에게 넘겨져 즉시 해독되고 복제되어 잉크도 채 마르기 전에 런던으로 보내졌다. 그리고 나서야 비로소 원본이 메리 스튜어트나 프랑스 대사관에 전달되었기에 속고 있던 이들은 내내 아무 의심 없이 안심하며 편지를 주고받았다.

기이하고 섬뜩한 상황이었다. 양쪽 모두 서로를 속이고 있다는 사실에 내심 기뻐하고 있었으니 말이다. 메리 스튜어트는 안도의 숨을 내쉬었다. 마침내, 모든 것을 샅샅이 통제하던 냉정한 청교도 아미아스 폴레의 감시망을 벗어난 것이다. 그는 속옷 한 장, 신발 밑창 하나까지 검사하며 그녀를 하인처럼 통제하고 죄인처럼 옥죄던 인물이었다. 그녀는 슬며시 미소를 지었다. 병사들, 차단선, 감시망을 모두 뚫고 파리와 마드리드, 로마에서 매주 비밀 메시지가 도착하고 있다는 사실을 폴레가 알게 된다면 얼마나 기가 막힐까? 희망이라는 달콤한 독으로 영혼을 다시 채운 탓인지, 때때로 그녀의 눈빛에 지나치게 환한 기쁨이 번지기도 했다. 폴레는 그런 변화조차 놓치지 않았다. 그는 그녀가 요즘 부쩍 편안해지고 기분이 좋아졌다고 냉소적으로 기록해 두었다. 하지만 폴레의 입가에 떠오른 냉소는 그보다 훨씬 더 확신에 찬 것이었다.

매주 '정직한 사내'가 새 맥주 통을 굴려오는 모습을 볼 때마다, 그리고 메리 스튜어트의 집사장이 그 통을 부리나케 지하실로 끌고 가

몰래 편지를 꺼내는 모습을 엿볼 때마다, 그는 비열한 만족감을 느꼈다. 월싱엄과 세실은 벌써 그 내용을 손에 쥔 채 런던의 관청 책상에 앉아 있었다. 그들은 편지를 통해 메리 스튜어트가 스페인 국왕 필리프 2세에게 자신을 석방해준다면 스코틀랜드의 왕위와 잉글랜드 계승권을 넘기겠다고 제안한 사실을 확인했다. 그리고 이런 편지 한 장이면, 훗날 그녀의 아들 제임스 6세가 어머니의 처우에 항의할 경우 훌륭한 카드가 되어줄 것이라며 흐뭇하게 중얼거렸다. 메리 스튜어트가 파리로 보낸 자필 편지에는 스페인 군대가 신속히 잉글랜드를 침공해줄 것을 거듭 요청하는 내용도 있었다. 이런 내용 역시 훗날 재판에서 요긴하게 쓰일 것이다. 하지만 아직 결정적인 한 조각이 빠져 있었다. 그들이 가장 필요로 하는 것, 메리 스튜어트가 엘리자베스 여왕의 암살을 명시적으로 승인했다는 증거는 여전히 발견되지 않았던 것이다. 법적으로 그녀를 유죄로 몰아갈 수 있는 결정적인 단서, 바로 그 '동의'가 빠져 있었다.

그 마지막 나사를 끼우기 위해 월싱엄이 마침내 움직이기 시작했다. 그의 특기인 함정 수사가 발휘될 순간이었다. 이제 역사상 가장 기묘하고도 믿기 어려운, 그러나 문서로 남아 있는 음모가 시작된다. 월싱엄이 직접 꾸며낸 범죄에 메리 스튜어트를 공범으로 끌어들이기 위해 고안된 계략, 이른바 '배빙턴 음모'. 실상 그것은 '월싱엄 음모'였다. 월싱엄의 계획은 그 결과가 입증하듯 걸작이라고 불러야 할 것이다. 하지만 이 음모가 오늘날까지, 수백 년이 지난 지금까지 사람들의 마음에 혐오감을 불러일으키는 이유는 월싱엄이 자신의 파렴치한 책략에 인간성의 가장 순수한 힘, 즉 젊고 낭만적인 이들의 '믿음'을 이용했기 때문이다.

런던에서 메리 스튜어트를 함정에 끌어들이기 위한 미끼로 고른 앤서니 배빙턴은 연민과 존경을 받을 만하다. 그는 지극히 고귀한 열망을 위해 자신의 명예와 생명을 기꺼이 바친 인물이기 때문이다. 좋은 가문 출신의 귀족이자 재산도 있고, 결혼도 한 그는 리치필드에 있는 자신의 영지에서 아내와 아이와 함께 평화로운 삶을 살고 있었다. 그곳은 하필 메리 스튜어트가 머물던 차틀리와 바로 인접한 지역이었다. 그리고 보면 월싱엄이 왜 하필이면 차틀리를 메리 스튜어트의 거주지로 선택했는지 짐작할 만하다. 오래전부터 첩자들은 독실한 가톨릭인 배빙턴이 메리 스튜어트의 충실한 추종자라는 보고를 해왔다. 그는 이미 여러 번이나 그녀의 편지를 은밀하게 전달하는 일을 도왔다고 했다. 비극적인 운명에 순수하게 감동하는 것은 언제나 고귀한 젊음의 특권이다. 순수한 어리석음을 지닌 이상주의자는 천금을 주고 고용한 첩자보다 말할 수 없이 더 유용한 존재다. 그런 사람이라면 여왕이 신뢰할 것이기 때문이다. 그녀는 알고 있었다. 이 정직하고, 어쩌면 조금은 혼란스러운 귀족 청년이 자신을 돕는 이유는 금전적 이익도, 사적인 애정도 아닌 오직 기사도적인 의무감에서 비롯된다는 것을 말이다.

배빙턴이 한때 슈루즈베리 가문에서 시종으로 일하며 메리 스튜어트를 만나 사랑에 빠졌다는 이야기는 낭만적인 미화에 지나지 않았을 가능성이 크다. 그는 실제로 그녀를 만난 적조차 없었을 것이며, 그녀를 위해 헌신하는 것도 순수한 봉사의 기쁨, 가톨릭 신앙에 대한 열정, 그리고 위험한 모험에 대한 열광적인 동경 때문이었다. 그에게 메

리 스튜어트는 정당한 잉글랜드의 여왕으로 비쳐졌던 것이다. 열정적인 젊은이들이 흔히 그러하듯, 그는 조심성이 부족하고 말이 많았다. 그는 친구들 사이에서 수감 중인 메리 스튜어트를 위한 동조자를 모으기 시작했고, 몇몇 젊은 가톨릭 귀족들이 그의 곁에 모여들었다. 그 가운데는 색다른 인물들이 뒤섞여 있었다. 광신적인 신부 발라드, 무모한 무법자 새비지, 그리고 『플루타르코스 영웅전』을 지나치게 읽은 탓에 영웅담에 취해 혼란스러운 꿈을 꾸는 순진하고 어리석은 청년 귀족들까지 있었다. 하지만 얼마 지나지 않아, 이 정직한 결사 모임 속에 배빙턴과 그의 친구들보다 훨씬 더 과감하고 단호한 태도를 보이는 인물들이 등장했다. 그 중심엔 기퍼드가 있었는데, 그는 훗날 엘리자베스로부터 연 100파운드의 연금을 보상받게 된다. 이들은 단지 메리 스튜어트를 구출하는 것만으로는 부족하다고 여겼다. 그들은 훨씬 더 위험한 일을 고집스레 부추겼다. 엘리자베스 여왕을 살해하고, 이른바 '찬탈자'를 제거하자는 것이었다.

'용감하고 결단력 있는 친구들'이라 불리던 인물들은 사실 하나같이 월싱엄이 고용한 경찰 스파이들에 지나지 않았다. 무정한 월싱엄은 이 젊고 이상주의적인 비밀 결사에 그들을 몰래 끼워넣었다. 단지 계획을 사전에 파악하기 위해서만이 아니라, 공상가적 기질을 지닌 배빙턴을 그의 본래 의도보다 훨씬 더 극단적인 방향으로 몰아가기 위해서였다.

4 3 0

배빙턴은 (관련 문서들이 증명하듯이) 원래 친구들과 함께 메리 스튜어트를 감옥에서 구출하려는 작전을 세웠을 뿐이었다. 암살 같은 비도덕적인 행위는 그가 본래 지닌 인도적 성향과는 어울리지 않았다. 하지만 메리 스튜어트를 단순히 납치하는 것만으로는 월싱엄의 목적을 달성할 수 없었다. 그런 행위로는 법적으로 기소할 수 있는 '근거'가 부족했기 때문이다. 그에게는 더 강력한 증거가 필요했다. 그의 어두운 계획을 관철시키기 위해서는 암살에 대한 모의가 반드시 필요했다.

그래서 그는 자신의 악랄한 스파이들을 부추기고 또 부추겨, 마침내 배빙턴과 그의 동료들로 하여금 엘리자베스를 상대로 한 암살 계획까지 생각하게 만들었다. 5월 12일, 음모자들과 긴밀히 접촉하고 있던 스페인 대사는 필리프 2세에게 기쁜 소식을 보고했다. 엘리자베스 궁정에 출입이 가능한 네 명의 가톨릭 귀족들이 제단 앞에서 독약이든 단검이든 어떤 수단을 써서라도 그녀를 제거하겠다고 맹세했다는 것이다. 월싱엄의 첩자들은 훌륭하게 임무를 수행해 냈다. 마침내 그가 설계한 암살 음모가 가동되기 시작한 것이다.

하지만 이것은 월싱엄이 세운 계획의 절반에 불과했다. 덫의 한쪽 고리는 걸어두었지만, 이제 나머지 한쪽도 확실히 고정해야 했다. 바로 메리 스튜어트를 이 계략에 끌어들이고, 아무것도 모르는 그녀에게서 '동의'라는 마지막 열쇠를 받아내는 것이다. 월싱엄은 다시 한 번 첩자들을 소환한다. 그는 자신의 사람들을 가톨릭 음모의 본거지, 파리로 보냈다. 그들은 필리프 2세와 메리 스튜어트의 연락책인 모건을 찾아가 불만을 털어놓았다.

"배빙턴과 그 일당은 너무 소극적입니다. 암살을 주저하고, 쉽게 결단을 내리지 못하고 있습니다. 이 머뭇거리는 자들을 신의 대업을 위해 고무하려면, 반드시 여왕님의 격려가 필요합니다. 만약 배빙턴이 자신이 받드는 여왕께서 이 암살을 지지한다고 확신하게 된다면, 그는 분명 곧바로 행동에 나설 것입니다."

모건은 망설였다. 마치 순간적으로 월싱엄의 계략을 간파한 듯한 기색이었다. 그러나 함정 첩자들은 끈질기게 그를 재촉했다. '그저 형식적인 몇 줄일 뿐'이라고 말이다. 결국 모건은 그 압박에 굴복하고 만다. 만일의 실수를 막기 위해 그는 메리 스튜어트에게 배빙턴에게 보낼 편지의 초안을 직접 작성해 보냈다. 그리고 여왕은 자신이 절대적으로 신뢰하는 대리인의 말에 따라, 그 편지를 한 치의 오차도 없이 그대로 베껴 썼다.

>··• 프랜시스 월싱엄(1532-1590)

이제 마침내 월싱엄이 그토록 바라던, 메리 스튜어트와 모의 사건 사이의 연결 고리가 완성되었다. 처음에는 모건의 신중함이 어느 정도 효과를 발휘하고 있었다. 여왕이 배빙턴에게 보낸 첫 번째 편지는 따뜻하긴 했지만, 어떤 확실한 약속도 없이 조심스럽게 쓰인 것이었다. 그러나 월싱엄에게 필요한 것은 그런 신중함이 아니었다. 그는 더 노골적인 실수, 분명한 자백, 그리고 계획된 암살에 대한 노골적인 동의가 필요했다. 그리하여 그의 지시에 따라 첩자들은 다시 반대 방향으로 움직였다. 기퍼드는 불행한 배빙턴을 재촉했다.

"여왕께서 그토록 관대하게 신뢰를 보이셨으니, 이제 그에 응답하듯 우리 계획도 진심으로 털어놓아야 할 의무가 있지 않겠습니까?" 엘리자베스를 겨냥한 그런 중대한 음모는, 메리 스튜어트의 동의 없이 감히 실행되어서는 안 된다는 논리였다. "그녀와 모든 세부 사항을 협의하고 지시를 받을 수 있는 안전한 통로를 이미 가졌는데 왜 그것을 활용하지 않으십니까?" 배빙턴은 순진한 바보였다. 조심성보다는 무모함이 앞섰고, 결국 서툴게 덫에 걸려들고 만다. 그는 자신이 흠모해 마지않는 여왕 폐하께 장문의 편지를 보냈다. 그녀가 기뻐하지 않을 이유가 무엇인가? 탈출의 시간이 다가오고 있다는 것을 미리 알면 안 되는 이유라도 있는가? 편지에는 그들이 준비한 계획이 세세하게 적혀 있었다. 그는 마치 천사의 전령이 보이지 않는 길을 따라 자신의 말을 여왕께 전해줄 것이라 믿는 듯, 그리고 그의 모든 말 위로 첩자들과 요원들이 죽음의 눈을 번뜩이며 달려들고 있다는 사실을 전혀 깨닫지 못한 채, 긴 편지 속에 작전 계획을 줄줄이 써 내려갔다.

저를 비롯한 열 명의 귀족, 그리고 백 명의 동지들이 과감한 기습으로 차틀리에서 여왕 폐하를 구출할 것입니다. 동시에 런던에서는 여섯 명의 귀족이 움직일 것이며, 모두 신뢰할 수 있고 가톨릭 신앙에 충직한 자들입니다. 그들이 찬탈자인 엘리자베스를 제거할 것입니다.

그 편지에는 타오르는 결의와 함께, 자신이 어떤 위험 속으로 몸을 던지고 있는지에 대한 분명한 자각이 담겨 있었다. 무모할 만큼 솔직한 고백이야말로 이 편지를 더욱 감동적인 것으로 만들었다. 이런 기사도적인 헌신 앞에서 아무런 답도, 격려도 없이 침묵으로 일관한다면 그것은 차가운 심장과 메마른 영혼을 지닌 자만이 할 수 있는 일일 것이다.

월싱엄은 메리 스튜어트의 뜨거운 심성과 이미 여러 차례 드러난 경솔함에 기대를 걸고 있었다. 그녀가 배빙턴의 암살 계획에 동의하는 태도를 보인다면, 그는 마침내 목적을 이루게 된다. 그녀를 몰래 암살할 필요도 없었다. 메리 스튜어트 스스로 자신의 목에 올가미를 거는 꼴이었기 때문이다. 그리고 마침내 그 치명적인 편지는 발송되었다. 첩자 기퍼드는 그것을 곧바로 국무성에 넘겼고 국무성에서는 그 편지를 정밀하게 해독하고 복사한 뒤, 겉보기에는 아무런 손상도 없는 상태로 '맥주 통 경로'를 통해 아무것도 모르는 그녀에게 전달했다. 7월 10일, 메리 스튜어트는 그 편지를 손에 넣는다. 동시에 런던에서는 두 사람이 숨을 죽인 채 답신을 기다리고 있었다. 바로 이 음모의 설계자이자 지휘자였던 세실과 월싱엄이었다. 극도의 긴장감이 감돌던 순간이었다. 물고기가 미끼를 물고 있는 찰나, 과연 삼킬 것인가 뱉어낼 것인가. 그들은 숨조차 제대로 쉴 수 없었다. 실로 소름 끼치는 순간이었다.

세실과 월싱엄이 취한 정치적 수단에 대해서는 사람마다 평가가 엇갈린다. 아무리 수단이 잔혹하고 불쾌하다 해도 세실에게 있어 개신교의 숙적 메리 스튜어트를 제거하는 일은 더는 미룰 수 없는 정치적 과업이었다. 그리고 월싱엄 같은 첩보 책임자에게 첩자를 쓰지 말고 오직 도덕적 방법만 쓰라고 요구하는 것도 비현실적인 일이다.

그렇다면 엘리자베스는? 일거수일투족마다 후세의 평가를 두려워하며 살아온 그녀가, 지금 이 순간 무대 뒤편에서 교수대보다 훨씬 더 음험하고 치명적인 살육의 장치가 조용히 가동되고 있다는 사실을 알고 있었을까? 국무대신들이 벌이는 이 음모가 과연 그녀의 승인을 받은 일이었을까? 도저히 외면할 수 없는 질문이다. 이 비열하고 추악한 음모극에서 잉글랜드 여왕은 어떤 역할을 맡고 있었던가?

이 질문에 대한 대답은 어렵지 않다. 엘리자베스는 두 얼굴을 지닌 인물이었다. 우리는 그녀가 월싱엄의 모든 계략을 알고 있었다는 확실한 증거를 갖고 있다. 처음부터 끝까지, 월싱엄과 세실이 사용한 유인책과 함정 수사의 모든 과정과 세부사항을 그녀는 낱낱이 인지하고 있었으며 그것을 묵인했고 어쩌면 기꺼이 조장했을 수도 있다. 따라서 그녀는 자신에게 맡겨진 여인을 교묘한 방식으로 파멸에 이르게 한 이 비열한 음모극에 대해 역사 앞에서 결코 자유로울 수 없다.

그렇지만 (이 점은 거듭 강조해야 한다) 엘리자베스는 결코 단선적으로 행동하는 인물이 아니었다. 거짓말과 위장, 배신의 기술에 누구보다 능했으나 그럼에도 그녀는 양심 없는 인물은 아니었고, 명백히 비도덕적이거나 냉혹한 존재로 단정할 수 없는 사람이었다. 결정적인 순간마다 마음속에 깃든 일말의 관대함이 스스로를 압도하곤 했다. 이번에도 마찬가지였다. 그녀는 자신에게 유리한 이 비열한 술책에서 이득을 취하는 일에 은근한 불쾌감을 느꼈던 것 같다. 그래서 자신의 신하들이 희생자를 옥죄는 바로 그때, 그녀는 뜻밖의 방향으로 몸을 돌렸다. 메리 스튜어트를 위한 놀라운 반전이었다. 그녀는 프랑스 대사를 불러들였다. 그는 메리 스튜어트와 차틀리 사이의 모든 서신을 중개하고 있었지만, 정작 자신이 월싱엄의 첩자들이 조작한 통로를 통해 움직이고 있다는 사실은 전혀 눈치채지 못했다. 엘리자베스는 그에게 단호하고 분명하게 말했다.

"대사님, 당신은 스코틀랜드 여왕과 자주 연락을 주고받고 있지요. 하지만 기억하십시오. 나는 내 왕국에서 벌어지는 모든 일을 알고 있습니다. 나 역시 과거에 여왕이었던 언니의 통치 아래에서 수감된 적이 있습니다. 그래서 누구보다 잘 압니다. 포로가 된 자들이 어떻게 하인을 회유하고, 어떤 방식으로 비밀 연락망을 꾸리는지를 말입니다."

이 말 한마디로 엘리자베스는 자신의 양심을 달랬다. 그녀는 프랑스 대사, 그리고 간접적으로 메리 스튜어트에게 경고를 보낸 것이다. 그녀는 자신이 허용할 수 있는 한도 내에서 최대한 명확한 메시지를 전달한 셈이었다. 신하들의 정체를 드러내지 않으면서도 메리 스튜어트에게 마지막 선택의 기회를 주었다. 그리고 나는 그녀에게 마지막 순간까지도 경고했다고, 그 이후의 일에 대해서는, 내 손은 깨끗하다고 말할 준비를 했다.

그러나 경고나 훈계를 듣고 신중하게 물러설 수 있었다면, 그녀는 더 이상 메리 스튜어트가 아니었을 것이다. 본래 그녀는 결코 신중하거나 사려 깊게 행동하는 인물이 아니었다. 물론 처음에는 배빙턴의 편지에 단 한 줄만으로 응답했다. 암살 계획에 대한 그녀의 '진심'을 드러내지 않았다고 세실의 사절은 실망스럽게 보고했다. 그녀는 망설였다. 과연 신뢰를 보여도 될지, 편지로 입장을 밝히는 것이 옳은 것인지 확신하지 못했다. 그녀의 비서 노 역시 이런 위험한 사안에 대해 서면으로는 어떤 말도 남기지 말라고 강하게 만류했다. 그러나 그 계획은 너무나 매혹적이었고, 자유의 희망은 너무나 달콤했다. 결국 메리 스튜어트는 유혹에 굴복하고 만다. "그녀는 결국 받아들이고 말았다."라고 비서 노는 불안한 심정을 감추지 못한 채 기록했다. 메리 스튜어트는 그날로부터 사흘 동안 비밀 비서 노와 커를과 함께 방에 틀어박혀 배빙턴이 제안한 계획을 항목별로 세세하게 검토했다. 그리고 7월 17일, 배빙턴의 편지를 받은 지 며칠 지나지 않아 그녀의 답장은 늘 그렇듯 맥주 통 속 경로를 따라 세상 밖으로 보내졌다.

하지만 이번에는 그 불운한 편지가 멀리까지 갈 필요조차 없었다. 평소처럼 메리 스튜어트의 비밀 서신을 런던의 국무성으로 보내 해독하는 과정을 밟을 필요도 없었다. 결과를 하루라도 빨리 확인하고 싶었던 나머지, 세실과 월싱엄은 해독 담당 서기관 펠리페스를 차틀리로 급파했다. 그리하여 그는 편지의 잉크가 마르기도 전에 곧바로 내용을 베껴낼 수 있었다.

기이한 우연으로 마차를 타고 외출하던 메리 스튜어트는 바로 이 '죽음의 사자'를 마주치게 되었다. 낯선 인물이 그녀의 눈에 띄었다. 곰보 자국으로 얼룩진 추한 얼굴의 사내(그녀는 편지에서 그 얼굴을 이렇게 묘사한다)는 그녀를 향해 얕은 미소를 지어 보였고, 그는 자신이 느끼는 고소한 감정을 숨기지 못했다. 메리 스튜어트는 희망에 눈이 멀어 그가 구출 작전을 위해 몰래 파견된 동지라고 믿었다. 탈출 작전을 앞두고 정세를 살피러 온 사람이라 여긴 것이다. 하지만 펠리페스는 훨씬 더 중대한 임무를 맡고 있었다. 맥주 통에서 그녀의 편지가 회수되자마자, 그는 탐욕스럽게 해독 작업에 착수했다. 이제 먹잇감은 잡혔고, 남은 일은 그 살을 하나하나 발라내는 것뿐이었다. 문장하나하나가 빠르게 해독되었다. 처음에는 비교적 일반적인 내용이었다. 메리 스튜어트는 배빙턴에게 감사를 표하며, 자신을 차틀리에서 구출할 수 있는 세 가지 작전을 제안했다. 첩자의 눈에는 이 자체만으로도 흥미로운 정보였지만, 아직 결정적인 단서는 아니었다. 그러던 중 펠리페스는 드디어 그토록 기다려온 문장을 발견했고, 기쁨에 전율했다. 월싱엄이 몇 달간 애타게 유도해낸, 메리 스튜어트의 '명백한 동의'가 적혀 있었던 것이다. 메리 스튜어트는 여섯 명의 귀족이 엘리자베스를 왕궁에서 찌를 것이라는 배빙턴의 계획을 사무적으로 받아들이며 이렇게 지시하고 있었다.

"그렇다면 그 여섯 귀족을 행동에 나서게 해야 하며, 임무가 끝나는 즉시 내가 이곳에서 빠져나갈 수 있도록 조치해주십시오…. 내 감시자가 눈치채기 전에 말입니다."

이 한 문장으로 모든 것이 끝났다. 이로써 메리 스튜어트는 자신의 '진심'을 드러냈으며, 암살 계획을 승인한 셈이었다. 월싱엄의 정보 공작은 마침내 성공을 거두었다. 주모자와 공모자들, 지휘자와 하수인들은 머지않아 피로 얼룩지게 될 서로의 손을 붙잡고 승리를 자축했다. "이제 그녀의 서류들을 충분히 확보하였습니다." 월싱엄의 부하 펠리페스는 승리감에 젖어 상관에게 보고했다. 메리를 감금하고 있던 폴레도 곧 임무에서 벗어날 수 있을 것이라는 기대에 부풀었다. "하느님께서 제 노력을 축복해 주셨습니다." 그는 이렇게 썼다. "그분이 제 충실한 봉사를 이토록 보상해 주시니 기쁩니다."

이제 화려한 새가 덫에 걸려들었으니, 월싱엄으로서는 더 이상 주저할 이유가 없었다. 그의 계획은 성공했고, 비열한 일도 모두 처리되었다. 확신에 찬 나머지 며칠쯤은 희생자들을 갖고 노는 음산한 즐거움을 누릴 여유까지 부릴 수 있었다. 월싱엄은 이미 복사해둔 메리 스튜어트의 편지를 그대로 배빙턴에게 전달하게 했다. 혹시 그가 다시 답장을 쓰기라도 한다면, 기소를 위한 증거 하나를 더 얹는 셈이니 손해 볼 일은 없다고 생각한 것이다. 하지만 배빙턴은 이미 무언가를 감지하고 있었다. 누군가 자신을 지켜보고 있다는 불길한 예감을, 어딘가에서 악의의 시선이 자신을 꿰뚫고 있다는 느낌을 본능적으로 알아차렸다. 그 대담했던 인물도 점차 알 수 없는 공포에 사로잡혔다. 아무리 담대한 자라 해도, 눈에 보이지 않고 손쓸 수도 없는 힘에 둘러싸이면 신경이 흔들리기 마련이다. 그는 마치 덫에 걸린 들쥐처럼 허둥지둥 도망치기 시작했다. 말을 타고 시골로 달아나다가, 돌연히 런던으로 돌아와 마치 도스토옙스키 소설의 한 장면처럼 자신의 운명을 쥐고 흔드는 자, 바로 월싱엄 앞에 나타났다.

어처구니없지만 어쩌면 필연적인 장면이었다. 혼란에 빠진 자가 가장 위험한 적에게 도망쳐 온 이 순간, 배빙턴은 월싱엄에게서 자신이 어떤 의심을 받고 있는지를 직접 확인하려 했던 것이다. 하지만 월싱엄은 차분하고 냉정하게 단 한 치의 감정도 내비치지 않았다. 그는 조용히 배빙턴을 돌려보냈다. 속으로는 '이 얼간이가 또 바보같은 짓을 해서 새로운 증거를 하나 더 보태겠지'하고 생각하면서 말이다. 그러나 배빙턴은 이미 어둠 속의 손길을 느끼고 있었다. 서둘러서 그는 친구에게 편지를 써 보냈다. 스스로를 북돋우기 위해서였는지 모르겠지만, 그는 이 편지에 진정 로마적인 표현을 남긴다.

불타는 화로는 이미 준비되었고, 우리의 신앙은 그 속에서 시험을 견 뎌야 한다.

동시에 그는 메리 스튜어트에게도 부디 끝까지 믿음을 잃지 말라며 마지막 인사를 보냈다. 그러나 월싱엄은 이제 충분한 증거물을 확보한 상태였다. 마침내 그는 단호한 일격을 가했다. 공모자 중 한 명이 체포 되었고, 배빙턴은 이 소식을 듣는 순간 모든 것이 끝났음을 직감했다. 그는 절망적인 몸부림으로 동료 세비지에게 당장 궁궐로 쳐들어가 엘 리자베스를 찔러 죽이자고 제안했다. 그러나 이미 너무 늦었다. 월싱 엄의 사냥개들이 그들을 바짝 뒤쫓고 있었고, 체포 직전에야 간신히 목숨을 건질 수 있었다. 대체 어디로 가야 한단 말인가? 모든 길은 막 혔고, 항구에는 경계령이 내려졌다.

그들은 열흘 동안 런던 근교의 (오늘날 도심 한복판이 된) 세인트 존스 우드 숲 속에 몸을 숨겼다. 그 열흘은 출구 없는 불안으로 얼룩 진 시간이었다. 그러나 굶주림이 그들을 무자비하게 조여왔다. 결국 그들은 한 친구의 집으로 숨어들어 마지막 빵과 성체를 받아먹고는 그곳에서 체포되었다. 쇠사슬에 묶인 채 런던의 거리로 끌려갔다. 젊 고 용감하며 신앙심 깊은 청년들은 이제 탑 안의 감옥에서 고문과 사 형 선고를 기다리게 되었다. 런던 전역에서 승리를 알리는 종소리가 울려 퍼졌다. 도시 곳곳에 구원의 봉화가 타오르고, 거리마다 축제 행 렬이 이어졌다. 사람들은 엘리자베스가 암살 위협에서 벗어난 것과, 반역이 진압된 것, 그리고 메리 스튜어트의 몰락에 열렬히 환호했다.

한편, 차틀리 성에 갇혀 있는 메리 스튜어트는 오랜 세월 만에 희망에 들뜬 시간을 보내고 있었다. 온몸의 신경이 곤두서 있었다. 어쩌면 오늘, 아니면 내일이나 모레쯤, 말 탄 전령이 달려와 '계획이 실행되었다'는 소식을 전해올지도 모른다. 그러면 감금되어 있던 그녀가 마침내 런던의 궁정으로 호위되어 가게 될 것이다. 그녀는 꿈을 꾸고 있었다. 귀족들과 시민들이 화려하게 차려입고 성문 앞에서 환영하고, 도시의 종들이 환희에 차 울려 퍼지는 광경을 말이다. (그러나 이 불쌍한 여인은 알지 못했다. 이미 종소리는 울리고 있었으며, 그것은 그녀의 귀환을 알리는 것이 아니라 엘리자베스가 위기에서 벗어난 것을 축하하는 소리였다.) 하루만 더, 이틀만 더 지나면 모든 것이 완수될 것이다. 그녀는 잉글랜드와 스코틀랜드가 자신의 왕관 아래 통합될 것이며, 전 세계에 다시 한 번 가톨릭 신앙이 회복될 것이라고 믿어 의심치 않았다.

지친 몸과 쇠약해진 영혼을 회복시키는 데 있어 희망만큼 강력한 약은 없다. 메리 스튜어트는 늘 그렇듯 순진하고도 신뢰 가득한 마음으로 자신의 승리가 가까워졌다고 믿었고, 그 순간부터 그녀 안에서는 완전히 다른 변화가 일어났다. 뜻밖의 생기, 다시 되살아난 듯한 젊음이 그녀를 감쌌다. 수년간 만성적인 탈진에 시달리며 조금만 걸어도 옆구리에 통증을 호소하고, 피로와 류머티즘에 시달리던 그녀는 이제 다시 말을 타고 달릴 수 있게 되었다. 이 놀라운 원기에 스스로도 놀란 그녀는 이미 그 음모 위로 사형이라는 칼날이 드리워졌음을 알지 못한 채 자신의 심복 모건에게 이렇게 썼다.

아직 제게 이토록 기력이 남아 있어, 석궁을 쏘고 사슴 사냥을 하며 말을 달릴 수 있다는 사실에 하느님께 감사드립니다.

무뚝뚝하던 폴레가 사냥에 초대한 일은 메리에게 예상치 못한 기쁨이었다. '이 어리석은 청교도는 자신이 곧 감옥지기 자리에서 물러나게 될 줄도 모르고 있겠지.' 그녀는 속으로 그렇게 생각하며 8월 8일, 틱솔 성으로 떠나는 사냥 행렬에 기꺼이 동참했다. 행렬은 제법 근사하게 꾸려졌다. 궁내 대신, 두 비서관, 주치의까지 모두 말을 타고 나섰고 이날따라 폴레도 유난히 유순하고 친절한 태도로 몇몇 장교들을 이끌고 그녀를 호위했다. 아침은 찬란하고 따뜻했으며, 들판은 푸르고 생기로웠다. 메리 스튜어트는 말에 박차를 가했다. 자유로이 달리는 그 속도와 바람 속에서 살아 있음을, 해방의 감각을 더 짜릿하게 느끼고 싶었기 때문이다. 몇 주, 아니 몇 달 동안 그녀는 이렇게 젊고 활기차게 느껴본 적이 없었다. 암울했던 수년간을 통틀어 보아도, 이 눈부신 아침만큼 환하고 기쁨에 찬 순간은 없었다. 모든 것이 아름다워 보였고, 모든 것이 가볍게 느껴졌다. 희망으로 가득 차면 누구나 저절로 축복받았다고 느끼기 마련이다.

틱솔 성문 앞에 이르자 말들이 속도를 늦췄다. 그 순간 메리의 가슴이 요동쳤다. 성문 앞에 수많은 기마병들이 도열해 있었던 것이다. 혹시 저들이 그녀의 동지들, 배빙턴과 그 일행이 아닐까? 설마 그 은밀한 편지에 담긴 약속이 벌써 이뤄진 것일까? 하지만 뭔가 이상했다. 기다리던 무리 중 단 한 사람만이 앞으로 나섰고, 느릿한 속도로, 어딘가 의례적이고 근엄한 태도로 말을 몰아왔다. 그는 모자를 벗고 고개를 숙였다. 토머스 조지 경이었다. 바로 그 순간, 조금 전까지만 해도 기쁨에 뛰던 메리의 심장이 철렁 멎는 듯했다.

토머스 조지 경은 짧고 냉정하게 알렸다. 배빙턴의 음모가 발각되었으며, 그녀의 두 비서를 체포하라는 명령을 받고 왔다고 말이다. 메리는 말문이 막혔다. '예'든 '아니오'든, 질문이든 항변이든 지금 입 밖에 내는 말 한마디가 곧 자신을 함정에 빠뜨릴 수 있었다. 아직은 사태의 전모를 완전히 파악하지 못하고 있었지만, 이내 잔혹한 의심이 그녀를 덮쳐왔다. 폴레가 차틀리 성으로 돌아갈 기색조차 보이지 않았기 때문이다. 그제야 메리는 비로소 그날 아침 사냥에 초대받은 진짜 이유를 깨달았다. 그녀를 성 밖으로 유인한 것은, 바로 그 틈을 타 그녀의 방을 샅샅이 수색하기 위해서였다. 지금쯤이면 그녀의 모든 문서가 탈탈 털리고 있을 터였다. 그녀는 포로 신세임에도 불구하고 여전히 자신이 여왕이라도 되는 양 외교 문서를 대범하게 주고받았고, 이제 그 모든 기록이 들춰지게 되었다. 그리고 그녀는 그런 방심과 실책을 곱씹을 시간을 충분히, 아니 넘치도록 갖게 된다. 무려 열일곱 날 동안이나 틱솔 성에 유폐된 채 단 한 줄의 편지도 쓰지 못하고, 받지도 못하게 되었기 때문이다. 이제 그녀는 자신의 모든 비밀이 탄로 났으며, 마지막 희망마저 산산이 부서졌다는 것을 깨달았다. 또 한 걸음 아래로 추락했다. '포로'에서 이제는 '죄인'이 된 것이다.

메리 스튜어트는 전혀 다른 사람이 되어 차틀리 성으로 돌아왔다. 그녀는 아무 말 없이 무거운 걸음으로 차가운 감시자들과 적들 사이에 둘러싸인 채 돌아왔다. 희망이라곤 더 이상 없다는 것을 아는, 더는 기대할 것도 바랄 것도 없는 사람이 되어 있었다. 가방과 서랍이 모조리 열려 있고, 문서며 편지들이 하나도 남김없이 치워져 있는 모습을 보고 그녀는 놀랐을까? 궁정의 몇 안 되는 충직한 수행원들이 눈물과 절망에 찬 눈빛으로 자신을 맞이하는 모습을 보며 놀랐을까? 아니다. 그녀는 알고 있었다. 이제 모든 것이 끝났고, 되돌릴 길이 없다는 것을.

다만 생각지도 못했던 작은 사건 하나가 어두운 절망의 시간을 넘기도록 도와주었다. 하인들의 방 한켠에서 한 여인이 산통에 시달리며 신음하고 있었던 것이다. 그녀의 충직한 비서 커를의 아내였다. 커를은 런던으로 끌려가 그녀를 무너뜨릴 증언을 강요받고 있었고 아내는 의사도, 사제도 없이 외롭게 해산을 앞두고 있었다. 그래서 메리는 여성과 불행이라는 영원한 자매애의 이름으로, 그 산모를 돕기 위해 아래층으로 내려갔다. 사제가 없는 자리에서 그녀는 직접 아이에게 세례를 주며, 갓 태어난 생명을 그리스도의 이름으로 이 세상에 맞이했다.

메리 스튜어트는 그로부터 며칠 더 이 증오스러운 성에 머물러야 했다. 그리고 나서 또 다른 성으로 옮기라는 명령이 내려왔다. 수많은 성을 전전하며 때로는 손님으로, 때로는 죄수로, 여왕으로, 또 모욕받는 여인으로 살아온 메리 스튜어트가 마지막으로 도착한 곳은 포더링헤이 성이었다. 긴 유랑은 끝났다. 이제 이 불안한 여인에게도 마침내 안식의 시간이 다가오고 있었다.

그러나 지금까지 겪은 모든 일이 아무리 비극적으로 느껴지더라도, 메리 스튜어트를 위해 기꺼이 목숨을 건 불운한 젊은이들이 겪은 참혹한 고통에 비하면 그저 가벼운 시련에 불과하다. 역사는 언제나 불공평하고 비인간적인 방식으로 기록되어 왔다. 대개 권력자들의 비극과 영광만을 조명할 뿐, 어둠 속에서 이름도 없이 사라진 이들의 고통에는 눈길조차 주지 않기 때문이다. 고통은 왕이라 해서 덜하지 않고, 평민이라 해서 더하지도 않다. 하나의 육체 안에 깃든 고통은 누구에게나 동일한 법이지만, 역사는 이를 무시한 채 침묵한다. 배빙턴과 그의 동료 아홉 명. 그들의 이름을 오늘날 누가 기억하며, 누가 입에 올리기라도 하는가? 반면, 여왕의 운명은 수많은 연극 무대와 책, 그림 속에 영원히 새겨져 있다. 그러나 이들 열 명의 젊은이는 단 세 시간의 지옥 같은 고문 속에서, 메리 스튜어트가 스무 해 동안 겪은 온갖 불행보다 더한 육체적 고통을 맛보았다.

법대로라면 그들은 단지 교수형에 처해졌어야 했다. 그러나 주모자들의 선동에 휘말려 음모에 가담한 자들에게 그 정도는 너무 관대하다고 여긴 엘리자베스는 세실과 월싱엄과 함께 직접 처형 방식을 결정했다. 그것은 단순한 사형이 아니라, 수천 번 죽는 듯한 고통을 안겨주는 '정교하게 연출된' 고문이었다. 이 젊은 신앙인들 중에는 단지 도망 중이던 배빙턴에게 빵 한 조각을 건넸다는 이유만으로 죽임을 당한 두 명의 소년도 있었다. 그들은 구색을 갖추기 위해 일단 교수대에 매달렸다가, 여전히 숨이 붙은 채로 다시 끌어내려졌다. 그 잔인한 세기의 광기와 악의는 의식을 간직한 채 고통받는 육신 위에서 마음껏 발산되었다. 형리는 끔찍한 도살을 집요하리만치 이어갔다. 그 광경이 너무나 참혹해, 마침내는 런던의 하층민들조차 공포에 질려 등을 돌릴 정도였다. 결국 다음 날의 처형에서는 더 이상 극단적인 고문을 반복할 수 없었고 형벌의 수위를 낮출 수밖에 없었다.

그렇게 또 한 번, 피와 공포로 뒤덮인 처형장이 열렸다. 모두가 알고 있었다. 이 학살은 한 여인, 메리 스튜어트를 둘러싼 운명의 연쇄 속에서 벌어진 일이라는 것을. 그녀에게는 묘하고도 치명적인 숙명이 있었다. 새로운 젊음과 생명을 자신의 몰락 속으로 끌어들이는 힘, 그것이 그녀의 운명이었다. 그러나 이번이 마지막이었다. 샤스텔라르에서 시작된 이 길고도 잔혹한 죽음의 무도는 마침내 막을 내리고 있었다. 이제 더 이상 누구도 그녀의 권력욕과 꿈을 위해 자신을 희생하지 않을 것이다. 남은 희생자는 단 한 사람뿐이다. 바로 메리 스튜어트, 그녀 자신이다.

제22장

엘리자베스와 엘리자베스의 싸움

1586/08-1587/02

마침내 목표는 달성되었다. 메리 스튜어트는 함정에 빠졌고, 자신의 죄를 인정하는 '동의'를 표하고 말았다. 이제 엘리자베스가 더 이상 직접 손을 쓸 필요는 없었다. 정의가 그녀를 대신해 판단하고 처벌할 것이다. 25년에 걸친 투쟁은 끝났고, 엘리자베스는 승리했다. 런던의 거리를 가득 메운 백성들이 암살 위협에서 구원된 여왕과 개신교의 승리를 열광적으로 환호하는 지금, 그녀도 마땅히 기뻐해야 할 터였다. 그러나 모든 성취에는 언제나 알 수 없는 쓸쓸함이 섞여있다. 모든 것을 계획대로 끝낼 수 있게 된 지금, 그녀의 손이 떨려왔다. 무방비 상태로 붙잡힌 이 여인을 죽이는 일은, 그녀를 함정에 빠뜨리는 것보다 훨씬 더 어려웠다.

만약 엘리자베스가 이 성가신 포로를 폭력적으로 제거할 마음만 먹었더라면, 기회는 얼마든지 있었다. 이미 15년 전에 메리 스튜어트에게 죽음으로 최후의 경고를 해야 한다는 의회의 요구가 있었다. 존 녹스는 임종의 침상에서 엘리자베스에게 이렇게 청원하였다. "뿌리를 자르지 않으면, 가지는 다시 싹을 틔울 것이며 그것은 우리가 상상하는 것보다 훨씬 빠를 것입니다." 그때마다 그녀는 "내게 도움을 청하며 매를 피해 날아든 새를 내가 어찌 죽일 수 있겠는가."라고 답하였다. 하지만 이제 그녀 앞에는 오직 두 가지 길만이 남아 있을 뿐이다. 자비를 베풀 것인가, 죽음을 명할 것인가. 더는 미룰 수도, 피할 수도 없는 결정을 내려야만 한다.

그 결정 앞에서 엘리자베스는 몸을 떨었다. 그 판단이 불러올 거대한 파장이 어디까지 뻗어갈지 그녀는 알고 있었다. 오늘날의 우리는 그 결정이 지닌 무게와 그 혁명적인 의미를 온전히 실감하기 어렵다. 당시에는 여왕을 참수대에 세운다는 것 자체가 세계의 법질서를 뒤흔드는 충격적인 사건이었다. 그것은 오랫동안 복종에 길들여져 있던 유럽의 백성들에게, 군주 역시 재판의 대상이 될 수 있고 처형될 수도 있는 한 인간에 불과하며, 결코 절대불가침의 존재가 아니라는 사실을 공공연히 선언하는 일이었다. 다시 말해 엘리자베스 앞에 놓인 것은 한 사람의 생명일 뿐만 아니라, 군주제 그 자체를 떠받치고 있던 하나의 관념이자 상징이었다.

이 사례는 이후 수백 년 동안 지상의 모든 왕들에게 경고로 작용하게 된다. 훗날 찰스 1세가 단두대에 오를 때에도 바로 이 선례가 인용되었으며, 루이 16세와 마리 앙투아네트의 처형 역시 찰스 1세의 전례 없이는 상상할 수 없었다. 엘리자베스는 특유의 넓은 시야와 강인한 책임감으로 자신의 결정이 얼마나 돌이킬 수 없는 것인지 본능적으로 깨달았다. 그녀는 주저했고, 망설였으며, 흔들렸고, 미루고 또 미뤘다. 다시 한 번, 그 어느 때보다 더 격렬하게 그녀 안에서 이성과 감정이 충돌했다. 엘리자베스 대 엘리자베스. 두 자아가 다시 싸우기 시작했다. 한 인간이 자신의 양심과 싸우는 모습을 바라보는 것만큼 마음을 깊이 울리는 비극도 없다.

의지와 반의지의 갈등 속에서 엘리자베스는 피할 수 없는 일을 한 번 더 피해보려고 했다. 그러나 최종적인 결정은 늘 그녀의 손으로 되돌아왔다. 이번에도 그녀는 다시금 책임을 벗어나려 했다. 그리고 그 책임을 메리 스튜어트에게 떠넘기고자 한 통의 편지를 썼다. 엘리자베스는 메리에게 간청하듯 제안했다. 공개적인 재판 대신 여왕 대 여왕의 사적인 서신을 통해 음모에 가담했음을 솔직히 고백해달라고 설득했다. 이것이야말로 엘리자베스가 그 순간 찾아낸 유일한 해결책이었다. 오직 이 길만이 메리 스튜어트에게 공개 심문이라는 치욕, 유죄 선고와 처형이라는 비극을 피하게 해줄 수 있었다. 반면 엘리자베스는 메리가 자필로 남긴 결정적인 자백을 손에 쥠으로써, 불편한 경쟁자를 도덕적으로 묶어둘 수 있는 기회를 얻게 되는 셈이었다. 그렇게 된다면 메리 스튜어트는 어딘가 어둠 속에서 힘을 잃은 채 조용히 살아갈 수 있었을 것이다. 그리고 엘리자베스는 권좌의 정점에서 마음 편히 군림할 수 있었을 것이다. 그렇게 되었다면 두 사람의 역할은 영원히 굳어졌을 것이며, 역사 속에서 나란히 서거나 맞서는 존재로 남지 않았을 것이다. 죄를 고백한 이는 무릎 꿇은 채 용서를 베푼 이 앞에 머리를 숙이게 되고, 목숨을 건진 이는 생명을 구해준 구원자에게 평생 갚을 수 없는 빚을 진 채로 살아가야 한다.

하지만 메리 스튜어트는 더 이상 구원받기를 원하지 않는다. 언제나 그녀의 가장 강한 힘은 자부심이었다. 보호자 앞에 무릎을 꿇느니 차라리 단두대에 오르고자 했다. 끝까지 부인할지언정 고백은 거부할 것이며, 파멸을 택할지언정 굴욕은 받아들이지 않을 것이다. 그래서 메리 스튜어트는 자신을 구원하지만 동시에 굴욕이 될 이 제안에 대해 자존심 어린 침묵으로 답했다. 그녀는 알고 있었다. 통치자로서의 승부는 이미 끝났다. 지상에서 그녀에게 남은 마지막 힘이 하나 있다면, 엘리자베스, 그 숙적을 끌어내리겠다. 그녀는 최후의 무기를 꺼내 들었다. 살아서는 적수를 해칠 수 없다면 찬란한 죽음으로 엘리자베스를 역사 앞에 죄인으로 세워, 영원한 수치를 안겨 주리라. 메리 스튜어트는 엘리자베스가 내민 손을 물리쳤다.

이제 엘리자베스는 세실과 월싱엄의 압박 속에 원치 않던 길을 걸어야 했다. 예정된 소송 절차에 합법적인 근거를 부여하기 위해서 왕실 법관들이 소집되었다. 왕실 법관들이란 대개 군주가 바라는 결론을 충실히 따르는 법이다. 그들은 열심히 역사를 뒤적이며 선례를 찾았다. 이번 기소가 전통에 어긋나는 전례 없는 일로 보이지 않게 하려면, 과거에 왕이 법정에 회부된 비슷한 사례가 필요했기 때문이다. 그러나 그들이 어렵사리 끌어낸 사례들은 초라하기 그지없었다. 카이사르 시대의 영주 카예타누스, 콘스탄티누스 황제의 매형이라는 리키니우스, 그리고 호엔슈타우펜 가문의 콘라딘, 나폴리의 여왕 조반나. 재판을 통해 사형 선고를 받은 군주란 이 정도밖에 되지 않았다. 그러나

지나치게 충성심에 들뜬 법률가들은 엘리자베스가 제안한 귀족 재판조차 불필요하다고 주장하기에 이른다. 그들의 법률 자문에 따르면 메리 스튜어트의 '범죄'는 스태퍼드셔에서 일어난 만큼 그 지역의 시민 배심원단의 판결만으로도 충분하다는 것이었다. 하지만 그런 민주적인 재판 방식은 엘리자베스의 눈에 들어오지 않았다. 그녀는 격식을 중시했다. 튜더 왕가의 외손녀이자 스튜어트 가문의 딸인 메리 스튜어트가 제거된다면, 그것은 반드시 '왕족다운' 방식이어야 했다. 위엄과 명예, 장중한 형식과 화려한 의례, 공주에게 마땅한 모든 존경과 예를 갖춘 방식이어야 했고 시골 농민이나 잡화상 몇 명이 내린 평결로 끝나서는 안 되는 일이었다. 들뜬 법률가들의 보고에 엘리자베스는 분노를 터뜨리며 호통을 쳤다.

"공주에 대한 재판이 고작 그런 식이란 말인가? 열두 명의 시민이 유죄를 결정짓는 어처구니없는 일이 벌어지지 않도록, 이처럼 중대한 사안은 이 나라에서 가장 고귀하고 현명한 인물들에게 맡기는 것이 마땅하오. 우리 같은 군주들은 세상의 무대 위에, 온 세상의 눈앞에 서 있는 존재이니 말이오." 엘리자베스는 '왕답게' 이루어지는 재판과 처형을 원했다. 그래서 마침내 나라에서 가장 고귀하고 명망 높은 인물들로 구성된 귀족 재판소가 소집되었다.

하지만 메리 스튜어트는 설령 엘리자베스의 가장 고귀한 신하들이라 해도 자신에게 질문을 던지거나 심판을 내리는 것을 받아들일 생각이 없었다. 그녀는 자기 방에 찾아온 대표들을 보고도 한 발짝도 움직이지 않은 채로 날카롭게 쏘아붙였다.

"당신들의 여왕은 내가 한 나라의 여왕으로 태어났다는 사실을 모른단 말입니까? 신분과 위엄, 내가 속한 왕가, 내 뒤를 이을 아들, 그리고 내 존재를 통해 모욕당하게 될 모든 왕들과 외국의 군주들의 권위를 깎아내리면서까지, 그런 소환에 응할 거라고 믿는단 말입니까? 아니요! 결코 그럴 일은 없습니다! 여전히 내 마음만은 흔들림 없이 굳건합니다. 나는 그 어떤 굴욕에도 결코 무릎 꿇지 않을 것입니다."

그러나 행운이든 불운이든, 인간의 성격을 완전히 바꾸지는 못한다. 메리 스튜어트의 장점도, 약점도 언제나 그대로 남아 있다. 위기의 순간에는 언제나 위엄을 잃지 않지만, 처음의 단호함을 오래 지켜내지는 못한다. 요크에서의 재판 때처럼, 이번에도 그녀는 끝내 자신이 내세우던 '침범할 수 없는 군주'라는 입장에서 물러나고 만다. 그리고 그 순간 엘리자베스가 가장 두려워하던 왕권에 대한 절대적인 신념을 스스로의 손에서 놓아버린다. 오랜 망설임 끝에 메리는 마침내 엘리자베스의 사절 앞에 나서겠다는 뜻을 밝혔다.

8월 14일, 포더링헤이의 대강당에서는 장엄한 광경이 펼쳐졌다. 화려한 팔걸이 의자 위로는 왕좌의 천개가 있었지만 비극의 시간 동안 그 자리는 끝내 비워진 채로 남았다. 이 의자는 단지 하나의 상징일 뿐이었다. 즉, 보이지 않는 곳에서 잉글랜드의 여왕 엘리자베스가 이 재판을 주재하고 있으며, 최종 판결은 그녀의 뜻과 이름 아래 내려진다는 사실을 조용히 드러내기 위한 장치였다. 연단의 좌우에는 재판을 맡은 귀족들이 서열에 따라 자리하고 있었고 중앙에는 국왕 측 고발인, 예심 판사, 법률 고문, 그리고 서기들을 위한 탁자가 놓여 있었다.

이윽고 메리 스튜어트가 대강당 안으로 들어섰다. 언제나 그랬듯 검은 옷을 입은 그녀는 집사의 팔에 이끌려 천천히 걸음을 옮겼다.

"이토록 많은 법률가들이 모여 있다니. 그런데 나를 위한 사람은 한 명도 없군요." 그녀는 곧장 지정된 자리로 향했다. 엘리자베스의 빈 옥좌보다는 몇 계단 낮은 곳이었다. 잉글랜드가 줄곧 주장해온 스코틀랜드에 대한 '상위 통치권'이라는 개념이 자리 배치를 통해 명확히 드러나고 있었다. 그러나 죽음을 눈앞에 둔 이 순간에도 메리 스튜어트는 그러한 우위를 결코 인정하지 않았다. 그녀는 모인 사람들이 다 들을 수 있도록 큰소리로 말했다.

"나는 여왕입니다. 나는 프랑스의 국왕과 혼인했던 사람이며, 내가 있어야 할 자리는 저 위가 되어야 마땅합니다."

심문이 시작되었다. 요크나 웨스트민스터에서 그랬듯, 이번 재판 역시 가장 기본적인 법 개념조차 무시된 채 이루어졌다. 증인들은 재판에 앞서 서둘러 처형되어 버렸다. 법정에는 단지 서면으로 남은 진술만이 제출되었을 뿐인데, 그것마저도 죽음을 앞둔 상황에서 강요받아 작성된 것이었다. 더욱 심각한 위법은 따로 있었다. 메리 스튜어트에게 결정적인 증거로 제시된 문서들마저 아무런 설명 없이 원본이 아닌 사본으로 낭독되었다. 메리 스튜어트는 월싱엄을 향해 항의했다. "내가 어떻게 확신할 수 있겠습니까? 혹시 누군가 암호문을 조작해 내 목숨을 앗아가려는 것이 아닐지요?" 이 지점에서 변호인이 나서야 했다. 메리 스튜어트에게 단 한 명의 변호인만이라도 허용되었다면 이러한 위법을 지적하는 것은 아주 쉬운 일이었을 것이다. 그러나 메리 스튜어트는 혼자서 법관들 앞에 섰다. 잉글랜드 법에 대해서도 알지 못하고 자신을 위협하는 증거물에 대해서도 모르는 그녀는 요크와 웨스트민스터에서 범한 것과 똑같은 실수를 반복했다. 수상한 의혹들만 개별적으로 반박해야 하는데도 모든 것을 통째로 부정해버린 것이다. 심지어 명백한 사실들까지도 부인하려 했다. 그녀는 처음에는 배빙턴을 전혀 알지 못한다고 주장했으나, 이튿날 수많은 증거들 앞에서 결국 자신의 말을 번복하고 말았다. 자신의 도덕적인 입지만 약화시킨 꼴이었다. 마지막 순간에 이르러서야 다시 처음의 입장으로 돌아가려 애썼지만 그때는 너무 늦어 있었다. "나는 여왕입니다. 그러니 내 말은 신뢰받아야 마땅합니다." 그녀는 호소했다. "나는 이 나라에, 잉글랜드 여왕의 우정과 약속을 믿고 왔습니다. 그리고 여러분 이것이 바로 내가 받은 애정과 보호의 증표입니다." 이 말과 함께 그녀는 손가락에서 반지를 빼어 들어 보였다.

그러나 이 재판정에 선 판사들은 영원하고 보편적인 정의를 지키고자 한 것이 아니었다. 그들이 옹호하려 했던 것은 오직 자신들의 여왕뿐이었다. 나라에 평화를 가져오기 위해서라는 명분 아래, 판결은 이미 내려져 있었다. 10월 28일, 웨스트민스터 법원에 모인 법관들 중 단 한 사람, 조쉬 경만이 용기를 내어 메리 스튜어트가 정말로 엘리자베스 여왕의 목숨을 노렸는지 확신할 수 없다고 발언했다. 이 말로 유죄 판결을 가장 빛나게 만드는 만장일치는 불가능해졌다. 그러나 다른 법관들은 아무런 망설임 없이 메리 스튜어트에게 유죄를 선고했다. 이윽고 한 서기관이 자리에 앉아 정갈한 필체로 양피지 위에 판결문을 써 내려갔다. "피고 메리 스튜어트는 잉글랜드 왕위에 대한 권리를 주장하며, 현 국왕이신 잉글랜드 여왕의 신체를 해치거나 살해하기 위한 여러 음모를 승인하고 도모하였다." 그리고 이러한 범죄에 대한 형벌은 의회가 미리 정해 두었듯 사형이었다.

판결을 내리고 단죄하는 일은 소집된 귀족 재판소의 의무였다. 그들은 메리 스튜어트에게 사형을 선고했다. 그러나 엘리자베스에게는 또 하나의 권한이 남아 있었다. 지상의 법을 넘어선, 더 높고 더 숭고한, 인간적인 너그러움의 권리. 용서를 내릴 권리였다. 이미 선고된 죽음을 다시 생명으로 되돌릴 수 있는 힘, 그 결정은 오직 그녀 한 사람의 뜻에 달려 있었다. 그리고 다시 한번, 피하고 싶었던 결정이 그녀에게, 오직 그녀 한 사람에게 돌아왔다. 엘리자베스는 다시 한번 엘리자베스 자신과 맞서게 되었다. 마치 고대 비극에서 합창단이 한쪽에서는 응징을, 다른 한쪽에서는 자비를 노래하듯 그녀의 안팎에서 수많은 목소리가 들려왔다. 어떤 이들은 단호함을 촉구했고, 또 어떤 이들은 관용을 권했다.

그러나 그 모든 목소리 위에 보이지 않는 한 존재가 자리하고 있었다. 인간의 모든 행위를 최종적으로 심판하는 자, 역사다. 역사는 살아 있는 자들 앞에서는 침묵하지만, 그들이 삶을 다하고 나면 비로소 그들의 행위를 저울 위에 올린다. 오른편에서 들려오는 목소리들은 끊임없이, 냉혹하고도 분명하게 외쳤다. "죽음을, 죽음을, 죽음을!" 국무대신과 왕실 고문, 가까운 측근, 귀족과 시민들 모두가 한목소리로 여왕과 나라의 평화를 지킬 길은 단 하나라고 말했다. 메리 스튜어트의 머리가 떨어져야만 이 나라에 평화가 오고, 여왕에게도 안식이 찾아올 것이라고 했다. 의회는 엄숙하게 탄원서를 올렸다.

폐하께 아뢰오니, 우리가 지켜온 신앙의 지속과, 폐하의 안전, 그리고 이 왕국의 공동선을 위해 신속히 명을 내리시어 스코틀랜드 여왕에 대한 판결을 공식적으로 선포해 주시길 간청하옵니다. 저희는 폐하의 안전을 보장할 다른 방도를 알지 못하오니 그 여왕에 대한 정당하고 신속한 처형을 요구하는 바입니다.

엘리자베스에게 이 같은 압박은 오히려 반가운 일이었다. 그녀가 무엇보다 바랐던 것은 잉글랜드 백성들이 집행을 강력히 요구하고 있다는 인상을 세계에 심어주는 것이었기 때문이다. 그리고 그 목소리가 클수록, 더 널리 울려 퍼지고, 더 눈에 띌수록 그녀에게는 더욱 유리했다. 그러한 분위기 속에서 선의와 인간성의 아리아를 장엄하게 연기할 기회를 얻을 수 있었기 때문이다. 연기 수업을 열심히 받은 여왕은 이 절호의 기회를 한 치의 망설임 없이 끝까지 활용한다. 그녀는 의회의 간곡한 요청을 감동 속에 경청하며 하느님께서 생명의 위협으로부터 지켜주셨다고 감사한 뒤, 목소리를 높여 마치 온 세상과 후대의 역사 앞에 외치듯 말했다. 그녀는 자신이 메리 스튜어트의 운명에 대해 어떠한 책임도 없음을 밝히고자 했다.

"내 생명이 심각한 위협을 받았음에도 불구하고, 나를 가장 아프게 한 일은 나와 같은 성별을 지닌 이가, 나와 같은 지위, 같은 출신, 심지어 혈연으로도 가까운 이가 이렇게 큰 죄를 짊어지게 되었다는 사실입니다. 나는 결코 악의를 품은 적이 없었습니다. 오히려 그녀가 내게 자백만 한다면 조용히 마무리되도록 하겠노라 은밀히 편지를 보냈습니다. 물론, 그것은 함정을 놓기 위한 게 아니었습니다. 왜냐하면 그녀가 무슨 말을 하든, 나는 이미 모든 사실을 알고 있었으니까요. 그러나 이 일이 여기까지 와버린 지금도, 만일 그녀가 진심으로 뉘우치고, 더 이상 그 이름으로 나를 위협할 자가 없다면, 나는 기꺼이 그녀를 용서할 의향이 있습니다. 단지 내 목숨만 걸린 일이라면 벌써 그렇게 했을 것입니다. 하지만 이 일에는 개인의 문제뿐만 아니라, 국가의 안위와 백성들의 안전이 걸려 있습니다. 나는 그들을 위해서만, 이 나라를 위해서만 살아가기를 원합니다.”

그리고 그녀는 자신이 얼마나 역사의 판단을 두려워하는지도 솔직히 고백했다. “우리 같은 군주는 세상의 무대 위에 서 있습니다. 모든 이들의 시선과 호기심이 언제나 우리를 향하고 있지요. 옷자락에 묻은 아주 작은 얼룩조차도 누군가 늘 지켜보고 있고, 약점도 즉각 드러나기 마련입니다. 그렇기에 우리는 더욱 신중해야 합니다. 우리의 결정은 언제나 정당하고 명예로워야 하니까요.” 이러한 이유로 그녀는 의회에 양해를 구했다. 자신이 즉각 결단을 내리지 않는 것이 불충이나 태만에서 비롯된 것이 아님을 이해해 달라고 말이다. “나는 아주 사소한 결정이라도 오랜 고민을 거친 뒤에야 내립니다. 하물며 이토록 중대한 문제 앞에서 어찌 가볍게 결정을 내릴 수 있겠습니까.”

이 연설은 진심일까, 아닐까? 어쩌면 두 가지 모두일 것이다. 왜냐하면 엘리자베스 안에는 서로 충돌하는 두 개의 의지가 공존하고 있기 때문이다. 그녀는 자신의 적수에게서 벗어나고 싶어 하면서도 동시에 세상 앞에서는 자비롭고 관대한 여왕으로 남고 싶어 했다. 그로부터 열흘하고도 이틀이 지난 뒤, 엘리자베스는 다시 한 번 법관에게 물었다. “메리 스튜어트의 생명을 구하면서도, 내 안위를 지킬 방법은 정말 없는 것인가?” 그러나 국왕 고문 회의도, 의회도 거듭하여 다른 길은 없다고 단언했다. 그러자 엘리자베스가 입을 열었다. 이번만큼은 그 어느 때보다 진심 어린 목소리가 그녀의 말에 담겨 있었다.

"지금 나는 살아오며 겪은 그 어떤 순간보다도 깊은 내면의 갈등을 겪고 있습니다. 말해야 할지, 침묵해야 할지. 말을 한다면 나는 위선자가 될 것이고, 침묵을 지킨다면 여러분의 모든 노력은 헛된 일이 될 것입니다. 내가 이렇게 괴로워하는 것이 이상하게 느껴질 수도 있겠지만, 나는 처음부터 여러분의 안전과 내 안녕을 지키기 위해 다른 길이 있기를 간절히 바랐습니다. 그러나 이제 나의 안전은 그녀의 죽음 없이는 보장될 수 없다는 것을 알게 된 이상, 나는 너무나 깊은 슬픔을 느낍니다. 수많은 반역자들에게는 은총을 베풀고, 숱한 음모들엔 눈감아주었던 내가, 이제 이토록 고귀한 여인 앞에서 냉혹해질 수밖에 없다는 사실이… 참담할 뿐입니다."

하지만 그녀의 말투에는 이미 설득당할 준비가 되어 있다는 뉘앙스가 묻어 있었다. 언제나처럼 그녀는 교묘하고도 모호했다. "당장은 이만하겠습니다. 나는 여러분의 의견에 반대하지 않습니다. 여러분의 마음을 이해합니다. 그저 나의 감사를 받아주시고, 내가 아직 마음속에서 망설이고 있음을 너그러이 이해해 주시기를, 그리고 내가 대답 없는 대답을 하는 것을 너그러이 받아 주시기를 바랍니다."

오른편의 목소리는 힘차게 울려 퍼지고 있었다. 그들은 더욱 확고하고 분명한 목소리로 외쳤다. "죽음을, 죽음을, 죽음을!" 그러나 왼편의 목소리, 즉 인간적 양심의 목소리도 점차 힘을 얻었다. 프랑스 국왕은 특별 사절단을 바다 건너 보냈다. 그리고 모든 군주의 공동의 이익을 상기시키며 엘리자베스에게 간곡히 충고했다. 메리 스튜어트의 신변이 침해당하는 것은 곧 엘리자베스 자신의 안전을 위협하는 선례가 될 수 있으며, 선한 통치는 피를 흘리지 않는 데에서 비롯된다고 말이다. 그는 또한 손님에 대한 예우를 상기시키며 기름부음을 받은 한 여왕의 생명에 손을 대는 것은 곧 신을 거스르는 행위가 될 것이라 강하게 경고했다. 하지만 엘리자베스는 언제나처럼 교묘하고도 이중적인 태도로, 명확한 답변은 피한 채 모호한 말로 응수했다. 그럴수록 외국 사절들의 어조는 점점 날카로워졌고 처음엔 간청에 불과했던 말들이 차츰 단호한 경고로, 마침내는 노골적인 위협으로 바뀌어갔다.

엘리자베스는 세상과 권력의 본질을 꿰뚫어본 여왕이었다. 25년 넘게 정치의 온갖 책략을 상대해 온 그녀는 그 말들 속에 숨은 진짜 의미를 놓치지 않았다. 그녀가 귀 기울이는 것은 웅변이나 도덕적인 호소가 아니었다. 오직 한 가지, 그 외교 사절단이 정말 전쟁이나 단교라는 명령을 품고 왔는가하는 것뿐이었다. 그리고 곧 그녀는 그 우렁찬 말들 뒤에 칼의 날카로움도, 묵직한 쇠소리도 없다는 것을 알아차렸다. 프랑스의 앙리 3세도, 스페인의 펠리페 2세도, 메리 스튜어트의 목에 도끼가 겨눠진다 해도 실제로 칼을 빼 들 생각은 없다는 것을 말이다. 엘리자베스는 프랑스와 스페인의 외교적 호령에 대해 그저 무심하게 어깨를 으쓱일 뿐이었다.

그러나 스코틀랜드의 반응은 보다 세심하게 다루어야만 했다. 스코틀랜드의 국왕 제임스 6세야말로 타국에서 스코틀랜드 여왕이 처형되는 일을 막아야 할 거룩한 의무를 지닌 존재였기 때문이다. 그녀의 피는 바로 자신의 피, 생명을 빼앗기려 하는 여인은 다름 아닌 자신에게 생명을 준 여인, 어머니였기 때문이다. 하지만 제임스 6세에게 '아들로서의 애정'은 그리 큰 의미를 지니지 않았다. 그는 이미 엘리자베스의 정치적 동맹자이자 연금 수혜자였다. 또한 어머니인 메리가 과거 자신의 왕위 칭호를 거부하고, 공식적으로 자신을 폐위하며, 심지어 자신의 계승권을 외국의 군주들에게 넘기려 했던 일을 똑똑히 기억하고 있었다. 그에게 있어 메리는 더 이상 어머니가 아니라 정치적인 걸림돌일 뿐이었다.

제임스 6세는 배빙턴 음모 사건이 드러났다는 소식을 듣자마자 엘리자베스에게 서둘러 축하 인사를 보냈다. 그가 가장 좋아하는 사냥을 즐기던 중, 어머니를 위해 개입해 달라고 요청하러 찾아온 프랑스 사절에게는 이렇게 말했다. "자업자득이니, 자기가 빚은 술은 스스로 들이켜야지요. 그 여자가 얼마나 엄중한 감시를 받든, 그 하찮은 시종들이 모조리 교수형을 당하든 내게는 아무 상관이 없습니다." 그리고는 한술 더 떠서 말했다. "그 여자가 오직 하나님께 기도하는 일 외엔 더는 아무것도 하지 않았으면 좋겠군요."

그에게 이 일은 더 이상 자신과는 무관한 문제였다. 처음에는 런던에 사절단을 보내는 것조차 거부했다. 그러나 메리 스튜어트에 대한 유죄 판결이 내려지고 스코틀랜드 전역에서 외국의 여왕이 스코틀랜드의 여왕의 목숨을 위협하고 있다는 분노가 들끓자, 제임스는 마침내 계속 침묵할 경우 얼마나 비겁한 모습으로 비쳐질지를 깨닫게 되었다. 물론 그는 스코틀랜드 의회가 요구한 수준까지 나아가지는 않았다. 의회는 만일 메리가 처형된다면 즉각 동맹을 파기하고 전쟁을 선포해야 한다고 주장했지만 제임스는 거기까지는 가지 않았다. 그 대신 그는 책상 앞에 앉아 월싱엄에게 분노와 위협이 담긴 강경한 어조의 서신을 썼고 외교 사절단을 런던에 파견했다.

엘리자베스도 이런 항의가 있을 것쯤은 당연히 예상하고 있었다. 하지만 이번에도 그녀가 귀를 기울인 것은 말 뒤에 깔린 숨겨진 뉘앙스였다. 제임스 6세가 보낸 사절단은 두 갈래로 나뉘어 있었다. 공식 대표단은 목소리를 높여 단호히 외쳤다. "사형은 절대 집행되어서는 안 됩니다." 그들은 동맹을 끊겠다고 으름장을 놓고, 칼을 빼들 듯 날 선 위협을 쏟아냈다. 강경하게 나선 스코틀랜드 귀족들은 자신들이 정의롭고 정당한 요구를 하고 있다고 진심으로 믿고 있었다. 그러나 자신들이 접견실에서 격앙된 말들을 쏟아내는 동안, 조용히 또 다른 인물 하나가 뒷문으로 엘리자베스와 접선하고 있다는 사실은 알지 못했다. 그는 제임스 6세의 비공식적인 밀사였다. 공식적인 사절단과는 별개로 움직이는 은밀한 협상자였다. 그가 엘리자베스와 나누는 이야기는 전혀 다른 주제였다. 바로 제임스를 잉글랜드 왕위 계승자로 인정해 달라는 것이었다. 그에게는 어머니의 생명보다 그 왕관이 더 중요했던 것이다.

사정을 잘 알고 있던 프랑스 대사의 보고에 따르면 제임스의 밀사는 엘리자베스에게 이렇게 귀띔했다고 한다. 제임스가 공개적으로 격렬하게 항의하는 것은 어디까지나 체면과 명분을 위한 연극일 뿐이며 그녀가 그 말을 불쾌하게 여기지 않기를 바란다는 것이다. 제임스 6세는 잉글랜드의 후계자로 인정받을 수만 있다면 어머니가 처형되는 일쯤은 조용히 묵인할 준비가 되어 있었다. 그리고 곧, 무대 뒤에서는 가장 비열한 흥정이 벌어진다. 메리 스튜어트의 숙적과 그녀의 아들이 은밀한 의도 속에 손을 맞잡는다. 겉으로는 등을 진 듯 보였던 두 사람은 속으로는 같은 마음을 품고 있었으며, 그 욕망이 드러나는 것을 누구보다 경계했다.

두 사람 모두 메리 스튜어트가 사라지기를 바라면서도 겉으로는 그녀를 지키는 척 연기해야 했다. 마치 그것이 자신의 가장 신성한 책무이자 가장 중요한 일인 양 보이도록 말이다. 그러나 엘리자베스는 결코 운명의 자매를 위해 싸우는 것이 아니었고, 제임스 6세도 어머니의 생명을 구하려는 것이 아니었다. 그들이 원하는 것은 다만 세상의 무대 위에서 조금 더 그럴듯하게 보이려는 연기, 보다 '아름답게' 꾸며진 제스처일 뿐이었다. 제임스 6세는 이미 오래전에 상황이 최악으로 치닫더라도 엘리자베스의 앞길에 방해가 되지 않겠다는 뜻을 은밀히 흘린 바 있었다. 그 말은 곧 어머니의 처형에 대한 암묵적인 동의였다. 결국 메리 스튜어트를 죽음으로 내몬 이는 먼 나라의 원수이기 이전에 바로 그녀의 아들이었다.

엘리자베스는 자신이 결정을 내리는 그 순간 그 누구도, 프랑스도 스페인도 스코틀랜드도 진심으로 막으려 들지 않으리란 것을 알게 되었다. 그리고 지금, 어쩌면 단 한 사람만이 메리 스튜어트를 구할 수 있을지도 모른다. 바로 메리 스튜어트 자신이다. 그녀가 해야 할 일은 단 하나, '자비를 구하는 한마디'를 내뱉는 것. 그러면 엘리자베스는 내면의 승리 하나로 충분히 만족할 것이다. 실은 엘리자베스도 마음 깊은 곳에서 그 한마디, 양심의 고통을 덜어줄 구원의 목소리를 기다리고 있었다. 그리고 몇 주 동안 메리 스튜어트의 자존심을 꺾기 위한 갖가지 방법이 동원된다. 사형 선고가 내려지자마자 엘리자베스는 메리에게 판결문을 보냈다. 그리고 건조하고 융통성 없으며, 도를 넘는

'고결함' 때문에 오히려 불쾌감을 주는 아미아스 폴레는 그 순간을 틈타 메리 스튜어트를 모욕했다. 이제 그녀는 그에게 있어 단지 '존엄이라고는 전혀 없는 죽은 여자'에 불과했다. 그는 처음으로 메리 앞에서 모자를 벗지 않았다. 타인의 불행 앞에서 겸손해지기는커녕 도리어 거만하게 구는, 비열하고 하찮은 영혼의 치졸한 오만함이었다. 그는 곧 메리의 하인들에게 스코틀랜드 왕국의 문장이 수놓인 왕좌의 천개를 즉시 철거하라고 명령을 내렸다. 그러나 하인들은 이 교도관의 명령을 거부했다. 결국 폴레는 자기 부하들을 시켜 강제로 천을 뜯어내게 했다. 그러자 메리 스튜어트는 그 자리에 십자가를 걸어두었다. 스코틀랜드보다 더 높은 권위, 신의 이름으로 자신이 서 있음을 보여주기 위해서였다. 그녀는 작고 비열한 모욕 하나하나마다 강렬한 몸짓으로 맞섰다. 그녀는 친구들에게 이렇게 썼다.

내가 자비를 구하지 않으면 죽이겠다고 협박합니다. 하지만 이미 나를 죽이기로 정한 것이라면, 그 불의의 길을 가도록 내버려두라고 말할 뿐입니다.

엘리자베스가 나를 죽이려 한다면 그것은 오히려 엘리자베스에게 더 치명적인 치욕 될 것이다! 겉으로는 은혜를 베푸는 척하며 자신을 너그러운 영웅처럼 꾸미는 위선적인 관용보다, 차라리 그 위선을 낱낱이 폭로해버릴 죽음이 낫다. 메리 스튜어트는 엘리자베스가 보낸 사형 판결문에 대해 항의하지도 않고, 자비를 구하지도 않았다. 그녀는 한 사람의 기독교인으로서 이 결정을 내려주신 하느님께 감사드릴 뿐이었다. 그리고 엘리자베스에게는 한 명의 여왕으로서 이렇게 편지를 썼다.

마담, 당신의 결정으로 인해 내 삶의 오랜 순례가 마침내 끝나게 된 것을 나는 마음 깊이 하느님께 감사드립니다. 이 여정이 더 길어지는 것은 원치 않습니다. 생의 쓰라림을 알기에는 충분히 긴 시간이었으니까요. 나는 다만 잉글랜드의 최고위직을 맡고 있는 장관들에게선 어떤 호의도 기대할 수 없기에 오직 당신에게 다음의 몇 가지 소원을 청하고자 합니다.

첫째로 내 무고한 피에 적들이 만족하고 난 뒤에는, 내 시신을 시종들의 손에 맡겨 어느 땅으로든 옮겨 장사 지내게 해 주시기를. 가능하다면 프랑스로 보내주시기를 바랍니다. 그곳에는 존경하는 어머니이신 왕비의 유해가 잠들어 있습니다. 살아 있는 동안 한순간도 평안을 알지 못했던 이 가엾은 육신이, 영혼과 분리된 뒤에라도 마침내 안식을 얻을 수 있도록 말입니다.

둘째로 당신이 나를 맡긴 자들의 폭정 아래 놓일까 두렵기에 은밀한 장소에서 몰래 처형되기를 원치 않습니다. 부디 내 시종들과 사람들이 지켜보는 가운데 처형되게 해 주십시오. 그들이 내 신앙이 참된 교회에 충실했음을 증언하고, 삶의 마지막 숨결을 둘러싸고 적들이 퍼뜨릴지 모를 모든 거짓 소문에 맞서 증인이 되어줄 수 있도록 말입니다.

셋째로 수많은 불운 속에서도 끝까지 충성을 다해 나를 섬겨온 시종들이 원하는 곳으로 떠날 수 있도록 허락해 주시고, 내가 유언으로 남긴 얼마 되지 않는 재산이나마 평온히 누릴 수 있게 해 주시기를 바랍니다. 마담, 간청드립니다. 우리의 조상인 헨리 7세를 기억하며, 그리고 내가 죽는 그 순간까지도 지닐 여왕의 칭호를 걸고, 내 소망들을 부디 외면하지 말고 허락해주기를 청합니다. 그렇다면 나는, 내가 살아온 방식 그대로 죽음을 맞이할 수 있을 것입니다.

　당신의 자매이자 포로,

　여왕 메리.

　수십 년간 이어진 이 싸움의 마지막 순간에 두 여인의 역할은 완전히 뒤바뀌었다. 사형 선고를 받은 뒤, 메리 스튜어트는 오히려 침착하고 당당해졌다. 죽음의 판결문을 받아든 순간 떨린 것은 메리의 손이 아니라, 그 문서에 서명해야 했던 엘리자베스의 손이었다. 어쩌면 그녀는 엘리자베스가 감히 자신에게 형리를 보내 죽음을 집행할 만큼 대담하지는 못할 거라고 믿고 있었는지도 모른다. 어쩌면 그녀의 침착함은 단지 연기였을 수도 있다. 그러나 의심 많은 관찰자였던 아미아스 폴레조차 그녀에게서 불안의 기미를 조금도 찾아내지 못했다. 메리는 묻지 않았다. 원망하지도 않고, 특별한 배려를 구하지도 않았다. 더 이상 외부의 친구들과 비밀스러운 연락을 시도하지 않았다. 모든 저항과 부정, 반항은 끝이 났다. 그녀는 자신의 의지를 운명에게, 신께 맡겼다. 이제 판단은 그분의 몫이다.

　그녀는 마지막 순간을 준비하며 고요히 시간을 보냈다. 유언장을 정리하고, 소지품을 충직한 하인들에게 나누어 주었으며, 세계의 군주들과 국왕들에게 편지를 썼다. 그 편지들은 더 이상 군대를 보내 달라는 간청도, 전쟁을 부추기는 외침도 아니었다. 다만 자신이 가톨릭 신앙 안에서, 그리고 그 신앙을 위해 떳떳한 마음으로 죽을 준비가 되어 있다는 것을 조용히 알리는 글일 뿐이었다. 마침내 이 불안한 가슴에도 큰 평온이 깃들었다. 괴테가 '가장 끔찍한 인간의 적'이라 부른 두 감정, 두려움과 희망도 더는 이 단단한 영혼을 흔들 수 없다. 마리 앙투아네트처럼 메리 스튜어트 역시 죽음을 목전에 두고서야 비로소 자신의 진정한 과업을 깨닫는다. 역사적 책임에 대한 자각이 그녀를 고양시켰다. 이제 그녀는 자비를 구하지 않는다. 대신 의미 있고 상징적인 죽음을 준비한다. 마지막 순간을 통한 승리, 죽음을 통한 정당화. 그것이 그녀가 준비하는 마지막 무대다. 비극적인 인생을 세상 앞에서 속죄할 수 있는 길은 영웅적인 최후뿐이라는 것을 그녀는 알고 있다. 그리고 이 생에서 허락된 단 하나의 승리는 존엄한 죽음뿐이다.

포더링게이의 죄수에게서 느껴지는 위엄 있고 침착한 평정과 극적인 대조를 이루는 것은 런던의 엘리자베스가 보여주는 불안, 광적인 신경 과민, 방향을 잃은 동요였다. 메리 스튜어트는 결심했고, 엘리자베스는 아직도 결심하지 못한 채 몸부림치고 있었다. 그토록 오랫동안 그녀를 고통스럽게 했던 숙적 메리 스튜어트. 완전히 자신의 수중에 들어온 바로 이 여인 앞에서, 엘리자베스는 누구보다 크게 흔들리고 있었다. 그녀는 밤잠을 이루지 못하고, 며칠이고 침묵 속에 침잠했다. 그녀의 온 정신은 단 하나의 생각에 사로잡혀 있었다. '내가 사형 집행에 서명해야 할까? 정말 죽음을 명해야 할까?' 그 생각은 마치 시지프스의 바위처럼 반복되었다. 굴려 올려도 다시 되돌아와 가슴 위로 굴러떨어지고, 끝내 그녀의 영혼을 짓눌렀다. 장관들이 아무리 설득해도 그녀 안에서는 양심의 목소리가 더욱 크게 울려 퍼졌다. 세실은 그런 그녀를 두고 "날씨처럼 변덕스럽다"고 평했다. 한 번은 죽이라고 하더니, 한 번은 자비를 베풀라 하고, 또 한 번은 모든 측근들에게 묻고 다닌다. "정말 다른 길은 없는가?" 그 일이 내 손을 거치지 않고 이루어진다면, 내 명령 없이, 누군가가 대신 해준다면! 결정을 미루고 또 미루며 그녀는 책임이라는 공포에 휘둘렸다. "폐하께서는 이제 이야기 나누는 것조차 지쳐하시고 모든 것을 미뤄두셨습니다." 냉철하고 계산적인 세실은 이렇게 탄식했다. 하지만 그는 이 영혼의 고통을 이해하지 못했다. 왜냐하면 지금 엘리자베스를 밤낮으로 가두고 있는 이는 이 세상에서 가장 가혹한 간수이자, 가장 잔인한 재판관. 바로 그녀 자신의 '양심'이기 때문이다. 반년 가까이 이어진 내면의 갈등 속에서 엘리자베스는 이성의 목소리를 따를 것인지, 인간적인 연민의 목소리에 귀 기울일 것인지를 두고 끊임없이 고심했다. 그렇게 견디기 힘든 긴장이 계속되는 가운데, 어느 날 갑자기 결정이 폭발하듯 터져 나온 것도 어쩌면 당연한 일이었을 것이다.

1587년 2월 1일 수요일, 잉글랜드 국무서기관 데이비슨은 그리니치 궁의 정원에서 갑작스럽게 해군 제독 하워드의 호출을 받는다. 지병을 핑계로 자리를 피한 월싱엄을 대신해 즉시 여왕에게로 가서 메리 스튜어트의 사형 집행 명령서를 가져오라는 지시를 받았다. 데이비슨은 세실이 직접 작성한 판결문을 비롯한 여러 문서들을 챙겨 엘리자베스에게 가져갔다. 평소 뛰어난 연기력을 자랑하던 엘리자베스는 정작 이 중요한 순간에 서두르는 기색이 전혀 없었다. 마치 아무 일도 아닌 듯 무심한 태도를 보이며 데이비슨과 전혀 상관없는 잡담을 나누고, 겨울

아침 햇살이 비치는 창밖을 바라보며 날씨를 감탄했다. 한참이 지나서야 그녀는 마치 처음 듣는 듯 데이비슨에게 물었다. "무엇을 가져왔는가?" 그녀가 그를 오직 이 사형 명령서를 위해 불렀다는 사실을 정말 잊은 걸까? 데이비슨은 하워드 경의 특별한 지시에 따라 가져온 여러 문서 가운데 하나라고 설명했다. 그러자 엘리자베스는 문서들을 받아 들고는 하나씩 서명을 해 나갔다. 그중에는 물론 메리 스튜어트에 대한 사형 집행 서류도 포함되어 있었다.

처음부터 이렇게 행동하기로 결심한 듯했다. 마치 다른 서류들 사이에 끼어든 사형 집행 서류에 무심코 서명한 듯이 행동하기로 말이다. 그러나 이 변덕스러운 여인은 언제나 태도를 갑작스레 바꾸곤 했다. 그녀는 데이비슨에게 이렇게 오래 망설인 것은 판결에 얼마나 마지못해 동의했는지를 모두가 알게 하기 위함이었다고 말했다. 그리고는 문서를 대법관에게 넘겨 국새를 찍게 하고, 다른 누구에게도 알리지 말고 곧바로 집행자에게 전달하라고 명령했다. 그 말에는 단 한 치의 흔들림도 없었고, 데이비슨은 더 이상 엘리자베스의 결심을 의심할 여지가 없었다. 데이비슨과 함께 차분하고 냉정하게 처형의 구체적인 실행 방안을 논의했다. 그녀는 마당보다는 성 안의 대강당에서 집행하는 것이 낫겠다고 말하고, 특히나 중요한 한 가지를 덧붙였다. 이 사형 명령서에 자신이 서명했다는 사실을 절대 외부에 누설하지 말라는 것이었다. 오랜 고민 끝에 결정을 내리면 마음이 홀가분해지는 법이다. 엘리자베스 역시 안도의 기색을 보이며, 데이비슨에게 월싱엄은 이 소식을 듣고 너무 괴로워서 죽을지도 모른다고 농담까지 했다.

그럴 만도 했지만, 이제 데이비슨은 모든 일이 끝났다고 생각했다.

그는 고개를 숙여 인사한 뒤 문 쪽으로 걸음을 옮겼다. 그러나 엘리자베스는 어떤 일에도 단호히 결정을 내리지 못하는 사람이었고, 그녀에게 있어 어떤 사건도 완전히 끝나는 법이 없었다. 문 앞에 다다른 데이비슨을 그녀가 다시 불러 세웠다. 방금 전까지 보였던 쾌활한 표정과, 진심이든 연기든 단호해 보였던 태도는 온데간데없이 사라져 있었다. 엘리자베스는 안절부절못하며 방 안을 왔다 갔다 했다. 정말 다른 방법은 없는 걸까? '협회'의 구성원들은 자신을 겨냥한 암살 음모에 연루된 자는 누구든 죽이겠노라 맹세하지 않았던가. 포더링게이에 있는 아미아스 폴레와 그의 동료들 역시 그 '협회'의 일원일 텐데, 그렇다면 그들이 이 일을 해내는 것이 마땅한 의무가 아니겠는가? 그렇게 하면 여왕은 공개 처형이라는 오명을 덮어쓰지 않아도 될 터였다. 엘리자베스는 데이비슨에게 월싱엄이 그들에게 그런 취지의 지시를 내릴 수 있도록 편지를 써 달라고 부탁했다.

데이비슨은 차츰 불안해지기 시작했다. 그는 비록 여왕이 서명하기는 했으나 이 일에 연루되고 싶어하지 않는다는 사실을 분명히 알게 되었다. 아마도 그는 벌써 이 중대한 대화를 나누는 자리에 증인이 없다는 사실을 후회하고 있었을 것이다. 하지만 어쩔 도리가 없다. 그가 받은 명령은 분명한 것이었다. 그는 우선 재상의 방에 가서 서류에 국새를 찍으라는 여왕의 명령을 전하고 월싱엄에게로 갔다. 그리고 월싱엄은 엘리자베스의 뜻에 따라 아미아스 폴레에게 편지를 썼다. 월싱엄에 편지에 따르면 여왕께서는 메리 스튜어트가 폐하에게 얼마나 위협적인 존재인지를 감안할 때, 폴레가 '스스로, 그리고 추가적인 명령 없이' 그녀를 처리할 방법을 찾지 않았다는 점에서 다소 열의가 부족했던 것 같다고 유감을 표했다고 한다. 폴레는 '협회의 서약'을 한 인물이므로, 자신의 양심에 거리낌 없이 이 일을 실행할 수 있을 것이며 그렇게 한다면 피 흘리는 일을 누구보다 꺼리시는 여왕의 짐을 덜어 주는 셈이 될 것이라는 내용이었다.

편지는 아직 아미아스 폴레에게 도착하지도 않았고, 포더링게이에 서의 회신도 도착할 리 없는 때였다. 그리니치의 바람은 다시 한 번 방향을 바꾸었다. 목요일 아침, 한 전령이 데이비슨의 문을 두드렸다. 여왕의 쪽지가 도착한 것이다. 만약 아직 사형 집행 명령서에 대법관의 인장을 받지 않았다면, 그녀와 다시 상의할 때까지 일단 보류하라는 내용이었다. 데이비슨은 급히 궁으로 달려가 여왕을 알현했다. 그리고 폐하의 명령을 받자마자 곧장 실행에 옮겼으며, 사형 명령서에는 이미 국새가 찍혔다고 즉시 보고드렸다. 엘리자베스는 말없이 그 말을 듣고 있었다. 표정에는 분명 불만이 엿보였지만, 그를 꾸짖지는 않았다. 무엇보다도 그녀는 그 문서를 다시 가져오라는 말조차 하지 않았다. 다만 어째서 이 무거운 짐이 늘 자신에게만 지워지는지 모르겠다며 계속 불평할 뿐이었다. 방 안을 초조히 오가며 갈등과 고뇌가 묻어난 발걸음으로 왕실의 융단 위를 맴돌았다. 데이비슨은 단호한 명령한 마디를, 마음의 결정을 기다리고 있었다. 그러나 아무 말 없이, 엘리자베스는 홀연히 방을 나가버렸다.

다시금 엘리자베스는 단 한 사람의 목격자 앞에서 셰익스피어의 장면을 연기한다. 떠오르는 것은 『리처드 3세』의 한 장면. 왕이 버킹엄에게 "적이 아직 살아 있다"고 불평하면서도, 끝내 죽이라는 명령은 내리지 못하는 장면이다. 부하가 그 뜻을 알면서도 모른 체할 때, 리처드 3세가 보였던 모욕감 어린 시선. 그것이 지금 불운한 데이비슨에게도 번뜩이고 있었다. 가엾은 이 서기관은 자신이 디딘 땅이 얼마나 위태로운지 본능적으로 깨달았다. 그는 사력을 다해 무언가를 붙들고자 했다. 이토록 두렵고도 중대한 역사적 책임을 혼자 짊어질 수는 없는 일이었다. 그는 우선 여왕의 친구 해튼을 찾아가 자신이 처한 끔찍한 상황을 설명했다. 엘리자베스가 자신에게 사형 판결을 집행하라고 명령했지만, 그녀의 태도를 보아하니 머지않아 그 명령을 부인할 것이 분명하다는 것이었다. 해튼 역시 엘리자베스를 너무도 잘 알고 있었기에 그녀의 이중적인 행태를 모를 리 없었다. 하지만 그 역시 데이비슨에게 분명한 답을 내놓지 않았다. 마치 서로에게 공을 주고받는 경기처럼, 서로가 서로에게 책임을 떠넘기기 시작했다. 엘리자베스는 그 책임을 데이비슨에게 넘겼고, 데이비슨은 해튼에게, 해튼은 다시 국무대신 세실에게 넘겼다.

세실 또한 이 무거운 짐을 혼자 지고 싶지 않았기에, 다음 날 급히 국무회의를 소집했다. 참석자는 엘리자베스의 가장 가까운 측근들, 레스터 경, 해튼, 그리고 그 외 일곱 명의 귀족들이었다. 이 자리에 모인 이들은 모두 엘리자베스의 변덕스러운 본성을 누구보다 가까이에서 오래도록 지켜보아 온 자들이었다. 이 자리에서 비로소 진심 어린 대화가 오갔다. 모인 사람들은 한결같이 이렇게 판단했다. 엘리자베스는 자신의 도덕적 명성을 지키기 위해 메리 스튜어트의 처형이 자신과 무관하게 벌어진 일처럼 보이기를 원하고 있다는 것이다. 그녀는 일이 돌이킬 수 없이 벌어진 다음에야 '놀라는' 연기를 하며 스스로에게 알리바이를 부여하려 했다. 그러므로 왕실의 충복들은 이 연극에 동참해야 했다. 겉으로는 여왕의 뜻을 거스른 채, 오직 국익과 정의감에 이끌려 처형을 단행한 것처럼 보여야 했다. 물론 이 '형식적인' 권한 남용은 사실상 여왕의 은밀한 의지를 실행에 옮기는 것이므로, 그 책임 역시 결코 가볍지 않다. 따라서 진짜든 연기든, 여왕의 분노는 결코 한 사람에게 집중되어선 안 된다. 이에 세실은 제안했다. 열 명의 회의 참석자 전원이 함께 처형을 명하고, 함께 그 책임을 나누자는 것이었다. 켄트 경과 슈루즈베리 경이 집행을 감독할 자로 뽑혔고, 비일 서기관은 구체적인 지시서를 품고 포더링게이로 향했다. 이제 그 책임은 겉보기엔 충성심에서 비롯된 과잉행동처럼 보였지만, 실상은 여왕의 숨겨진 명령을 충실히 이행한 결과로서 열 명의 국무회의 참석자들에게 골고루 분담되었다. 그리하여 마침내 여왕의 어깨에서 그 무거운 '짐'이 덜어졌다.

엘리자베스의 가장 두드러지는 성격 중 하나는, 무엇보다도 그녀의 강한 호기심이다. 그녀는 언제나 모든 것을 알고 싶어 했고 될 수 있는 한 빨리 알고 싶어 했다. 자신의 궁궐 주변이든, 왕국 전체에서 일어나는 일이든 예외가 없었다. 그런데 이상하지 않은가? 이번에는 데이비슨에게도, 세실에게도, 그 누구에게도 묻지 않았다. 자신이 서명한 메리 스튜어트의 사형 집행서가 그 사이에 어떻게 되었는지 전혀 관심을 보이지 않았다. 그녀의 침묵은 사흘이나 이어졌다. 마치 수개월간 하루도 빠짐없이 그녀를 괴롭히던 바로 그 사건을 순식간에 잊어버린 듯했다. 레테의 강물을 들이켜기라도 한 것처럼, 그 문제는 그녀의 마음에서 흔적도 없이 사라져버린 듯했다. 그리고 그 다음 날 아침, 일요일. 아미아스 폴레가 보낸 회신이 그녀에게 도착했다. 하지만 그 순간에도 자신이 서명한 사형 명령서의 행방에 대해서는 단 한 마디도 입에 올리지 않았다. 마치 그런 문서는 애초에 존재하지도 않았다는 듯 여왕은 또다시 침묵을 지켰다.

아미아스 폴레의 대답은 여왕에게 그다지 기쁨을 주지 못했다. 그는 자신에게 맡겨진 역할이 얼마나 고약하고도 감사할 것 없는 일인지, 그리고 그 일을 실행에 옮길 경우 어떤 대가가 기다리고 있는지를 한눈에 간파했다. 메리 스튜어트를 제거한 순간, 여왕은 자신과 무관한 일이라며 그를 살인자라 부르고 법정에 세울 것이 분명했다. 그는 그런 책임을 짊어질 희생양이 될 생각이 없었다. 그렇다고 노골적으로 폐하의 뜻을 거스를 수도 없었다. 신중하고도 지혜로운 이 청교도는 하느님이라는 더 높은 법정 뒤에 숨어버린다. 그는 자신의 거절에 도덕이라는 망토를 입혔다.

비통한 심정으로 말씀 드립니다. 제가 살아서 이런 날을 보게 되다니요. 폐하께서 인자하신 뜻으로 저를 부르시어, 하나님도 율법도 금하신 일을 제 손으로 하게 하시다니. 저의 재산이든, 지위든, 생명이든 모두 폐하의 것입니다. 그것들은 본디 폐하의 은총으로 제가 누리게 된 것들이오니, 원하신다면 저는 내일이라도 기꺼이 바치겠습니다. 그러나 제 양심의 배를 스스로 난파시키고, 법의 명령도 없이 피를 흘려 제 후손들에게까지 씻을 수 없는 오명을 남기게 되는 일만은, 하나님께서 막아주시기를 간절히 바랍니다. 폐하께서 제 이 충심 어린 답변을 너그러이 받아주시리라 믿습니다.

하지만 엘리자베스는 폴레의 편지를 조금도 너그러이 받아들일 생각이 없었다. 불과 얼마 전까지만 해도 그를 '흠잡을 것 없는 행동, 현명한 판단, 신중한 태도'로 찬탄하더니, 지금은 성난 듯 방 안을 오가며 소리쳤다. "점잖고 깐깐한 작자들이란, 입으로는 뭐든지 하겠노라 장담하면서도 정작 실행에 옮기지는 않지!" 그녀는 폴레를 향해 맹세를 저버린 자라며 맹렬히 비난했다.

'협회의 서약'에 서명하지 않았던가? 그 어떤 위험 앞에서도 여왕을 위해 봉사하겠노라 맹세한 그가 아니던가? 이번엔 가엾은 데이비슨이 그 화살을 고스란히 맞았다. 영민한 월싱엄은 지병을 핑계 삼아 재빨리 몸을 피했지만, 데이비슨은 어리숙하게도 "차라리 정당한 법적 절차를 따르자"고 건의했다. 그러자 엘리자베스는 그를 쏘아붙였다. "당신보다 더 현명한 이들은 그렇게 생각하지 않소." 이렇게까지 질질 끌다니, 이제는 결단을 내려야 할 때라며 이것은 우리 모두의 수치라고 소리를 질렀다. 데이비슨은 입을 굳게 다물었다. 지금쯤이면 사형 집행이 착착 진행되고 있을 것이라고 말할 수도 있었을 것이다. 그러나 그는 지금 여왕에게 진실을 털어놓는 것만큼 위험한 일은 없다는 것을 잘 알고 있었다. 엘리자베스는 이미 알고 있으면서도 결코 입 밖에 내고 싶지 않은 그 사실을 애써 외면하고 있었다. 인장이 찍힌 사형 집행 명령이 이미 포더링게이를 향해 떠났으며, 그 문서를 지닌 전령과 함께 또 다른 한 사람이 길을 나섰다는 것. 그 사람은 말을 피로 바꾸고 명령을 죽음으로 바꾸는 자, 런던의 사형집행인이었다.

제23장
나의 끝이 곧 나의 시작이다
1587/02/08

'나의 끝이 곧 나의 시작이다.' 메리 스튜어트는 몇 해 전, 아직 그 뜻을 온전히 헤아릴 수 없었던 이 문장을 한 폭의 천에 수놓은 적이 있었다. 그리고 이제 그녀의 예감은 현실이 된다. 오직 비극적인 죽음을 통해 그녀의 이름은 명예롭게 새겨질 것이며, 죽음을 통해 젊은 날의 과오는 씻겨나가고 모든 실수는 아름다운 베일로 덮일 것이다.

사형을 선고받은 이후, 그녀는 신중하고 단호하게 이 마지막 시험을 준비해왔다. 젊은 여왕 시절 두 차례나 귀족이 도끼 아래에서 숨을 거두는 광경을 목격한 그녀는 돌이킬 수 없는 죽음의 공포, 인간성을 부정하는 그 두려움은 오직 영웅적인 품격으로만 극복할 수 있다는 것을 일찍이 깨달았다. 메리 스튜어트는 온 세상뿐 아니라 먼 훗날의 세대까지도 자신을 지켜보리라는 것을 알고 있었다. 역사상 처음으로 도마 위에 목을 숙이게 되는 여왕으로서, 결정적인 순간에 드러나는 작은 떨림이나 망설임, 겁에 질린 창백한 얼굴 하나조차 명예를 저버리는 일이 될 수 있음을 알고 있었다. 그래서 그녀는 이 기다림의 시간 동안 묵묵히 내면의 힘을 길렀다. 충동적이었던 지난 삶의 어떤 순간보다도, 바로 지금 그녀는 확고한 결의로 모든 것을 준비하고 있었다.

2월 7일 화요일, 하녀들이 "슈루즈베리 경과 켄트 경이 몇몇 수행원과 함께 도착했습니다" 하고 알렸을 때, 메리 스튜어트는 놀라움은커녕 놀란 기색조차 보이지 않았다. 그녀는 자신의 시녀들과 시종들을 불러 모으라고 지시한 뒤에야 사절단을 맞았다. 어떤 순간이든지 충직한 이들이 함께 있어주기를 바랐다. 제임스 5세의 딸, 로렌의 마리의 딸, 튜더와 스튜어트 왕가의 피를 함께 이어받은 이 여인이 가장 가혹한 운명을 어떻게 품위 있게, 또 당당하게 견뎌냈는지를 언젠가 증언해주길 바랐다. 오랜 세월 그녀의 감시를 맡아온 슈루즈베리 경이 무릎을 꿇고, 백발의 머리를 숙였다. 그는 떨리는 목소리로, 엘리자베스 여왕이 마침내 신민들의 끈질긴 간청을 더는 외면할 수 없어 형의 집행을 명할 수밖에 없었다고 전했다. 하지만 메리 스튜어트는 그 끔찍한 소식에도 놀라지 않았다. 아니, 어떤 동요도 보이지 않았다. 자신의 모든 몸짓이 훗날 역사의 기록이 된다는 것을 그녀는 알고 있었다. 그녀는 담담히 죽음의 선고를 듣고는, 침착하게 성호를 그으며 말했다.

"이 소식을 전해주시니, 하나님께 찬미를 드립니다. 제 고통의 끝을 알리는 이보다 더 반가운 소식이 또 어디 있겠습니까. 주님께서 제게 내리신 은총이지요. 그분의 이름과, 그분의 교회, 로마 가톨릭의 영광을 위해 죽음을 맞게 해주시다니."

그녀는 더 이상 판결을 부정하지 않았다. 더는 여왕으로서 다른 여왕이 내린 부당한 결정에 맞서려 하지 않았다. 그녀는 그리스도인으로서 고난을 받아들이려 했다. 어쩌면 이 마지막 순간의 순교야말로, 그녀에게 남겨진 단 하나의 승리일지도 모른다. 메리는 두 가지를 요청했다. 마지막 위로를 줄 고해신부를 곁에 둘 수 있게 해달라는 것, 그리고 하루만 형 집행을 미뤄 마지막 준비를 할 시간을 허락해달라는 것이었다. 그러나 그 두 청은 모두 거절당한다.

"이단의 신부는 필요 없습니다." 퀜트 백작은 그렇게 말하며 비웃듯 덧붙였다. "대신 개신교의 성직자를 보내드리죠. 진정한 신앙으로 당신을 인도할 수 있도록 말입니다." 물론 메리 스튜어트는 단호히 거절했다. 죽음을 통해 전 세계 가톨릭 신자들 앞에서 자신의 신앙을 증언하려는 바로 이 순간에, 이단의 성직자에게 '참된 믿음'에 대해 훈계를 받는다는 것은 받아들일 수 없는 일이었다. 그러나 모욕적인 제안보다 더욱 잔혹한 것은 형 집행을 미뤄달라는 청마저 거절당한 일이었다. 오직 하룻밤만이 허락되었기에, 그녀에게 남겨진 마지막 시간은 숨 돌릴 틈조차 없이 빠듯했다. 불안에 잠길 여유도, 두려움에 머물 틈도 없었다. 언제나 그렇듯 죽음을 앞둔 이에게 주어지는 시간은 너무도 짧다. 그것이야말로 신이 인간에게 베푸는 마지막 자비일지도 모른다.

메리 스튜어트는 예전에는 알지 못했던 침착함과 신중함으로 마지막 시간을 정갈히 나누어 썼다. 위대한 여왕으로서 그녀는 품위 있는 죽음을 맞고자 했다. 타고난 미적 감각, 그리고 위기 앞에서도 흐트러지지 않았던 고결한 품위를 지닌 그녀는 자신의 마지막 순간을 하나의 축제처럼, 승리처럼, 장엄한 의식처럼 준비했다. 그 무엇도 즉흥적이어서는 안 된다. 그 무엇도 우연이나 감정에 맡겨서는 안 된다. 군주

다운 위엄과 아름다움으로 연출되어야 한다. 평소보다 조금 이른 시간
에 식사를 주문한 것도 조용히 편지를 쓰고 생각을 정리할 시간을 갖
기 위함이었다. 그리고 그 만찬은 자연스럽게 '최후의 만찬'의 상징으
로 변모했다. 식사가 끝나자 그녀는 하인들을 둘러 앉히고 한 잔의 포
도주를 청했다. 무릎을 꿇은 신하들 앞에서, 그녀는 맑고 엄숙한 얼굴
로 잔을 들어올렸다. 그들의 평안을 기원하며 잔을 비운 뒤, 그녀는 짧
은 연설을 시작했다. 가톨릭 신앙을 지키고, 서로 화합하며 살아가라
고 모두에게 간곡히 당부했다. 그리고 마치 성인의 전기 속 한 장면처
럼 그녀는 거기 모인 이들 한 사람 한 사람에게 고개 숙여 사과했다.
의도했든 그렇지 않든, 과거에 저질렀을지도 모를 모든 잘못에 대해 용서를 구했다. 그리고 정성스레 고른 반지와 보석, 목걸이와 레이스 장식을 선물했다. 생의 마지막을 아름답게 장식하던 작은 물건들이 하나씩 신하들의 손에 쥐어졌다. 무릎을 꿇은 채 눈물 어린 침묵 속에서 선물을 받아든 이들의 슬픔은 결국 그녀의 마음까지 흔들어 놓았다.

마침내 메리 스튜어트는 자리에서 일어나 자신의 방으로 향했다. 책상 위에는 촛불이 환하게 밝혀져 있었다. 아침이 오기 전에 할 일이 많았다. 유언장을 다시 살펴야 했고, 다가올 장엄한 여정을 위한 준비를 마쳐야 했으며, 마지막 편지들을 써야 했다. 가장 중요한 것은 고해 신부에게 자신을 위해 기도해 달라고 청하는 것이었다. 신부는 불과 두세 방 너머에 머물고 있었지만, 켄트 백작은 맹렬한 광신에 사로잡혀 위로를 전할 수도 없게 막아두었다. 메리 스튜어트에게 마지막 종부성사를 행하지 못하도록 신부가 방 밖으로 나오는 것조차 금지한 것이다.

그다음, 그녀는 친족들에게 편지를 썼다. 프랑스 국왕 앙리 3세와 기즈 공작에게 편지를 썼다. 마지막 순간, 그녀의 마음을 무겁게 짓누르는 걱정은 자신이 세상을 떠난 뒤 프랑스에서 지급되던 연금이 끊기면 하인들이 아무런 보호도 받지 못한 채 남겨질지도 모른다는 것이었다. 그러나 이 걱정은 곧 그녀의 품격을 드러내는 영예이기도 했다. 그녀는 남은 유산을 정리하고 하인들에게 남긴 유품들을 전달해 달라고 프랑스 국왕에게 간청했다. 그리고 가톨릭의 여왕으로서 '믿음을 지킨 채 모든 것을 빼앗긴 여인'을 위해 연미사를 지내 달라고 부탁했다. 필리프 2세와 교황에게는 미리 편지를 보내두었다. 이제 단 한 사람, 엘리자베스만 남아 있었다. 그러나 그녀에게는 한 마디도 쓰

메리 스튜어트가 자신의 물건들을 나누어 주는 모습

지 않았다. 그녀에게 청할 것도 감사할 것도 없었다. 오직 자존심에 찬 침묵으로 옛 적수에게 마지막 부끄러움을 안기고, 찬란한 죽음으로 답하고자 했다.

자정이 되고 나서도 한참이 지나서야 자리에 누웠다. 살아서 할 일은 다 했다. 영혼은 지친 육신에 몇 시간 더 머물며 마지막으로 손님으로서의 권리를 누리고자 했다. 방 한구석에서는 하녀들이 앉아서 입술을 깨물고서 기도를 올리고 있었다. 차마 그녀의 잠을 방해하고 싶지 않았던 것이다. 그러나 메리 스튜어트는 잠을 이루지 못했다. 눈을 뜬 채 고요한 밤을 응시하고 있었다. 다만 내일 더욱 굳건한 죽음을 마주하기 위해, 오직 그 순간을 위해 그녀는 지친 육신을 잠시 쉬게 할 따름이었다.

메리 스튜어트는 살아생전 수많은 의식을 위해 자신을 치장해왔다. 대관식과 세례식, 혼례와 기사들의 유희, 원정과 전쟁, 사냥과 연회, 무도회와 마상시합. 아름다움이 세상에 미치는 위력을 누구보다 잘 알고 있었기에 언제나 화려한 예복을 갖춰 입었다. 그러나 죽음을 위한 이 순간보다 더 정성껏 치장을 한 적은 없었다. 그녀는 분명 수일 혹은 수주에 걸쳐 죽음을 위한 가장 품위 있는 의식을 고안하고, 그 모든 세부 사항을 치밀하게 결정했을 것이다. 장례를 위한 전례라는, 이제껏 존재한 적 없는 새로운 의식을 위해 자신이 가진 옷 하나하나를 꼼꼼히 살펴보며 마땅한 예복을 골랐으리라. 죽음을 향해 나아가는 마지막 행렬에서도 여왕은 한 여인으로서 마지막 자존을 담아, 모든 시대에 본보기가 되려는 듯했다. 어떻게 품위 있는 군주가 단두대로 나아가야 하는지를 보여주기 위해서 말이다.

그날 아침 여섯 시부터 여덟 시까지, 그녀의 시녀들은 꼬박 두 시간을 들여 여왕을 입혔다. 그녀는 추레한 옷에 몸을 떨며 죽음 앞에 선 죄인의 모습으로 보이고 싶지 않았다. 그녀는 자신을 위한 가장 근엄한 예복을 골랐다. 짙은 갈색 벨벳에 검은 담비털을 두른 드레스, 우아하게 솟은 흰 깃과 아래로 흘러내리는 소매. 그 위에는 검은 실크 망토를 걸쳤고, 망토의 끝은 집사 멜빌이 두 손으로 조심스레 들고 따라야 할 만큼 길었다. 새하얀 베일은 정수리에서부터 발끝까지 흘러내렸고, 정교한 보석으로 장식된 묵주가 지상의 모든 장식을 대신했다. 새하얀 모로코 가죽으로 만든 신발은 그녀의 발걸음을 조용하게 감싸주며, 그 침묵의 길을 함께할 것이다. 그녀는 마지막 순간 눈을 가릴 손수건 또한 궤짝에서 직접 꺼냈다. 황금 술 장식이 달린 아주 얇은 천이었다. 아마도 그녀가 직접 수를 놓았을 것이다. 마치 오케스트라처럼 모든 요소가 이 장엄한 순간을 향해 조율되어 있었다. 그리고 그녀는 이 어두운 의복을 낯선 사내들 앞에서 벗어야 할 순간까지도 미리 생각해 두었다. 그래서 마지막 순간을 위해 붉은색 속옷을 준비했고, 팔뚝까지 오는 진홍색 장갑을 마련했다. 단두대 위에서 도끼가 그녀의 목덜미를 향할 때 튀어 오를 피가 너무 눈에 띄지 않도록 하기 위함이었다. 역사상 이토록 고귀하고 예술적으로 죽음을 맞이한 이는 없었다.

아침 8시, 문을 두드리는 소리가 들렸다. 그러나 메리 스튜어트는 대답하지 않았다. 그녀는 기도 의자 앞에 무릎 꿇은 채, 임종을 앞둔 자를 위한 기도를 또렷한 목소리로 바치고 있었다. 기도를 마친 뒤에야 비로소 자리에서 일어났다. 두 번째로 문을 두드리는 소리에 시녀가 문을 열자, 집행관이 흰 지팡이를 손에 들고 들어왔다. 그는 깊이 고개를 숙이며 정중하게 말했다.

"마담, 귀족들께서 기다리고 계십니다. 모시고 오라고 저를 보내셨습니다."

"가시지요." 메리 스튜어트가 대답했다. 그리고 천천히, 죽음을 맞을 준비를 마쳤다.

이제 마지막 길이 시작되었다. 류머티즘으로 굳은 팔다리를 이끌며, 좌우에서 시종들의 부축을 받고 천천히 걸음을 내딛었다. 그녀는 세 겹으로 자신을 무장했다. 두려움의 어떤 공격도 자신을 흔들 수 없도록 믿음의 무기를 몸에 지녔다. 목에는 황금 십자가를 걸고, 허리에는 보석이 박힌 묵주가 드리워졌으며, 손에는 상아로 조각된 십자가를 단단히 쥐고 있었다. 한 여왕이, 가톨릭 신앙 안에서, 가톨릭 신앙을 위해 죽음을 맞이한다는 것을 드러내기 위함이었다. 그녀의 젊은 날을 짓눌렀던 과오와 어리석음, 그리고 살인을 알고도 방조했던 이가 이제 형장의 길을 걷고 있다는 사실은 잊히길 바랐다. 대신, 가톨릭 신앙을 위한 순교자로서 이단자들의 손에 희생된 제물로 영원히 기억되기를 원했다.

미리 계획된 대로 그녀의 시종들은 여왕을 문 앞까지만 부축했다. 단두대에 이르는 길목에서조차 주군의 손을 잡고 나아가는 일이, 마치 그 죽음에 동조하는 것처럼 보일 수 있기 때문이다. 방을 나선 메리 스튜어트는 계단 아래까지 폴레의 하급 병사 두 사람에게 부축을 받았다. 한 나라의 여왕을 사형장까지 이끄는 일, 그 잔혹한 일은 오직 그녀의 적들에게만 허락되었다. 곧 처형이 이루어질 큰 홀의 문 앞에,

그녀의 집사 앤드루 멜빌이 무릎을 꿇고 기다리고 있었다. 스코틀랜드 귀족인 그에게는 이 비극의 끝을 그녀의 아들에게 전하는 일이 맡겨져 있었다. 여왕은 그를 조용히 일으켜 세우고, 부드럽게 끌어안았다. 충직한 증인인 그의 존재는 마지막 걸음을 더 굳건히 내딛게 하는 위안이 되어주었다. "폐하께서 세상을 떠나셨다는 소식을 전하는 것이 제 생애 가장 고통스러운 사명이 될 것입니다."

그러자 메리 스튜어트는 담담하게 답했다. "차라리 기뻐해 주세요. 나는 마침내 모든 고통의 끝에 다다랐습니다. 가톨릭 신앙 안에서 죽음을 맞이하였고, 진실한 신자이자 스코틀랜드인이며, 왕녀로서의 품위를 끝까지 지켰다고 전해주세요. 나의 죽음을 바라던 자들에게도 주님께서 자비를 베푸시기를. 그리고 아들에게 나는 결코 그 아이에게 해가 되는 일을 한 적이 없으며, 우리의 왕권을 한 번도 내어준 적 없었다고 꼭 전해주세요."

이 말을 마친 그녀는 슈루즈베리와 켄트 백작을 향해서 시녀들이 처형에 참석할 수 있도록 해달라고 청했다. 켄트 백작은 이의를 제기했다. 그들이 울부짖거나 소란을 일으킬 수도 있고, 혹여 여왕의 피에 손수건을 적시는 불경한 행위로 문제를 일으킬지도 모른다는 이유였다. 그러나 메리 스튜어트는 마지막 소원을 결코 포기하지 않았다.

"내 말을 믿으세요. 그들은 결코 그런 행동을 하지 않을 것입니다. 그리고 당신의 여왕도 다른 여왕이 마지막 순간에 여자들의 도움을 받는 일을 금하지는 않으리라고 확신합니다. 그녀가 그렇게 가혹한 명령을 내렸다고는 절대로 생각할 수 없어요. 하물며 나는 그녀의 가장 가까운 혈족이자, 헨리 7세의 피를 이은 자이며, 프랑스의 왕비였고,

484

스코틀랜드의 여왕입니다."

두 백작은 잠시 상의한 끝에 그녀가 네 명의 시종과 두 명의 여인을 동반할 수 있도록 허락했다. 그것으로 충분했다. 그녀는 가장 신뢰하는 시종들과 옷자락을 조심스레 받쳐 드는 멜빌을 거느리고 집행관, 슈루즈베리 백작, 켄트 백작의 뒤를 따라 포더링게이 성의 커다란 홀로 걸음을 옮겼다.

지난밤 동안 이 홀에서는 망치질 소리가 끊이지 않았다. 테이블과 의자들을 치우고 홀의 한쪽 끝에 처형 제단이 세워졌다. 검은 천으로 덮인 단상은 마치 장례식의 관대처럼 꾸며져 있었다. 중앙에는 단두대가 놓여 있고, 그 앞에는 검은 방석을 얹은 검은 걸상이 미리 준비되어 있었다. 여왕은 바로 그 자리에 무릎을 꿇고 죽음을 맞아야 한다. 양쪽에는 엘리자베스를 대신해 형 집행을 감독할 슈루즈베리 백작과 켄트 백작의 의자가 놓여 있었다. 벽에는 형벌을 집행할 두 명의 형리가 서 있었다. 그들은 검은 벨벳 옷을 입고 검은 가면으로 얼굴을 가린 채, 경직된 모습으로 꼼짝 않고 서 있었다. 이 장엄하고도 섬뜩한 무대에 발을 들일 수 있는 이는 오직 희생자와 형리뿐이다. 홀의 뒤편에는 이 장면을 지켜보기 위한 이들로 북적였다. 폴레가 이끄는 병사들이 세운 차단선을 너머, 주변에서 급히 달려온 이백여 명의 귀족들이 자리를 잡았다. 여왕이 형장의 이슬로 사라지는, 지금껏 한 번도 본 적 없는 이 전대미문의 광경을 목격하려는 사람들이었다. 성 밖의 폐쇄된 문 앞에도 수백 명의 민중이 몰려들었다. 전해진 소문에 몰려온 이들이다. 하지만 그들에게는 이 순간을 지켜보는 것이 허락되지 않았다. 왕의 피가 흘러내리는 장면을 지켜볼 자격은 오직 귀족의 피를 지닌 자들에게만 주어졌다.

메리 스튜어트는 고요한 걸음으로 홀에 들어섰다. 태어날 때부터 여왕으로 살아온 그녀는 언제나 위엄을 잃지 않는 법을 배워온 그녀였다. 그녀는 고개를 높이 들고 단상의 두 계단을 올랐다. 열다섯의 나이로 프랑스의 왕좌에 올랐을 때도, 랭스 대성당의 제단을 향해 걸어갔을 때도 마찬가지였다. 만일 그녀의 운명을 비추는 별들이 다르게 빛났다면, 잉글랜드의 왕좌를 향해 오르던 날에도 이랬을 것이다. 그녀는 프랑스 왕과 스코틀랜드 왕의 곁에서 사제의 축복을 받았던 그때처럼, 이 마지막 순간에도 겸허하면서도 품위를 잃지 않은 채 고개를 숙였다. 이번에는 죽음이라는 축복을 받아들이기 위해서였다. 사형 선고가 다시 낭독되는 동안 그녀는 한 치의 동요도 없이 고요히 귀를 기울였다. 오히려 그 얼굴에는 부드러운, 어쩌면 안도에 가까운 표정이 감돌았다. 그녀의 오랜 적수였던 윙필드조차도 세실에게 보낸 보고서에 이렇게 적었다.

"그녀는 마치 은혜로운 소식을 듣는 사람처럼 사형 선고를 받아들였습니다."

그녀에게는 아직 마지막 시련이 남아 있었다. 메리 스튜어트는 이 마지막 순간을 순결하고도 위엄 있게 마무리하고자 했다. 자신의 죽음을 믿음의 횃불로, 가톨릭 순교의 장엄한 불꽃으로 세계 앞에 남기고 싶었던 것이다. 그러나 개신교 귀족들은 그녀의 마지막 몸짓이 경건한 신앙의 고백으로 승화되는 것을 두려워했다. 그들은 끝내 임종의 위엄

마저도 사소한 모욕들로 깎아내리려 했다. 처형장으로 향하는 짧은 길에서 메리는 몇 번이고 뒤를 돌아보았다. 혹시라도 자신의 고해신부가 군중 사이에 섞여 있는 것은 아닐까, 단 한 번의 눈짓으로라도 고해와 축복을 나눌 수 있기를 기대하면서 말이다. 그러나 그 희망은 끝내 이루어지지 않았다. 신부는 여전히 갇혀 있었고, 그녀는 축복 없이 죽음을 받아들일 준비를 해야만 했다.

바로 그때, 단두대 위로 한 인물이 모습을 드러냈다. 피터버러의 개신교 목사, 플레처 박사였다. 그녀의 젊은 시절을 뒤흔들고, 그녀의 운명을 파국으로 몰아넣었던 두 종교의 참혹한 대립이 마침내 마지막 자리까지 따라온 것이다. 메리는 이미 세 차례나 개신교 설교자의 조력을 정중히 거절했다. 끝까지 가톨릭 신앙을 지키며, 고독 속에서 죽음을 맞이하고자 한 그녀였다. 하지만 개신교도들 역시 이 죽음을 자신들의 신앙을 드러낼 기회로 삼았다. 플레처는 자애로운 목소리로 그녀의 영혼을 걱정하는 듯했지만, 정작 그가 입을 여는 순간부터 그것은 단지 준비해온 설교문의 낭독일 뿐이었다. 그는 죽어가는 여인의 뜻을 존중할 생각이 전혀 없었고 그토록 신분이 높은 청중 앞에서 설교를 하게 된 것을 영광으로 여겼다. 메리는 고요한 이별을 준비하고 있었으나 그의 설교는 끝날 기미가 보이지 않았다. 세 번, 네 번이나 그녀는 정중히 말했다.

"애쓰실 것 없습니다. 저는 로마 가톨릭 신앙 안에서 죽기를 원하며, 지금 이 순간 제 피를 그 신앙을 위해 흘릴 수 있도록 허락하신 하느님께 감사드립니다." 그러나 플레처는 멈추지 않았다. 메리는 마침내 두 손에 십자가와 기도서를 들고 무릎을 꿇었다. 그리고 신성한 언어

>··● 메리 스튜어트의 마지막 순간

로 개신교 설교를 덮으려는 듯, 라틴어로 기도를 올리기 시작했다.

단두대를 코앞에 둔 자리에서 사람들은 함께 하느님께 기도하는 대신, 또다시 신앙으로 맞섰다. 슈루즈베리 백작과 켄트 백작, 그리고 많은 이들은 영어로 기도했고, 메리 스튜어트와 그녀의 시종들은 라틴어로 기도했다. 마침내 플레처가 침묵하자 짧은 고요가 장내를 감쌌다. 그제야 메리가 다시 입을 열었다. 이번에는 영어로 그리스도의 교회가 겪는 고난을 위한 중보의 기도를 바쳤다. 그리고 가슴에 십자가를 꼭 껴안은 채 고백했다.

"저는 이 십자가를 위해, 그리고 이 십자가 위에 피 흘리신 예수 그리스도의 피로 구원받기를 희망합니다. 그분을 위해 제 피를 기꺼이 바칠 준비가 되어 있습니다."

그 순간, 켄트 백작이 소리쳤다. "그 가톨릭 미신은 이제 그만두시오!" 하지만 이제 그녀는 이미 모든 세속의 다툼에서 멀리 떠나 있었다. 어떤 말에도, 어떤 눈길에도 응답하지 않았다. 대신 또렷한 목소리로 마지막 기도를 올렸다.

"저의 피를 그토록 갈망해 온 모든 이들을 저는 마음 깊이 용서하며, 그들이 진리로 인도되기를 하느님께 기도합니다."

정적이 감돌았다. 메리 스튜어트는 이제 무엇이 다가오는지를 알고 있었다. 그녀는 마지막으로 십자가에 입을 맞추고 성호를 그으며 말했다.

"예수 그리스도시여, 당신께서 이 십자가 위에서 두 팔을 벌리셨듯, 저 또한 그 자비의 품 안에 안아주시고, 제 모든 죄를 용서하소서. 아멘."

중세는 잔혹하고 폭력적인 시대였다. 그러나 그렇다고 해서 영혼이 결여된 시대는 아니었다. 오히려 그 시대의 어떤 관습은 오늘날보다 더 깊이 자신들의 비인간성을 자각하고 있었다. 당시의 처형은 아무리 야만적이라 해도, 공포의 한가운데에서 잠시나마 인간적인 숭고함이 깃드는 순간을 품고 있었다. 형리는 누군가를 죽이거나 고문하기 전에 살아 있는 육신에 죄를 짓는다는 사실에 대해 반드시 그 희생자에게 용서를 구해야 했다. 검은 가면을 쓴 형리와 그의 조수가 메리 스튜어트 앞에 무릎을 꿇었다. 그들은 어쩔 수 없이 그녀에게 죽음을 안기게 되었음을 사죄하며 용서를 청했다. 그러자 메리는 조용히 응답했다. "진심으로 당신들을 용서합니다. 이 죽음이 내 모든 고통을 끝내주는 순간이 되기를 희망합니다." 그제야 형리와 조수는 일어나 묵묵히 마지막 준비를 시작했다.

두 시녀가 조심스레 메리 스튜어트의 옷을 벗기기 시작했다. 메리 스튜어트는 목에 걸려 있던 아뉴스 데이(어린양) 목걸이를 단호한 손길로 풀어냈다. 적수 세실의 전언에 따르면 마치 이 세상을 급히 떠나려는 사람처럼 서둘러 움직였다고 한다. 검은 망토와 짙은 옷이 어깨에서 흘러내리자, 붉은 비단으로 된 속옷이 눈부시게 드러났다. 시녀들이 소매 위로 붉은 장갑을 끼워주자 그녀는 마치 불꽃처럼 선명한 모습으로 서 있게 되었다. 피의 빛으로 타오르는 듯한 그 모습은 찬란하고도 잊을 수 없는 광경이었다. 작별의 시간이 다가왔다. 여왕은 시녀들을 껴안으며 너무 큰 소리로 울거나 슬퍼하지 말라고 조용히 일러주었다. 방석 위에 무릎을 꿇은 그녀는 또렷한 목소리로 라틴어 시편을 읊었다. "In te Domine, confido, ne confundar in aeternum." ("주님, 당신을 믿사오니. 저를 영원토록 부끄럽지 않게 하소서.")

이제 할 일은 얼마 남지 않았다. 메리 스튜어트는 마지막으로 고개를 숙여 도마 위에 이마를 얹었다. 죽음을 사랑하는 연인처럼 두 팔로 그것을 꼭 껴안았다. 그녀는 끝까지 여왕으로서의 위엄을 잃지 않았다. 두려움의 기색은 손끝 하나, 말 한 마디에서도 느껴지지 않았다. 스튜어트와 튜더, 기즈의 피를 이은 여인으로서 그녀는 담대히 죽음을 맞을 준비를 마쳤다. 그러나 인간의 품위란, 살해라는 본질적인 참혹함 앞에서는 무력해진다. 수많은 책과 기록들은 마치 살아 있는 사람의 처형이 고결하고 낭만적일 수 있다는 듯이 거짓말을 한다. 그러나 단두대의 도끼는 언제나 죽음을 참혹한 공포와 잔혹한 도살로 바꿔 놓는다.

첫 번째 도끼는 어긋나 그녀의 목덜미를 가르지 못하고 무디게 뒤통수를 가격할 뿐이었다. 쉰 숨소리와 신음이 그녀의 입에서 새어나왔지만 그마저도 고요했다. 두 번째 타격이 깊숙이 목덜미를 가르고, 핏물이 사방으로 튀어 올랐다. 그리고 마침내 세 번째 도끼질에 머리가 몸에서 떨어졌다.

그러나 참혹함은 거기서 그치지 않았다. 형리가 잘린 머리를 들어 군중에게 보이려는 순간, 손에 쥔 것은 가발뿐이었다. 머리는 분리되어 핏물에 젖은 채로 둔탁한 소리를 내며 나무 바닥을 굴렀다. 그제야 다시 들어 올려진 얼굴을 통해 사람들은 비로소 그것이 한 노파의 머리였다는 것을 깨달았다. 짧게 잘린 잿빛 머리칼이 드러났다. 섬뜩한 광경 앞에서 관중은 한순간 얼어붙었다. 숨도, 말도 멎은 채 살육의 참상만이 홀 안을 지배했다. 그리고 마침내 피터버러의 목사가 입을 열었다. 겨우 짜내듯 내뱉은 한마디였다.

"여왕 폐하 만세."

창백하고 낯선, 석회처럼 하얀 머리가 생기 없는 눈으로 귀족들을 바라보고 있었다. 주사위가 다르게 굴러갔다면, 그들은 그녀의 가장 충직한 신하이자 가장 열렬한 충복이 되었을 이들이었다. 입술은 여전히 경련을 일으켰다. 죽음의 공포를 끝까지 억눌렀던 그 입술이 죽은 지 15분이 지난 지금까지도 떨리고 있었다. 끔찍한 광경을 가리기 위해 메두사 같이 잘린 머리 위에 서둘러 검은 천을 덮었다.

홀 안에는 여전히 말이 없었다. 죽음의 정적 속에서 하인들이 그 어두운 짐을 옮기려 들자, 뜻밖의 일이 침묵을 깼다. 형리가 피로 물든 몸을 들려는 찰나, 옷자락 아래에서 무언가가 꿈틀거렸다. 그 누구도 눈치채지 못했지만, 여왕의 작은 애완견이 주인을 따라 몰래 들어와 그녀 곁에 꼭 붙어 있었던 것이다. 강아지는 피에 흠뻑 젖어 이제야 뛰쳐나왔다. 짖고, 물고, 울부짖으며 그 시신 곁을 떠나려 하지 않았다. 하인들이 억지로 떼어내려 했지만 잡히지도 않고, 달래서도 움직이지 않았다. 그 작은 짐승은 그녀의 피로 얼룩진 검고 거대한 짐승들, 처형인들에게 분노와 슬픔으로 사납게 달려들었다. 수천의 맹세보다도, 아들의 피보다도, 그 무엇보다도 깊고도 열렬하게 이 작은 생명이 마지막까지 그녀를 위해 싸우고 있었다.

메리 스튜어트의 처형

에필로그
1587년-1603년

그리스 비극에서는 언제나 무겁고 어두운 비극 뒤에 짧고 방탕한 사티로스극이 따라온다. 메리 스튜어트의 비극 또한 예외는 아니다. 그녀의 머리가 떨어진 것은 2월 8일 아침이었다. 그로부터 하루가 지난 다음 날 아침, 런던 전역이 이 소식을 알게 되었다. 도시는 물론이고 나라 전체가 이 소식을 듣고 열광했다. 그토록 예민하던 여왕의 귀가 갑자기 먹지만 않았다면, 엘리자베스는 분명 묻고 싶었을 것이다. 자신의 백성들이 왜 달력에 없는 축제를 열렬히 벌이고 있는지를 말이다. 그러나 그녀는 현명하게도 묻지 않았다. 알지 못한다는 마법의 망토로 자신을 더욱 단단히 감쌌다. 공식적으로 그녀는 아직까지 메리의 처형에 대해 통보받지 못한 상태였다. 아니, 그 소식을 '뜻밖의 일'처럼 맞이하고 싶어 했다.

아무것도 모르는 여왕에게 '사랑하는 자매'의 처형 사실을 알리는 임무를 맡게 된 사람은 세실이었다. 그 역시 마음이 편치 않았다. 지난 20년 동안 이와 비슷한 일이 있을 때마다 그는 여왕의 노여움을 온몸으로 받아냈다. 그 분노가 진심이었는지 혹은 정치적 연기였는지는 때마다 달랐지만 말이다. 이번에도 그는 차분한 얼굴 뒤로 스스로를 단단히 다잡고 군주의 알현실로 향했다.

그러나 이어진 광경은 그동안 그가 겪은 어떤 장면과도 달랐다. "뭐라고? 나도 모르는 사이에, 내 명령도 없이 메리 스튜어트를 처형했단 말인가?" 엘리자베스는 참담한 목소리로 외쳤다. "그럴 리가 없어! 믿을 수 없구나! 나는 외국의 적이 잉글랜드 땅을 쳐들어오지 않는 한 절대로 그런 일을 하지 않을 생각이었어!" 그리고는 쉼 없이 분노를 퍼부었다.

"나를 속이고 배신하다니. 이제 내 명예도, 내 명성도 세상 앞에서 완전히 더럽혀졌구나. 이 교활하고 비열한 처형이 모든 걸 망쳐버렸어. 아아, 불쌍한 자매여… 가엾은 메리, 한낱 오해와 비열한 음모의 희생양이 되었구나." 엘리자베스는 마치 광기에 휩싸인 사람처럼 흐느끼고 소리치고 발을 굴렀다. 그녀는 백발의 남자를 꾸짖었다. 그리고 그와 다른 국무회의 위원들에게 감히 자신의 허락도 없이, 자신이 서명한 사형을 집행했다며 거칠게 분노를 퍼부었다.

세실과 그의 동료들은 단 한 순간도 의심하지 않았다. 엘리자베스가 자신이 교묘하게 주도한 이 '불법적인' 국정 행위를 언젠가는 하위 관료의 실수로 돌려 책임을 회피하려 하리라는 점을 말이다. 그들은 여왕이 그런 식의 '의도된 불복종'을 원한다는 것을 알고 있었고, 그래서 뜻을 모아 서로 협력하며 그녀에게서 책임이라는 '짐'을 덜어주려 했던 것이다. 그러나 그들은 엘리자베스가 그러한 회피 논리를 오직 대외적으로만 사용할 것이며, 밀실에서는 경쟁자를 신속히 제거해 준 자신들에게 고마움을 표할 것이라 믿었다.

하지만 엘리자베스는 이 '연기된 분노'를 너무나 철저히 준비해왔기 때문에, 그것은 이제 그녀의 의지를 넘어, 혹은 그녀의 의지와는 무관하게 진짜 분노로 변해버렸다. 지금 세실의 머리 위로 쏟아지는 것은 단지 연극 무대의 천둥소리가 아니라, 진심에서 터져나오는 우레 같은 분노, 모욕의 폭풍, 욕설의 폭우였다. 엘리자베스는 자신의 가장 충직한 조언자에게 손찌검을 할 정도로 격노하며 믿을 수 없는 언사로 그를 모욕했다. 결국 원로 고문이었던 세실은 사직을 청했고 실제로 여왕은 그가 지나치게 앞서나갔다는 죄목으로 한동안 궁정 출입을 금지시켰다.

모든 일의 진짜 주도자였던 월싱엄이 얼마나 치밀하고 예견적으로 행동했는지가 이제야 분명히 드러난다. 그는 결정적인 며칠 동안 실제로 아팠거나, 아픈 척하며 자리를 피해 있었다. 그 덕분에 왕의 분노는 전부 그의 대리인이었던 불쌍한 데이비슨에게 쏟아졌다. 그렇게 데이비슨은 희생양이 되었고 엘리자베스의 결백을 입증하기 위한 본보기로 지목되었다. 엘리자베스는 데이비슨에게 사형 집행 명령서를 전달하고, 국새를 찍도록 허락한 적이 결코 없었다고 단호하게 주장했다. 그는 여왕의 뜻과 명령을 어기고 제멋대로 행동했으며, 그런 뻔뻔함으로 인해 자신에게 헤아릴 수 없는 피해를 입혔다고 단언했다. 그녀의 명령에 따라 법원에서 데이비슨에 대한 공개 고발이 이루어졌다. 그것은 유럽을 향한 일종의 공식적인 선언이기도 했다. 즉, 메리 스튜어트의 처형은 오로지 이 한 명의 악인의 책임이며, 엘리자베스는 그 일에 대해 아무것도 몰랐다는 것이다.

　물론 처음에 함께 책임을 지겠다고 맹세했던 국무회의 의원들은 그를 비열하게 저버렸다. 그들은 오직 자신들의 직책과 이권만을 지키는 데 급급했을 뿐, 이 왕실의 폭풍 속에서 동료를 구할 생각은 없었다. 엘리자베스의 명령을 따랐다고 주장하는 데이비슨에게는 그의 결백을 증언해 줄 이가 없었다. 그를 둘러싼 것은 오직 말 없는 벽뿐이었기에, 그는 만 파운드라는 감당할 수 없는 벌금형을 선고받고 투옥되었다. 훗날 은밀히 연금이 지급되긴 했지만 엘리자베스가 살아있는 한 궁정에 모습을 드러낼 수 없었다. 그의 출세는 끝났고 삶은 망가졌다. 권력자의 숨은 뜻을 헤아리지 못하는 일은 신하에게 언제나 위험한 일이지만, 때로는 너무 정확히 이해하는 것이 그보다 더 치명적이다.

　엘리자베스의 결백과 무지에 관한 그럴싸한 동화는 너무나 뻔뻔하게 꾸며진 이야기라서 당대 사람들에게조차 사실로 받아들여지기 어려운 것이었다. 그리고 이 환상적인 이야기를 나중까지 믿게 되는 사람은 어쩌면 단 한 사람뿐이었는데, 엘리자베스 자신이었다. 히스테리적 성향을 지닌 인물들의 가장 기묘한 특성 중 하나는 놀라울 만큼 능숙하게 거짓말을 할 수 있을 뿐만 아니라, 자기 자신에게도 거짓말을 할 수 있다는 점이다. 그들이 믿고 싶어 하는 것은 결국 그들에게는 '진실'이 되며, 그들의 '증언'은 때로 세상에서 가장 진실된 거짓말이 되어버린다. 그래서 더욱 위험하다. 엘리자베스가 모든 사람들 앞에서 메리 스튜어트의 처형을 결코 명령하지도 않았고, 심지어 원한 적도 없다고 단언했을 때, 그녀는 아마 스스로를 완전히 진심이라고 느끼고 있었을 것이다. 실제로 그녀 안에는 이 처형을 바라지 않았던 절반의 의지가 있었고, 그 '원치 않음'의 기억이 점차 그녀가 이 비열한 행위에 부분적으로나마 공모했다는 기억을 밀어내고 있었다. 메리의 사형 소식을 접했을 때 보인 분노는 물론 연극처럼 사전에 준비된 것이기도 했지만 동시에 진심에서 우러나온 분노이기도 했다(그녀의 본성은 늘 양면적이다). 그것은 자신의 순수한 본능을 스스로 짓밟았다는 사실에서 비롯된 자책과, 자신을 이 일에 끌어들였으면서도 책임에서 벗어날 방법을 제대로 찾아내지 못한 세실에 대한 원망에서 나온 분노였다.

엘리자베스가 이 처형이 자신의 뜻에 반해 일어난 일이라고 되뇌이고 또 그렇게 믿고자 하는 자기암시에 너무나도 몰두한 나머지, 그녀의 말에 설득력이 느껴질 정도였다. 그녀가 상복을 입은 채 프랑스 대사를 접견하며 "내 아버지의 죽음도, 내 자매의 죽음도 이토록 내 마음을 건드리진 못했소."라고 호소하고, "나는 적들에 둘러싸인 가련하고 나약한 여인일 뿐이오."라고 말했을 때 그것은 더 이상 단순한 연극이나 거짓말처럼 보이지 않았다. 그리고 만약 이런 비열한 짓을 꾸민 국무회의 의원들이 그토록 오랜 충신이 아니었더라면 그들의 목을 단두대에 올렸을 것이라고 덧붙였다. 자신은 단지 국민을 달래기 위해 사형 판결서에 서명했을 뿐이며, 외국의 군대가 잉글랜드에 침입하지 않는 한 그 판결을 집행하지 않았을 것이라고 주장했다.

메리 스튜어트의 처형을 결코 원한 적이 없었다는 주장은 엘리자베스가 스코틀랜드 왕 제임스 6세에게 보낸 편지에서도 반복된다. 그녀는 이 모든 일이 자신의 뜻과는 전혀 다르게, 자신의 동의도 없이 벌어진 '비열한 오해'였다며 슬픔을 호소했다. 그녀는 하나님을 증인으로 삼아 "이 일에 있어 나는 결백하다"고 맹세하며 제임스 6세의 어머니를 처형할 생각은 단 한 번도 해본 적이 없었다고 주장했다. 비록 조언자들이 날마다 귀를 틀어막을 만큼 끊임없이 압박을 가했음에도 불구하고 말이다. 그리고 자신이 데이비슨을 희생양으로 내세워 책임을 전가하고 있다고 의심할지 모른다는 점을 의식한 듯, 그녀는 이렇게 단호하게 덧붙였다. "내가 스스로 명령한 일을 다른 사람에게 떠넘길 권한을 가진 사람은 세상에 없다."

그러나 제임스 6세는 진실을 알고 싶어 하지 않았다. 그가 지금 바라는 것은 오직 하나, 어머니의 생명을 적극적으로 지키지 않았다는 의혹을 잠재우는 것이었다. 물론 그는 어머니의 죽음을 당장 수긍할 수 없었기에 엘리자베스처럼 놀라움과 분노를 가장해야 했다. 엘리자베스가 보낸 사절은 스코틀랜드 땅에 발도 들일 수 없게 되었고, 여왕의 편지는 국경 도시 베릭에서 직접 파견한 사절을 통해 전달되었다. 세상은 제임스 6세가 어머니를 죽인 자들에게 복수하려 한다고 믿어야 했다.

하지만 런던 측은 이미 격분한 아들이 처형 소식을 조용히 삼키도록 만들기 위한 완벽한 소화제를 준비해 두었다. 세상 사람들을 향해 연출된 엘리자베스의 편지와 동시에, 비공개 서한이 에든버러로 발송되었다. 그 서한에서 월싱엄은 스코틀랜드의 재상에게 제임스 6세가 잉글랜드 왕위 계승권자로 확정되었다는 점을 확인시켜 주었다. 이로써 어두운 거래가 완벽하게 마무리되었다. 겉으로는 깊이 분노한 듯 보였던 제임스에게 이 달콤한 묘약은 놀라운 효과를 발휘했다. 그는 동맹 파기에 대해 더 이상 언급하지 않았다. 어머니의 시신이 교회 구석에 여전히 매장되지 않은 채 방치되어 있다는 사실에도 무관심했다.

또한 프랑스 땅에 묻히고자 했던 어머니의 마지막 유언이 철저히 무시된 것에도 항의하지 않았다. 그는 마치 마법에 걸린 듯 어느새 엘리자베스의 무죄를 믿게 되었고 거짓된 오해에 관한 설명을 기꺼이 받아들였다. "당신은 그 불행한 사건에 대한 공모 혐의에서 벗어나게 되었습니다."라고 엘리자베스에게 써보냈다. 또한 엘리자베스의 명예로운 행적이 온 세상에 영원히 알려지기를 바란다고 썼다. 금세 희망찬 바람이 불어와 분노의 폭풍을 잠잠하게 했다. 그리고 그 순간부터, 어머니의 죽음을 명한 여인과 아들 사이에는 평화와 화합이 깃들었다.

도덕과 정치는 각기 다른 길을 간다. 그렇기에 어떤 사건을 평가할 때도 인도주의의 관점에서 보느냐 정치적 이익의 관점에서 보느냐에 따라 완전히 다른 수준의 판단이 내려지게 된다. 도덕적으로 보자면 메리 스튜어트의 처형은 결코 정당화될 수 없는 행위였다. 평화의 시기에 모든 국제법에 반하여 이웃 나라의 여왕을 억류했고, 몰래 올가미를 쳐 놓은 뒤 가장 교활한 방식으로 스스로 걸려들게 만들었기 때문이다. 하지만 국가적이고 정치적인 관점에서 보면 메리 스튜어트를 제거한 것은 잉글랜드에게 옳은 선택이었다는 사실도 부인할 수 없다. 불행히도 정치에서는 어떤 조치의 정당성보다 성공 여부가 더 중요하기 때문이다. 메리 스튜어트의 처형은 정치적인 의미에서 성공이었고, 결과적으로 그 '살인'을 정당화해 주었다. 왜냐하면 그것은 잉글랜드와 여왕에게 불안이 아닌 평화를 가져다주었기 때문이다.

세실과 월싱엄은 이 힘의 균형을 정확히 읽어냈다. 그들은 외국의 국가들이 강력한 나라 앞에서는 늘 약해지고, 비겁하게도 그 나라의 폭력 행위나 범죄마저도 눈감아준다는 것을 알고 있었다. 그들은 이처형에 세상이 크게 동요하지 않을 것이라는 계산을 제대로 했고, 실제로도 그렇게 되었다. 프랑스의 앙리 3세는 미리 위협했던 것처럼 잉글랜드와의 외교 관계를 단절하지 않았다. 메리 스튜어트가 살아있던 시절 그녀를 구하는 일이 중요했을 때보다도 더 소극적이어서, 병사 한 명 보내지 않았다. 물론 노트르담 성당에서는 아름다운 장례 미사가 거행되었고 시인들은 애가 몇 편을 지었지만, 그것으로 메리 스튜어트는 프랑스에서 완전히 잊혀졌다. 스코틀랜드 의회에서는 약간의 소동이 있었고 제임스 6세는 상복을 입었지만 곧 엘리자베스 여왕이 준 말을 타고 사냥개들과 함께 사냥을 나가 즐거운 시간을 보냈다. 그리고 스코틀랜드는 잉글랜드의 가장 편리한 이웃이 된다.

오직 느릿느릿한 스페인의 필리프만이 마침내 결단을 내리고 무적함대를 준비했다. 그러나 그는 고립되어 있었고, 그의 맞은편에는 (모든 명장들이 그러하듯) 엘리자베스의 행운이 자리하고 있었다. 전투가 벌어지기도 전에 무적함대는 폭풍 속에서 스스로 무너졌고 오랫동안 계획되어온 가톨릭 반종교개혁의 공격은 자멸하고 만다.

엘리자베스는 마침내 승리를 거두었고, 메리 스튜어트의 죽음을 통해 잉글랜드는 최대의 위기를 넘어서게 된다. 방어의 시대는 끝났으며, 이제 잉글랜드 함대는 세계의 바다를 향해 뻗어나가 그것들을 하나의 거대한 제국으로 엮어갔다. 국가의 부는 나날이 불어났고, 엘리자베스 생애의 마지막 시기에는 새로운 예술이 찬란히 꽃피었다. 아이러니하게도 가장 끔찍한 결단을 내린 후에 그녀는 어느 때보다도 더 많은 찬탄과 사랑, 존경을 받게 된다. 위대한 국가는 언제나 냉혹함과 부정의라는 돌덩이 위에 세워지며 그 기초는 피로 다져진 것이다. 정치에서 잘못이란 패배자의 몫이요, 역사는 단호한 걸음으로 그들 위를 지나간다.

　메리 스튜어트의 아들에게는 아직 혹독한 인내의 시험이 남아 있었다. 그가 꿈꾸었던 것처럼 단번에 잉글랜드 왕위에 오르는 일은 없었고 그가 기대했던 만큼 빠르게 그의 값싼 관용에 대한 대가가 지불되는 일도 없었다. 야심가에게는 가장 고통스러운 일이지만, 그는 기다려야 했다. 무려 15년 동안, 그의 어머니가 엘리자베스에게 갇혀 있었던 시간만큼이나 기다리고 또 기다려야 했다. 스코틀랜드의 궁전에서 울적한 기색으로 머물며 사냥을 나가기도 하고 종교와 정치 문제에 대한 논문을 쓰기도 했지만 그의 주된 일은 런던에서 소식이 오기를 기다리는 것이었다. 그 기다림은 오래도록 이어졌다. 마치 메리 스튜어트의 피가 흐르면서 엘리자베스의 핏줄에 생기를 불어넣은 듯했다. 메리가 죽은 뒤로 엘리자베스는 점점 더 강해졌고, 더 단단해졌으며, 심지어 더 건강해졌다. 잠 못 이루는 밤들은 끝났다. 몇 달씩, 여러 해 동안 괴로워하던 열병 같은 양심의 가책도 그녀의 땅에 찾아온 평화로 사라졌다. 지상에서 더는 아무도 감히 그녀의 왕위를 넘보지 못했고, 심지어 죽음조차도 이 질투심 강한 여왕의 격렬한 저항에 부딪혔다. 일흔 살의 그녀는 집요하고 단호했으며 죽음을 거부하듯 침대에도 방에도 머물지 못한 채 며칠이고 방에서 방으로 떠돌아다녔다. 그녀는 자신이 지독하고도 무자비하게 싸워 지켜낸 그 자리를 누구에게도 넘겨주고 싶지 않다는 듯이, 두렵고도 장엄한 모습으로 끝까지 저항했다.

그러나 마침내 그녀의 시간이 다가왔다. 끝끝내 버티던 엘리자베스 역시 기나긴 싸움 끝에 죽음 앞에서 무릎을 꿇는다. 하지만 그녀의 폐는 아직도 거칠게 숨을 몰아쉬고 있었고, 그 오랜 세월 억누르지 못했던 심장은 여전히 희미하게나마 뛰고 있었다. 창문 아래에서는 스코틀랜드에서 온 초조한 후계자의 사자가 말에 안장을 채워놓고서 약속한 신호를 기다리고 있었다. 엘리자베스의 시녀 한 명이 그녀가 마지막 숨을 내쉴 바로 그 순간에 반지를 창문 아래로 떨어뜨려주기로 약속했기 때문이다. 오랜 시간이 흘렀다. 전령은 애타게 계속 위를 올려다보았지만 소용이 없었다. 수많은 구혼자들을 물리쳤던 처녀 여왕은 죽음조차도 들이지 않으려 했다.

마침내 3월 24일, 창문이 덜컹거리더니 한 여인의 손이 다급히 뻗어나와 반지 하나를 아래로 떨어뜨렸다. 전령은 즉시 말을 타고 출발하여 이틀 반 만에 에든버러까지 달렸다. 이 기나긴 질주는 훗날까지 회자되는 전설이 된다. 37년 전, 멜빌 경은 똑같이 숨 가쁜 속도로 에든버러에서 런던까지 달려가 엘리자베스에게 메리 스튜어트가 아들을 낳았다는 소식을 전한 적이 있었다. 그리고 이제 또 한 명의 전령이 그 반대 방향으로 달려가 엘리자베스의 죽음이 바로 그 아들에게 또 하나의 왕관을 안겨주었음을 전했다. 이로써 그는 두번째 왕관을 얻게 되었다. 스코틀랜드의 제임스 6세는 마침내 잉글랜드의 왕, 제임스 1세가 되었다. 메리 스튜어트의 아들에 이르러 두 개의 왕관은 하나가 되었고 수세기에 걸친 불행한 다툼은 이제 끝을 맺게 되었다. 역사는 종종 어둡고 굽이진 길을 택하지만, 역사적 의미는 결국 실현되며 필

제임스 6세이자 1세

언은 언제나 마침내 스스로의 권리를 쟁취한다.

제임스 1세는 어머니가 평생 자신의 것으로 꿈꾸었던 화이트홀 궁전에 만족스럽게 자리를 잡았다. 마침내 그는 돈 걱정에서 벗어났고, 야망도 식어버렸다. 그의 관심은 오직 안락함에 있을 뿐, 불멸의 명성에는 관심이 없었다. 그는 종종 사냥을 나갔고 극장을 즐겨 찾았다. 그에게 유일하게 칭찬할 만한 점이 있다면, 그것은 아마도 셰익스피어와 다른 유명한 작가들을 후원한 일이었다. 허약하고 게으르며 재능도 없던 그는 엘리자베스가 지녔던 지적인 우아함도, 어머니가 지녔던 용기나 열정도 없었지만 두 여인이 다투던 공동의 유산을 성실히 관리했다. 두 여인이 영혼과 감각을 다해 그토록 갈망했던 모든 것이 인내심을 갖고 기다리던 그에게는 아무런 저항 없이 주어졌다. 이제 잉글랜드와 스코틀랜드가 하나로 합쳐졌으니 스코틀랜드의 여왕과 잉글랜드의 여왕이 서로의 삶을 증오와 적개심으로 괴롭혔다는 사실 또한 잊어도 좋을 것이다. 더 이상 누가 옳고 누가 그른지는 중요하지 않다. 죽음은 두 사람 모두에게 동등한 지위를 되돌려주었다. 제임스 1세는 피터버러의 교회에 버림받은 이처럼 외롭게 묻혀 있던 어머니의 시신을 장엄한 의식과 함께 잉글랜드 왕들의 묘역인 웨스트민스터 사원으로 옮겼다. 돌 위에 메리 스튜어트의 초상화가 세워지고 그 곁에는 엘리자베스의 초상화가 새겨졌다. 이제 오랜 불화는 영원히 해소되고, 더 이상 누구도 서로의 권리나 자리를 놓고 다투지 않는다. 살아서는 서로를 피하며 끝내 외면했던 두 사람이 이제는 마침내 자매처럼, 불멸이라는 거룩한 안식 속에 나란히 누워 있게 된 것이다.

MARY

옮긴이 육혜원

이화여자대학교에서 정치외교학과를 졸업하고 독일 베를린자유대학교에서 정치외교학 석
사, 박사 학위를 받았다. 이화여자대학교, 고려대학교, 경희대학교 등에서 강의했다. 저서로
는 『왜 소크라테스는 독배를 마셨을까?』, 『보편주의』, 『좋은 삶의 정치사상』 등이 있다. 옮긴
책으로는 『자본주의의 역사』, 『니체』, 『미래전쟁』, 『영웅본색』, 『인류의 세계사』 등이 있다.

옮긴이 정이화

독일에서 태어나 숙명여자대학교에서 경영학을 선공했다. 독일어권 분학과 역사 서술을 중심
으로 번역 작업을 하고 있다.

초판 1쇄 발행	2026년 4월 1일
지은이	슈테판 츠바이크
옮긴이	육혜원 정이화
펴낸곳	이화북스
출판등록	2017년 12월 26일
주소	서울시 마포구 월드컵북로 98, 202
전화	02-2691-3864
팩스	02-307-1225
이메일	ewhabooks@naver.com
인스타그램	@ewhabooks

ISBN   979-11-90626-37-8 (03920)

원고 투고, 오탈자 제보, 제휴 제안은 ewhabooks@naver.com으로 보내 주세요.

• 잘못된 책은 구입하신 서점에서 교환해드립니다.